D1754312

WALTER JAKSCH
EDITH FISCHER, FRANZ KROLLER
ÖSTERREICHISCHER BIBLIOTHEKSBAU II: 1945—1985

WALTER JAKSCH
EDITH FISCHER, FRANZ KROLLER

ÖSTERREICHISCHER BIBLIOTHEKSBAU

ARCHITEKTUR UND FUNKTION

II. BAND
1945 — 1985

1986

HERMANN BÖHLAUS NACHF. / WIEN · KÖLN · GRAZ

Gedruckt mit Unterstützung durch den Fonds
zur Förderung der wissenschaftlichen Forschung
und das Bundesministerium für
Wissenschaft und Forschung

CIP-Kurztitelaufnahme der Deutschen Bibliothek

Jaksch, Walter: Österreichischer Bibliotheksbau: Architektur
u. Funktion / Walter Jaksch ; Edith Fischer ; Franz Kroller. —
Wien ; Graz ; Köln : Böhlau

NE: Fischer, Edith ; Kroller, Franz:

Bd. 2. 1945—1985. —1986.
ISBN 3-205-07260-X

Alle Rechte vorbehalten
ISBN 3-205-07260-X
Copyright © 1986 by Hermann Böhlaus Nachf. Gesellschaft m.b.H., Graz · Wien
Gesamtherstellung: Druckerei und Zeitungshaus J. Wimmer Gesellschaft m.b.H.,
Promenade 23, A-4020 Linz.

INHALTSVERZEICHNIS

	Seite
GELEITWORT	9
VORWORT	11
Tafel der Bezeichnungen in den Übersichtsplänen	14
A Überblick über den Bibliotheksbau in Österreich seit 1945	15
B Tendenzen im Bibliotheksbau	20
C Struktur des wissenschaftlichen Bibliothekswesens in Österreich	23
D EDV-Einsatz im wissenschaftlichen Bibliothekswesen in Österreich	27
E Bibliotheksbauten in Österreich nach 1945 (Neu-, Um- und Zubauten bzw. Planungen)	29

1. WIEN

1.1	Österreichische Nationalbibliothek	29
1.1.1	Umbau der Neuen Hofburg und Einbau der Publikumsräume	29
1.1.2	Ausbau des Dachgeschosses der Neuen Hofburg in Wien für Zwecke der Österreichischen Nationalbibliothek	42
1.1.3	Umbau des Pacassi-Flügels in der Österreichischen Nationalbibliothek	44
1.1.4	Umbau des 2. Stockwerkes der Neuen Hofburg für die Druckschriftensammlung der Österreichischen Nationalbibliothek	44
1.1.5	Unterirdischer Bücherspeicher der Österreichischen Nationalbibliothek an der Südfront der Neuen Hofburg (Burggartenseite)	45
1.1.6	Umbau des Palais Lobkowitz für die Theatersammlung der Österreichischen Nationalbibliothek und das Österreichische Theatermuseum	48
1.1.7	Studien zum Ausbau der Neuen Hofburg für die Österreichische Nationalbibliothek	51
1.1.8	Projekt einer Depotbibliothek unterhalb des Heldenplatzes (im Bereich der Neuen Hofburg)	56
1.1.9	Projekt einer Zeitungsbibliothek im ehemaligen Kulissendepot der Bundestheater	59
1.2	Universitätsbibliothek Wien	64
1.2.1	Umbau der Hauptbibliothek	64
1.2.2	Projekt einer neuen Universitätsbibliothek in Wien auf dem Areal des ehemaligen Stadtkommandogebäudes	71
1.2.3	Fakultätsbibliothek für Rechtswissenschaften an der Universität Wien — „Juridicum"	74
1.2.4	Fachbibliothek für Biologie an der Universität Wien — Formal- und Naturwissenschaftliche Fakultät	85
1.2.5	Fakultätsbibliothek für Medizin an der Universität Wien im AKH (Allgemeines Krankenhaus)	88
1.3	Zentralbibliothek für Physik in Wien	93
1.4	Universitätsbibliothek der Technischen Universität Wien — Hauptbibliothek	96
1.5	Universitätsbibliothek der Wirtschaftsuniversität Wien — Hauptbibliothek	106
1.6	Universitätsbibliothek der Veterinärmedizinischen Universität Wien	116
1.7	Außenpolitische Bibliothek Amtsbibliothek des Bundesministeriums für Auswärtige Angelegenheiten — Studienbibliothek der Diplomatischen Akademie im Theresianum	121
1.8	Bibliothek des Bundesamtes für Eich- und Vermessungswesen	123
1.9	Bibliothek der Oesterreichischen Nationalbank (Fach- und Freizeitbibliothek)	126
1.10	VIC Bibliothek — Vienna International Centre Library + Gesamtfoto	130
1.11	Sozialwissenschaftliche Studienbibliothek der Kammer für Arbeiter und Angestellte für Wien	132
1.12	Haus des Buches — Wiener Städtische Büchereien	134

2. BURGENLAND

2.1	Burgenländische Landesbibliothek, Eisenstadt	138
2.2	Bibliothek der Pädagogischen Akademie des Burgenlandes, Eisenstadt	140

3. KÄRNTEN

3.1	Universitätsbibliothek der Universität für Bildungswissenschaften, Klagenfurt	141
3.2	Bibliothek der Pädagogischen Akademie des Bundes in Kärnten, Klagenfurt	148
3.3	Bücherei der Kammer für Arbeiter und Angestellte für Kärnten, Klagenfurt	148

4. NIEDERÖSTERREICH
- 4.1 Niederösterreichische Landesbibliothek, Wien ... 151
- 4.2 Bundesstaatliche Pädagogische Bibliothek beim Landesschulrat für Niederösterreich, Wien ... 153
- 4.2.1 Bundesstaatliche Pädagogische Bibliothek an der Pädagogischen Akademie des Bundes in NÖ., Expositur Baden ... 154

5. OBERÖSTERREICH
- 5.1 Universitätsbibliothek Linz — Hauptbibliothek ... 156
- 5.2 Bibliothek der Pädagogischen Akademie der Diözese Linz ... 167
- 5.3 Sozialwissenschaftliche Studienbibliothek der Kammer für Arbeiter und Angestellte für Oberösterreich, Linz ... 170

6. SALZBURG
- 6.1 Universitätsbibliothek Salzburg ... 173
- 6.1.1 Hauptbibliothek ... 173
- 6.1.2 Fakultätsbibliothek für Naturwissenschaften, Salzburg-Freisaal ... 184
- 6.2 Hochschulbibliothek der Hochschule für Musik und Darstellende Kunst „Mozarteum" in Salzburg ... 190
- 6.3 Stadtbücherei Salzburg ... 197

7. STEIERMARK
- 7.1 Universitätsbibliothek Graz ... 203
- 7.1.1 Hauptbibliothek ... 203
- 7.1.2 Fachbibliotheken im geplanten Neubau für die Geistes- und die Naturwissenschaftliche Fakultät der Universität ... 213
- 7.2 Universitätsbibliothek der Technischen Universität Graz — Hauptbibliothek ... 219
- 7.3 Universitätsbibliothek der Montan-Universität Leoben ... 225
- 7.3.1 Hauptbibliothek ... 225
- 7.3.2 Projekt einer Fachbibliothek für Geowissenschaften an der Montan-Universität Leoben ... 228
- 7.4 Steiermärkische Landesbibliothek am Joanneum in Graz ... 230
- 7.5 Bibliothek der Pädagogischen Akademie der Diözese Graz-Seckau ... 232
- 7.6 Stadtbücherei Graz ... 236

8. TIROL
- 8.1 Universitätsbibliothek Innsbruck ... 238
- 8.1.1 Hauptbibliothek, Bücherspeicher ... 238
- 8.1.2 Bibliothek der Fakultät für Bauingenieurwesen und Architektur ... 242
- 8.1.3 Fakultätsbibliothek für Naturwissenschaften I ... 247

9. VORARLBERG
- 9.1 Vorarlberger Landesbibliothek ... 249

10. AUSLAND
- 10.1 Ausgeführte Bibliotheksbauten eines österreichischen Architekten ... 255
- 10.1.1 Adelphi University — The Swirbul Library, Garden City, New York ... 255
- 10.1.2 Simpson University Library, Indianola, Iowa ... 263
- 10.2 Bibliotheksbauten unter maßgeblicher Beratung österreichischer Bibliotheksbau-Fachleute — Südtiroler Landesbibliothek — Dr. F. Teßmann, Bozen ... 267
- 10.3 Wettbewerbsprojekte ... 270
- 10.3.1 Wettbewerb für die Pahlavi National Library, Teheran (Eder/Weber) ... 270
- 10.3.2 Wettbewerb für die Pahlavi National Library, Teheran (Holzbauer) ... 276
- 10.3.3 Wettbewerb für die Landesbibliothek Karlsruhe, BRD ... 280
- 10.3.4 Wettbewerb für die National Library, Riyadh, Saudi-Arabien ... 284

HINWEISE
- Literaturhinweise ... 290
- Bildnachweise ... 291

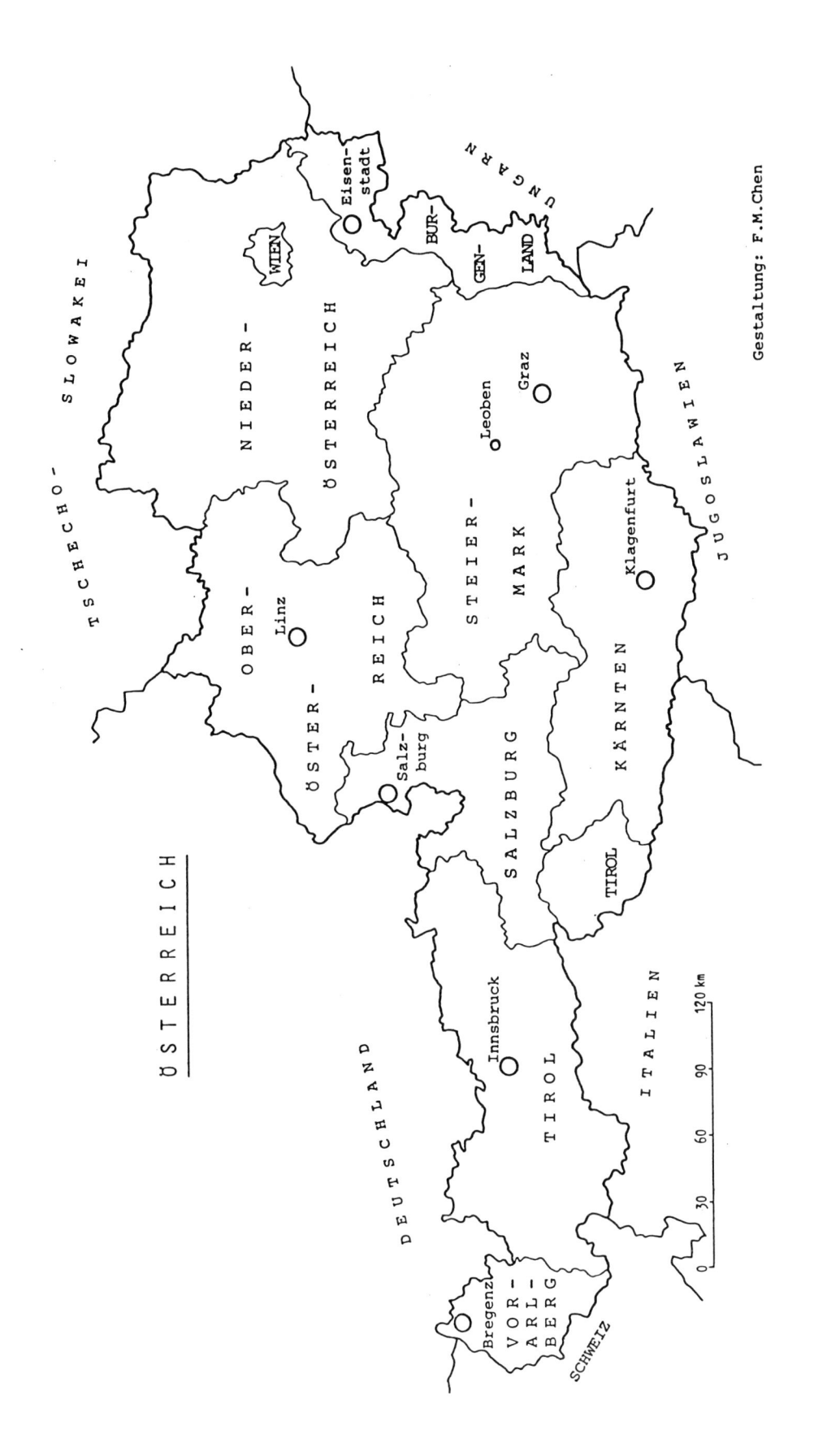

ÖSTERREICH

Gestaltung: F.M.Chen

GELEITWORT

Die Verbesserung des Zuganges zur wissenschaftlichen Information bildet ein wichtiges Anliegen der österreichischen Wissenschafts- und Bildungspolitik, die Schaffung und der Ausbau der erforderlichen Räume eine notwendige Voraussetzung dafür.

Mit dem vorliegenden Buch wird erstmals ein Gesamtüberblick über das Baugeschehen in Österreich seit 1945 auf dem Spezialgebiet des Bibliotheksbaues geboten, wobei die Universitäts- und Hochschulbibliotheken sowie die Österreichische Nationalbibliothek einen breiten Raum einnehmen. Dies ist u. a. das Ergebnis der nachdrücklichen Bemühung, die 1970 begonnene Reform des wissenschaftlichen Bibliotheks- und Informationswesens auch von der baulichen Seite her durchzuführen bzw. im eigentlichen Wortsinn zu untermauern; im Bereich des Bundesministeriums für Wissenschaft und Forschung wurden daher in den letzten Jahren rund 55.000 m² zusätzlicher Nutzfläche für Bibliothekszwecke geschaffen, weitere Projekte sind in Bau und in Planung.

Mit der Darstellung des österreichischen Bibliotheksbaues seit 1945 wird nicht nur ein spezielles Anwendungsgebiet der Architektur, sondern gleichzeitig auch ein Stück österreichischer Bildungs- und Kulturgeschichte dokumentiert.

Den Autoren und dem Verlag ist daher für die Aufarbeitung des österreichischen Beitrages zu diesem in anderen Ländern bereits behandelten Gebiet zu danken.

Dr. Heinz Fischer
Bundesminister für Wissenschaft und Forschung

VORWORT

Der Gedanke zur Verfassung dieses Buches ging aus dem Umstand hervor, daß bisher keine wissenschaftliche Darstellung existiert, welche den Bibliotheksbau in Österreich von seinen Anfängen in der Barockzeit bis heute — insbesondere vom Standpunkt der Architektur und der Funktion — umfassend behandelt. Dies wird auf Bibliotheksbau-Kongressen, Symposien oder Seminaren immer wieder als Lücke empfunden. In der vorliegenden Darstellung sollen sämtliche, baukünstlerisch und historisch wertvollen Bibliotheken behandelt werden, und zwar nicht nur die Österreichische Nationalbibliothek, die wissenschaftlichen Bibliotheken der Hochschulen und der Ämter, Behörden und Kammern, die Bibliotheken der Stifte und Klöster, sondern auch die Bibliotheken einzelner Forschungsinstitute, die Landes- und Stadtbibliotheken, die Bibliotheken einiger Pädagogischer Akademien, größere Volksbüchereien sowie die Bibliotheksbau-Planungen österreichischer Architekten und Bibliotheksfachleute im In- und Ausland (auch wenn sie nicht zur Durchführung gelangt sein sollten) enthalten sein. Da ein solches Werk natürlich ziemlich umfangreich wird, entschlossen sich die Verfasser, dieses in zwei Bände zu teilen, wobei der erste den Zeitraum von der Barockzeit bis zum Ende des Zweiten Weltkrieges und der zweite jenen von 1945 bis heute beinhalten soll. Aus Gründen leichterer und rascherer Erfassungsmöglichkeit sowie des großen Interesses, das den neueren Bibliotheksbauten von den Fachleuten, welche sich mit der Planung und den Entwicklungstendenzen befassen, entgegengebracht wird, wurde der zweite Band vorgezogen; er ist im wesentlichen identisch mit einem gleichlautenden Forschungsauftrag, den das Bundesministerium für Wissenschaft und Forschung an Prof. Dr. Walter Jaksch erteilt hat, der mehr als 20 Jahre hindurch als freischaffender Architekt für die Österreichische Nationalbibliothek tätig war und der sich schon seit seiner Jugend im Atelier der Architekten, Bauräte o. Prof. Siegfried Theiß und Hans Jaksch, mit der Planung von Bibliotheksbauten beschäftigt hat.

Einen Bibliotheksbau stellt man sich ganz einfach vor: Ein Haus mit Leseräumen, Regalen, einer Bücherausgabe, einer Entlehnstelle und Magazinen; auch eifrige Bibliotheksbenützer machen sich gewöhnlich keine Vorstellungen über die Kompliziertheit der Materie, was Architektur, Funktion, Konstruktion, Organisation und Wirtschaftlichkeit betrifft. Ein Bibliotheksbau ist schwieriger zu planen als jeder Bürobau, Hotelbau oder ähnliche Spezialbauten. Bei dem großen Wettbewerb um die Reza-Pahlevi-Bibliothek in Teheran im Jahre 1977/78 zum Beispiel (bei dem übrigens eine österreichische Planungsgruppe mit einem architektonisch besonders interessanten und funktionell ausgezeichneten Entwurf den 2. Preis und ein anderer österreichischer Architekt einen „Ankauf" erhielten), waren von der international zusammengesetzten Jury über 600 Projekte aus 27 Nationen zu beurteilen, die alle ganz verschiedene Lösungen in Vorschlag gebracht hatten. Daraus ist zu ersehen, welche Möglichkeiten es im Bibliotheksbau gibt und was bei der Planung alles zu berücksichtigen ist.

Noch schwieriger als ein Neubau sind in den meisten Fällen Umbauten von früher anderen Zwecken gewidmeten Räumen zu einer Bibliothek. Der seinerzeitige Bundesminister für Handel und Wiederaufbau, Dr. Viktor Kotzina, erklärte im Jahre 1966 in einer Festschrift[1] anläßlich der Eröffnung des Erweiterungsbaues der Österreichischen Nationalbibliothek in der Neuen Hofburg: „Eine Bibliothek ist ein komplizierter Organismus mit genau festgelegten Funktionen, die bei der Raumanordnung und Ausstattung der Lesesäle, Katalogräume, Bücherspeicher, Bücherausgabe usw. berücksichtigt werden müssen. Alle baulichen Vorkehrungen, aber auch die Einrichtung, sind auf diesen speziellen Verwendungszweck abgestimmt, und deshalb ist eine Umwidmung vorhandener Räume in eine Bibliothek stets mit größten Schwierigkeiten verbunden."

Aus architektonischer Sicht muß festgestellt werden, daß gute Funktion allein nicht ausreichend ist, sondern daß Form und Gestalt (einschließlich Einrichtung) auch ein weiteres wesentliches Kriterium einer gut geplanten modernen Bibliothek darstellen. Leider ist in manchen Fällen darauf wenig Wert gelegt worden, sei es, weil keine erfahrenen Architekten zu diesem Zweck herangezogen wurden, oder sei es, daß die notwendigen Geldmittel für eine bessere Gestaltung nicht vorhanden waren.

Ein Bibliotheksbau benötigt aber auch eine ganze Anzahl von Spezialisten, und zwar nicht nur Architekten, Bauingenieure und technische Sonderfachleute aller Art, sondern auch die intensive Mitarbeit der zuständigen Bibliotheksfachleute, um den Organisationsfluß und das Wohlbefinden des Lesers und des Personals zu gewährleisten. In die moderne Bibliothek haben neue Datenträger, insbesondere audiovisuelle Medien und neue technische Hilfsmittel, vor allem die EDV, Einzug gehalten, wodurch ganz neue Möglichkeiten der Informationsbeschaffung und -vermittlung entstanden und noch entstehen. Auch ihre Einplanung erfordert die Beratung weiterer Fachleute.

Für die Planung der wissenschaftlichen Bibliotheken des Bundes ist das Bundesministerium für Bauten und Technik (Bauplanung) in Zusammenarbeit mit dem jeweiligen Fachressort (Organisation und Betrieb) zuständig; die Raum- und Funktionsplanung der großen wissenschaftlichen Bibliotheken, wie Österreichische Nationalbibliothek, Universitäts- und Kunsthochschulbibliotheken, Musealbibliotheken u. a., obliegt damit dem Bundesministerium für Wissenschaft und Forschung. Für die Gesamtplanung der Pädagogischen Akademien, die aus den Bundeslehranstalten hervorgegangen sind, ist das Bundesministerium für Unterricht und Kunst zuständig und für die Planung der Landes-, Stadt- und Volksbüchereien die Länder bzw. Gemeinden.

Bei den großen Neubauten handelt es sich ausschließlich um Universitätsbibliotheken, wie jene der Wirtschaftsuniversität in Wien, der Fakultät für Rechtswissenschaften der Universität Wien, der Johannes Kepler Universität Linz, der Naturwissenschaftlichen Fakultät der Universität Salzburg, der Fakultät für Bauingenieurwesen in Innsbruck, der Technischen Universität in Graz und der Universität für Bildungswissenschaften in Klagenfurt. Für die neue Bibliothek der Technischen Universität in Wien erfolgte im Sommer 1984 der Spatenstich.

Es wurden aber auch kleinere Fachbibliotheken sowie Bibliotheken der Pädagogischen Akademien bewußt mitaufgenommen, weil solche kleinere bibliothekarische Einrichtungen verhältnismäßig oft geplant und realisiert werden.

Umfangreiche Bibliotheksum- bzw. -zubauten nach 1945 wurden an der Österreichischen Nationalbibliothek in Wien und an den Universitätsbibliotheken in Wien, Graz, Innsbruck und Salzburg vorgenommen.

Unter den übrigen kleineren Bibliotheken, die nach dem Zweiten Weltkrieg in Österreich entstanden sind oder ausgebaut wurden, war es nicht leicht, eine richtige Auswahl zu treffen. So werden nur jene angeführt, die entweder grundrißlich, funktionell oder raumgestalterisch etwas außer der Norm liegen. Auf umfangreichere Recherchen über Bau- und Betriebskosten wurde zugunsten der Aktualität des Buches bewußt verzichtet, umsomehr, als die Vergleichbarkeit solcher Angaben infolge des Zeitablaufes ohnehin problematisch ist.

Zum Schluß obliegt es uns noch, allen jenen zu danken, die zum Zustandekommen des Buches ihren Beitrag geleistet haben, insbesondere den Herren Ministerialrat Dr.

Laurenz Strebl und Hofrat Prof. Dr. Josef Mayerhöfer, den stets hilfreichen Direktoren der einzelnen Bibliotheken, den Architekten und deren Mitarbeitern, Herrn Prof. mag. arch. Friedrich Achleitner für seine Beratung, schließlich auch den Fotografen für ihre guten Bilder und — last, but not least — dem Böhlau-Verlag für die angenehme Zusammenarbeit.

Gedankt wird auch dem Fonds zur Förderung der wissenschaftlichen Forschung für den Druckkostenbeitrag.

Auch wollen wir zwei Architekturstudentinnen der Technischen Universität Wien erwähnen, Frl. Silja Tillner und Frl. Dagmar Eisermann und Herrn Josef Fromm, welche die Umzeichnung fast aller Pläne, in einer für die Veröffentlichung geeigneten Form, nach einem bestimmten Schema vorgenommen haben, und auch Frau Dr. Fu Meei Chen der Kartensammlung der Österreichischen Nationalbibliothek für die Österreichkarte. Darüber hinaus gilt unser Dank auch Frau Liselotte Jaksch, die bei der Korrektur und Endausfertigung des Manuskriptes sehr hilfreiche Arbeit geleistet hat.

Zur leichten Erfassung der einzelnen Funktionen wurde eine einheitliche Bezeichnung (Numerierung) aller gleichartiger Raumgruppen vorgenommen, die — außer im Buch selbst — auch in einem Einlageblatt enthalten ist.

STICHTAG FÜR DIE ERFASSUNG DER BIBLIOTHEKEN
bzw. Stand der Planungen ist der
1. JANUAR 1986

---

1 Die Österreichische Nationalbibliothek in der Neuen Hofburg. Aus Anlaß der Eröffnung des Erweiterungsbaues, herausgegeben von der Generaldirektion, Wien 1966, S. 21.

„BIBLIOTHEKSBAU IN ÖSTERREICH"
Tafel der Bezeichnungen in den Übersichtsplänen

Nr.
- 1 Eingangshalle
- 2 Garderobe
- 3 Ausstellung
- 4 Ortsleihe
- 4 A Fernleihe
- 5 Erfrischungsraum
- 6 Sperre (Kontrolle)
- 7 Auskunft und Aufsicht
- 8 Katalog
- 9 Bücherausgabe
- 10 Großer Lesesaal
- 11 Galerie
- 12 Kleiner Lesesaal
- 12 A Sonderlesesäle
- 13 Freihandaufstellung
- 14 Carrels
- 15 Medienkojen
- 15 A Mikrofilm
- 16 Studierzimmer
- 16 A Professoren-Leseraum
- 17 Gruppenarbeitsraum
- 18 Handschriften
- 18 A Inkunabeln und Rara
- 19 Zeitschriften-Lesesaal
- 20 Zeitschriften-Magazin
- 21 Zeitungs-Leseraum
- 22 Zeitungs-Archiv
- 23 Lehrbuchsammlung
- 23 A Kartensammlung

Nr.
- 24 Schulungsraum
- 25 EDV-Raum
- 26 Toiletten
- 27 Bücherspeicher (Magazin)
- 27 A Verschubregal-Anlage
- 28 Direktion
- 29 Besprechungszimmer
- 30 Verwaltung und Bearbeitung
- 30 A Erwerbung
- 30 B Katalogisierung
- 30 C Einbandstelle
- 30 D Buchbinderei
- 30 E Personalraum
- 30 F Sanitätsraum
- 31 Kopierstelle
- 31 A Foto- und Offsetstelle
- 32 Teeküche
- 33 Bücher-Anlieferung
- 34 Poststelle und Packraum
- 35 Technik
- 36 Schutzraum
- 37 Auto-Abstellplatz
- 38 Rampe
- 39 Tiefgarage
- 40 Lagerraum
- 41 Büro
- 42 Raucherraum
- 43 Müllraum

Haupteingang   Nebeneingang

A ÜBERBLICK ÜBER DEN BIBLIOTHEKSBAU IN ÖSTERREICH SEIT 1945

„Bibliotheken sind Ankerplätze der Seele"
(Richard J. Neutra)

Der langjährige Generaldirektor der Österreichischen Nationalbibliothek, DDr. Josef Stummvoll, ein international anerkannter Bibliotheksfachmann, der u. a. die UNO-Bibliothek in New York aufgebaut hatte, prägte den Satz: „Fortschritte in Ausstattung und Einrichtung der öffentlichen Bibliotheken sind wahre Errungenschaften eines Landes. Sie sind kennzeichnend für den heimatlichen Kulturstand und werden nur erreicht, wenn dazu die richtigen Voraussetzungen auf wichtigen Gebieten, nicht nur materieller Art gegeben sind. Ein blühendes Bibliothekswesen ist auch in weniger reichen Ländern möglich, wenn eine offene Kulturbereitschaft im Volke wurzelt und gepflegt wird."[1]

Die Situation seit 1945:

Das glanzvolle Erbe prachtvoller Bauten der Vergangenheit, insbesondere des Barock und des Historismus, bestimmte bis vor kurzem das Bild der österreichischen Bibliotheksarchitektur. Unter den Barockbauten sei nur auf den ursprünglichen Bau der Österreichischen Nationalbibliothek, den sogenannten „Prunksaal" und die berühmten Klosterbibliotheken wie zum Beispiel Melk, Altenburg oder Admont hingewiesen, sowie auf die alten Universitätsbibliotheken in den Räumen der Jesuiten in Wien oder in Graz.[2] Aus dem ausgehenden 19. Jahrhundert stammen z. B. die jetzigen Bauten der Universitätsbibliothek Wien (1884) und Graz (1895) oder die Steiermärkische Landesbibliothek. Auch am Beginn des 20. Jahrhunderts wurden noch Bibliotheksbauten wie die Universitätsbibliothek Innsbruck (1914, bezogen 1924) oder die Bundesstaatliche Studienbibliothek Linz (1930—1932) errichtet.

Begreiflich, daß sich die Aufbautätigkeit nach 1945 zunächst auf die Instandsetzung dieses Erbes beschränkte und sich noch bis in die sechziger Jahre vorwiegend auf den Ausbau bestehender Objekte konzentrierte; so wurde der erste Erweiterungsbau der Universitätsbibliothek Graz 1950 abgeschlossen, der Bücherspeicher der Universitätsbibliothek Innsbruck 1962 fertiggestellt, der Erweiterungsbau der Österreichischen Nationalbibliothek 1966 eröffnet und die erste Phase des Umbaues der Universitätsbibliothek Wien 1965, die zweite Phase 1969 abgeschlossen.

Generell kann festgestellt werden, daß für Österreich mit seiner alten Bausubstanz bis heute die Umbautätigkeit und Sanierung von Altbauten ebenso bedeutungsvoll wie die Errichtung von Neubauten ist; ein besonders gelungenes Beispiel dafür stellt die Hauptbibliothek der Universität Salzburg dar, die in den ehemaligen Hofstallungen gegenüber dem Festspielhaus, einem Gebäude aus dem 17. Jahrhundert, eine allen Prinzipien des Denkmalschutzes gerechte und ästhetisch ansprechende, dabei aber funktionell sinnvolle Unterbringung fand. Auch die Vorarlberger Landesbibliothek plant ein interessantes Projekt mit Nutzung eines alten Stiftes.

Eine intensive Bibliotheksbautätigkeit setzte erst in der zweiten Hälfte der sechziger Jahre, besonders aber in den siebziger Jahren ein, und zwar vor allem im Zusammenhang mit dem Ausbau der Universitäten und der Einrichtung der Pädagogischen Akademien.

---

1 Die Österreichische Nationalbibliothek in der Neuen Hofburg. Aus Anlaß der Eröffnung des Erweiterungsbaues, hrsg. von der Generaldirektion, Wien 1966, S. 7.

2 Das Gebäude selbst stammt bereits aus dem späten 16. Jahrhundert, wurde aber zum Teil barockisiert.

Zweierlei läßt sich daraus ablesen: Erstens, daß die Geschichte des Bibliotheksbaues eines Landes naturgemäß in gewisser Weise die Geschichte seines Bildungswesens bzw. dessen Stellenwert in der Politik des Landes widerspiegelt; fällt doch der Aufbruch der siebziger Jahre im Bibliotheksbau mit den großen Reformen im Universitäts- und Schulbereich engstens zusammen; und zweitens, daß das Bibliothekswesen Österreichs in weit stärkerem Maße vom wissenschaftlichen Bibliothekswesen geprägt wird als vom Volksbüchereiwesen; für Volksbüchereien wurden in der hier behandelten Zeit nur zwei nennenswerte Bauvorhaben realisiert, nämlich das „Haus des Buches" in Wien, ein Neubau, und die Einrichtung einer Volksbücherei im Schloß Mirabell (bezeichnenderweise entstand auch dieses geglückte Projekt mit Nutzung alter Bausubstanz in Salzburg mit seinem Reichtum an schönen historischen Gebäuden und seiner besonderen Sensibilität in Sachen Stadtbilderhaltung).

Diese Situation im Bibliotheksbau entspricht der Gesamtsituation der beiden Bibliothekszweige in Österreich; die im Vergleich mit dem Ausland noch immer unbefriedigende Entwicklung des Volksbüchereiwesens wird vor allem dem Fehlen eines Bibliotheksgesetzes und der damit zusammenhängenden unzureichenden Finanzierung zugeschrieben.[3]

Es wäre jedoch interessant zu untersuchen, ob das große öffentliche Interesse an Oper und Theater und das verhältnismäßig geringe Interesse am Büchereiwesen, beides mit entsprechenden finanziellen Auswirkungen, nicht vielleicht tieferliegende Wurzeln hat, die möglicherweise bis in die Gegenreformation oder noch weiter zurückreichen.[4]

Die wissenschaftlichen Bibliotheken erfüllen in Österreich daher auch einen Teil jener Funktionen und Aufgaben mit, die in anderen Ländern den Volksbüchereien überlassen werden und stehen über den Bereich von Forschung und Lehre hinaus der Allgemeinheit voll zur Verfügung.

Die Planung der Bibliotheken muß auf Grund der steigenden quantitativen und qualitativen Anforderungen immer sorgfältiger durchdacht werden, erfordert immer mehr Kenntnis des modernen Informationswesens und entwickelte sich so zu einem eigenen Fachgebiet des wissenschaftlichen Bibliothekswesens; um eine zweckmäßige und funktionelle Planung sicherzustellen, wurde daher im Jahre 1974 für den Bereich des Bundesministeriums für Wissenschaft und Forschung ein Beratungsgremium, bestehend aus bibliothekarischen Fachleuten, eingerichtet, das Redaktionsteam für Bau- und Raumfragen an Bibliotheken (Vorsitz: Dr. Franz Steininger, Österreichische Nationalbibliothek, ab 1978 Dr. Franz Kroller, Universitätsbibliothek Graz), dem seither alle Bau- und Einrichtungsplanungen in diesem Bereich zur Begutachtung vorgelegt werden.

Diese Maßnahme hat sich außerordentlich bewährt, unter anderem auch deshalb, weil in einem kleinen Land wie Österreich ein Architekt selten mehr als eine Bibliothek baut. Es ist nicht möglich, daß sich — wie in größeren Ländern — ein Architekt auf Bibliotheksbauten spezialisieren und somit Erfahrung auf diesem Gebiet erwerben könnte. Die Erfahrung muß, was bibliotheksspezifische Fragen anlangt, daher meist ausschließlich von Bibliotheksseite eingebracht werden.

So wurde unter Berücksichtigung der oft sehr starken Sachzwänge, andererseits aber auch der angestrebten Ziele eines modernen Bibliothekswesens, ein Konzept für die Planungen der Universitäts- und Hochschulbibliotheken entwickelt, die sowohl hinsichtlich der Zahl als auch hinsichtlich der Größe der Projekte den Bibliotheksbau der Gegenwart in Österreich entscheidend prägten.

Wie sieht nun dieses Konzept aus?

Die barocken Saalbibliotheken mit ihrer Einheit von Büchern, Lesern und Bibliothekaren haben heute, soweit sie überhaupt noch in ihrer ursprünglichen Funktion als Bibliotheksraum erhalten sind, museale Zwecke zu erfüllen. Die von Leopoldo della Santa Anfang des 19. Jahrhunderts vorgeschlagene Dreiteilung der Bibliothek in einen Lese-, Verwaltungs- und Magazinsbereich, setzte sich wie in ganz Mitteleuropa auch in Österreich durch, ja, wie Walter Pongratz[5] nach-

---

3 Vgl. MÜLLER, Rudolf: Volksbüchereien in Österreich, 3. Auflage. Mödling 1975, S. 116—126.

4 Vgl. HEER, Friedrich: Die Rolle des Buches in der Geistes- und Meinungsbildung. Wien 1962, S. 5.

5 PONGRATZ, Walter: Geschichte der Universitätsbibliothek Wien. Wien, Köln, Graz 1977, S. 55.

weist, war es die alte Wiener Universitätsbibliothek, die dieses Konzept bei ihrem Umbau in den Jahren 1827—1829 erstmals verwirklichte, und der Neubau Ferstls am Ring (1884) übernahm diese Dreiteilung ebenso wie alle folgenden Bibliotheksbauten, ja selbst viele kleine Institutsbibliotheken.

Noch dem Ausbau der Österreichischen Nationalbibliothek und der Universitätsbibliothek Wien in den sechziger Jahren, der ersten Planung der Bibliothek für das Biologiezentrum der Universität Wien (1971), der ursprünglichen Planung der Universitätsbibliothek Linz im Jahre 1974 und dem Neubau der Universitätsbibliothek der Technischen Universität Graz (bezogen 1975), lag dieses Konzept aus dem 19. Jahrhundert zugrunde.

Aber schon bei der Fakultätsbibliothek für Rechtswissenschaften im sogenannten Juristenhaus in Wien war vom Beginn der bis 1969 zurückreichenden Planungen an eine fast gänzliche Freihandaufstellung vorgesehen, und auch bei den Planungen, Neu- und Umbauten der siebziger Jahre und achtziger Jahre wurde sie so weitgehend wie möglich realisiert. Ob die Trennung von Leser und Büchern durch deren Unterbringung in geschlossenen Magazinen seinerzeit lediglich aus praktischen Gründen, so insbesondere der Platzersparnis wegen erfolgte, oder ob auch gesellschaftspolitische Gründe, eine beabsichtigte Exklusivität der Bildung etwa, mitwirkten, wie dies A. Schneider in einer interessanten Hausarbeit nachzuweisen versucht,[6] darüber können heute nur Vermutungen angestellt werden. Sicher aber ist, daß der heutigen Neuübernahme des open access aus dem angelsächsischen Raum gesellschafts-, bildungs- und wissenschaftspolitische Ziele in Übereinstimmung mit der gesamten Gesellschafts-, Bildungs- und Wissenschaftspolitik dieser Ära zugrunde liegen, die vorsehen, einen möglichst weitgehenden, möglichst barrierefreien Zugang zu Wissen, Bildung und Information für alle zu schaffen.

Freilich führten zwei spezifisch österreichische Faktoren zu einer den hiesigen Verhältnissen angepaßten „gemäßigten" Form der Freihandaufstellung; es sind dies erstens die beschränkten finanziellen Möglichkeiten und zweitens die großen und wertvollen historischen Buchbestände der Bibliotheken: Freihandaufstellung bedeutet mehr Raumbedarf als Magazinsaufstellung, und mehr Raumbedarf bedeutet mehr Kosten. Dazu kommt, daß Bücher in geschlossenen Magazinen nicht nur vor Diebstahl und absichtlicher Beschädigung besser geschützt werden konnten, sondern auch, daß für die Konservierung günstige Bedingungen wie kühle Temperaturen, entsprechende Luftfeuchtigkeit, Schutz vor der Einwirkung des Sonnenlichtes etc. eher geschaffen werden können. Wertvolle historische Bestände, an denen Österreich so reich ist, können auf diese Weise vor unersetzlichen Verlusten bewahrt werden.

Es wurden sogar umgekehrt in den letzten Jahren an verschiedenen Bibliotheken (z. B. an den Universitätsbibliotheken Wien und Graz) aus der normalen Magazinsaufstellung Druckwerke mit Erscheinungsjahr bis etwa 1850 und neuere, besonders wertvolle Bestände herausgezogen und in einem separaten, eigens gesicherten Bereich aufgestellt.

Während zum Beispiel in Kanada bis zu mehreren Millionen Bänden frei zugänglich aufgestellt werden, die Universitätsbibliothek Bremen in einer ersten Ausbaustufe 900.000 Bände frei zugänglich aufgestellt hat, die Universitätsbibliothek Birmingham über eine Million Bände in Freihandaufstellung anbietet und in der Universitätsbibliothek Nottingham etwa 500.000 Bände im Freihandbereich 100.000 Bänden im geschlossenen Magazin gegenüberstehen, so sind es in Österreich etwa 100.000 bis 250.000 Bände in den Hauptbibliotheken, in den neugebauten und -geplanten großen Fakultätsbibliotheken für Rechtswissenschaften und für Medizin der Universität Wien über 300.000 Bände, die in Freihandaufstellung angeboten werden können. Durch Umbauten konnten auch in dem 90 Jahre alten Gebäude der Universitätsbibliothek Graz Freihandzonen für 250.000 Bücher geschaffen werden. Während in den neuen Fach- und Fakultätsbibliotheken die Bestände so gut wie gänzlich frei zugänglich sind, bestehen in den neuen Hauptbibliotheken daneben geschlossene Magazinsbereiche mit wesentlich größerer Kapazität (z. B. an der Wirtschaftsuniversität Wien für etwa 450.000 Bände, im Neubau der Universitätsbiblio-

---

6 SCHNEIDER, Alexander: Leseverhalten und Bibliotheksraum. Wien 1981, Hausarbeit für die Dienstprüfung Bibliotheks-, Dokumentations- und Informationsdienst (Verwendungsgruppe A). Maschinschriftlich.

thek Linz für 550.000 Bände, im geplanten Neubau der Universitätsbibliothek der Technischen Universität Wien für etwa 500.000 Bände), die für die einerseits veraltete und wenig benützte, andererseits wertvolle und unersetzbare Literatur bestimmt sind; dadurch wird auch gleichzeitig der Freihandbereich aktuell und übersichtlich gehalten.

Im Bereich der Bibliotheken der Pädagogischen Akademien ist man gegenüber dem Prinzip der Freihandaufstellung noch wesentlich zurückhaltender als im universitären Bereich.

Ähnliche Kompromisse wurden hinsichtlich des viel diskutierten Grundsatzes der Flexibilität eingegangen: totale Flexibilität verbot sich schon aus Kostengründen; eine relativ große Flexibilität wurde zwischen den Bereichen der Leseplätze und der Freihandaufstellung angestrebt; Einschränkungen waren allerdings auch hier — schon durch den Lichteinfall — nicht immer zu vermeiden; Flexibilität wurde ferner im Hinblick auf zukünftige technische Entwicklungen u. a. durch eine möglichst großzügige Ausstattung mit Anschlußmöglichkeiten für technische Geräte aller Art angestrebt. Insbesondere der Entwicklung der EDV-Anwendung und der wachsenden Bedeutung der audiovisuellen Medien versuchte man Rechnung zu tragen. Eine weitere Komponente flexibler Planung, das Großraumbüro, wurde allerdings im Interesse einer humanen Arbeitsplatzgestaltung durchgehend vermieden; die Wünsche der Bediensteten richteten sich gegen diese Einrichtung.[7] Größter Wert wurde übrigens auch auf Arbeitsplätze mit natürlicher Belichtung gelegt.

Besonderes Augenmerk wurde in letzter Zeit auch den Bedürfnissen der Körperbehinderten gewidmet; die Vorkehrungen reichen von stufenlosen Zugängen und Einbau flacher Rampen sowie der entsprechenden Dimensionierung von Aufzügen bis zur Einrichtung von Behindertenarbeitsplätzen und Behinderten-WCs; auch bei den älteren Bauten wurden diesbezügliche Adaptierungen wie z. B. Treppenlifts vorgenommen.

Der Wandel der letzten Jahre im Kostenbewußtsein hinsichtlich der Betriebskosten eines Gebäudes, insbesondere hinsichtlich des Energieaufwandes, läßt sich an den Bibliotheksbauten gut ablesen. In vergangenen Jahrhunderten gab es Heizprobleme; der sogenannte Prunksaal der Österreichischen Nationalbibliothek z. B. ist bis heute nur schwer heizbar (was für die Erhaltung der darin stehenden Bücher von Vorteil ist); heute sind es, bedingt durch die moderne Bauweise, insbesondere die Kosten für die Kühlung, die neben den Heizkosten berücksichtigt werden müssen.

Zeigt z. B. die Oberfläche der 1982 eröffneten, aber schon seit 1974 geplanten Wirtschaftsuniversität Wien oder des 1984 eröffneten, aber seit 1969 in Planung befindlichen „Juristenhauses" der Universität Wien riesige Glasflächen, so öffnet sich die Universitätsbibliothek Linz nur nach Norden, mit kleinen Fenstern in den Obergeschossen. Ursprünglich sah die Planung ganz anders aus, mit großen Fenstern und Terrassen nach Süden. Sie wurde jedoch strengen Vorschriften zur Energieeinsparung angepaßt, die z. B. das Verhältnis der Fensterflächen zur Gesamtoberfläche des Gebäudes regeln.

Auch in der Planung des Neubaues für die Universitätsbibliothek der Technischen Universität Wien fanden diese Bestrebungen ihren Niederschlag, freilich nicht so weitgehend wie in Linz. Ebenso wurde von der Vollklimatisierung der Gebäude abgegangen. Vielfach wird sie nun auf den Magazinsbereich beschränkt, zum Teil begnügt man sich auch hier mit Heizung und Lüftung.[8]

Einen weiteren Schritt in der Berücksichtigung der Wirtschaftlichkeit des Betriebes markiert die Planung der Universitätsbibliothek der neuen Veterinärmedizinischen Universität Wien, mit dem auf bewährte Strukturformen der Vergangenheit zurückgegriffen wird.

Jede energieaufwendige Einrichtung wird nun auf ihre Notwendigkeit hin überprüft.

Der Frage der Folgekosten wird überhaupt große Aufmerksamkeit geschenkt, sei dies nun bei der Beschaffenheit der Fußböden im Hinblick auf

---

7 Zu ähnlichen Kompromißvorschlägen hinsichtlich der Freihandaufstellung und Flexibilität aus wirtschaftlichen Überlegungen gelangt auch SCHWARZ, Gerhard: Einige ökonomische Fragen des Baus und Betriebs von Bibliotheken. In: Zentralblatt für Bibliothekswesen, Jg. 98, (1984), H. 4, S. 148—150.

8 Vgl. auch SCHWARZ, Gerhard: Einige ökonomische Fragen des Baus und Betriebs von Bibliotheken: Zentralblatt für das Bibliothekswesen, Jg. 98, (1984), H. 4, S. 150—152.

die Reinigung, bei der Pflege von Grünpflanzen, bei der Beleuchtung usw.

Hingegen wurden die Investitionen für Brandschutzmaßnahmen in den letzten Jahren eher gesteigert und ihnen erhöhte Aufmerksamkeit zugewendet. Natürlich wurden die Neubauten mit allen vorgeschriebenen Einrichtungen wie Fluchtwegen und -türen, Alarm- und Rauchsignalanlagen, Brandabschnitten usw. ausgestattet. Aber auch die alten Bauten wurden überprüft und durch Einziehen von Betondecken, Brandschutztüren, Rauchmelde- und Halogenanlagen und anderes mehr gesichert (z. B. Österreichische Nationalbibliothek, Universitätsbibliotheken Graz und Innsbruck).

Einige der Neubauten wurden als eigene Baukörper errichtet, andere sind dagegen in ein Gebäude mit anderer Nutzung integriert. Die Frage, ob eigenes Gebäude oder nicht, ist nicht neu: vor rund 100 Jahren führte der damalige Direktor der Universitätsbibliothek Wien, einen erbitterten Kampf um ein eigenes Gebäude und trat von seiner Funktion zurück, als die Bibliothek in den damaligen Neubau der Universität Wien mit „hineingezwängt" wurde;[9] in den fünfziger Jahren unseres Jahrhunderts versuchte wieder ein Direktor der Universitätsbibliothek Wien ein eigenes Gebäude für die Bibliothek durchzusetzen. Daß auch dieses Projekt scheiterte und im letzten Augenblick zum „Neuen Institutsgebäude" umfunktioniert wurde, soll zu seinem bald darauf erfolgten Tod beigetragen haben.[10]

Betrachtet man andererseits die Entwicklung der Österreichischen Nationalbibliothek oder der Universitätsbibliothek Graz, so wurden beide als eigene Baukörper errichtet, um nachträglich in die benachbarten Gebäude hineinzuwachsen: die Österreichische Nationalbibliothek in die Neue Hofburg, die Universitätsbibliothek Graz in die Universität.

Die Universitätsbibliothek Klagenfurt wurde von vornherein in den Neubau der Universität integriert, jedoch so, daß für sie eine bauliche Erweiterungsmöglichkeit besteht.

Die neue Universitätsbibliothek der Wirtschaftsuniversität Wien erhielt gemeinsam mit der Fachbibliothek für Biologie der Universität Wien ein eigenes Gebäude, das aber mit der Universität verbunden ist; auch liegt das geschlossene Büchermagazin im Universitätsgebäude, mit dem Bibliotheksgebäude durch einen Gang und eine Förderanlage verbunden.

Eine Planung mit vielen „nicht bibliotheksgemäßen" Vorgaben, wie sie die Unterbringung in einem Gebäude mit anderer Nutzung mit sich bringen kann, hat sicher ihre Probleme; andererseits darf auch nicht übersehen werden, welche Vorteile eine enge räumliche Integrierung der Bibliothek in die von ihr versorgte Einrichtung dem Benützer bietet, der das Gebäude nicht verlassen muß, um in die Bibliothek zu gelangen.

Insgesamt betrachtet, wurden und werden für größere Bibliotheksneubauten eigene Baukörper vorgesehen (Universitätsbibliotheken der Technischen Universität Graz, der Wirtschaftsuniversität Wien, der Technischen Universität Wien, Universitätsbibliothek Linz, Universitätsbibliothek der Veterinärmedizinischen Universität Wien), während sich gleichzeitig die alten Bibliotheksbauten durch Umbaumaßnahmen unaufhaltsam in die benachbarten Räume „hineinnagten").[11] So bietet die Bibliotheksplanung seit 1945 ein sehr buntes Bild mit den verschiedenartigsten Problemen, Lösungen und Fragestellungen.

---

9 PONGRATZ, Walter: Geschichte der Universitätsbibliothek Wien. Wien, Köln, Graz 1977, S. 153 f., 158 f.

10 JESINGER, Alois: Wien, Universitätsbibliothek. In: Zentralblatt für Bibliothekswesen, Jg. 42, (1925), S. 239—242; PONGRATZ, Walter: Geschichte der Universitätsbibliothek Wien; Wien, Köln, Graz 1977, S. 116.

11 PONGRATZ, Walter: Geschichte der Universitätsbibliothek Wien; Wien, Köln, Graz. 1977, S. 86—93.

B TENDENZEN IM BIBLIOTHEKSBAU

Die „Bildungsgesellschaft" von heute, die so häufig apostrophiert wird, ist einem kontinuierlichen Bildungsprozeß unterworfen, weil jeder einzelne an der Modernisierung der Wirtschaft, der Steigerung der Produktivität und damit der Hebung des Lebensstandards Interessierte sein Können und sein Wissen den ständig wachsenden Erfordernissen anpassen muß. Zu diesem Zweck sind mehr und reicher ausgestattete wissenschaftliche Bibliotheken und auch öffentliche Bibliotheken mit verbesserter Zugänglichkeit der Benützer zu den Buchbeständen und zu den anderen Medien, mit neuen Formen der Speicherung, der Dokumentation und Information notwendig. Das Wunschziel soll dann auf Abruf erhältliche Information sein.

Diese Zielsetzung hat in den letzten Jahrzehnten in einer völligen Umstrukturierung der alten funktionellen Dreiteilung in Benützerbereich — Magazinsbereich — Verwaltungsbereich geführt. Während diese Bereiche früher quasi fix und unveränderlich waren, wird im modernen Bibliotheksbau auf weitgehende Flexibilität äußerster Wert gelegt, worüber schon im vorhergehenden Abschnitt ausführlich die Rede war. Dieser Umstand hatte auch eine völlige Wandlung im Grundriß und der Konstruktion der Bibliotheken zur Folge. Der massive Vollwandbau wird nun von einem Skelettbau im Modularsystem abgelöst, das im wesentlichen nur Fixkerne mit den Stiegen, den Aufzügen, Naßräumen und Installationsschächten aufweist; alles übrige ist mehr oder weniger gleichmäßig belastbarer Raum auf Stützen in möglichst weiten Abständen, der beliebig — je nach den jeweiligen Erfordernissen — eingerichtet werden kann.

Als wirtschaftlichste Art hat sich im Bau ein quadratischer oder rechteckiger Grundriß ohne Lichthöfe erwiesen; er garantiert die kürzesten Wege im Inneren und die einfachsten Transportmöglichkeiten. Die natürliche Belichtung kann sich auf jene Flächen beschränken, die für den Leser oder für den Bibliothekar bestimmt sind.

Künstliche Belichtung — wo notwendig — ergibt technisch keine Probleme mehr, ebenso nicht mechanische Be- und Entlüftung. Die Vollklimatisierung wird sich auf einige wenige Räume, wie z. B. der EDV-Bearbeitung, der Rara und der sonstigen wertvollen Bestände beschränken. Personenaufzüge, Bücheraufzüge und Bücherförderanlagen, an den richtigen Stellen angeordnet, ergeben ein klares Verkehrsschema mit kürzesten Transportwegen und -zeiten.

Es ist jedoch interessant zu beobachten, daß man in jüngster Zeit von den vorgenannten vollkommen geschlossenen rechteckigen oder quadratischen Grundrissen teilweise wieder abkommt und neuerdings beginnt, Innenhöfe zur besseren natürlichen Belichtung und Belüftung einzuplanen.

Funktionell behält die — aus vielen Erfahrungen heraus gewonnene — Erkenntnis, Zu- und Abgang der Bibliothek (und wenn möglich auch die Lesezonen) von einer einzigen Stelle aus kontrollieren zu können, ihre Gültigkeit; hiedurch kann Personal optimal eingespart und „Bücherschwund" weitgehend verhindert werden. Ein anderer Grundsatz, den Kayes Metcalf, der bekannte amerikanische Bibliotheksbau-Fachmann, als den „Schlüssel der Bibliothek" bezeichnet hat, ist der, Katalog, Informationsdienst, Bücheraus- und -rückgabe möglichst ins Erdgeschoß zu verlegen. Auf gleicher Ebene sollte auch der Geschäftsgang liegen, um aufwendige Zweitkataloge zu ersparen. Der Anteil an „toten Flächen" (wie z. B. Gänge und Stiegen) soll auf ein Minimum reduziert werden, um mehr Raum für die Leser und für die Freihand-Aufstellung der Bücher zu gewinnen. Meist wird der Raumbedarf für die Buchbearbeitung und für die Verwaltung unterschätzt, was sich später dann als äußerst hinderlich für den geordneten Betrieb erweist.

Die Leseplätze sind heute nicht nur eine Aneinanderreihung von Tischen in einem großen Lesesaal, sondern man gestaltet sie individueller; sie liegen zum Teil direkt am Fenster, zum Teil in eigenen Nischen, zum Teil in Gruppen zwischen den Regalen mit den Freihandbeständen. Dazu kommen noch kleine abgeschlossene Einzelarbeitsplätze zur vollkommenen Konzentration, „Carrels", sowie Gruppenarbeitsräume und Seminarräume, ferner Multimedia-Räume mit den entsprechenden Einrichtungen. Um den Benützern den Aufenthalt in der Bibliothek so angenehm wie möglich zu gestalten, gibt es noch bequeme Sitzgruppen in Raucherräumen, Zeitungsleseräume und in größeren Bibliotheken natürlich auch ein Buffet mit Espresso. Aus Schallschutzgründen hat sich die Textilbespannung der Fußböden in allen Leseräumen schon fast überall durchgesetzt. Die Pflege ist dadurch verhältnismäßig einfach.

Im Obergeschoß (bzw. in den Obergeschossen) sollten dann neben der Direktion die Hauptlesebereiche für Bücher- und Fachzeitschriften größtenteils in Freihandaufstellung für die Studierenden der höheren Semester, Lehrenden und Forschenden liegen, mit möglichst geschickter Plazierung des überwachenden und auskunfterteilenden Personals.

Das Untergeschoß (bzw. die Untergeschosse) bleiben den Büchermagazinen, entweder mit Fixregalen oder mit raumsparenden Verschubregalanlagen, und den Räumen der Technik vorbehalten.

Aspekte, die bereits heute für wichtig eingeschätzt werden und die im nächsten Jahrzehnt noch stärkere Bedeutung erlangen können, betreffen den Komplex Bau- und Betriebskosten von Bibliotheken, die in den letzten Jahren stark gestiegen sind. Der meistdiskutierte Bereich ist hier das energiesparende Bauen.

Probleme werden in den nächsten Jahren auch durch die Auswirkungen neuer Technologien zu lösen sein. Diese Auswirkungen werden Veränderungen in den Raumgrößen und in Ausstattungsdetails bringen, aber keine grundlegenden Änderungen in der Bibliotheks- und Baustruktur zur Folge haben.

Anstelle der früheren Monumentalität, die mehr repräsentativen Zwecken und dem Respekt vor der Wissenschaft gedient hat, soll nun die Funktion der Literaturvermittlung und die freie und ungehinderte Zugänglichkeit zu den Quellen der Wissenschaft betont werden und den engen Kontakt zwischen Buch, Benützer und Bibliothekar weitestgehend fördern.

Was die Architektur betrifft, so kann man infolge der verhältnismäßig geringen Zahl neuer Bibliotheksbauten, die in Österreich nach dem Ende des Zweiten Weltkrieges entstanden sind, wohl kaum von einem bestimmten Trend sprechen, der sich entwickelt hätte, obwohl in dieser Zeit — international gesehen — mehrere kurzlebige Architekturströmungen an uns vorübergegangen sind. Trotzdem erscheint es angezeigt, sich mit diesen etwas zu befassen.

In früheren Zeiten erlebte die Baukunst jahrhundertelange Entwicklungsphasen, die sich über ganze Epochen erstreckten — denken wir nur an die Romanik, die Gotik oder die Renaissance; ab der Barockzeit werden jedoch die einzelnen Epochen immer kürzer und sinken von einem ganzen Jahrhundert zu einem halben — und schließlich zu kaum 20 Jahren ab.

Nach dem Zweiten Weltkrieg verkürzt sich neuerdings diese Zeit, und die Suche nach neuen Ideen und nach einem neuen Baustil wird immer hektischer. Während sich in der Zeit nach dem Ersten Weltkrieg ein „Internationaler Stil", der universell gültig und anwendbar sein sollte, entwickelte, entstand in den Jahren 1929 bis 1939 eine Differenzierung und regionale Abwandlung dieses Stils. Die erste Zeit nach dem Zweiten Weltkrieg war eine Zeit des Überganges; zwangsläufig mußten vorerst die durch den Krieg verursachten Schäden beseitigt werden. Erst etwa ab 1950 kann man vom Beginn einer eigenständigen, neuen Epoche einer totalen Formerweiterung reden, die von Amerika her ihren Ausgang nahm; hiebei legte man sich nicht auf einen bestimmten Formkanon fest, sondern man versuchte, sich nach der spezifischen Form der jeweiligen Aufgabe und des verwendeten Materials zu richten. So kristallisierte sich eine Strömung der „Technischen Perfektion" als ästhetisches Ideal heraus (Mies van der Rohe, Skidmore, Owing & Merill u. a. m.). — Bindungen an Funktion und Konstruktion werden allmählich verlassen und neue Formen um jeden Preis gesucht. Überraschend kommt es hiebei — da andere Möglichkeiten erschöpft zu sein schienen — in den siebziger Jahren zu einem neuen Eklektizismus, den man schon zu Beginn dieses Jahrhunderts überwunden zu haben glaubte.

Unabhängig davon setzt sich aber die „Technische Perfektion" weiterhin weltweit durch. Eine andere Strömung wendet sich dem sogenannten

„Brutalismus" zu, der anstelle der Glätte und Perfektion eine Rauheit und Ursprünglichkeit setzt; dieser insbesondere von Architekt Rudolphs kreierte Stil, der schon von Le Corbusier angedeutet wurde, konnte in Österreich kaum Fuß fassen. Eine andere Strömung, der „Utilitarismus", führte zu einer gewissen Kommerzialisierung der modernen Architektur; im Zeichen unbegrenzten Wachstums erschien alles möglich, und unter der Quantität hatte die Qualität zu leiden. Annähernd zur gleichen Zeit entstanden „strukturalistische" Tendenzen mit bestimmten Anordnungsprinzipien und einer veränderten Einstellung zum Begriff Nutzung. Raum und Form sollten offen für flexible Veränderungen sein bzw. zu neuen Nutzungen anregen. Weiters entwickelte sich auch eine Architektur der Zeichen und Symbole mit signifikanten Bauformen; hiebei wurden neue Technologien als Mittel der Architektur verwendet und zu höchster Präzision gebracht (ein gelungenes Beispiel ist das BMW-Verwaltungsgebäude in München in Form eines Vierzylinders, geschaffen vom österreichischen Architekten Karl Schwanzer). Eine andere Strömung ist die „konstruktivistische", welche die reine Konstruktion und die Apparatur eines Gebäudes (wie z. B. die Rohre der Be- und Entlüftungsanlagen und andere dienende Elemente) so extrem in den Vordergrund stellt, daß sie die Erscheinung eines Bauwerks bestimmen (das berühmte „Centre Pompidou" in Paris von Piano und Rogers oder die Bauten der ORF-Landesstudios in den Bundesländern des Österreichers Gustav Peichl sind dafür deutliche Beispiele).

Weitere manieristische Tendenzen, welche die Unruhe der Zeit widerspiegeln, haben nun zu neuen Stilformen, der sogenannten „Postmoderne" geführt; sie soll die puristische Einfachheit überwinden und menschliche Emotionen sowie die Aufnahme und Umformung technischer Charakteristiken stärker berücksichtigen als bisher. Architektur soll an erster Stelle Kunst sein und nicht nur Erfüllung von Zwecken. Dazu bedient sie sich in verstärktem Maße der Geschichte als Inspiration und steht zwischen den grundlegenden Prinzipien der Architektur und einem neuen Historismus. Darüber hinaus tritt immer deutlicher zutage, daß auf den vorhandenen städtebaulichen und historischen Kontext mehr Rücksicht genommen werden muß.

Aus Vorgesagtem dürfte deutlich zu erkennen sein, daß die Architekturauffassungen — insbesondere in der zweiten Hälfte unseres Jahrhunderts — äußerst verschieden und oft unvereinbar sind. Mit diesem Widerspruch zwischen Formverneinung und Formbetonung, Funktion und Wissenschaftlichkeit müssen wir uns abfinden, leben wir doch in einer Zeit des Stilpluralismus, der — ähnlich der Mode — von einem Extrem in das andere fällt und noch nicht erkennen läßt, wohin der Weg führt. Schließlich werden aber die allgemeine politische und wirtschaftliche Entwicklung und die sich zeigende Energieverknappung auch entsprechende Auswirkungen auf die Architektur haben.

Was die Bibliotheksbauten im allgemeinen betrifft, so sind sie dem „Funktionalismus" und seinen verschiedenen Abwandlungen zuzuordnen. Hier war der längst verstorbene Architekt Louis Sullivan (Chicago) mit seinem Leitspruch „form follows function" absolut bestimmend für den neueren Bibliotheksbau, nicht nur in Amerika, sondern — nach dem Zweiten Weltkrieg — auch in Europa. Seiner Generallinie sind im wesentlichen auch die neuen Universitätsbibliotheken Österreichs gefolgt. Darüber hinaus wäre eine Einordnung jedes einzelnen angeführten Bibliotheksbaues in einen der vorgenannten „Ismen" kaum möglich und erscheint auch nicht unbedingt notwendig.

C STRUKTUR DES WISSENSCHAFTLICHEN BIBLIOTHEKSWESENS IN ÖSTERREICH

In Österreich besteht bereits seit zwei Jahrhunderten ein staatliches, zentral geleitetes, wissenschaftliches Bibliothekswesen, für das Maria Theresia und Joseph II. die verwaltungsmäßigen Grundlagen schufen. Die damaligen Universitäts- und Studienbibliotheken waren als öffentliche Institute von Anfang an allgemein zugänglich. Sie hatten darüber hinaus als Provinzial- oder Landesbibliotheken die Aufgabe, die Literatur des betreffenden Kronlandes zu sammeln. Seit Beginn des 19. Jahrhunderts und bis zum heutigen Tag haben diese Bibliotheken das Recht auf Pflichtexemplare aller in dem betreffenden Land erschienen Druckwerke. Nur die Hofbibliothek stand außerhalb des Systems des einheitlichen staatlichen, zentral geleiteten Bibliothekswesens. Sie wurde erst 1920 als Nationalbibliothek in die staatliche Verwaltung übernommen und heißt heute Österreichische Nationalbibliothek.

Nach 1848 entstand eine größere Zahl von Bibliotheken an den Ministerien und sonstigen Behörden, an den Schulen und Fachhochschulen; durch private Initiativen entstand darüber hinaus das Volksbüchereiwesen.

Heute fällt der bedeutendste Anteil der wissenschaftlichen Bibliotheken mit einem Buchbestand von rund 16 Mio. Bänden in die Verwaltung des Bundes und hier wieder vor allem in den Kompetenzbereich des Bundesministeriums für Wissenschaft und Forschung. Dazu kommen die Landesbibliotheken, die in der Verwaltung der einzelnen Länder stehen.

Übersicht über die Organisation des wissenschaftlichen Bibliothekswesens in Österreich:

a) **Bundesbibliotheken**
1. Im Ressortbereich des Bundesministeriums für Wissenschaft und Forschung:
1.1 die Österreichische Nationalbibliothek; die Bundesstaatliche Studienbibliothek in Linz;
1.2 die Universitäts- und Hochschulbibliotheken; die Zentralbibliothek für Physik in Wien;
1.3 Bibliotheken sonstiger wissenschaftlicher Einrichtungen:
wissenschaftliche Anstalten
(Geologische Bundesanstalt, Zentralanstalt für Meteorologie und Geodynamik, Österr. Archäologisches Institut und Institut für Österr. Geschichtsforschung);
Museen;
Bundesdenkmalamt.

2. Sonstige Bundesbibliotheken:
2.1 Studienbibliotheken an Pädagogischen und Berufspädagogischen Akademien des Bundes;
Bibliotheken höherer und mittlerer Lehranstalten;
2.2 Behördenbibliotheken (Amtsbibliotheken);
2.3 Bibliotheken sonstiger Dienststellen des Bundes (Bundesbahnen, Post).

b) **Wissenschaftliche Bibliotheken sonstiger öffentlich-rechtlicher Körperschaften**
(Länder, Gemeinden, Interessenvertretungen, Religionsgemeinschaften)
c) **Bibliotheken wissenschaftlicher Gesellschaften und Vereine**
d) **Sonstige wissenschaftliche Privatbibliotheken**

Gemeinschaftsunternehmungen des österreichischen wissenschaftlichen Bibliothekswesens sind:

1. Die Büchernachweisstelle der österreichischen Bibliotheken an der Österreichischen Nationalbibliothek, die von wissenschaftlichen Bibliotheken Österreichs erworbene ausländische Monographien mit Erscheinungsjahr ab 1930 verzeichnet.

Im Aufbau befindet sich die Österreichische Zeitschriftendatenbank an der Österreichischen Nationalbibliothek.

2. Die Österreichische Bibliographie, bearbeitet von der Österreichischen Nationalbibliothek und herausgegeben vom Hauptverband des österreichischen Buchhandels.
3. Der österreichische und internationale Leihverkehr, an dem zahlreiche wissenschaftliche Bibliotheken teilnehmen.
4. Sammeln und Bereitstellung der Bibliotheksstücke: Auf Grund des Mediengesetzes (BGBl. Nr. 314/81) besteht Ablieferungspflicht für in Österreich hergestellte und verlegte Druckwerke an die Österreichische Nationalbibliothek und weitere Bibliotheken in Wien und in den Bundesländern. Damit wird ein dezentrales System für das Sammeln und Archivieren der österreichischen Literatur geschaffen.
5. Die Ausbildung, geregelt durch die Verordnung der Bundesregierung über die Grundausbildung für die Verwendungsgruppen A und B, Bibliotheks-, Dokumentations- und Informationsdienst, BGBl. Nr. 659/78, sowie die Verordnung der Bundesregierung über die Verwendungsgruppe C — Bibliotheks-, Dokumentations- und Informationsdienst, BGBl. Nr. 284/85.

Die Universitätsbibliotheken bilden integrierte Systeme unter Einschluß aller Fachbibliotheken und früheren Instituts- und Klinikbibliotheken zu einem gemeinsamen System mit dem Namen Universitätsbibliothek, die in eine Hauptbibliothek sowie in Fach- und Fakultätsbibliotheken gegliedert sein kann. Grundlage sind die Bibliotheksbestimmungen des Universitätsorganisationsgesetzes, BGBl. Nr. 358/75. Diese Bestimmungen werden ergänzt durch die Bibliotheksordnung für die Universitäten, BGBl. Nr. 410/79. Ähnliche Vorschriften bestehen für die Kunsthochschulen nach dem KHOG (Kunsthochschulorganisationsgesetz, BGBl. Nr. 54/70) in der derzeit geltenden Fassung. Für die Österreichische Nationalbibliothek gelten die einschlägigen Bestimmungen des FOG (Forschungsorganisationsgesetz, BGBl. Nr. 341/81).

Einen umfassenden Überblick über alle einschlägigen Institutionen bietet der vom Bundesministerium für Wissenschaft und Forschung herausgegebene „Informationsführer — Bibliotheken und Dokumentationsstellen in Österreich", Wien: Verlag der Österreichischen Staatsdruckerei, 1983.

Fachverbände und Institutionen auf Vereinsbasis sind:

Vereinigung Österreichischer Bibliothekare;
Österreichische Gesellschaft für Dokumentation und Information;
Österreichische Gesellschaft für Öffentlichkeitsarbeit des Informationswesens;
Vereinigung Österreichischer Archivare;
Österreichisches Institut für Bibliotheksforschung, Dokumentations- und Informationswesen;
Österreichisches Normungsinstitut;
Gesellschaft der Freunde der Österreichischen Nationalbibliothek.

Internationale Vereinigungen, an denen die österreichischen Bibliotheken mitarbeiten, sind:

International Federation of Library Associations and Institutions (IFLA);
Ligue des Bibliothèques Européennes de Recherche (LIBER);
Fédération Internationale de Documentation (FID);
International Organisation for Standardization (ISO);
UNISIST.

Buchbestand Ende 1983 und Zuwachs an Bänden 1981 bis 1983 an Universitätsbibliotheken und anderen wissenschaftlichen Bibliotheken

Bibliotheksbereich		Zuwachs an Bänden				Buchbestand Ende 1983
		1981	1982	1983	Summe 1981—1983	
UNIVERSITÄT WIEN	HB*	14.851	15.539	14.947	45.337	1,958.600
	BE*	63.254	64.317	70.566	198.137	2,261.475
	gesamt	78.105	79.856	85.513	243.474	4,220.075
UNIVERSITÄT GRAZ	HB	17.057	18.164	24.993	60.214	1,070.461
	BE	20.044	18.572	25.848	64.464	861.529
	gesamt	37.101	36.736	50.841	124.678	1,931.990
UNIVERSITÄT INNSBRUCK	HB	19.092	18.363	17.129	54.584	947.162
	BE	27.901	29.745	28.635	86.281	882.000
	gesamt	46.993	48.108	45.764	140.865	1,829.162
UNIVERSITÄT SALZBURG	HB	12.691	14.828	11.709	39.228	475.632
	BE	23.702	23.663	22.406	69.771	697.706
	gesamt	36.393	38.491	34.115	108.999	1,173.338
TECHN. UNIVERSITÄT GRAZ	HB	7.515	7.474	7.302	22.291	470.866
	BE	10.080	5.503	5.239	20.822	166.561
	gesamt	16.779	12.265	11.433	40.477	336.499
MONTANUNIVERSITÄT LEOBEN	HB	1.703	1.697	1.426	4.826	101.598
	BE	1.473	1.048	1.068	3.589	56.761
	gesamt	3.176	2.745	2.494	8.415	158.359
UNIVERSITÄT FÜR BODENKULTUR WIEN	HB	3.212	1.498	1.841	6.551	167.100
	BE	3.000	2.500	2.500	8.000	90.000
	gesamt	6.212	3.998	4.341	14.551	257.100
VETERINÄRMEDIZINISCHE UNIVERSITÄT WIEN	HB	1.081	2.911	3.212	7.204	63.227
	BE	1.209	1.240	1.212	3.661	40.398
	gesamt	2.290	4.151	4.424	10.865	103.625
WIRTSCHAFTSUNIVERSITÄT WIEN	HB	5.910	3.236	4.626	13.772	225.894
	BE	13.500	7.800	8.750	30.050	168.000
	gesamt	19.410	11.036	13.376	43.822	393.894
UNIVERSITÄT LINZ	HB	3.699	5.005	5.803	14.507	128.247
	BE	10.366	10.728	12.416	33.510	177.400
	gesamt	14.065	15.733	18.219	48.017	305.647
UNIVERSITÄT FÜR BILDUNGSWISSENSCHAFTEN KLAGENFURT**		9.855	11.628	13.566	35.049	372.949
Archäologisches Institut		—	—	1.400	1.400	41.400
Institut für Geschichtsforschung		—	—	740	740	53.290
Zentralbibliothek für Physik in Wien		4.388	3.250	3.390	11.028	121.907
Bibliotheken an Hochschulen künstlerischer Richtung insges.		13.401	14.417	12.775	40.593	342.108
Bundesstaatliche Studienbibliothek Linz		3.582	3.478	3.528	10.588	230.200
Österreichische Nationalbibliothek		28.162	27.438	32.262	87.862	2,400.162
INSGESAMT		339.097	328.733	353.020	1,020.850	15,053.591

* HB = Hauptbibliothek, BE = Bibliothekarische Einrichtungen an Instituten
** Integriertes Bibliothekssystem mit zentraler Verwaltung ohne bibliothekarische Einrichtungen an Instituten

Buchbestand der Hochschulbibliotheken 1980 und 1983

Hochschulbibliotheken	Ende 1980	Ende 1983
Akademie der bildenden Künste in Wien	65.890	70.443
Hochschule für angewandte Kunst in Wien	30.000	34.080
Hochschule für Musik und darstellende Kunst in Wien	79.521	86.830
Hochschule für Musik und darstellende Kunst „Mozarteum" in Salzburg	79.624	93.528
Hochschule für Musik und darstellende Kunst in Graz	38.140	44.168
Hochschule für künstlerische und industrielle Gestaltung in Linz	8.340	13.059
INSGESAMT	301.515	342.108

Aus: HOCHSCHULBERICHT 1984, Wien, Bundesministerium für Wissenschaft und Forschung

D EDV-EINSATZ IM WISSENSCHAFTLICHEN BIBLIOTHEKSWESEN ÖSTERREICHS

Der EDV-Einsatz im wissenschaftlichen Bibliothekswesen Österreichs hatte von vornherein den Aufbau eines österreichischen Bibliothekenverbundes zum Ziel. Ein solcher ermöglicht es, die steigende Literaturflut, steigende Benützerzahlen und neue Aufgabenstellungen der Bibliotheken als Informationszentren gemeinsam zu bewältigen. Im Feber 1973 genehmigte das Bundesministerium für Wissenschaft und Forschung ein von einer Arbeitsgruppe erarbeitetes „Grundkonzept für den Einsatz der elektronischen Datenverarbeitung im österreichischen wissenschaftlichen Bibliothekswesen". Als Instrument für die Verwirklichung dieses Grundkonzeptes wurde 1974 die Planungsstelle für das wissenschaftliche Bibliothekswesen bei der Österreichischen Nationalbibliothek ins Leben gerufen, mit der Aufgabe, das Bundesministerium für Wissenschaft und Forschung bei der Planung, Leitung und Organisation des wissenschaftlichen Bibliothekswesens zu unterstützen.

Ab 1978 begann die eigenständige Entwicklung des EDV-Einsatzes im Bibliothekswesen Realität zu werden. Autonome Rechenanlagen wurden angeschafft, zunächst eine Anlage an der Planungsstelle und kurz darauf eine EDV-Anlage für die Universitätsbibliothek Graz. Die finanziellen und personellen Gegebenheiten ließen es geraten erscheinen, das Projekt in überschaubare Teile zu zerlegen und mit der Planung von Aufgaben zu beginnen, die unmittelbar praktischen Nutzen erbringen konnten. Dabei war vorgesehen, daß die Projektplanung und -vorbereitung für das erste Projekt an der Universitätsbibliothek Graz, die Programmierung und Systempflege aber an der Planungsstelle in Wien erfolgen sollte. Dieses erste in Angriff genommene Projekt hieß „Pilotprojekt für die automatisierte Entlehnverbuchung (Modellbibliothek Universitätsbibliothek Graz)".

Die Entlehnverbuchung wird an der UB Graz seit 1980 für die Lehrbuchsammlung und seit 1983 für die Magazinausleihe im On-line-Verfahren durchgeführt. Die Benützer sind mit maschinenlesbaren Bibliotheksausweisen versehen, die Bestellung der im Magazin stehenden Bücher geschieht über Terminals. An Stelle des früheren Ausfüllens von Leihscheinen wird die Signatur in die im Katalograum aufgestellten Bildschirmterminals vom Leser direkt eingegeben. Der Benützer erfährt sofort, ob das gewünschte Werk im Magazin steht oder gerade entlehnt ist, oder ob es einen Sonderstandort besitzt.

Das System bringt für das Leserpublikum wie für die Verwaltung große Vorteile: Durch den sofortigen Nachweis der nicht im Magazin befindlichen Werke fällt die Wartezeit für den Leser weg; durch die Vorprüfung entfallen alle Bestellungen, die nicht ausgeführt werden können, weil das angeforderte Buch zur Zeit ausgeliehen ist. Dadurch entfallen ein Drittel der bisherigen Magazinswege. Das EDV-System übernimmt das schriftliche Mahnwesen, wobei das gezielte Mahn- und Vormerksystem eine wesentlich bessere Ausnützung des Bücherbestandes bringt, der zur Zeit über 1 Mio. Bände umfaßt. Das Grazer Ausleihsystem „GRIBS" wird auf einer Honeywell-Bull-Anlage abgewickelt; System 6/53 mit 768 K-Worten, zwei Plattendrives zu je 256 Myobytes, 40 Bildschirmterminals mit den dazugehörigen Lichtlesestiften und Druckern. Die Übernahme des Systems durch die Universitätsbibliotheken Linz und Salzburg ist bereits erfolgt. Die Übertragung des Systems an die Universitätsbibliothek Wien wird vorbereitet.

Als zweites Großprojekt läuft an der Planungsstelle für das wissenschaftliche Bibliothekswesen der automationsunterstützte Aufbau einer Österreichischen Zeitschriftendatenbank. Diese soll einen umfangreichen Nachweis und in ihrer Endstufe ein Gesamtverzeichnis in- und ausländischer Zeitschriften und Serien an österreichischen Bibliotheken darstellen. Der Umfang der erwarteten Datenmenge der österreichischen Zeitschriftendatenbank beträgt etwa 150.000 Titel mit rund 350.000 Bestandsdaten.

Der weitere Aufbau der Bestandsdatei wird von der Österreichischen Nationalbibliothek und den mitarbeitenden Bibliotheken zügig vorangetrieben. Die ÖZDB wird durch Mikrofiche-Ausgaben zugänglich gemacht und ist durch On-line-Anschlüsse mit den wichtigsten Bibliotheken direkt verbunden. Der weitere Ausbau zu einer umfassenden Zeitschriften- und Monographiedatenbank ist in Arbeit.

Den dritten Aufgabenbereich bildet die EDV-Einsatzplanung für den Geschäftsgang an Universitätsbibliotheken. Die Automatisierung des Geschäftsganges schließt alle Vorgänge von der Erwerbung bis zur Benützung ein. Neben der Entwicklung eines automationsunterstützten Bibliotheksverbundes wird an einzelnen Bibliotheken der Geschäftsgang oder Teile desselben mit EDV-Einsatz durchgeführt. Genannt seien hier besonders die Universitätsbibliotheken der Technischen Universitäten Wien und Graz sowie die Zentralbibliothek für Physik. Erwähnt werden muß schließlich, daß eine integrierte Gesamtlösung für die Automatisierung aller Universitäts- und Hochschulbibliotheken Österreichs bevorsteht.

Außerhalb des Bereiches der Bundesbibliotheken laufen Unternehmen wie die Herstellung der Österreichischen Historischen Bibliographie und der Steirischen Bibliographie, letztere an der Steiermärkischen Landesbibliothek am Joanneum in Graz. Die Niederösterreichische Landesbibliothek führte ein PC-gestütztes und die Vorarlberger Landesbibliothek das On-line-Bibliotheksverwaltungssystem DOBIS/LIBIS ein. An der Kammer für Arbeiter und Angestellte für Wien wurde das EDV-unterstützte Bibliotheksorganisationssystem BIBOS entwickelt. Dabei handelt es sich um ein System, das Dialogbetrieb am Bildschirm für Einzelbibliotheken wie für einen Bibliotheksverbund vorsieht. Die in BIBOS vorhandenen Datenbanken können gleichzeitig von verschiedenen Bildschirmen aus genützt werden. BIBOS trägt den Regeln der RAK und jenen der PI Rechnung und verwendet das Format MAB 1, wodurch die Kompatibilität mit den meisten Bibliothekssystemen gewährleistet ist. Derzeit wird es für die Bibliotheken der Pädagogischen Akademien sowie für die gemeinsame Amtsbibliothek der Bundesministerien für Unterricht, Kunst und Sport und des Bundesministeriums für Wissenschaft und Forschung und für die Bibliotheken der Kammern für Arbeiter und Angestellte (insgesamt 14 Bibliotheken) als Verbundsystem verwendet.

Schon seit 1970 läuft im Haus des Buches in Wien der Entlehnbetrieb EDV-unterstützt.

Sehr erfolgreich erwies sich die Literatursuche in etwa 250 Informationsdatenbanken, die seit 1978 von den Bundesbibliotheken durchgeführt wird, und zwar an folgenden Stellen: Österreichische Nationalbibliothek, Universitätsbibliothek Wien, Universitätsbibliothek der Technischen Universität Wien, Zentralbibliothek für Physik in Wien, Wirtschaftsuniversität Wien, Gesellschaft der Ärzte in Wien, Universitätsbibliothek Graz, Universitätsbibliothek der Montanuniversität Leoben, Universitätsbibliothek Innsbruck, Universitätsbibliothek Linz und Universitätsbibliothek Salzburg.

An der Administrativen Bibliothek und Österreichischen Rechtsdokumentation im Bundeskanzleramt wurde — ebenfalls im Jahre 1978 — die Ludwig-Boltzmann-Forschungsstelle für Informationstechnologische Systemforschung (LIT) errichtet. Diese Stelle verfolgt die Entwicklung auf dem Gebiete der Literaturrecherchen in europäischen und überseeischen Datenbasen.

Man kann sagen, daß die automationsunterstützte Datenverarbeitung bereits vielfach Eingang in das wissenschaftliche Bibliotheks- und Informationswesen Österreichs gefunden hat. Dieser Tatsache wird auch in der staatlichen Ausbildung für Bibliothekare, Dokumentare und Informationsfachleute sowie in der Bibliotheksbauplanung Rechnung getragen.

E BIBLIOTHEKSBAUTEN IN ÖSTERREICH NACH 1945
(Neu-, Um- und Zubauten bzw. Planungen)

1. WIEN

1.1 ÖSTERREICHISCHE NATIONALBIBLIOTHEK

1.1.1 Umbau der Neuen Hofburg und Einbau der Publikumsräume
Wien I, Heldenplatz

Planung: Architekten
        Baurat o. Prof. Siegfried Theiss
        Baurat h. c. Prof. Hans Jaksch
        Dipl.-Ing. Dr. techn. Walter Jaksch
        Mitarbeiterin: Margret Gressenbauer, alle Wien

Statik: Baurat h. c. Dipl.-Ing. Karl Kugi
        Dipl.-Ing. Dr. techn. Wilhelm Valentin,
        Ingenieurkonsulenten für Bauwesen,
        beide Wien

Fertigstellung: 1966

Nutzbare Fläche:
  a) Lese- u. Verwaltungszone ..... 2360 m²
  b) Magazinszone .... 2680 m²
     Zusammen .... 5040 m²

Kapazität: rd. 6,5 Mio. Objekte
dzt. Bestand: rd. 6,6 Mio. Objekte, davon 2,3 Mio. Bände
Zuwachs pro Jahr: rd. 38.000 Bände
Anzahl der Leseplätze: 261
Sammelgebiete:
Alle Medien österreichischer Provenienz; ausländische Druckschriften unter besonderer Berücksichtigung der Austriaca, der Geisteswissenschaften im weitesten Sinn, der Geschichte der Wissenschaften und des Bibliotheks-, Dokumentations- und Informationswesens; Handschriften und Inkunabeln, Karten und Globen; theoretische und praktische Musikliteratur; Papyri und Ostraka; Porträts und Bilder; Objekte des Theaters, Esperantodokumente; handschriftliche Nachlässe, AV-Medien.

Die Österreichische Nationalbibliothek ist eine der ältesten noch bestehenden Bibliotheken (aus der zweiten Hälfte des 14. Jahrhunderts) und ein Kulturinstitut ersten Ranges, das höchst wertvolle Dokumente unserer langjährigen Geschichte und Kultur zu bewahren hat. Sie ist die zentrale Sammelstelle aller in Östereich erschienenen Literatur mit zentralen Aufgaben für das österreichische wissenschaftliche Bibliothekswesen. Zugleich mit dem ungeheuren Ansteigen der internationalen Literaturproduktion, dem allgemeinen Bildungswachstum und der gewaltigen Steigerung der Benützerzahlen in den letzten Jahrzehnten ergaben sich in der von Fischer von Erlach in den Jahren 1723—1726 errichteten Hofbibliothek am Josefsplatz kaum noch zu lösende Raumprobleme.

Da keinerlei Vergrößerungsmöglichkeiten mehr bestanden, bot sich als einziger Ausweg eine Ausweitung in den Bereich der anschließenden Neuen Hofburg. So wurde als erster Schritt im Jahre 1956 eine unterirdische Verbindung zwischen dem Gebäude am Josefsplatz und den als Bücherspeicher in Aussicht genommenen Kellern der Neuen Hofburg angelegt. Als nächste Phase wurden die Architekten eingeladen, einen Generalplan für die Erweiterung der Nationalbibliothek auszuarbeiten. In Aussicht genommen war ein Teil des von den Architekten Hasenauer, Förster, Ohmann und Baumann errichteten segmentförmigen Flügels der Neuen Hofburg, mit dem zukünftigen Haupteingang zu den Publikumsräumen am Heldenplatz.

Dieser Bereich diente während des Zweiten Weltkrieges — und noch einige Zeit danach — als Heereslazarett und später für Ausstellungszwecke. Das Projekt konnte nach eingehenden Diskussionen mit allen zuständigen Stellen 1962 abgeschlossen und in vierjähriger Arbeit realisiert werden.

Zuerst wurde die Eingangshalle am Heldenplatz, welche in den letzten Jahren nur als Lager gedient hatte und mit Holzverschlägen verstellt war, in ihre ursprüngliche Form gebracht. Um sie aus funktionell notwendigen Gründen gegen das Stiegenhaus abzuschließen, wurden drei Seiten dieser Halle mit einer Nurglasanlage versehen, welche die architektonische Einheit des Gesamtraumes einschließlich der repräsentativen Stiegenanlagen am wenigsten störte und die große Tiefe weiterhin spürbar werden ließ. Die Garderoben wurden aus der Eingangshalle verlegt, und zwar in einen im segmentförmigen Teil des westlichen Traktes liegenden Außengang (zweigeschossig). Von dieser Eingangshalle gelangt man in der Hauptachse durch die vorerwähnte Nurglasanlage über einige Stufen in den etwas tiefer liegenden Bereich der Österreichischen Nationalbibliothek mit eigener Vorhalle samt Informationsstelle und drei mit ihr direkt zusammenhängenden Räumen, in denen die Publikumskataloge untergebracht sind. Kassettenartige Stuckdecken schließen diese Räume nach oben hin ab. Aus lichttechnischen und aus wirtschaftlichen Gründen mußten anstatt der beabsichtigten indirekten Beleuchtung Lichtbänder in Form von Lichtwannen angebracht werden. Neben dem Problem des Zuganges und der Gestaltung der Kataloghalle ergaben sich noch folgende Aufgaben: Überdachung eines Innenhofes zu etwa ⅔ der Fläche zur Gewinnung eines zentral gelegenen Raumes für die Bücherausgabe und als Endstelle der Bücherförderanlage aus den Magazinen, Einzug einer Galerie im großen Lesesaal, Herausnahme tragender Wände und teilweiser Ersatz durch Glaswände, Einzug einer Zwischendecke im Zeitschriftendepot, verschiedene Umbauten zur Gewinnung von niveaugleichen Räumen und Gängen und anderes mehr.

Die im Zusammenhang mit dem umfangreichen Umbau notwendig gewordenen Auswechslungen, Unterfangungen und Durchbrüche durch Hauptmauern brachten eine Reihe schwieriger konstruktiver Probleme mit sich, insbesondere bei der Trassenführung der Bücherförderanlage und dem Einbau der Heizungs-, Lüftungs- und anderen technischen Anlagen. Sie mußten mit neuen Stahl- bzw. Stahlbetonkonstruktionen gelöst werden. Auch der Einbau der Galerie im Lesesaal war eine heikle konstruktive Aufgabe. Funktion und zukünftiger Betrieb der Bibliothek erforderten eingehende Überlegungen.

Wegen der weiten Entfernung von den alten Magazinsräumen der Nationalbibliothek am Josefsplatz und den weitverzweigten neuen Magazinen in den Kellergeschossen der Neuen Burg war die Buchförderung besonders kompliziert. Zahlreiche vertikale Schächte und lange horizontale Gänge mit mehreren Überbrückungen mußten hergestellt werden. Außerdem mußte auf spätere Erweiterungsmöglichkeiten, insbesondere auf einen bereits damals ins Auge gefaßten Bücherspeicher in Form eines Tiefbunkers, Rücksicht genommen werden.

Was die Lesesäle betrifft, so erfolgte — den räumlichen Gegebenheiten entsprechend — eine Aufteilung in den Hauptlesesaal mit 155 Leseplätzen und in einen zweiten Lesesaal mit 46 Plätzen, beide burggartenseitig gelegen und daher bestens natürlich belichtet. Ausreichende Verkehrsflächen gewähren dem Leser nicht nur freien Zugang zu den Lesetischen, sondern auch zu den Freihandbereichen an den Mittelwänden der beiden Säle und zur Galerie; diese kann über zwei Freitreppen an den Enden des Raumes oder auch vom Zwischengeschoß aus, in dem sich die Sonderlesezimmer befinden, betreten werden. Die allgemeine Raumausleuchtung erfolgt im Hauptlesesaal durch indirekte Anstrahlung der Wände und der abgehängten Decke. Die Bücherregale werden durch Deckenstrahler beleuchtet. In beiden Sälen gibt es zusätzlich eine Arbeitsplatzbeleuchtung bei jedem einzelnen Tisch, weil eine intimere Atmosphäre zu intensiverem Studium besser geeignet erschien. Für diesen Zweck wurde eine eigene Tischlampe mit breitem, flachem Schirm entwickelt, die jedem einzelnen Leser hinreichend Licht gibt und in die jeweils günstigste Position zu verstellen ist, ohne den Nachbarn oder den Leser der nächsten Reihe zu blenden.

Der Zeitschriftenlesesaal liegt im Mezzanin über dem Hauptlesesaal. Er enthält 60 Leseplätze und freistehende Tische. Die Beleuchtung erfolgt durch längsgerichtete, den ganzen Raum durchlaufende Wannenleuchten und durch Gruppenstrahler über den Regalen.

Die Kontrolle des Lesebereiches im Erdgeschoß erfolgt an zwei Drehkreuzen im Bereich der Bücherausgabe; das Eingangsdrehkreuz öffnet

F 1 Österreichische Nationalbibliothek, Gesamtübersicht

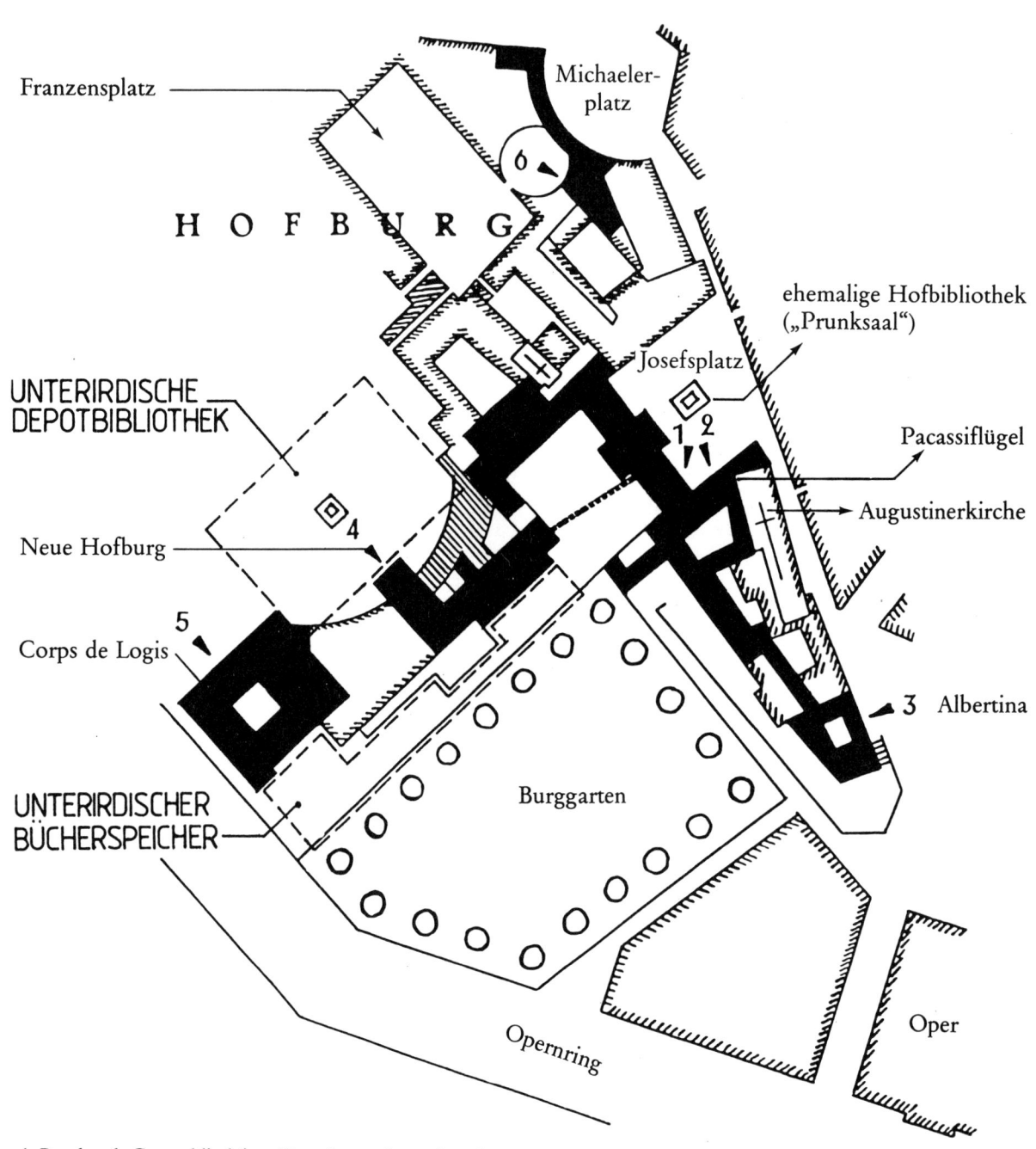

P 1 Österreichische Nationalbibliothek in der Hofburg, Lageplan

1 Prunksaal, Generaldirektion, Verwaltung, Augustiner-Lesesaal, Kartensammlung
2 Handschriftensammlung, Erwerbungsabteilung
3 Musiksammlung, Papyrussammlung
4 Großer Lesesaal, Kleiner Lesesaal, Benützerkataloge, Leihstelle, Fernleihe, Zeitschriften-Lesesaal
5 Porträtsammlung — Bildarchiv
6 Theatersammlung

sich nur nach innen, das Ausgangsdrehkreuz nur nach außen, aber erst nach Rückgabe der Bücher und Auslösung der elektrischen Sperrvorrichtung durch den Beamten. Obwohl die Leihstelle mit der Bücherausgabe für den Lesesaal räumlich zusammengelegt wurde, ist sie durch die Kataloghalle ohne Drehkreuzkontrolle frei zugänglich. Für die zur Ausleihe außer Haus Berechtigten bedeutet dies eine große Erleichterung, für die Bibliothek hat diese Lösung wesentliche administrative Vorteile. Die über der Bücherausgabe verwendete Lichtdecke bietet die Möglichkeit, Tages- und künstliches Licht, ohne Störung für das Personal, unter bester Lichtausnützung zu mischen.

Zur Lärmdämpfung und Trittschalldämmung waren ursprünglich Spannteppiche vorgeschlagen; aus Gründen leichterer Reinigung sowie aus wirtschaftlichen Gründen wurden aber elastische Gummiböden vorgezogen. Der Hauptlesesaal erhielt eine schallschluckende Metalldecke aus einzelnen besonders entwickelten Faltelementen mit speziell gestanzten Lochplatten und einer Zwischenlage aus Steinwolle. Diese Hängedecke, welche in fünf verschieden große Felder geteilt wurde, gliedert den sehr langen und verhältnismäßig schmalen Saal mit einer Gesamtlänge von 43 m optisch und dient gleichzeitig als Zierdecke mit starker Licht-und-Schatten-Wirkung. Der zweite Lesesaal erhielt eine Decke aus schräggestellten parallelen Nußholzbrettern mit Ahorn-Einlegeleisten und eingebauten Deckenleuchten. Entlang der Fensterfront beider Lesesäle wurden durchgehende Vorhänge angebracht. Der Zeitschriftenlesesaal wurde gleichfalls akustisch behandelt und erhielt eine abgehängte Decke aus gelochten Gipsdekorplatten. Geschlitzte Akustik-Holzfaserplatten dämmen den Lärm an den Stirnseiten. Sämtliche Räume erhielten eine mechanische Be- und Entlüftung, jedoch keine Klimaanlage.

Da aus Gründen des Denkmalschutzes an den Außenfronten keinerlei Veränderungen vorgenommen werden durften, mußten anstelle der thermisch richtigen Außenlamellen solche zwischen den Außen- und Innenflügeln liegende Alulamellen angebracht werden, die bei der Südostlage der Lesesäle nicht gerade ideal sind. Im ersten und zweiten Keller zum Burggarten und zum Heldenplatz zu sowie unmittelbar unter der neuen Bücherausgabe wurden weitläufige Büchermagazine eingerichtet, die mit der Bücherausgabe durch Telefon, Gegensprechanlage, Lift, Rohrpost und vor allem durch eine Kettenförderanlage verbunden sind; diese Förderanlage hat sich infolge des Lärms, den sie verursacht, und infolge der verhältnismäßig aufwendigen Wartung nicht sehr bewährt. Die zum Teil zweigeschossigen Magazine sind mit Stahlregalen verschiedener Tiefe ausgerüstet. Sie werden auf konstanter Temperatur und konstanter Luftfeuchtigkeit gehalten.

Ein Raucherzimmer für die Besucher wurde außerhalb des Lesebereiches in einen gut lüftbaren Raum neben der Eingangshalle gelegt. Waschräume und WC-Anlagen befinden sich am Längsgang gegenüber den Lesesälen. Im Geschoß darunter (im Niveau der Hofeinfahrt) wurde für Benützer und Bedienstete der Bibliothek eine Kantine mit 64 Plätzen eingerichtet. Sie besteht aus zwei Galerieräumen mit Decken aus Gipsdekorplatten und einer großen Küche.

Die gesamte Einrichtung der Bibliothek und aller ihrer Hallen erforderte eine sorgfältige Planung, die von einer Innenarchitektin in allen Details ausgearbeitet wurde. Dies betrifft auch die Sonderräume für AV-Medien, Gruppenarbeitsräume und den Sitzungssaal im Hochparterre. Auf die künstlerische Ausgestaltung wurde besonders Wert gelegt, selbst auf kleine Details wie z. B. die eulenförmigen Emailgriffe bei den Nurglasanlagen.

In der Bücherausgabe wurde eine Fotomontage mit Aufnahmen aus dem Prunksaal der Österreichischen Nationalbibliothek am Josefsplatz angebracht, die den Zusammenhang der neuen Räume mit der altehrwürdigen Bibliothek dokumentieren soll. An der Stirnwand des zweiten Lesesaals — der eigentlichen Abschlußwand beider Lesesäle — wurde auf einer Wandschürze über einer Lesenische eine zweireihige, kassettenartige Gliederung in Form von flächenartig vorspringenden Gipsschnitten, mit deren Entwurf der akademische Maler Prof. Leopold Schmid betraut wurde, ausgeführt. Die einzelnen Felder zeigen figurale oder symbolische Darstellungen zur Geistesgeschichte der Menschheit mit besonderer Berücksichtigung Österreichs.

Literaturhinweise

Geschichte der Österreichischen Nationalbibliothek, Bd. 1.2. Wien 1968—1973 (Museion. N.F.R 2.3.).

MAYERHÖFER, Josef: Zur Baugeschichte der Hofbibliothek und Österreichischen Nationalbibliothek. In: Biblos 32 (1983) 1, S. 8—27.
FRODL, Hermann: Bau- und Raumprobleme der Österreichischen Nationalbibliothek. Bestandaufnahme und Perspektiven. In: Biblos 31 (1982) 3, S. 192—209.
STUMMVOLL, Josef, und Rudolf Fiedler: Die Eröffnung des Erweiterungsbaues der Österreichischen Nationalbibliothek in der Neuen Hofburg. Biblos: Jg. 15 (1966), H. 4, S. 279—294.
Die Österreichische Nationalbibliothek in der Neuen Hofburg. Aus Anlaß der Eröffnung des Erweiterungsbaues herausgegeben von der Generaldirektion, Wien 1966, 65 S., 27 S. Abb.
JAKSCH, Walter: Der Umbau der Neuen Burg für die Erweiterung der Österreichischen Nationalbibliothek. In: Die Österreichische Nationalbibliothek in der Neuen Hofburg, Wien 1966, S. 33—47.
MAYERHÖFER, Josef, und Franz Steininger: Ausbau und Einrichtung der neuen Burg für die Österreichische Nationalbibliothek. In: Biblos 15 (1966) 3, S. 159—181.
ERTEL, Werner: Österreichische Nationalbibliothek. Umbauten in der Neuen Hofburg. In: Bauforum, Wien 3 (1970) 17, S. 37.

P 2 ÖNB, Grundriß Parterre

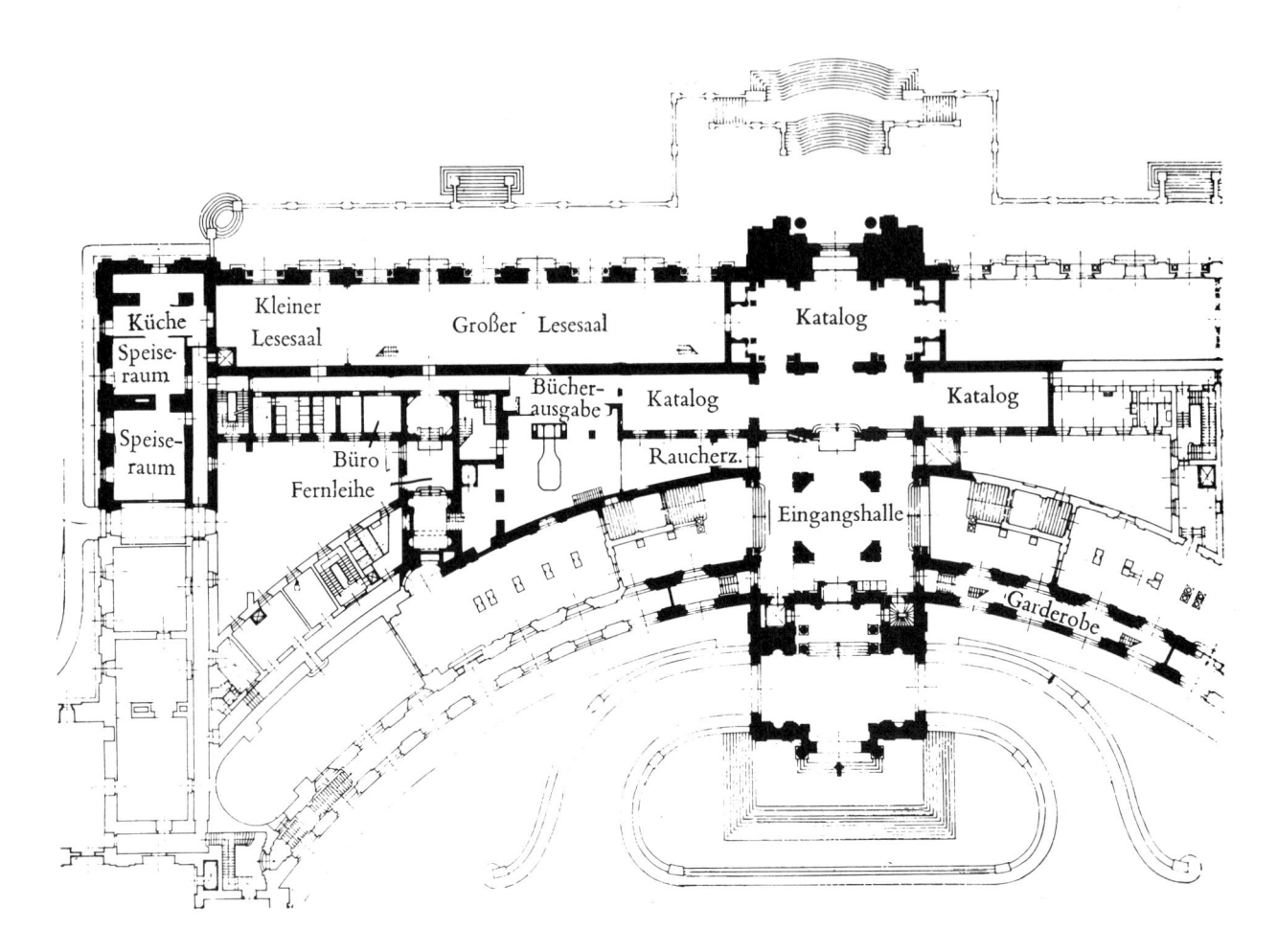

P 2a ÖNB, Grundriß Hochparterre

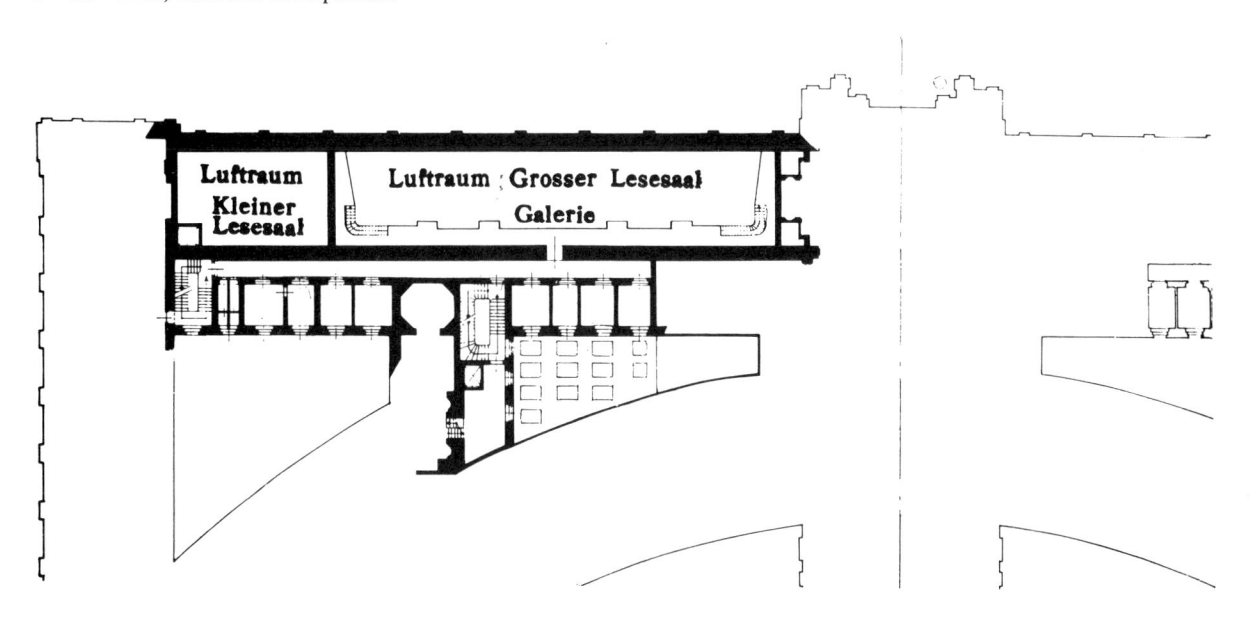

P 3 ÖNB, Grundriß Mezzanin

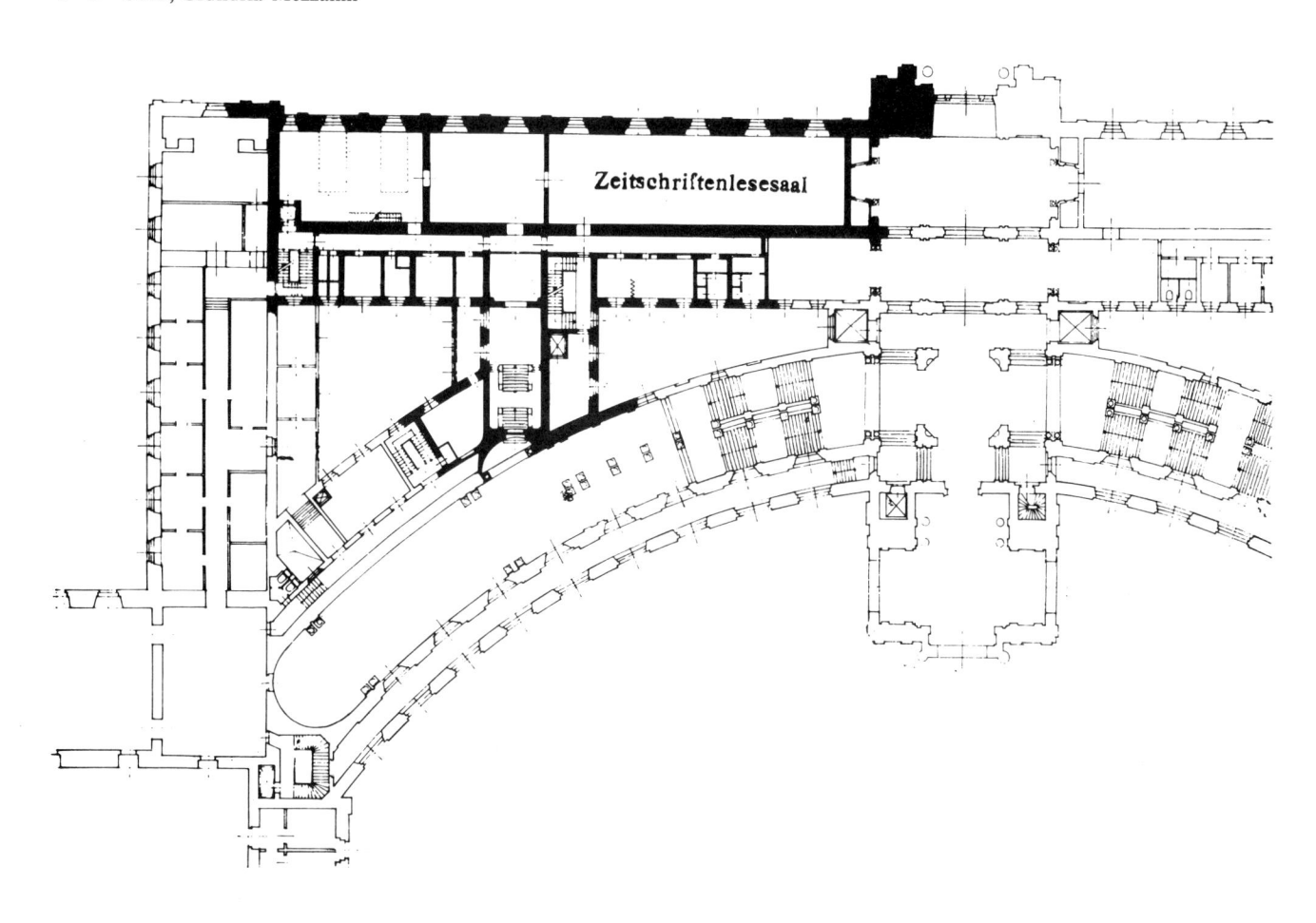

P 4 ÖNB, Grundriß des 2. Kellers: Magazine, Technische Anlagen
links Verbindungstunnel zum Prunksaaltrakt

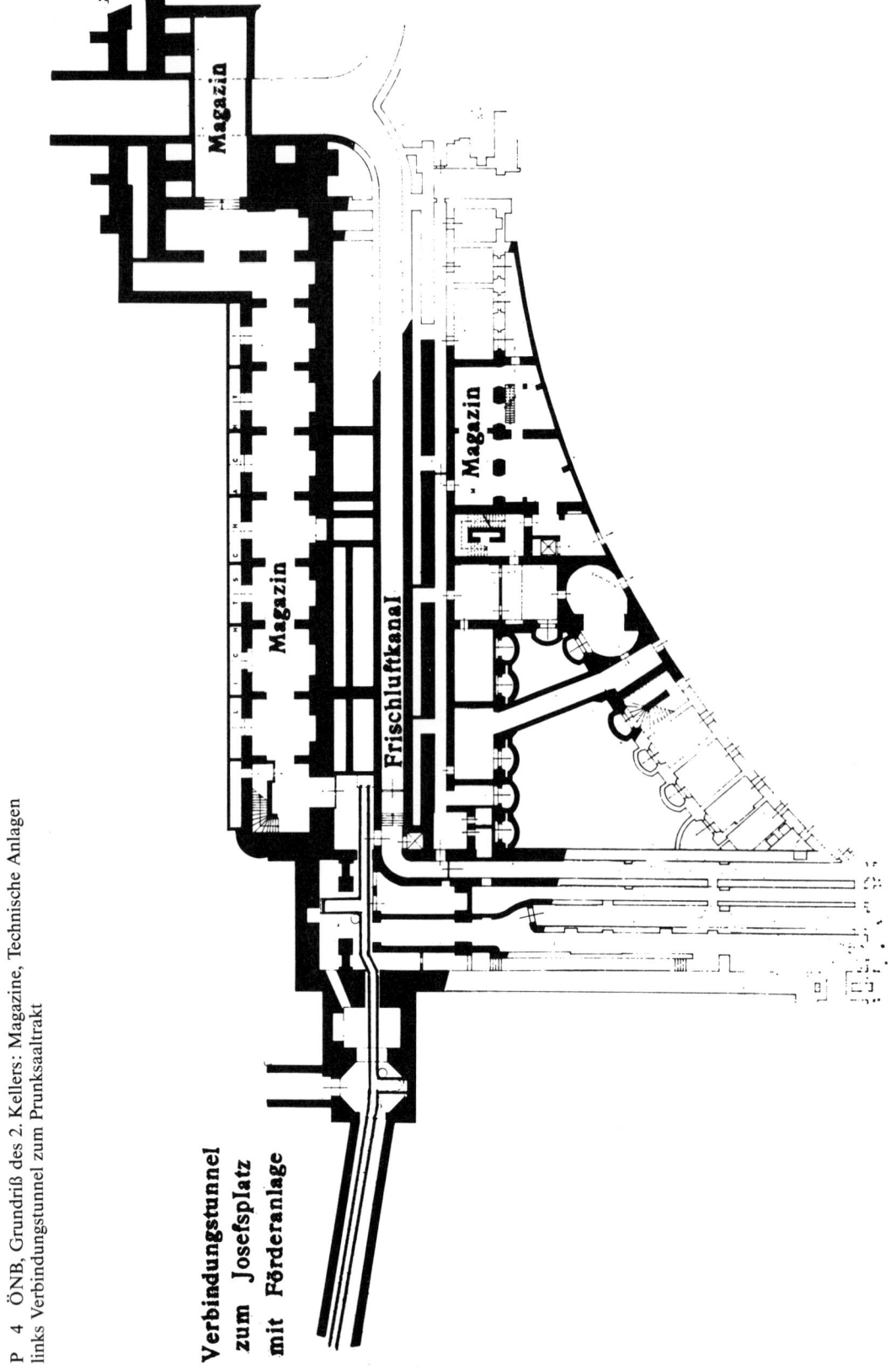

P 5 ÖNB, Grundriß großer Lesesaal

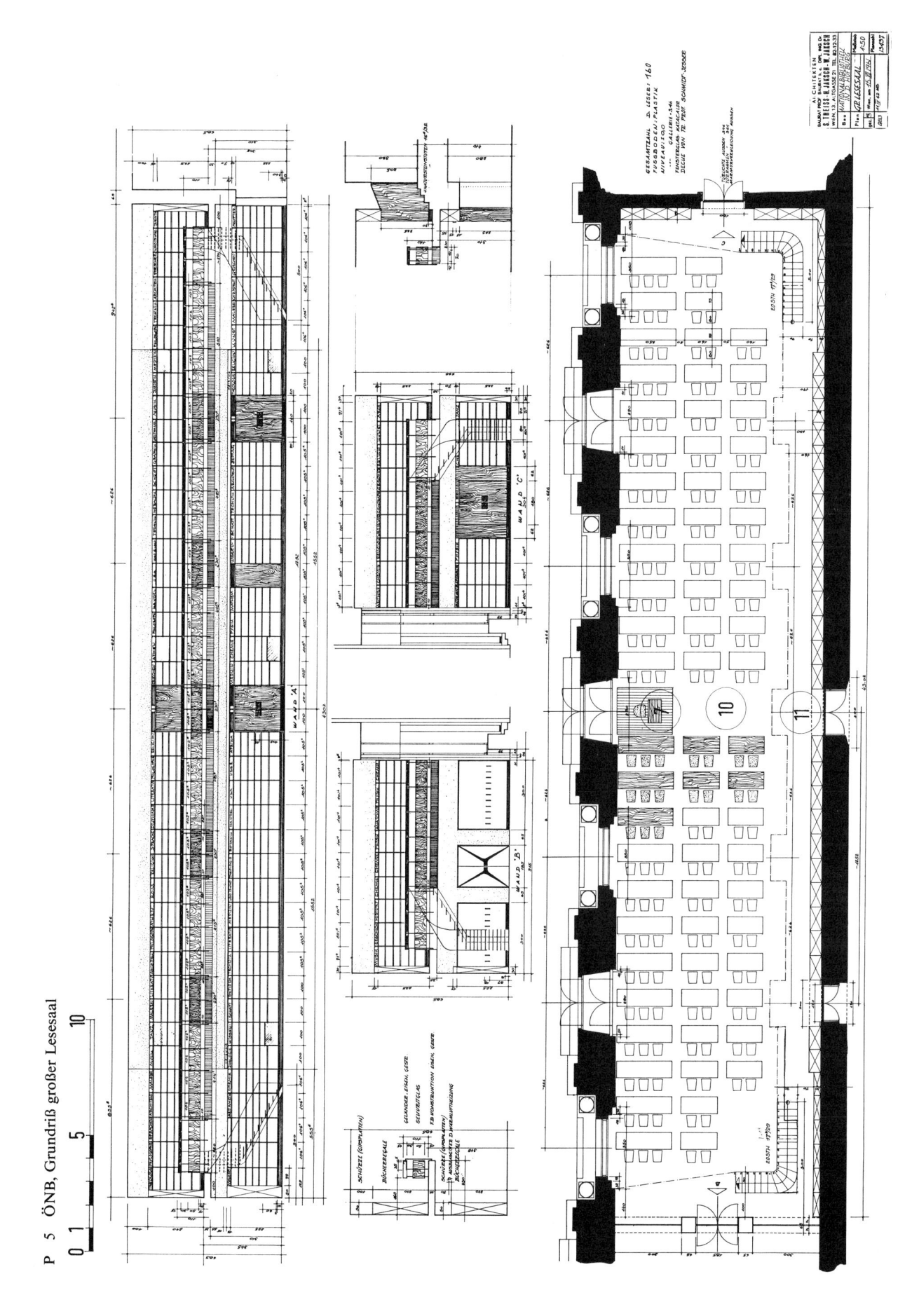

F 2 ÖNB, Hauptansicht Neue Hofburg

F 3 ÖNB, Bücherausgabe

F 4 ÖNB, Kettenförderanlage, Endstelle

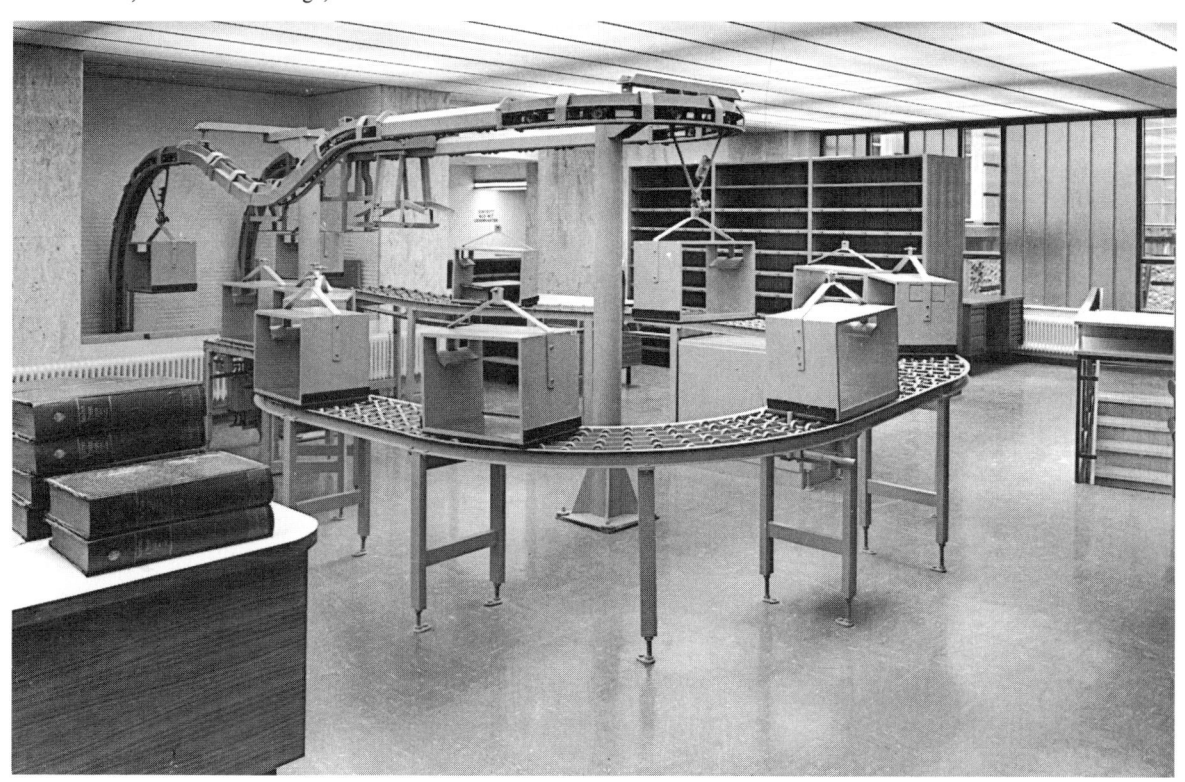

F 5 ÖNB, großer Lesesaal

F 6 ÖNB, kleiner Lesesaal

F 7 ÖNB, Zeitschriftensaal

1.1.2 Ausbau des Dachgeschosses der Neuen Hofburg in Wien
für Zwecke der österreichischen Nationalbibliothek
Wien I, Heldenplatz

Planung: Architekten
Dipl.-Ing. Dr. techn.
Walter Jaksch,
Dipl.-Ing. Wolfgang Horak,
beide Wien

Statik: Zivilingenieur für Bauwesen
Dipl.-Ing. Dr. techn.
Herbert Wycital, Wien

Fertigstellung: 1972

Nutzbare Fläche: 1100 m²

Kapazität: 36.000 Bände
dzt. Bestand: 36.000 Bände
Zuwachs pro Jahr: rd. 1000 Bände
Sammelgebiete:
Österreichische und ausländische großformatige Tageszeitungen.

Durch das Anwachsen der Bestände der Österreichischen Nationalbibliothek um etwa 38.000 Bände pro Jahr hatte die Österreichische Nationalbibliothek ihren zur Verfügung stehenden Stellraum voll ausgenützt. Da sich zu dieser Zeit (1968) auch keine Möglichkeit einer Verwirklichung des schon lange geplanten unterirdischen Speichers an der Südfront der Neuen Hofburg ergeben hatte, mußte man sich entschließen, den Dachraum der Neuen Hofburg für Magazinszwecke auszubauen.

Als dringendste Baustufe wurde der Dachbodenausbau über dem Lesesaalbereich und dem anschließenden Bibliothekshoftrakt in Angriff genommen — insbesondere für die Aufnahme der Großformate.

Diese Bereiche lagen verhältnismäßig günstig, da für den Transport zwei vorhandene Aufzugsanlagen verwendet werden konnten. Eine 2. Ausbaustufe sollte auch den Dachbodenteil des linken Segmentes der Neuen Hofburg sowie jenen des sog. Corps de Logis hinzunehmen. Wegen beträchtlicher konstruktiver Schwierigkeiten und der damit verbundenen hohen Kosten wurde aber davon abgesehen.

Im Zuge langwieriger und komplizierter Untersuchungen der alten Decken stellte sich heraus, daß die Tragfähigkeit für die schweren Bücherlasten nicht ausreiche und die Decken zum Teil zur Gänze, zum anderen Teil nur an einzelnen Stellen ausgewechselt bzw. durch zusätzliche Hauptträger verstärkt werden mußte.

Durch die Tragkonstruktion des Daches (Stahlfachwerksbinder) war die gesamte zur Verfügung stehende Fläche in 24 verschieden breite Abschnitte geteilt, deren Einrichtung mit 2,40 m hohen Regalen infolge der Dachbinder, welche in den Dachraum hineinragten, schwierig war. Über Weisung der Baupolizei mußten aus Gründen des Brandschutzes Zwischendecken und Trennwände in Stahlkonstruktion, die mit Spritzasbest von 3,5 cm Stärke zu ummanteln waren, eingezogen werden. Darüber hinaus waren auch Abschlußwände gegen den Dachwinkel zu sowie Kontrollgänge entlang dieser und oberhalb der eingezogenen Decke im verbliebenen Dachzwickel vorzusehen. Als weitere Bedingung für die konstruktive Gestaltung der Zwischendecke bestand die Forderung, daß die vorhandenen Dachbinder von der Zwischendecke nicht belastet werden durften. Daher mußten Zwischenwände und Decken durch eigene, von der Stahlkonstruktion der Regale feuerbeständig getrennte, auf dem Fußboden des Dachraumes stehende Stahlstützen getragen und auch mit Spritzasbest ummantelt werden. Um die einerseits wärmetechnisch erforderliche, andererseits behördlich geforderte feuerbeständige Isolierung der Zwischendecke und der Seitenwände zu erreichen, mußten die mit Asbest ummantelten neuen Stahlkonstruktionen beidseitig mit Spezialplatten verkleidet und dazwischen mit Isoliermatten aus Mineralwolle ausgefüllt werden. All diese Umstände und Erfordernisse führten jedoch zu Kosten, die eine Wirtschaftlichkeit dieser Maßnahmen in Frage stellen.

Die Erfahrung hat ergeben, daß der Ausbau von Dachraum zu Büchermagazinen, infolge der notwendigen Konstruktionsverstärkungen und der rigorosen Vorschriften der Baupolizei, im allgemeinen einen Aufwand erfordert, der in keinem Verhältnis zum erzielbaren Nutzen steht.

P 6 ÖNB, Dachausbau — Querschnitt

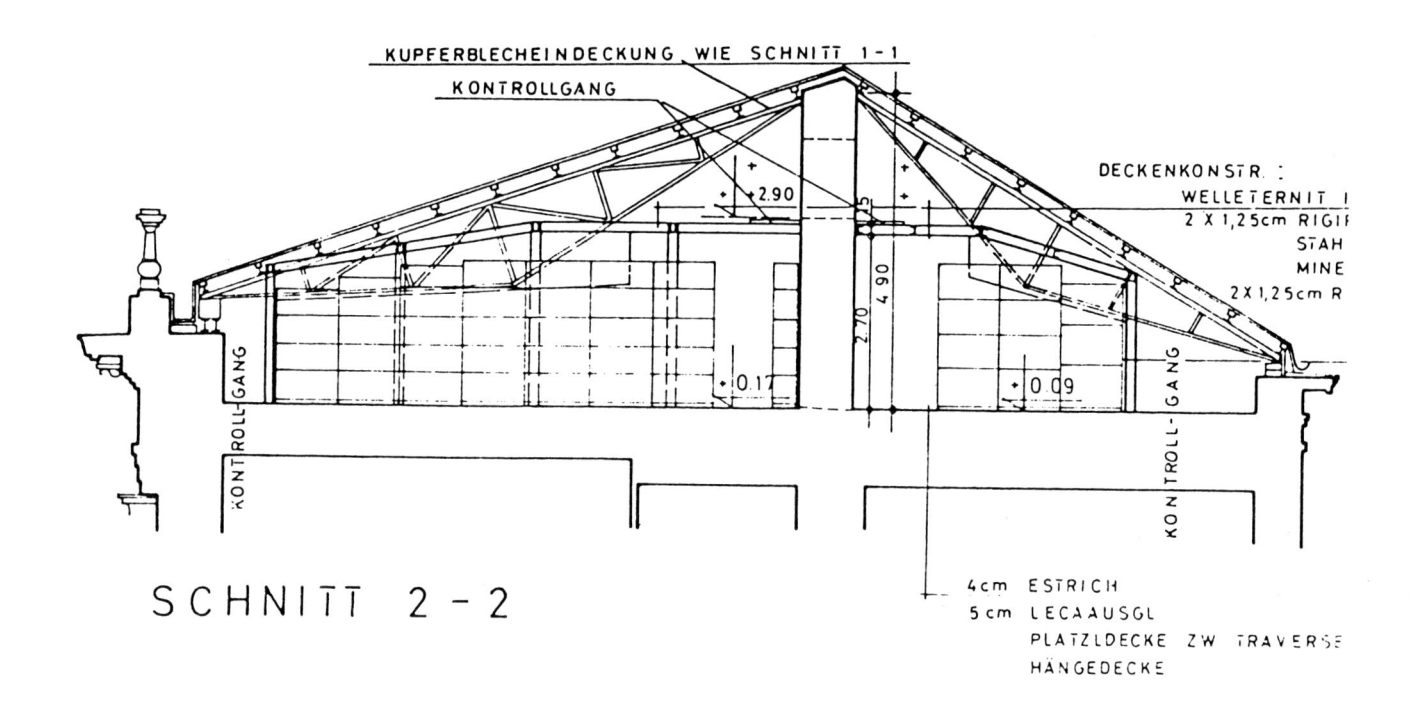

SCHNITT 2-2

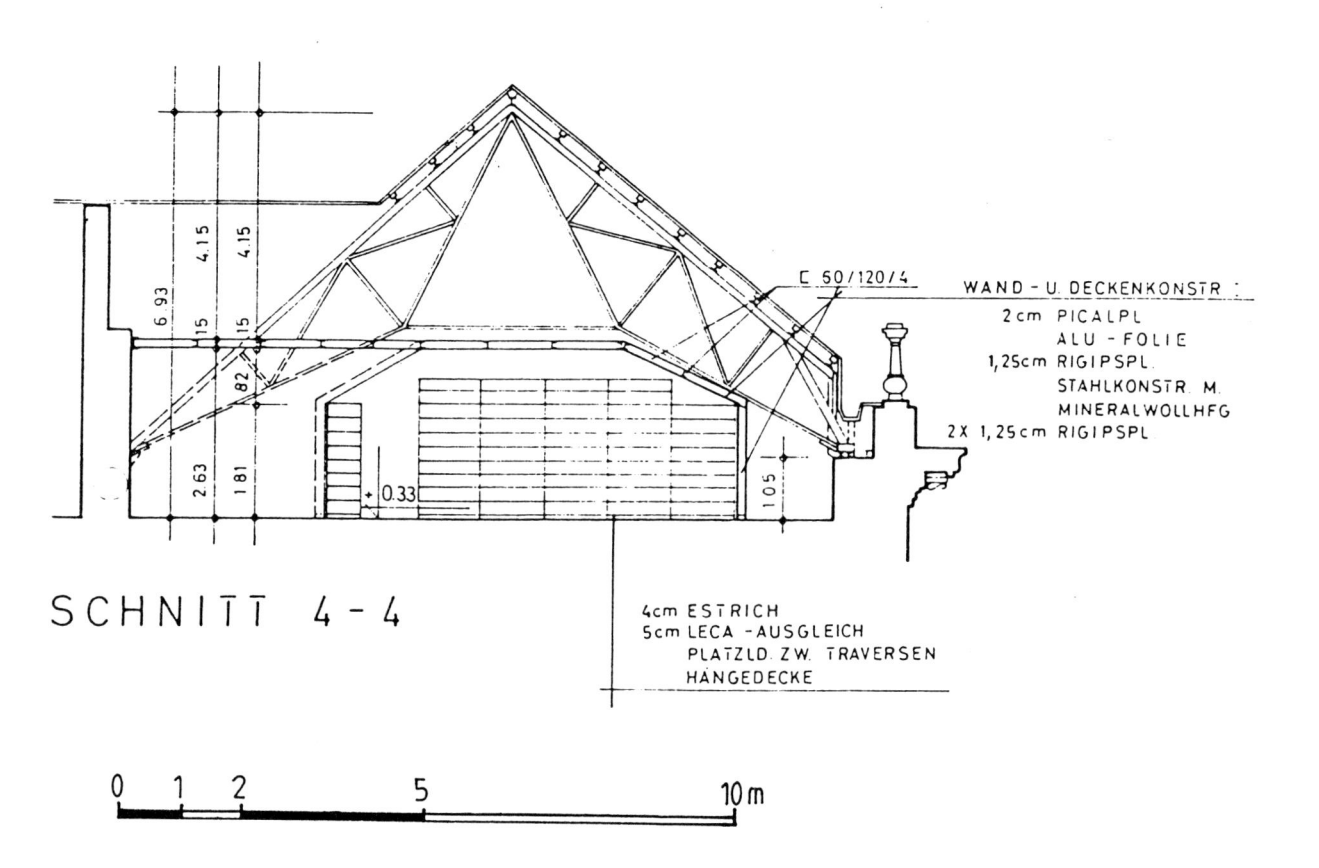

KUPFERBLECHEINDECKUNG WIE SCHNITT 1-1
KONTROLLGANG

DECKENKONSTR.:
WELLETERNIT
2 X 1,25 cm RIGI
STAH
MINE
2X1,25cm R

KONTROLLGANG

4cm ESTRICH
5cm LECAAUSGL
PLATZLDECKE ZW TRAVERSE
HÄNGEDECKE

SCHNITT 4-4

C 50/120/4

WAND- U. DECKENKONSTR.:
2 cm PICALPL
ALU-FOLIE
1,25 cm RIGIPSPL
STAHLKONSTR. M.
MINERALWOLLHFG
2X 1,25 cm RIGIPSPL

4cm ESTRICH
5cm LECA-AUSGLEICH
PLATZLD. ZW. TRAVERSEN
HÄNGEDECKE

0 1 2   5   10 m

*1.1.3 Umbau des Pacassi-Flügels in der Österreichischen Nationalbibliothek
Wien I, Josefsplatz 1*

Planung: Architekt Dipl.-Ing.
Herbert Prehsler, Wien
Statik: Zivilingenieur für Bauwesen
Dipl.-Ing. Peter Ferro, Wien

Fertigstellung: 1986

Anzahl der Leseplätze:
16 (Kartensammlung)

Sammelgebiete:
Handschriften- und Inkunabelsammlung, Kartensammlung, Globenmuseum u. a.

Im Zuge einer Neuorganisation der Handschriften- und Kartensammlung der Österreichischen Nationalbibliothek waren verschiedene Umbauten bzw. Ausbauten im Augustinertrakt vorzunehmen, die den Benützern Erleichterungen bringen sollen.

a) Erweiterung der Kartensammlung und Neugestaltung des Globenmuseums im 3. Stock und im ausgebauten Dachgeschoß.
b) Erweiterung der Handschriftensammlung über drei Geschoße. (Ausbau)
c) Neuaufschließung des Augustinertraktes für die Erweiterung der Karten- und der Handschriftensammlung durch Einbau eines Personenaufzuges über acht Geschoße und der Folgeeinrichtungen.
d) Schaffung eines Bergungsraumes für wertvolle Handschriften durch Umbau des Kellers, Einbau einer Notstromanlage und Herstellung eines unterirdischen Verbindungsganges zu dem Bücherspeicher unterhalb des Vestibüls des Prunksaaltraktes.

Darüber hinaus wird im Bereich des Vestibüls des Prunksaaltraktes eine neue Telefonzentrale für den gesamten Bereich der Österreichischen Nationalbibliothek eingebaut.

*1.1.4 Umbau des zweiten Stockwerkes der Neuen Hofburg für die Druckschriftensammlung der Österreichischen Nationalbibliothek
Wien I, Heldenplatz*

Planung: Architekten
Dipl.-Ing. Dr. techn.
Theophil Melicher
Dipl.-Ing. Georg Schwalm-Theiß
Mitarbeit: Horst Gressenbauer,
alle Wien

Fertigstellung: voraussichtlich 1986

Nutzbare Fläche: 3500 m²

Nach Auszug des Statistischen Zentralamtes aus der Neuen Hofburg wurde der gesamte zweite Stock im Mitteltrakt der an Raumnot leidenden Nationalbibliothek zugewiesen. Damit wird nun eine wichtige Querverbindung von der Planungsstelle der Österreichischen Nationalbibliothek im Bibliothekshoftrakt über den Prunksaaltrakt und die Neue Hofburg bis zum Bildarchiv im sogenannten Corps de Logis möglich. Mit der Planung wurde bereits 1983 begonnen.

Die neu hinzugewonnenen Räume sind für folgende Abteilungen bestimmt:

Erwerbungsabteilung
Fortsetzungsabteilung
Abteilung für Nominalkatalogisierung
Österreichische Bibliographie
Abteilung für Sacherschließung, neu
Abteilung für Wissenschaftliche Information
Teile der Benützungsabteilung

Sie werden für die bestimmten Zwecke um- bzw. ausgebaut. Im Bereich der Stiege wird ein neuer Personen- und Lastenaufzug installiert, dessen Zugang niveaugleich mit dem Heldenplatz liegt und daher An- und Ablieferungen leicht ermöglicht. Ein weiterer Aufzug für die Besucher wird im Hof eingebaut, mit direktem Zugang von der Haupteingangshalle der Neuen Hofburg in der Achse des Heldenplatzes. Diese Lösung dürfte eine wesentliche Erleichterung der Raumsituation der Österreichischen Nationalbibliothek bringen.

1.1.5 Unterirdischer Bücherspeicher der Österreichischen Nationalbibliothek an der Südfront der Neuen Hofburg (Burggartenseite) Wien I

Planung des letztgültigen Standes:
Architekten
Dipl.-Ing. Dr. techn.
Theophil Melicher
Dipl.-Ing. Georg Schwalm-Theiß
Mitarbeiter: Horst Gressenbauer,
alle Wien

Fertigstellung: noch unbestimmt

Nutzbare Fläche: 15.000 m²

Kapazität: 4,25 Mio. Bände
Sammelgebiete:
Selten gelesene Werke aus dem Bestand der Österreichischen Nationalbibliothek; Zeitungen.

Dieses Projekt geht bis in die beginnenden sechziger Jahre zurück — ein Vorschlag des Hofrates Prof. Dr. Josef Mayerhöfer, des ehemaligen Direktors der Theatersammlung der Österreichischen Nationalbibliothek, der von dem Architekten Dr. Walter Jaksch, gemeinsam mit Architekt Wolfgang Horak und Zivilingenieur für Bauwesen Dr. Herbert Wycital ausgearbeitet wurde.

Schon damals bestand die Absicht, im Anschluß an die Kellerräume der Neuen Hofburg, die mit dem barocken Hauptgebäude der Österreichischen Nationalbibliothek durch einen Tunnel bereits verbunden waren, einen entsprechend großen unterirdischen Bücherspeicher entlang der gesamten Südfront der Neuen Hofburg (Burggartenseite) zu schaffen. Obwohl sich für dieses Projekt sämtliche Generaldirektoren der Österreichischen Nationalbibliothek wie DDr. Stummvoll, Dr. Fiedler, Dr. Kammel und Dr. Zessner-Spitzenberg stark interessierten und persönlich einsetzten, konnte es bis jetzt noch nicht verwirklicht werden. Nun allerdings, unter Generaldirektor Dr. Strebl, scheint die Realisierung endlich nahe bevorzustehen.

Das Areal für die Unterbringung des Büchermagazins liegt am Rande des historischen Altstadtbereiches der Wiener Innenstadt und bildet in Verlängerung der Babenbergerstraße eine Achse, die auf den Josefsplatz zuläuft. Dieser Bereich liegt fast ausschließlich unter dem Niveau der 12 m breiten Burggartenstraße, und zwar so, daß die bestehenden Terrassen und Fundamente der Hofburg kaum tangiert werden. Auch würde der Park des Burggartens nicht beeinträchtigt und der wertvolle Baumbestand zur Gänze erhalten werden.

Die Erschließung des länglichen, rechteckigen Baukörpers, der sich auf der Burggartenseite parallel an die Neue Hofburg anschließt, erfolgt zur Gänze durch die anschließenden Kellergeschosse. Der Längsbaukörper ist durch Brandabschnitte unterteilt, sowohl in vertikaler als auch in horizontaler Richtung. Die Beschickung mit Büchern erfolgt nur von der Seite der Hofburg. Selbstverständlich sollen auch Förderanlagen den Transport in die anderen Bereiche der Österreichischen Nationalbibliothek vereinfachen und erleichtern.

Die Form des unterirdischen Baukörpers ist im wesentlichen durch eine längsgerichtete, rechteckige Schachtel gegeben. Unter Berücksichtigung der Beschaffenheit des Baugrundes, des Grundwasserspiegels sowie allfällig zu erwartender unterirdischer Einbauten (Reste der alten Stadtbefestigung) werden die Umfassungswände des Bücherspeichers als Schlitzwände hergestellt. In die Umfassungsmauern werden Decken eingebaut, die sowohl die Aussteifung der Wände als auch den Schutz der umliegenden Fundamente der Hofburg gewährleisten. Nach Errichtung der obersten Decke kann der Aushub gleichsam „unter Tag" vorgenommen werden. Nach Fertigstellung des Innenausbaues können nach Aufstellung entsprechender Systeme (auch Verschubregalanlagen) die vorgesehenen Bücher untergebracht werden. Selbstverständlich wäre es auch möglich, unersetzbares Buchmaterial sowie sonstige wertvolle Stücke luftschutzsicher unterzubringen.

Durch den unterirdischen Einbau des Bücherspeichers wird das Stadtbild im denkmalgeschützten Bereich der Neuen Hofburg bzw. des Burggartens in keiner Weise verändert.

Literaturhinweis

KROLLER, Franz: Überlegungen zur Frage der Speicherbibliotheken. In: Überregionale Literaturversorgung und Kostenrechnung in Bibliotheken. Frankfurt/Main, Klostermann 1977, S. 170—178 (Zeitschrift für Bibliothekswesen und Bibliographie, Sonderheft 24).

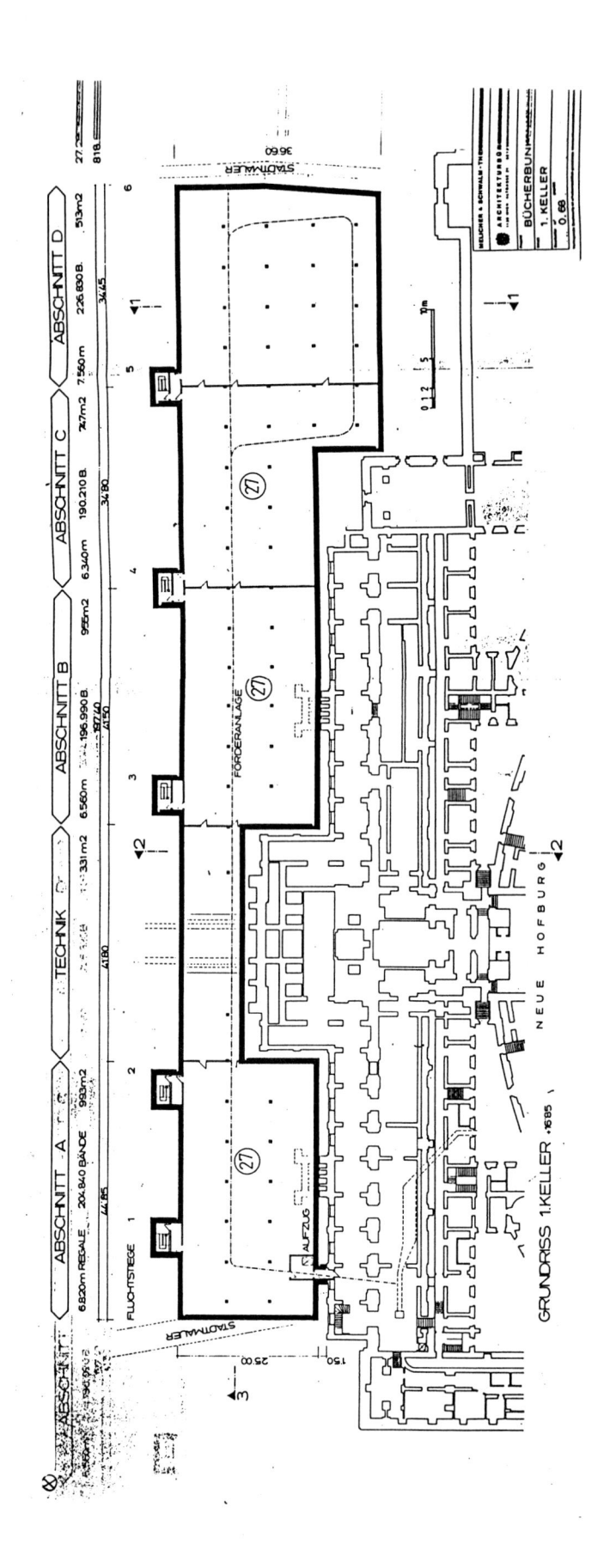

P 7 ÖNB, Regelgeschoß des geplanten unterirdischen Bücherspeichers

P 8   ÖNB, Querschnitt Bücherspeicher

1.1.6 Umbau des Palais Lobkowitz für die Theatersammlung der Österreichischen Nationalbibliothek und das Österreichische Theatermuseum
Wien I, Lobkowitzplatz

Planung: Architekten
    Dipl.-Ing. Prof. Karl Mang
    Dipl.-Ing. Prof. Eva Mang-Frimmel, beide Wien

Fertigstellung: voraussichtlich 1987

Nutzbare Fläche:
    a) Lese- u. Verwaltungszone ...... 160 m²
    b) Magazinszone .... 345 m²
    Zusammen .... 505 m²

Kapazität: 100.000 Bände (an Druckwerken)
dzt. Bestand: 60.000 Bände (ohne Handschriftensammlung)
Zuwachs pro Jahr: 600—1000 Bände
Anzahl der Leseplätze: 20
Sammelgebiete:
    Theater und Theaterwissenschaft.

Die Theatersammlung ist vorwiegend Dokumentation des österreichischen, darüber hinaus auch des gesamten deutschsprachigen Theaters und geht auf die Sammlung Hugo Thimig zurück. Das Theatermuseum enthält Figurinen, Kostüme, die berühmten Teschner-Puppen u. a. m.

Nach Erwerbung des ehemaligen Palais Lobkowitz durch den Bund und Widmung für Zwecke des Bundesministeriums für Wissenschaft und Forschung wurde dieses Gebäude zur Aufnahme des Theatermuseums und der Theatersammlung der Österreichischen Nationalbibliothek bestimmt. Für diese Zwecke ist natürlich ein umfangreicher Umbau, dessen Planung bereits fertiggestellt ist, erforderlich.

Man betritt die Theatersammlung und das Theatermuseum, die im 1. und 2. Stock des Palais Lobkowitz untergebracht werden, über ein repräsentatives Stiegenhaus. Von diesem führt ein Gang, an dem sich Garderobe, Toiletten, Kopierraum und ein Videoraum befinden, zum Eingang der Bibliothek. Dieser Raum ist gleichzeitig Katalog- und auch Informationsraum, mit einer Bücherausgabe, die ihrerseits mit den darüberliegenden Magazinräumen durch einen Bücheraufzug verbunden ist, der bis zur Anlieferung ins Erdgeschoß reicht. Von hier aus gelangt man direkt in den anschließenden Lesesaal (samt Wendeltreppe zu den Magazinen). Die übrigen Räume im 1. Stock sind dem Theatermuseum und einem durch zwei Geschosse hindurchgehenden Vortragssaal, dem Eroicasaal, gewidmet. Im Palais Lobkowitz wurde die III. Symphonie Beethovens „Eroica" in Es-Dur, op. 55, unter der Leitung des Komponisten uraufgeführt.

Der zweite Stock beinhaltet im Bereich der Theatersammlung die dazugehörigen Büchermagazine, in denen Verschubregalanlagen vorgesehen sind, und ein Fotoarchiv sowie im übrigen Gebäudeteil einen Ausstellungsraum für Handzeichnungen und ein Grafikarchiv des Theatermuseums. Die restlichen Räume dienen der gemeinsamen Leitung von Theatersammlung und Theatermuseum samt den dazugehörigen Verwaltungs- und Bearbeitungsräumen. Im Erdgeschoß verbleibt weiterhin der Kunstverlag Wolfrum.

Mit dem Projekt — im Herzen der Wiener Innenstadt, ganz nahe der Staatsoper —, das in Kürze verwirklicht werden soll, haben Theatermuseum und Theatersammlung ihnen längst zustehende repräsentative Räume gefunden, die eine endgültige Lösung ihrer bisherigen Raumprobleme erwarten lassen.

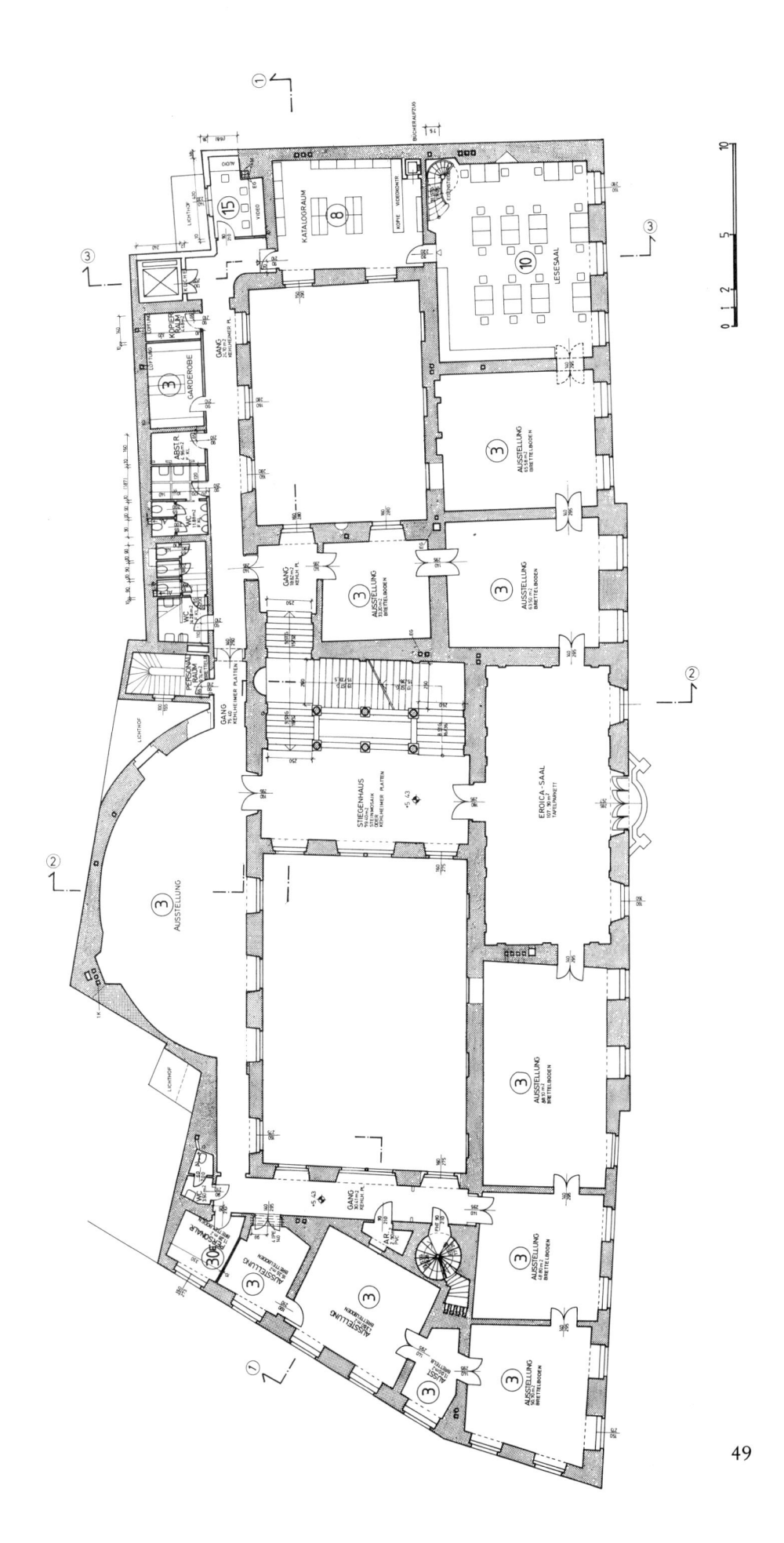

P 9 ÖNB, Theatersammlung im Palais Lobkowitz, Grundriß 1. Stock

49

P 10   ÖNB, Theatersammlung im Palais Lobkowitz, Grundriß 2. Stock

*1.1.7 Studien zum Ausbau der Neuen Hofburg
für die Österreichische Nationalbibliothek
Wien I, Heldenplatz*

Planung: Architekt Dipl.-Ing.
 Wolfgang Horak, Wien

Nutzbare Fläche:
 a) Lese- u.
  Verwaltungszone rd. 10.000 m²
 b) Magazinszone ... rd. 40.000 m²

 Zusammen ..... rd. 50.000 m²

Kapazität: rd. 8 Mio. Bände
Anzahl der Leseplätze: rd. 1100

Das Projekt ist Ende der sechziger Jahre im Rahmen eines Staatsauftrages an das Ziviltechniker-Team Jaksch — Wycital — Horak entstanden und stellt einen Beitrag für die Vorschläge zur Erweiterungs- und Entwicklungsmöglichkeit der Österreichischen Nationalbibliothek für einen weitgesteckten Rahmen und einen Zeitraum von etwa fünfzig Jahren dar. Der historische Bau der Nationalbibliothek am Josefsplatz, einer unserer schönsten Barockbauten überhaupt, konnte den bibliothekarischen Anforderungen unserer Zeit längst nicht mehr entsprechen, so daß es nahe lag, den anschließenden Trakt der Neuen Hofburg schrittweise heranzuziehen und dort genügend Platz zu schaffen für Lese-, Verwaltungs- und Magazinsbereiche.

Während die übrigen Abteilungen der Österreichischen Nationalbibliothek, durch den neuen Raumgewinn entlastet, in den bisherigen Bereichen neu eingeordnet werden sollten, würde die Druckschriftensammlung in der Neuen Hofburg zeitgemäß und vollständig untergebracht werden können. Das vorhandene Volumen wäre dazu um eine Überbauung der Innenhöfe zu ergänzen. Damit könnten in den tieferen Geschossen lesernahe Speicherflächen und in den obersten Geschossen großräumige, gut belichtbare Lesesäle gewonnen werden, ohne das äußere Erscheinungsbild der Neuen Hofburg zu verändern.

Ein in den Burggarten vorgelagerter unterirdischer Tiefspeicher würde in vier Speichergeschossen die Hauptlast der Bücherspeicherung übernehmen. Da die Bücherspeicherung zunächst das vordringlichste Problem darstellt, könnte der Tiefspeicher in mehreren Abschnitten unabhängig von den Arbeiten im Gebäude vorzeitig ausgeführt werden. Ein Abschnitt wurde als mechanischer Tiefspeicher für besonders raumsparende Einrichtungen vorgeschlagen. Der dritte Abschnitt sollte dann zur Ausführung kommen, wenn die Speicheranlage auch als Depotbibliothek für andere Bibliotheken der Stadt verwendet werden sollte.

Die vielfältigen, in mehreren Geschossen liegenden Leseräume gäben Gelegenheit, Freihand-Bibliotheken, Spezial-Lesesäle und sonstige Einrichtungen zu schaffen und den Leser unmittelbar an den neu gewonnenen Zentralspeicher heranzuführen.

Vom baulichen Standpunkt gesehen, erhielte der letzte Ringstraßenbau, nie ganz fertig geworden und in seiner Nutzung nie einem adäquaten Aufgabenbereich zugeordnet, durch diesen Ausbau zur Nationalbibliothek eine repräsentative und in ein geschlossenes Konzept eingebundene Verwendung. Die im weiten Kreisbogen gegen den Heldenplatz ausschwingenden Prunkstiegen erhielten zu ihrer bisher repräsentativen Aufgabe und der grundrißlich kaum gelösten Anbindung an die Haupträume an der Burggartenfront durch die Hofüberbauungen und die damit geschaffenen Lesesäle primäre Zugangsfunktionen und die ihnen zukommende Einbindung in das Grundrißkonzept.

Der zweite Stock würde mit ausreichenden, belichteten Arbeitsflächen dem Bibliothekspersonal, der Bibliothekarschulung und ähnlichen internen Aufgaben dienen. Dieser Stock steht in unmittelbarer gedeckter Verbindung mit dem Altbau der Nationalbibliothek, dem Prunksaal und der Generaldirektion.

Eine ähnliche Lösung, nämlich der großzügige Um- und Ausbau der historischen Burg in Budapest für die Ungarische Nationalbibliothek, wurde 1985 fertiggestellt.

Literaturhinweis

HORAK, Wolfgang: Studien zum Ausbau der Neuen Hofburg für die Österreichische Nationalbibliothek. In: Symposium moderner Bibliotheksbau, Wien 1971, S. 145—154 (Biblos-Schriften 56).

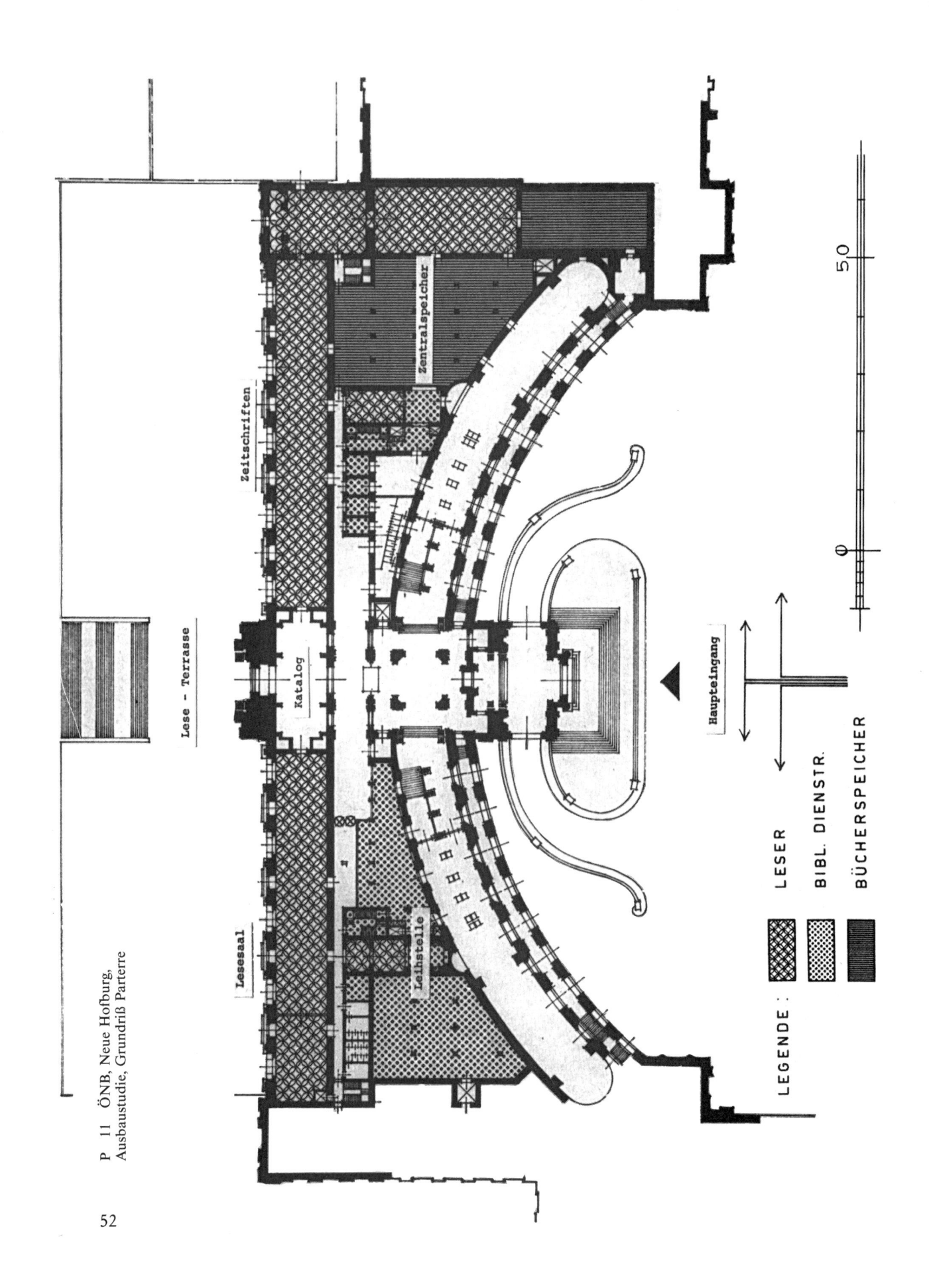

P 11 ÖNB, Neue Hofburg,
Ausbaustudie, Grundriß Parterre

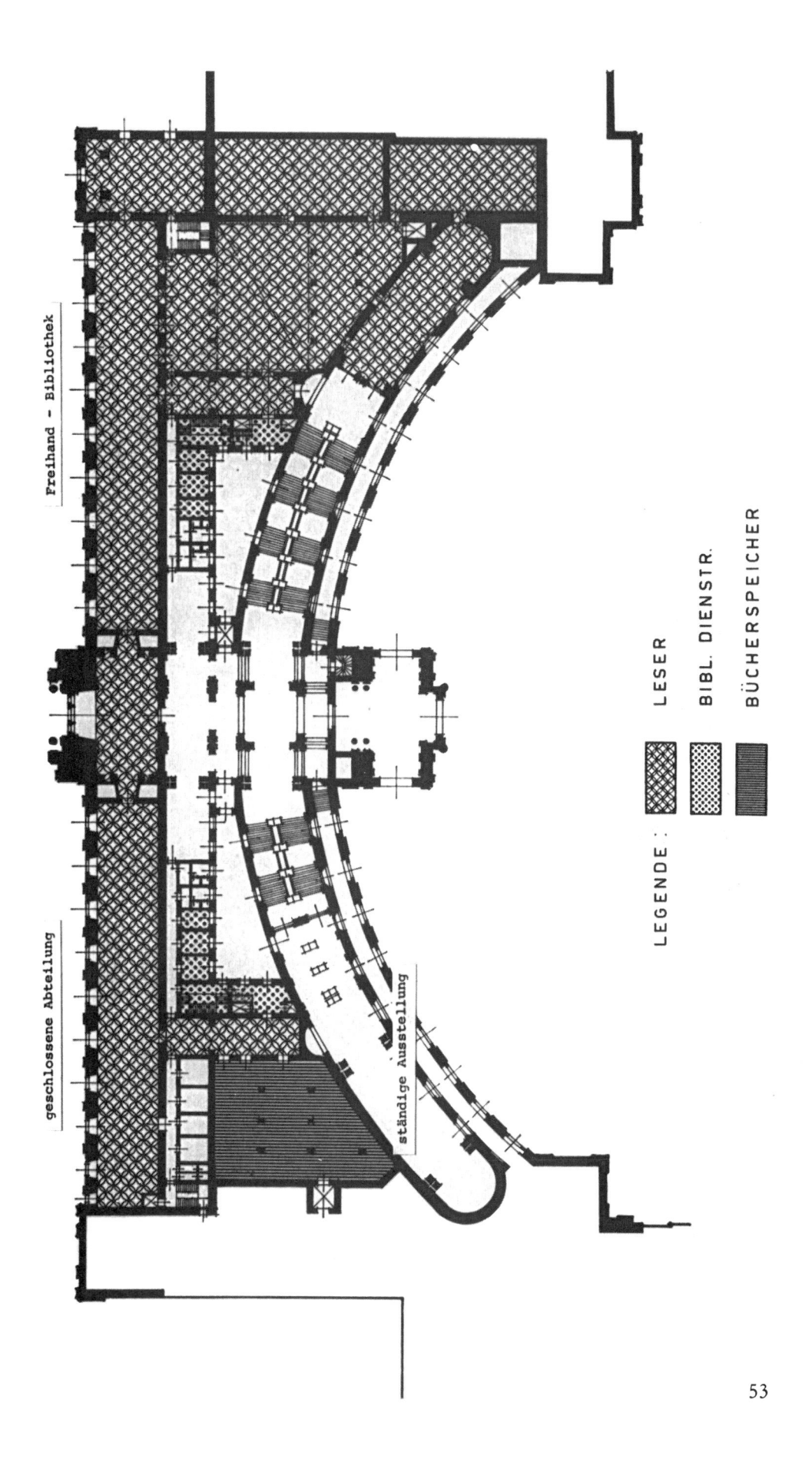

P 12 ÖNB, Neue Hofburg, Ausbaustudie, Grundriß Mezzanin

P 13 ÖNB, Neue Hofburg, Ausbaustudie, Querschnitt

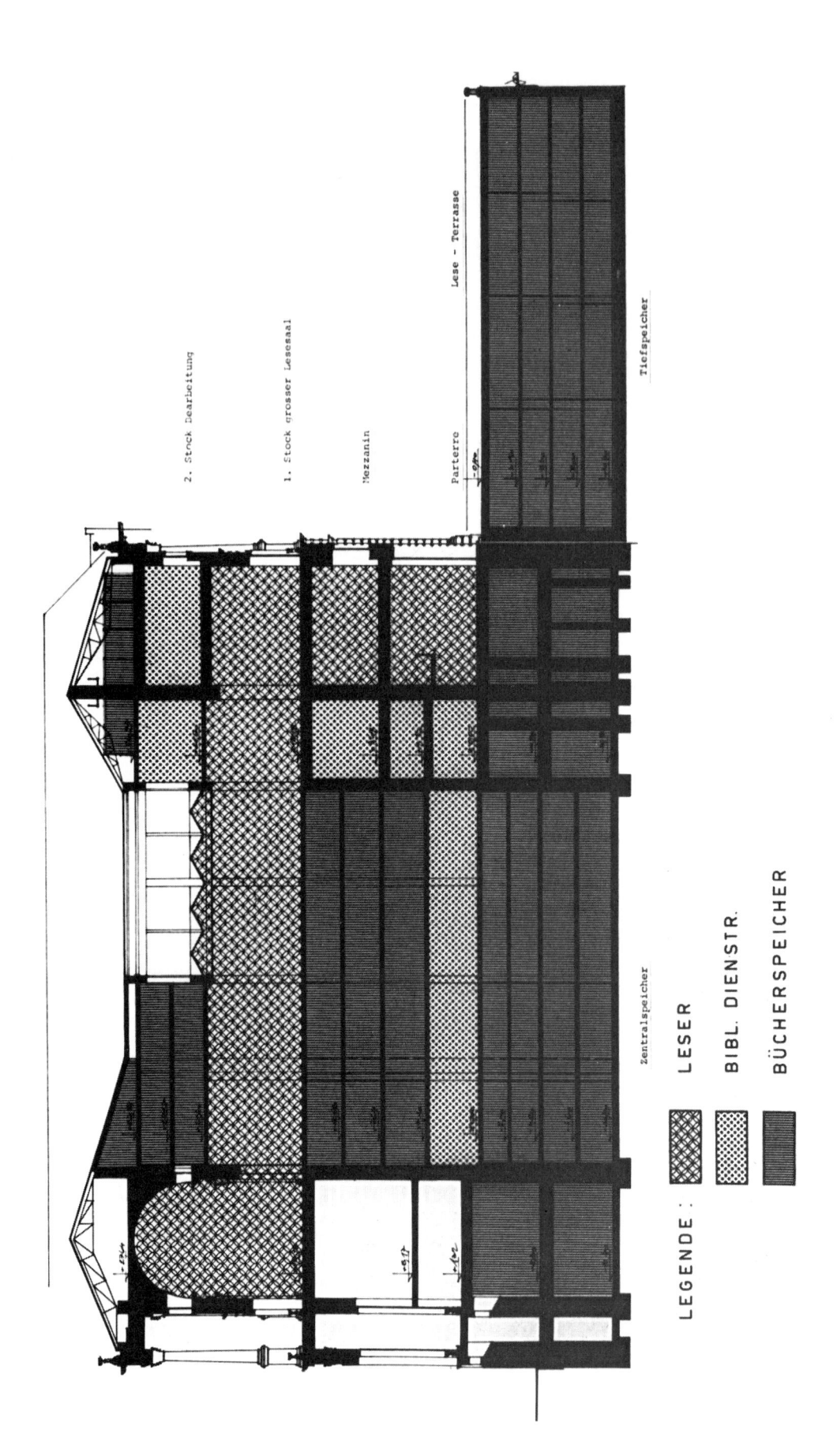

QUERSCHNITT

2. Stock Bearbeitung
1. Stock grosser Lesesaal
Mezzanin
Parterre
Lese - Terrasse
Tiefspeicher
Zentralspeicher

LEGENDE:
LESER
BIBL. DIENSTR.
BÜCHERSPEICHER

F 8 ÖNB, Neue Hofburg, Südansicht

1.1.8 Projekt einer Depotbibliothek unterhalb des Heldenplatzes (im Bereich der Neuen Hofburg)
Wien I.

Planung: Architekten
Prof. Dipl.-Ing. Dr. techn.
Walter Jaksch
Dipl.-Ing. Dr. techn.
Theophil Melicher
Dipl.-Ing. Georg Schwalm-Theiß
Mitarbeit: Horst Gressenbauer,
alle Wien

Durchführung: unbestimmt

Nutzbare Fläche: 34.000 m²

Kapazität: 8 Mio. Bände bei Verwendung von Fixregalen
11 Mio. Bände bei Verwendung von Verschubregalen

Anzahl der Leseplätze:
Kein Lesesaal, nur Katalograum mit 20 Plätzen

Sammelgebiete:
Selten benützte Literatur.

Zur weitgehenden Verbesserung der Stellraumsituation vieler wissenschaftlicher Bibliotheken Wiens wurde einvernehmlich mit dem Bundesministerium für Wissenschaft und Forschung, dem Bundesministerium für Bauten und Technik und der Österreichischen Nationalbibliothek im Jahre 1980 ein Projekt einer unterirdischen Depotbibliothek unter dem zur Neuen Hofburg zu gelegenen Teil des Heldenplatzes ausgearbeitet. Es war beabsichtigt, diese Depotbibliothek im Zusammenhang mit einer geplanten unterirdischen Garage (unter dem übrigen Teil des Heldenplatzes) zu errichten und deren Ein- und Ausfahrt auch für den An- und Abtransport der Bücher zu verwenden. Zahlreiche mögliche Lösungen für die erforderliche Rampe wurden vorgeschlagen und in vielen Verhandlungen durchdiskutiert. Schließlich legte aber das Bundesdenkmalamt ein Veto gegen jede dieser Lösungen ein, weshalb das Projekt bis heute nicht realisiert werden konnte.

Diese Depotbibliothek sollte zur Aufnahme selten gelesener Bücher, die in jeder Bibliothek vorhanden sind, dienen. Allein die Universitätsbibliothek Wien hätte (nach Angaben ihres früheren Direktors, Hofrat Dr. Rennhofer) etwa 60 % ihrer Bestände abgeben und sich dadurch neuen Freiraum schaffen können. Auch für die Österreichische Nationalbibliothek würde durch eine solche Depotbibliothek, die unterirdisch mit ihrer Bücherausgabe verbunden werden sollte, die Stellraumsituation wesentlich erleichtert. Die annähernd rechteckige, funktionell ideale Form und die Möglichkeit, hier infolge des sehr tief liegenden Grundwasserspiegels in der Innenstadt vier Geschosse unter die Erde zu gehen, brächte bei Verwendung von Fixregalen eine Kapazität von 8 Mio. Bänden, bei einer solchen mit Verschubregalen bis zu 11 Mio. Bänden, wodurch die gesamte Stellraumsituation auf Jahrzehnte gelöst wäre. Darüber hinaus könnte diese unterirdische Anlage der Bevölkerung der Wiener Innenstadt im Krisenfall als Schutzraum dienen, weil die Decken von vornherein auf eine hohe Belastung ausgelegt würden. Das Prinz-Eugen-Denkmal, das im Mittelbereich steht, könnte an seiner Stelle verbleiben, und es würden auch keine Bäume gefällt werden müssen; die Grünfläche würde nach Errichtung des unterirdischen Speichers in ihrer jetzigen Form wieder hergestellt werden.

Der geplante Tiefspeicher ist als viergeschossiger Stahlbeton-Skelettbau mit den Achsabständen von 6,50 × 9,10 m — basierend auf einem Regalachsmaß von 1,30 m — konzipiert. Die Gründung soll in Form einer entsprechend starken Stahlbeton-Platte, die noch über dem höchsten Grundwasserspiegel liegt, erfolgen, sodaß keine Wannenausbildung erforderlich sein wird. Schlitzwände ermöglichten die Ausschachtung. Als Decken sind massive Stahlbetondecken mit einer Nutzlast von 1500 kg/m² vorgesehen. Der gesamte Tiefspeicher würde in sechs Brandbereiche getrennt, von denen jeder einzelne eine Fluchtstiege erhält, die direkt ins Freie führt. Für eine Sprinkleranlage sind entsprechende Behälter vorgesehen.

Das zweite Untergeschoß, das direkt über die Garagenzufahrt erreichbar sein sollte und eine Verbindung zum ersten Keller der Neuen Hofburg hat, ist als eigentliches Manipulationsgeschoß für die Bücheran- und -auslieferung sowie die Bücherverteilung gedacht. Auch sind Räume für die Bearbeitung, Katalogisierung sowie für den Leiter und eine Poststelle samt diversen Lagern vorgesehen. Im Mittelbereich sollen die Haustechnik (Heizung, Strom, Be- und Entlüf-

P 14 ÖNB, Projekt einer Depotbibliothek unter dem Heldenplatz.
Grundriß Manipulationsebene

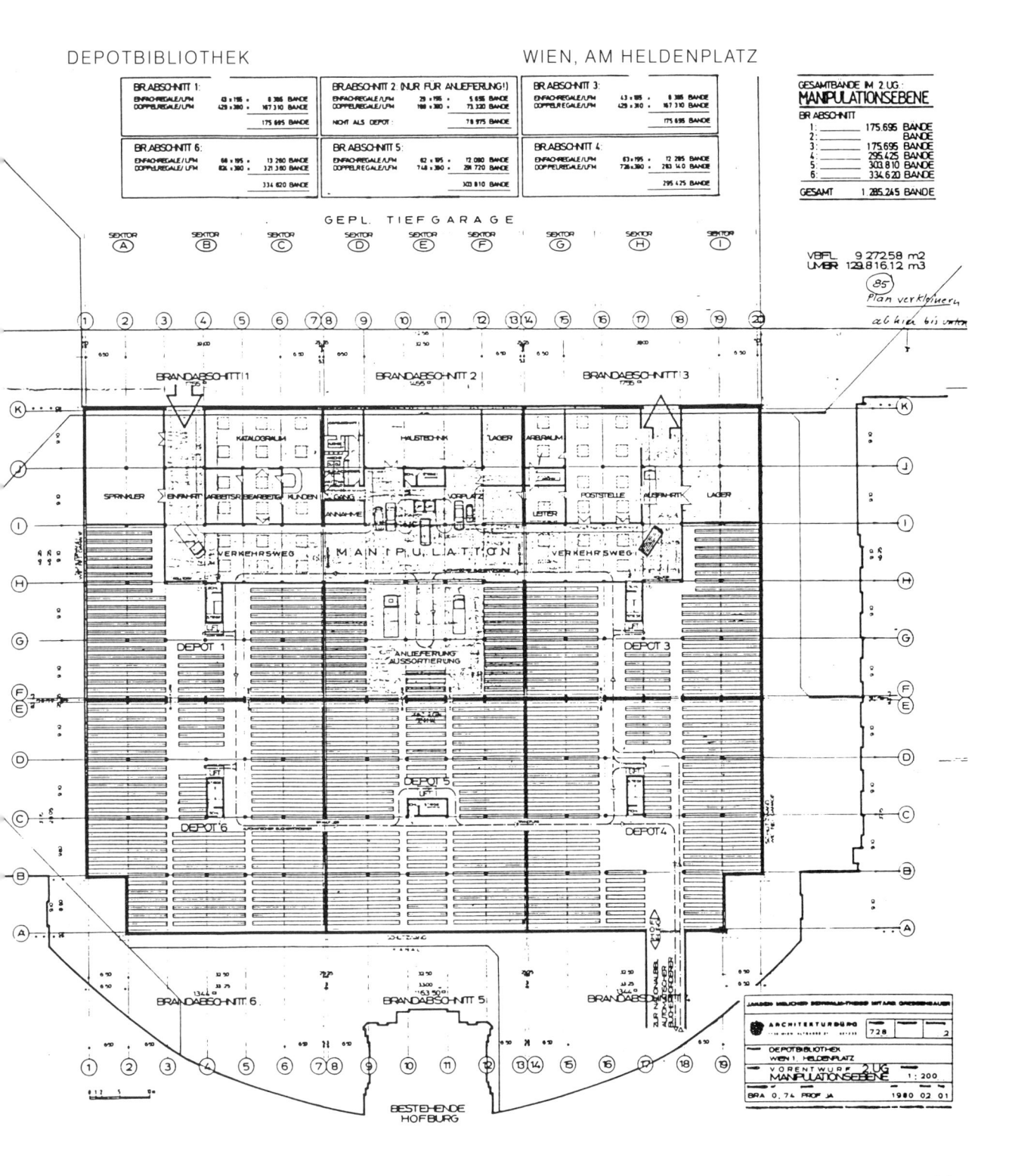

tung und anderes mehr) und die Sozialräume liegen. Zwei Personallifte und eine Stiege sollen in die übrigen drei Untergeschosse führen.

Zum Transport der Bücher werden entweder eine Kastenförderbandanlage mit Umlaufaufzügen oder eine Behälterförderanlage mit gleisgebundenen, einzeln angetriebenen Fahrzeugen (Telelift) in Vorschlag gebracht. Da sich die Lifte jeweils im Zentrum eines größeren Bereiches befinden sollen, könnte im ersten, dritten und vierten Untergeschoß auf horizontale Förderbänder ver-

zichtet und die Verteilung der Bücher mit Handwägen bewerkstelligt werden.

Dieses Projekt wäre geeignet, das Stellraumproblem sämtlicher Bibliotheken Wiens für die fernere Zukunft großzügig zu lösen.

Literaturhinweis

STEININGER, Franz: Eine Depotbibliothek für Wiener wissenschaftliche Bundesbibliotheken? In: Biblos 13 (1964) 2, S. 45—53.

P 15 ÖNB, Projekt einer Depotbibliothek unter dem Heldenplatz, Querschnitt

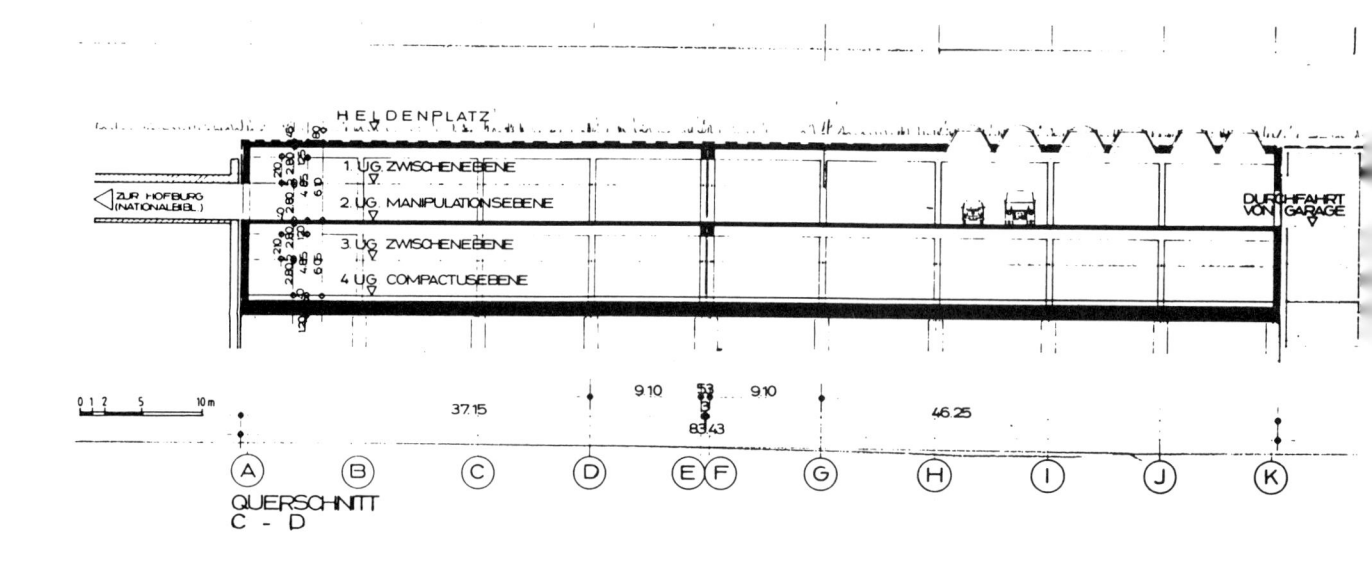

1.1.9 Projekt einer Zeitungsbibliothek im ehemaligen Kulissendepot der Bundestheater Wien VI, Lehárgasse 6—8

Planung: Architekten
Prof. Dipl.-Ing. Dr. techn.
Walter Jaksch
Dipl.-Ing. Dr. techn.
Theophil Melicher
Dipl.-Ing. Georg Schwalm-Theiß
Mitarbeit: Horst Gressenbauer,
alle Wien
Statik: Dipl.-Ing. Johann Stella
Dipl.-Ing. Walter Stengel,
beide Wien
Zivilingenieure für Bauwesen

Durchführung: unbestimmt

Nutzbare Fläche: 11.770 m²

Kapazität: 1,760.000 Bände
Anzahl der Leseplätze: 50
Sammelgebiete:
Sämtliche Zeitungen Österreichs.

Lange Zeit hindurch stand das ehemalige Kulissendepot der Bundestheater in Wien, das von dem berühmten Architekten Gottfried Semper vor etwa 100 Jahren errichtet worden ist, leer. Als es zum Abbruch kommen sollte, um einer notwendigen Erweiterung der Fakultätsgebäude für Chemie und für Maschinenbau der Technischen Universität am Getreidemarkt Platz zu machen, traten die Studenten der Architekturfakultät auf den Plan und versuchten dies mit allen Mitteln zu verhindern. Schließlich stellte das Bundesdenkmalamt das Gebäude, dessen Halle mit dreigeschossiger Galerie auf äußerst zarten Gußeisensäulen — die sogenannten „Birne" — eine architektonische Meisterleistung ist, unter Denkmalschutz. Um nun eine geeignete Verwendung zu finden, wurde von den Architekten einvernehmlich mit dem Bundesministerium für Wissenschaft und Forschung und der Österreichischen Nationalbibliothek eine Nutzungsstudie erstellt.

Unter weitgehender Schonung des Altbestandes wurde nun der Einbau einer Zeitungsbibliothek, samt allen erforderlichen Lese-, Verwaltungs- und Depoträumen vorgeschlagen und im vorderen, architektonisch besonders wertvollen Teil der Einbau der Theatersammlung der Österreichischen Nationalbibliothek. Eine eingehende Untersuchung zweier Zivilingenieure für Bauwesen ergab, daß dieses Gebäude nach entsprechenden Verstärkungen und einigen konstruktiven Auswechslungen für den vorgesehenen Verwendungszweck durchaus geeignet ist und eine entsprechende Wirtschaftlichkeit gegeben wäre.

Das Erdgeschoß gliedert sich in den Bereich der sogenannten „Birne" im vordersten Teil des annähernd dreieckförmigen Areals an der Lehárgasse, die im wesentlichen in ihrer architektonischen Form wieder voll zur Geltung gelangen könnte. Es sollte mitsamt seinen Galerien und den rückwärtigen Ausstellungsräumen, einem Lesesaal, zwei Verwaltungsräumen und allen erforderlichen Nebenräumen der Theatersammlung dienen. Als feststand, daß die Theatersammlung in einem anderen Gebäude untergebracht werden sollte (siehe S. 48), wurde auch dieser Bereich der Zeitungsbibliothek zugeordnet. Der gesamte restliche Teil des Gebäudes sollte Zeitungsbibliothek werden. Um möglichst viel Material unterzubringen, wurde vorgeschlagen, die 6 m hohen Räume im Bereich der Magazine zu unterteilen; nur Leseräume und Verwaltungsräume sollten ihre volle Höhe behalten. Zur An- und Auslieferung sollte ein neues Tor an der Lehárgasse entstehen, das zu einem Manipulationsraum führt und von dem aus sämtliche Magazine und Bearbeitungsräume über Aufzüge bzw. über Stiegen erreichbar wären. Ein eigener, derzeit bereits vorhandener Eingang sollte zu den Verwaltungs- und Personalräumen führen, überwacht von einer zentral gelegenen Kontrollstelle. Im Untergeschoß war eine Cafeteria für die Besucher und das Personal vorgeschlagen; die restlichen Räume sollten Depot- und Lagerzwecken dienen sowie der Heizung und Lüftung samt allen übrigen technischen Erfordernissen.

Im Rahmen der Diskussion um das Museumskonzept ist nun wieder der Gedanke einer musealen Nutzung für das Kulissendepot aufgetaucht, z. B. als Architekturmuseum.

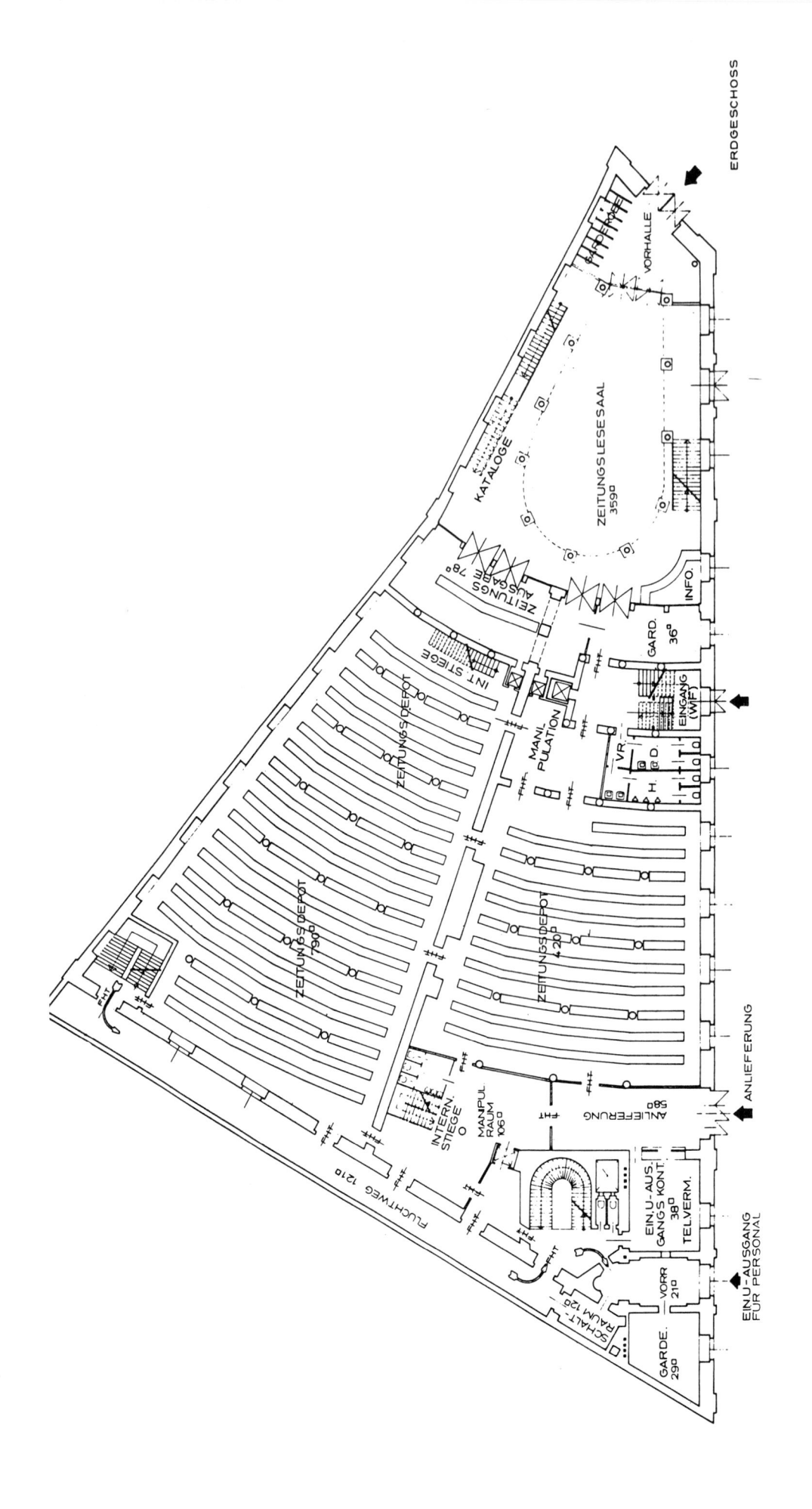

P 16 ÖNB, Projekt einer Zeitungsbibliothek im sog. Semperdepot, Grundriß Erdgeschoß

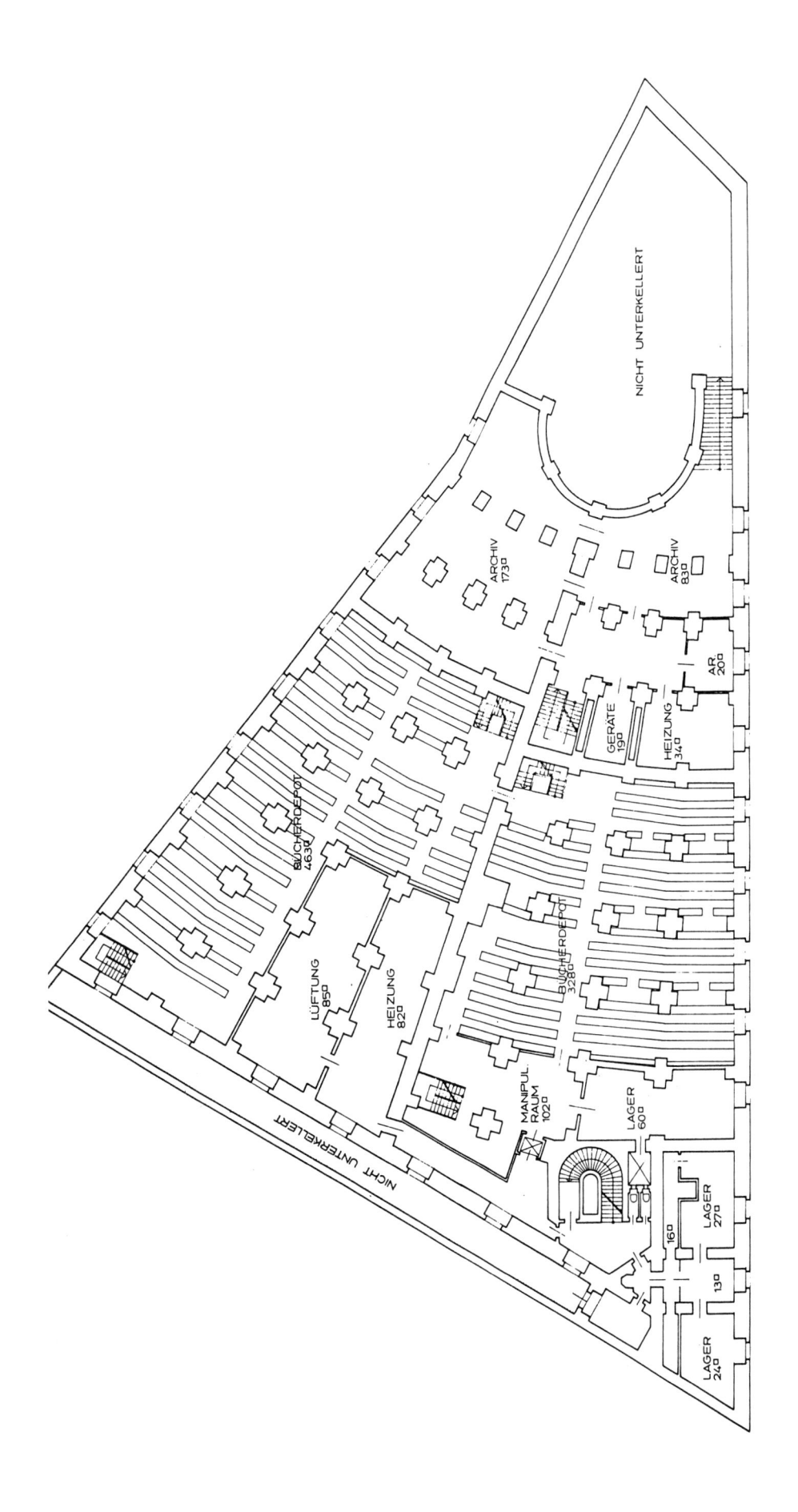

P 17 ÖNB, Projekt einer Zeitungsbibliothek im sog. Semperdepot, Grundriß Kellergeschoß

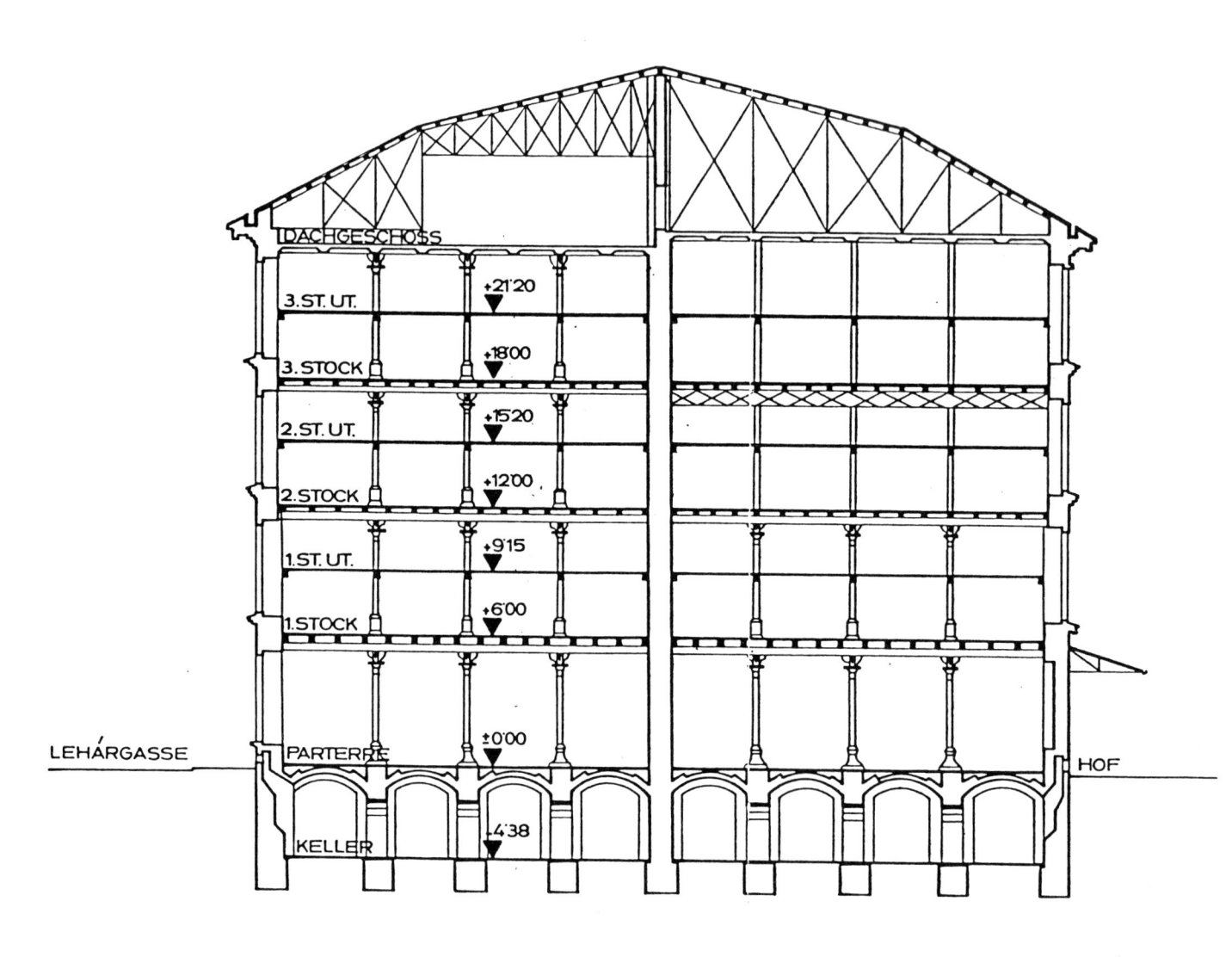

P 18 ÖNB, Projekt einer Zeitungsbibliothek im sog. Semperdepot, Querschnitt

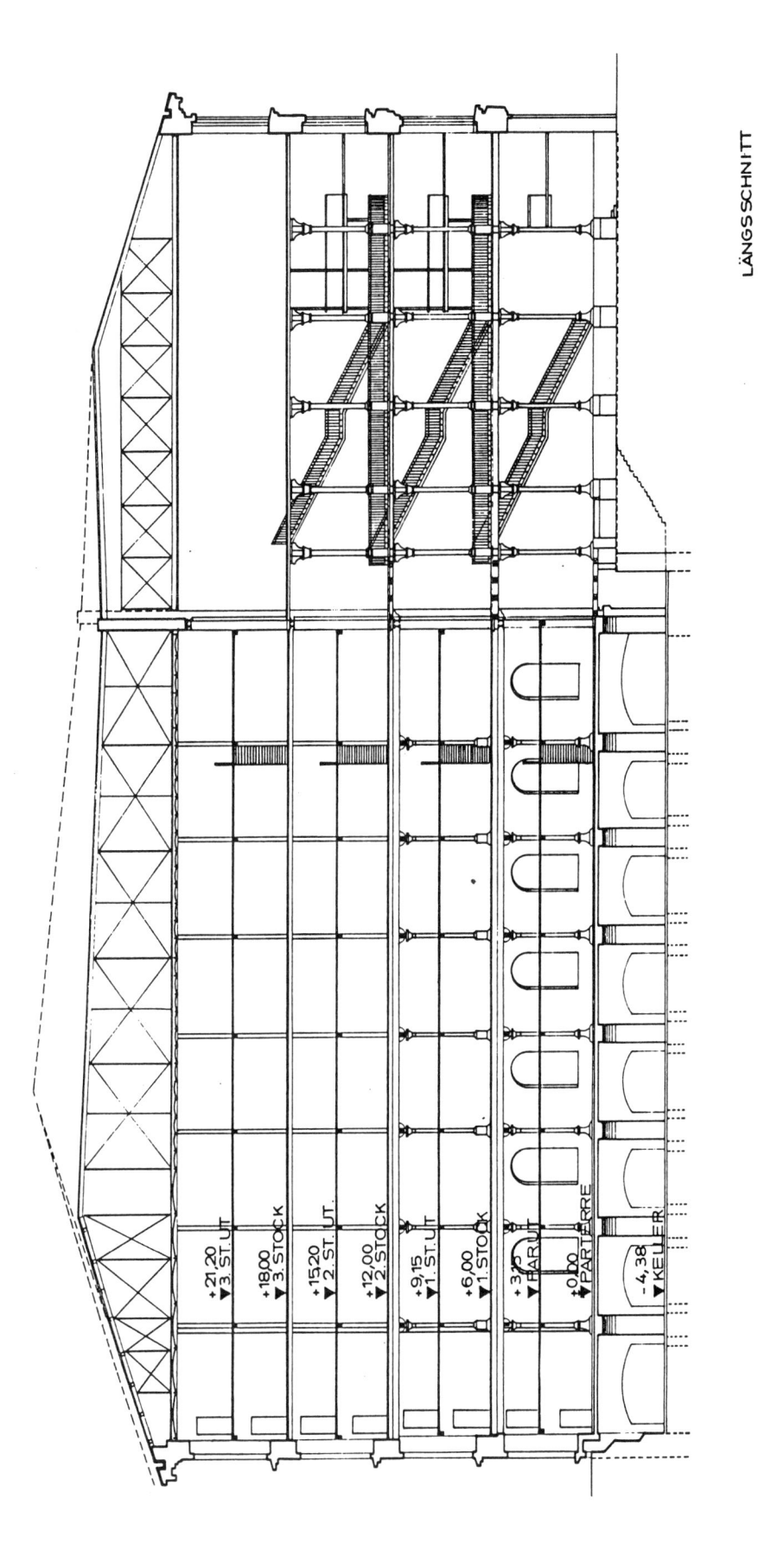

P 19 ÖNB, Projekt einer Zeituangsbibliothek im sog. Semperdepot, Längsschnitt

1.2 UNIVERSITÄTSBIBLIOTHEK WIEN
1.2.1 Umbau der Hauptbibliothek
Wien I, Dr.-Karl-Lueger-Ring 1

Planung: Architekt
Univ.-Prof. Dipl.-Ing.
Erich Boltenstern, Wien

Statik: Dipl.-Ing. Dr. techn.
Franz Ramsauer, Wien
Zivilingenieur für Bauwesen

Fertigstellung: 1. Bauabschnitt 1965
2. Bauabschnitt 1969

Kapazität: a) vor dem Umbau
1,6 Mio. Bände
b) nach dem Umbau
2,3 Mio. Bände

dzt. Bestand: 4,3 Mio. Bände, davon
2,0 Mio. Bände Hauptbibliothek
15.600 lfd. Zeitschriften,
davon 4.500 Hauptbibliothek

Zuwachs pro Jahr: 80.000 Bände, davon
25.000 Hauptbibliothek

Anzahl der Leseplätze:
a) vor dem Umbau 370
b) nach dem Umbau 500

Anzahl der Studierenden: rd. 54.000

Sammelgebiete:
Alle wissenschaftlichen Fachgebiete;
Bibliotheksstücke aus Wien, Niederösterreich und Burgenland.

Die Geschichte der Universitätsbibliothek Wien geht bis auf die Gründung der Universität im Jahre 1365 durch Herzog Rudolf den Stifter zurück.

Zur Zeit des Wiener Humanismus (um 1500) hatte die Bibliothek ihre Blütezeit. Als Folge der Glaubenskämpfe, Türkenkriege und Pestepidemien kam es dann zu einem Verfall sowie 1757 zur Auflösung der Universitätsbibliothek und zur Übergabe der Restbestände an die damalige Hofbibliothek. Erst 1777 — im Zuge der Reform des Bibliothekswesens unter Maria Theresia — kam es zur Wiedereröffnung der Universitätsbibliothek im Gebäude der Alten Universität am Dr.-Ignaz-Seipel-Platz und im Jahre 1884 zur Übersiedlung in das neue Universitätsgebäude am Ring. Nach Bombenschäden und Bücherverlusten im Zweiten Weltkrieg mußten die Bücher nach Niederösterreich verlagert werden.

Der Wiederaufbau Österreichs nach dem Zweiten Weltkrieg stellte die Universitätsbibliothek vor die Notwendigkeit, die verlagerten Bestände wieder zurückzuführen und neue Wege zu finden, der gesteigerten Hörer- und Benützerzahl gerecht zu werden. Nachdem das Projekt einer neuen Universitätsbibliothek auf dem Areal des ehemaligen Stadtkommandogebäudes (jetzt des neuen Institutsgebäudes) nicht verwirklicht werden konnte (siehe Seite 71), mußte nun eine durchgreifende Erneuerung und Erweiterung — soweit dies im Rahmen des bestehenden Gebäudes möglich war — erfolgen. Um die Stellraumsituation (Jahreszuwachs etwa 25.000 Bücher) zu erleichtern, mußte der Speicherraum wesentlich erweitert, ferner die Vorzone der Bibliothek räumlich übersichtlicher gestaltet, entsprechend Raum für Auskunftsdienst, Kopierstelle, sonstige Serviceeinrichtungen und vor allem für einen zusätzlichen Lesesaal und einen neuen Zeitschriften- und Zeitungslesesaal gewonnen werden. Als Kern der Anlage blieb der Hauptlesesaal bestehen, doch wurde der Boden um 2 m gehoben, um Verwaltungs- und Magazinsraum zu gewinnen.

Zur Deckung des zusätzlichen Raumbedarfes mußten — mit Ausnahme einiger weniger neu zur Verfügung gestellter Räumlichkeiten — die Räume innerhalb des bestehenden Bibliothekskomplexes rationeller aufgeteilt werden.

Als erstes mußte eine monumentale Treppe eines der beiderseits des Hauptlesesaales gelegenen Büchertürme aufgelassen werden, an deren Stelle in der Höhe des 1. Stockwerkes eine geräumige Vorhalle mit einer Garderobe, in der Art einer Theatergarderobe, entstand. Ein Glasfenster an der Stirnwand wurde vom akademischen Maler Giselbert Hocke künstlerisch gestaltet und ein Mosaikfries an der Längswand vom akademischen Maler Hermann Bauch. An der Vorhalle schließt im Untergeschoß ein Raum für die Leihstelle (sowohl Orts- als auch Fernleihe) an. Über eine beidseitige Treppenanlage gelangt man von der Vorhalle auf eine geräumige Galerie-Plattform, an der der Eingang zum Hauptlesesaal mit seinen 370 Leseplätzen liegt. Ein kurzer Treppenlauf führt von dieser Galerie in den über dem Entlehnraum liegenden neuen Lesesaal mit seinen 100 Leseplätzen. Dieser enthält vor allem die neue Lehrbuchsammlung in Freihandaufstellung. Der neue Zeitschriften- und Zeitungslesesaal ist im Hochparterre untergebracht; hier werden über 4500 Zeitschriften und Zeitungen geführt, von denen ca. 1500 frei zugänglich aufgestellt sind. Daneben konnten noch mehrere kleine Räume für Mikrofilme, Abhören von Schallplatten und Benutzung von Schreibmaschinen sowie ein Magazin für Periodika geschaffen werden. Zum Transport der Bücher aus dem Magazin und umgekehrt wurden anstelle von Förderbändern, die unverhältnismäßig große Schwierigkeiten bei der Baudurchführung hervorgerufen hätten, an den wichtigsten Konzentrationspunkten Personen- und Bücheraufzüge eingebaut. Während der neue Lesesaal, der verhältnismäßig niedrige Bauhöhe aufweist, eine sorgfältig aufgeteilte Deckenbeleuchtung erhielt, verblieben im Hauptlesesaal die alten Tischlampen. Um die für die Lagerung der Bücher notwendige, möglichst konstante Temperatur und Luftfeuchtigkeit zu erhalten, wurde der Heizzentrale eine Klimaanlage angeschlossen, deren Luftführungen bei dem alten Gebäude schwierige bauliche Veränderungen erforderten.

Der erste Bauabschnitt und der Einbau des neuen Foyers konnten termingerecht zur 600-Jahr-Feier der Universität Wien im Jahre 1965 fertiggestellt werden, während der zweite Bauabschnitt im Jahre 1969 beendet werden konnte. Schwierigkeiten bereitete hiebei der Umstand, daß während der umfangreichen Bauarbeiten der Betrieb der Bibliothek — geringstmöglich gestört — vor sich gehen mußte.

Literaturhinweise

PONGRATZ, Walter: Geschichte der Universitätsbibliothek Wien. Wien 1977. XV, S. 231.

Die Universitätsbibliothek Wien. Geschichte, Organisation, Benützung. 6., verb. Auflage, Wien 1980.

JESINGER, Alois: Wien, Universitätsbibliothek. In: Zentralblatt für Bibliothekswesen, Jg. 42 (1925), S. 239—242.

ERTEL, Werner: Universitätsbibliothek Wien, Umbauten. In: Bauforum Wien, Jg. 3 (1970), H. 17, S. 39—40.

DETTELMAIER, Rudolf: Die Erweiterungsbauten der Universitätsbibliothek Wien. In: Biblos, Jg. 15 (1966) 3, S 182—193.

WÜRZL, Robert: Bibliotheksbau: Bd. 1. 2. Wien 1982.
1. Analyse des Bibliotheksbaus bis 1884.
2. Universitätsbibliothek Wien und Anhang.
Diplomarbeit Technische Universität Wien.

Hundert Jahre Universitätsbibliothek Wien im Haus am Ring 1884—1984. Wien 1984. (Biblos-Schriften 126). Darin: Baumgartner, Ferdinand. Zur Organisation und räumlichen Struktur der Universitätsbibliothek Wien. S 3—10.

P 20   Universitätsbibliothek, Grundriß Hauptgeschoß

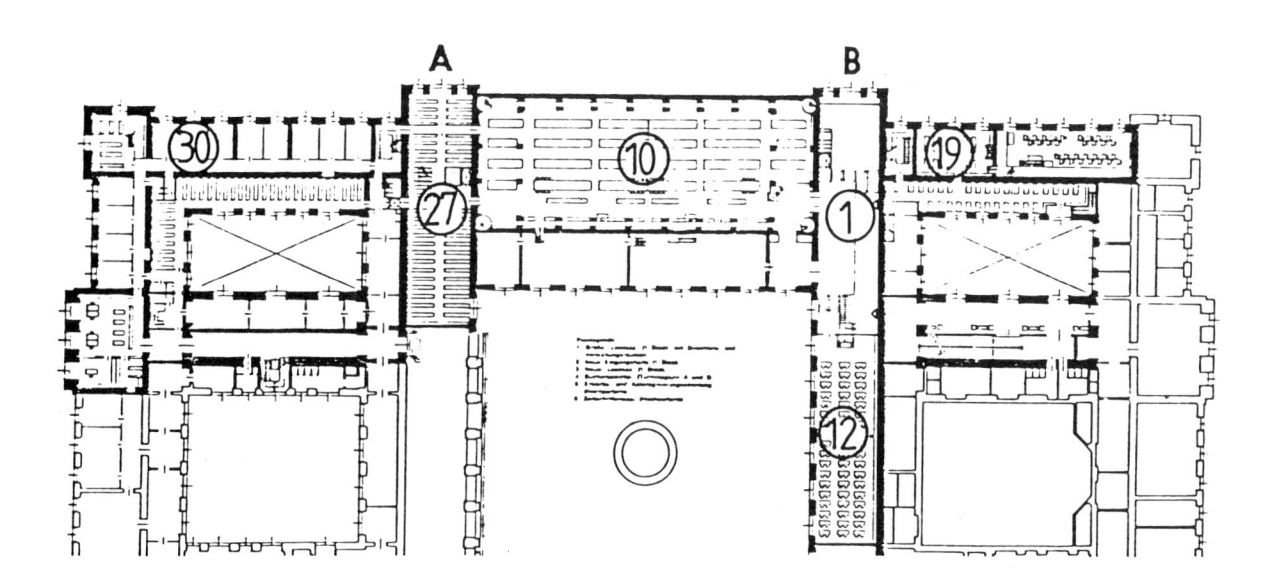

F 9 UB Wien, Katalogzimmer

F 10 UB Wien, Zettelkatalog der Hauptbibliothek in der Vorhalle

F 11 UB Wien, Großer Lesesaal

Dritter Bauabschnitt:

Planung: Bundesbaudirektion Wien
Fertigstellung: 1983

Seit dem vorgenannten Umbau der Universitätsbibliothek hat sich die Zahl der inskribierten Hörer von 15.000 auf rund 60.000 erhöht; die räumlichen Gegebenheiten blieben jedoch die gleichen. Die Benützerzahlen der Bibliothek stiegen sprunghaft an, sodaß es nicht mehr möglich war, für die personell aufwendige Garderobe (sechs Personen pro Tag) Bibliotheksbedienstete bereitzustellen. Eine Übernahme dieser Dienste durch die Hochschülerschaft kostete jährlich öS 350.000.—. Daher mußte man sich zur Neuplanung der Garderobe entschließen. Nachdem täglich 2000 bis 2500 Studierende die Hauptbibliothek besuchen, erschien die Errichtung einer Selbstbedienungsgarderobe als Kästchengarderobe am zweckmäßigsten. Der hiefür einzig geeignete Ort war, sowohl raum- als auch funktionsgemäß, das Büchermagazin unter dem Hauptlesesaal. Natürlich mußten zuerst die technischen Voraussetzungen für diesen konstruktiv verhältnismäßig schwierigen Fall — unter Berücksichtigung der alten und zwischendurch umgebauten Substanz — geprüft werden. Dank des Verständnisses und der raschen Finanzierung der beiden zuständigen Ministerien konnte mit dem Bau in der zweiten Hälfte des Jahres 1982 begonnen und dieser im Juni 1983 abgeschlossen werden.

Nach Demontage der alten Bücherregale und aller technischen Einrichtungen, einschließlich der Lüftungskanäle in diesem Magazinsbereich, konnten die eigentlichen Umbauarbeiten beginnen. Da man, ohne die Statik zu gefährden, die Längsträger (Regalträger) von den mit diesen verschweißten Querträgern nicht trennen konnte, mußte die Stahlbetondecke abgetragen und die Stahlträger freigelegt werden; erst dann konnte die neue Fertigteildecke hergestellt und die Trennwand zum übrigen Magazinsbereich errichtet werden. Sodann wurden die neuen Belüftungskanäle für den Hauptlesesaal und für die neue Garderobe verlegt. Der Bauordnung gemäß mußten Türöffnungen verbreitert und ein neuer Türdurchbruch gegenüber der Fernleihe durchgeführt werden. Naturgemäß war es notwendig, Staubwände aufzustellen und die Garderobe provisorisch in den Gang zu verlegen, um den Bibliotheksbetrieb geringstmöglich zu stören. Die notwendige Verstärkung der Be- und Entlüftungsanlage im Foyer erforderte die Demontage der gesamten abgehängten Deckenkonstruktion und ihren Austausch gegen eine solche mit abhebbaren, feuerhemmenden Mineralfaserplatten; eine ebensolche Ausführung erhielt die abgehängte Decke über der neuen Garderobe, um zu den Installationen jederzeit Zugriff zu haben. Abschließend wurde der bestehende Karstmarmorboden des Foyers ergänzt und in der Garderobe ein PVC-Belag verlegt. Schließlich wurden 483 Garderobekästchen und 30 Schließfachsäulen, die mit einer 10-S-Münze als Pfand benützbar sind, aufgestellt.

Vierter Bauabschnitt:

Planung: Bundesbaudirektion Wien
Fertigstellung: Dezember 1984

Mit der Übersiedlung der Fakultätsbibliothek für Rechtswissenschaften in das neue Juridicum wurde der Universitätsbibliothek vom Akademischen Senat der Großteil ihrer früheren Räumlichkeiten — und noch weitere Räume — zugesprochen. Somit konnte seitens der Universitätsbibliothek Wien ein weiteres größeres Bauvorhaben geplant und bereits begonnen werden.

Nach umfangreichen Adaptierungsarbeiten in den Räumlichkeiten der ehemaligen Fakultätsbibliothek für Rechtswissenschaften sowie in weiteren vier Räumen übersiedelten die Direktion und die gesamte Verwaltung der Universitätsbibliothek dorthin. Es wurde getrachtet, diesen Räumen den ihnen vom Erbauer (Architekt Ferstl) zugedachten Charakter wiederzugeben. Ferner wurden dort auch Teile der Abteilung „Zentrale Katalogisierung der Institute", ein kleiner Lesesaal und ein Vortragsraum untergebracht. Die durch diese Übersiedlung frei gewordenen Räume sowie Teile des Magazins werden zur Erweiterung des Katalogbereiches und der Lehrbuchsammlung verwendet werden.

Auch die Verlegung der Orts- und Fernleihe, deren Frequenz stark angestiegen ist, in drei derzeitige Hörsäle im Anschluß an die derzeitige Leihstelle ist geplant, ebenso die Verlegung des Autorenkataloges, des Zentralkataloges der Institute und des alten Kataloges (Mikrofiche-Katalog) in benachbarte, derzeit noch in Benützung stehende Hörsäle. Dem Auftrag gemäß, wertvolles Kulturgut auch zu schützen, werden bereits alle Werke der Erscheinungsjahre 1500 bis 1780 in einem gesonderten Magazin aufgestellt. Durch Dokumentation werden diese Werke näher erschlossen.

Die Zahl der entlehnten Bücher steigt ständig. Eine automationsunterstützte Entlehnverbuchung, deren Einrichtung derzeit vorbereitet wird, wird den Entlehnvorgang erleichtern und verkürzen. Die Aushebung der entlehnten Bücher ist durch die Weitläufigkeit des Hauses und durch die Dislozierung mancher Magazine äußerst schwerfällig, mühsam und personalaufwendig. Der Einbau einer Buchförderanlage vom gesamten Magazins- in den Benützungsbereich wäre sehr zu wünschen. Selbstfahrende Container könnten 25 bis 30 beliebige Stationen im Haus anfahren und das Buchgut befördern. Der Einbau wäre allerdings höchst kostenaufwendig.

Zukunftsplanungen

Um das Jahr 1990 stellt sich der Universitätsbibliothek Wien die Notwendigkeit, neue Magazinsräume zu schaffen. Da sich im Hauptgebäude diese Möglichkeit kaum bieten wird und dislozierte Magazine sich nur sehr schwer administrieren lassen, sollen die alten Überlegungen bezüglich eines Bücherspeichers unter dem Grünstreifen in der Reichsratstraße wieder aufgegriffen werden. Für diesen Bücherspeicher spricht nicht nur die räumliche Eingebundenheit in das bestehende Magazinsystem, sondern auch die technisch verhältnismäßig einfache Erweiterbarkeit einer bis dahin möglicherweise bestehenden Bücherförderanlage in diesen neuen Magazinsbereich. Dort könnten dann auch die besonders zu schützenden alten Bücher, unter geeigneten technischen Voraussetzungen, aufgestellt werden. Im Zusammenhang mit der Errichtung dieses unterirdischen Speichers könnte auch mittels Einfahrt oder mittels Hebebühne das Transportproblem gelöst werden, da ein unmittelbarer Zugang zu den vorhandenen Aufzügen im Süd- und im Nordturm geschaffen werden könnte.

Literaturhinweise

GLANZER, Siegfried: Selbstbedienungsgarderobe und Foyer — erster Abschnitt des Gesamtbaukonzeptes der UB Wien. In: Mitteilungen der Vereinigung Österr. Bibliothekare. 36 (1983) 4, S. 31—37.

BAUMGARTNER, Ferdinand und Rudolf RATHEI: Die Universitätsbibliothek Wien. In: Österreichische Hochschulzeitung. Jg. 36 (1984) Nr. 10, S 29—30.

F 12 UB Wien, Neuer Schlagwortkatalog

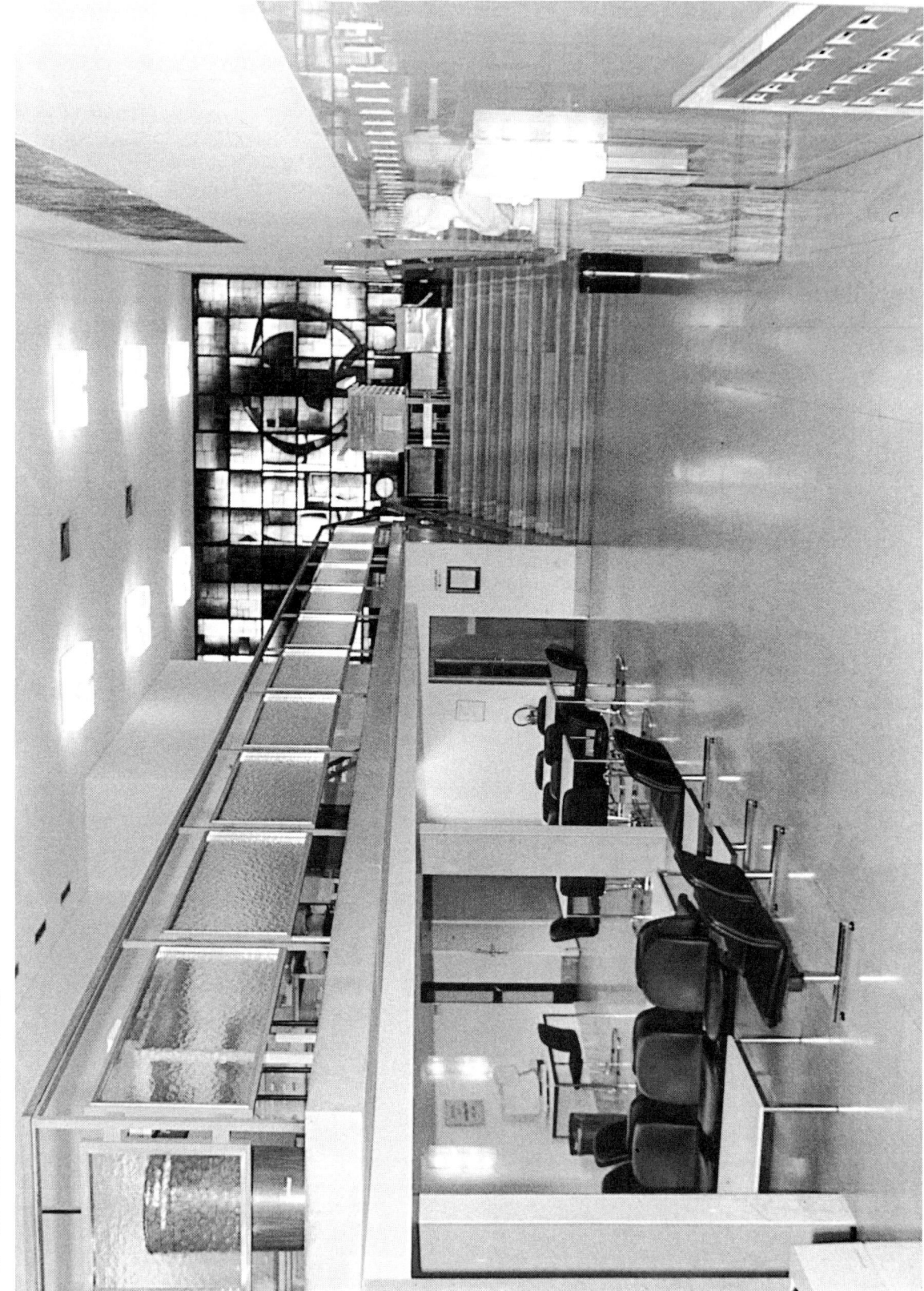

F 13 UB Wien, Vorhalle mit Katalogen

1.2.2 Projekt einer neuen Universitätsbibliothek in Wien auf dem Areal des ehem. Stadtkommandogebäudes
Wien I, Universitätsstraße, Ecke Ebendorferstraße-Liebiggasse-Rathausstraße

Planung: Architekten
    Dipl.-Ing. Alfred Dreier,
    Dipl.-Ing. Otto Nobis, beide Wien
Kapazität: 3 Mio. Bände
Anzahl der Leseplätze: 604

Alte Raumsorgen der Universitätsbibliothek Wien, die sich noch durch kriegsbedingte Schäden und durch die Rückholung der fast zur Gänze verlagerten Bestände erhöhten, brachten den Bibliotheksdirektor, Hofrat Gans, auf den Gedanken, das in nächster Nähe gelegene, von Bomben und Sprengungen schwerst beschädigte Stadtkommandogebäude, das von vier Straßen begrenzt war, für den Neubau eines Bibliotheksgebäudes in Vorschlag zu bringen. So kam es im Jahre 1951 zu einem Architektenwettbewerb. Die Ausschreibung forderte den Haupteingang von der Liebiggasse (Südseite) her, die Benützungs- und Verwaltungsräume sollten von der stark belebten Universitätsstraße abgelegen sein, wogegen die Nordseite wegen der geringeren Sonneneinstrahlung für die Aufnahme des Bücherspeichers geeignet erschien. An der Südseite sollte im Keller ein unterirdischer Verbindungsgang mit einem Förderband den Büchertransport in die bestehende Universitätsbibliothek ermöglichen.

Diese Forderungen erfüllte am besten das mit dem 1. Preis bedachte Projekt der Architekten Alfred Dreier und Otto Nobis. Als besonderer Vorzug wurde darin die organisatorische, grundrißliche und architektonische Lösung herausgestellt. Dieser Entwurf wurde daher von der Jury zur Ausführung empfohlen. Die Lösung zeigte zwei sich besonders abhebende Elemente, die sich wie eine monogrammartige Verbindung der breitgeformten Buchstaben U und T abzeichneten; dabei umfaßte das U den lotrechten Schaft des T in allen Bauebenen vom Keller bis zum ersten Stock (siehe Grundriß/Erdgeschoß). Zum Baublock in U-Form gehörten alle Benützungs- und Verwaltungsräumlichkeiten, während der Speicherraum ausschließlich im T-Trakt geplant war. Im ersten Stock erstreckte sich entlang der Vorderfront die Direktionsabteilung, die Zentralgarderobe für Leser, das Zeitschriftenzimmer, ein Ausstellungsraum und zwei Vortragssäle mit 50 bzw. 120 Personen Fassungsraum. Der zweite Stock beinhaltete die Lesesäle, und zwar einen zentralen über dem Bücherdepot gelegenen, durch Oberlicht erhellten Raum mit 252 Leseplätzen, während in den beiden äußeren langgestreckten Sälen mit je 176 Leseplätzen Seitenlicht vorgesehen war. Der dritte Stock sollte für die zukünftige Ausdehnung des Kataloges reserviert bleiben und einen Speisesaal für die Angestellten aufnehmen; im vierten Stock sollten die Verwaltungs- und Bearbeitungsräume untergebracht werden. Der Fassungsraum des Bücherspeichers war auf rd. 3 Mio. Bände ausgerichtet. Eine moderne selbsttragende Stahlkonstruktion sollte die Lasten sämtlicher Büchermagazine aufnehmen.

In der alten Universitätsbibliothek konnten inzwischen die Wiederherstellungsarbeiten nach den Kriegsschäden abgeschlossen werden, so daß der alte große Lesesaal im Jahre 1951 wieder benützbar wurde.

Obwohl die Pläne der beiden preisgekrönten Architekten bereits genehmigt waren, wurde dieses Projekt durch die Initiative der Philosophischen Fakultät wieder zunichte gemacht. Sie kämpfte es durch, daß anstelle des geplanten Bibliotheksgebäudes ein solches für verschiedene Institute dieser Fakultät errichtet wurde. Der Neubau für die Institute schien den Professoren wichtiger als ein solcher für die Bibliothek. So faßte der akademische Senat am 30. April 1955 den Beschluß, den offiziellen Antrag um Zuteilung des Bauplatzes an das Unterrichtsministerium zu stellen und der Bibliothek freiwerdende Institutsräume anzubieten. Noch im selben Jahr wurde die Umwidmung beschlossen und dieselben Architekten mit der Umarbeitung der Pläne für ein Institutsgebäude mit sechs Stockwerken beauftragt.

Damit war dieses bedeutende Bibliotheks-Vorhaben endgültig gescheitert. Der Initiator, Hofrat Gans, war zutiefst erschüttert, resignierte, zog sich zurück und verstarb ziemlich bald danach.

Literaturhinweise
DETTELMAIER, Rudolf: Alte Raumsorgen und neue Baupläne der Universitätsbibliothek Wien. In: Biblos 2 (1953) 3/4, S. 103–114.
KROLLER, Franz: Universitätsbibliothek Wien bleibt ohne Neubau. In: Berichte und Informationen. 13, (1958), H. 641, S. 12–13.

P 21 Projekt einer neuen Universitätsbiblitohek, Grundriß und Längsschnitt

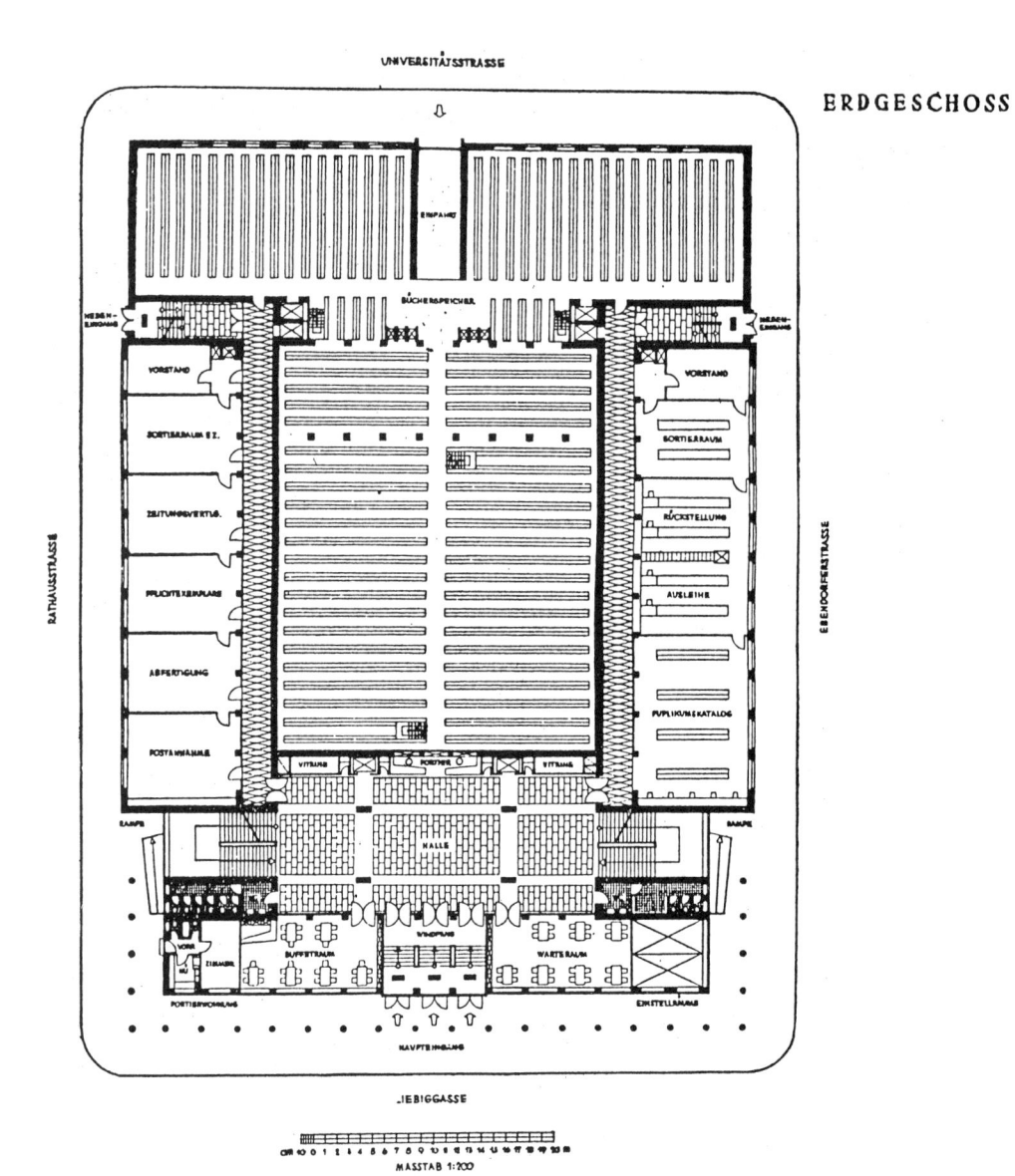

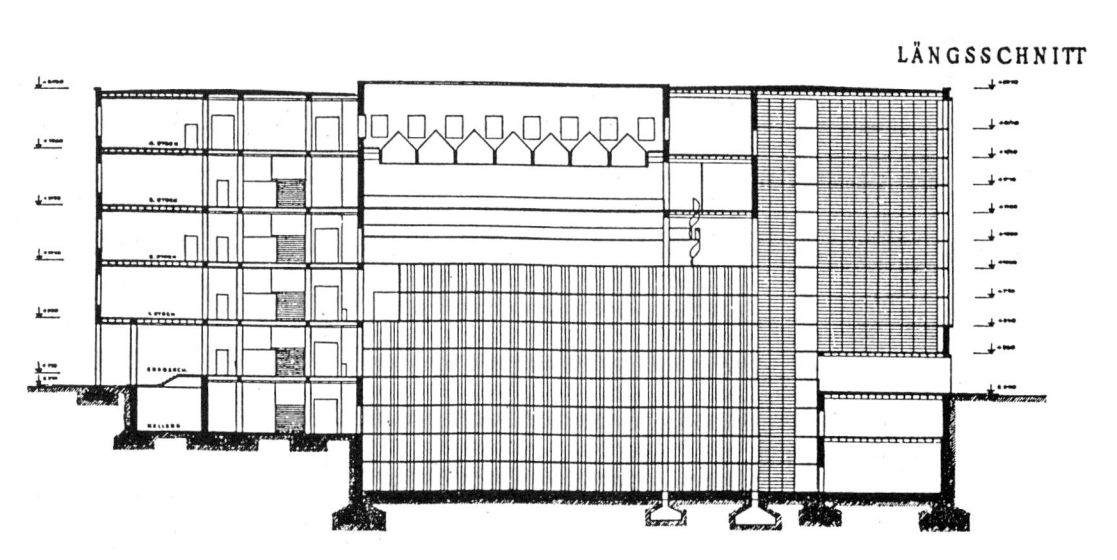

ERDGESCHOSS

LÄNGSSCHNITT

P 22 Projekt einer neuen Universitätsbibliothek, Perspektive und Modell

1.2.3 Fakultätsbibliothek für Rechtswissenschaften an der Universität Wien im „Juridicum" Wien I, Helferstorferstraße 9—15

Planung: o. Univ.-Prof. Architekt
Dipl.-Ing. Dr. techn.
Ernst Hiesmayr, Wien, und
Dr. techn. Franz Wieninger

Statik: Dipl.-Ing. Dr. techn. Kurt Koss, Wien,
Zivilingenieur für Bauwesen

Fertigstellung: 1984

Nutzbare Fläche:
    a) Lese- und
        Verwaltungszone ..... 5280 m²
    b) Magazinszone .... 225 m²
        Zusammen .... 5505 m²

Kapazität: 350.000 Bände
dzt. Bestand: 195.000 Bände
                780 lfd. Zeitschriften
Zuwachs pro Jahr: 6000 Bände
Anzahl der Leseplätze: 750
Sammelgebiete:
    Rechts- und Staatswissenschaften

Zur räumlichen Entlastung des Hauptgebäudes der Universität Wien wurde im Jahre 1970 ein neues Gebäude für die Fakultät für Rechtswissenschaften geplant und im Jahre 1974 mit dem Bau begonnen. In diesem Gebäude sollten nicht nur die Institute der Fakultät, das Dekanat, die erforderlichen Hörsäle für rund 10.000 Studenten und ein Buffet untergebracht werden, sondern auch die Fakultätsbibliothek.

Diese Aufgabe war infolge der verhältnismäßig geringen zur Verfügung stehenden verbaubaren Fläche (2630 m²), der beengten Platzverhältnisse — das Areal ist allseitig von Straßen mit Gebäuden aus der Gründerzeit umgeben — sowie infolge des umfangreichen Raumprogrammes, der Höhenbeschränkung in der Verbauung und der baupolizeilichen Vorschriften ziemlich schwierig.

Das Raumprogramm konnte nur dadurch erfüllt werden, daß die Hörsaalzone im ersten und zweiten Untergeschoß untergebracht und über freie Treppen und Rampen mit der Umgebung verbunden worden ist. Ferner wurde eine Hängekonstruktion gewählt, die eine optimale räumliche — größtenteils stützenlose — Ausnutzung des Bauwerkes ermöglichte. Die Basis bildet eine Stahlbetonplatte, auf der vier Stahlbetonkerne von 39 m Höhe über dem Gelände aufgesetzt wurden; je zwei dieser Kerne sind miteinander zu einer Stiegenhausgruppe verbunden, auf denen die gesamten Lasten des über dem Gelände liegenden Bereiches des Gebäudes aufgelagert sind. Darüber spannen sich vier Stahlfachwerke — eine Art Brückenträger — mit einer Stützweite von 52,80 m und einer Höhe von 8,70 m. An diesem Raumtragwerk sind die einzelnen Gebäudeteile auf Hängesäulen in einem Abstand von 6,60 m aufgehängt, noch dazu 7 m auskragend und oberhalb des Daches schräg nach innen zu den Obergurten der äußeren Stahlfachwerkträger geführt. Die Stiegenhauskerne tragen sowohl die vertikalen als auch die horizontalen Lasten des Gebäudes, dessen Decken als horizontale Scheiben ausgebildet sind. Aus Brandschutzgründen sind die Hängesäulen mit Wasser gefüllt. In der Querrichtung bilden zwei Fugen neben den Stiegenhausgruppen drei getrennte Abschnitte. Diese Art der konstruktiven Lösung kann wohl als neuartig und interessant — wenn auch nicht als billig — bezeichnet werden.

Auch die Lage, Anordnung und Funktion des gesamten Bibliotheksbereiches ist durchaus ungewöhnlich. Die Planung erfolgte nach eingehenden Studien zahlreicher Bibliotheken in Europa und Amerika durch den Architekten zusammen mit dem Baubeauftragten der Fakultät, Univ.-Prof. Dr. Günther Winkler, und entwickelte sich aus den besonderen Erfordernissen, nach den Vorstellungen der Fakultät für Rechtswissenschaften; bibliothekarische Fachleute wurden erst in einem ganz späten Stadium beigezogen und konnten nur mehr auf einige Details der Bauplanung sowie auf die Einrichtung Einfluß nehmen.

Die Bibliothek, die sich einschließlich der Verwaltung über sechs Geschosse erstreckt, ist der eigentliche Mittelpunkt des Fakultätsgebäudes, an dessen äußeren Bereichen sich jeweils die Räume der einzelnen Institute befinden, denen auch die Seminarräume direkt zugeordnet sind. Während im ersten Obergeschoß — über einem Zwischengeschoß, das die Buffetzone bildet — allgemeine offene Lesezonen samt Lehrbuchsammlung für die Studenten der ersten Semester angeordnet sind, befindet sich im zweiten Obergeschoß der Verwaltungsbereich der Fakultät und auch der Bibliothek. Den gesamten Mittelteil des Fakultätsgebäudes vom dritten bis sechsten Obergeschoß bilden die großen Lesesäle, die von den zwei Stiegenhauskernen, in denen sich die Garderoben und Toiletten befinden, jeweils über einen Vorraum betretbar sind. Das halbrunde Auskunfts- und Aufsichtspult liegt in diesen vier großen Lesesälen in der Mitte des von einer Außenfront zur anderen Außenfront durchgehenden Großraumes; von diesem Platz aus werden jeweils die zwei Ein- und Ausgänge überwacht und mittels Knopfdruck die Türen für Hinausgehende geöffnet. Auch wurde die Möglichkeit einer elektronischen Überwachung für den Bedarfsfall eingeplant. Diese ungewöhnliche Form der Ausgangskontrolle war aus Gründen der Personaleinsparung notwendig, weil die sechs Bibliotheksgeschosse aus brandschutztechnischen Überlegungen keine interne Verbindung, außer einem später eingeplanten Bücheraufzug, besitzen und die ursprünglich vorgesehenen, insgesamt 24 Ein- und Ausgänge in den vier Freihandgeschossen zwar auf zwei pro Geschoß reduziert werden konnten, die Besetzung aller dieser Ausgänge aber immer noch zuviel Aufsichtspersonal erfordert hätte.

Die 120 Leseplätze pro Geschoß liegen an den verglasten Außenseiten des Raumes und haben ausreichendes Tageslicht, während die Regale des Freihandbereiches samt Anleseplätzen in den mittleren Zonen aufgestellt sind, die mit künstlichem Licht versorgt werden. Zwischen den Lesesälen und den Instituten liegen in der mittleren Zone die Seminarräume, in denen auch Prüfungen abgehalten werden.

Im zweiten Obergeschoß sind auf der Nordseite die Dekanatsverwaltung, auf der Südseite die Bibliotheksverwaltung mit den Räumen für die Leitung und die Buchbearbeitung sowie ein Zeitschriftenlesesaal angeordnet. Zwischen beiden Bereichen liegen ein großer Seminarraum, ein großes Sitzungszimmer samt Vorraum und Garderoben, ein Vervielfältigungsraum und ein Personal-Eßraum. Die Leihstelle, in der vor allem Lehrbücher ausgeliehen werden, befindet sich im ersten Obergeschoß, unmittelbar von der Stiegenhalle 1 zugänglich, mit einem geschlossenen Lehrbuchmagazin und einem Seminarraum in der Mittelzone (letzterer von der Stiegenhalle 2 über einen Vorraum und eine Garderobe betretbar); in den Außenbereichen der Längsfronten ist jeweils eine offene Lesezone — die eine mit 132, die andere mit 136 Leseplätzen — für die Studenten der ersten Semester und sonstigen Besuchern eingerichtet. Darüber hinaus ist in diesem Geschoß noch ein Raum für die Hochschülerschaft samt Sitzungszimmer untergebracht.

Das gesamte Erdgeschoß füllt (mit Ausnahme der beiden Stiegenhallen samt je drei Aufzügen und den Toiletteanlagen) eine einzige große, ringsum verglaste Halle mit einer Sitzlandschaft, Litfaßsäulen, Münzkopiergeräten und einer Rampe für die Behinderten, die in das darüberliegende, galerieartige Zwischengeschoß mit seiner Buffetzone und einer Reihe von Eßtischen, mit Blick in die große Halle, führt. Im ersten Untergeschoß, das außer über die Hauptstiegen und Aufzüge auch von außen her über eine breite Freitreppe erreichbar ist, liegen der große Hörsaal mit 340 Plätzen, außerdem weitere acht Hörsäle mit zusammen 644 Plätzen; auch dieses Geschoß ist für Behinderte über eine Rampe erreichbar, die zur Untergeschoßhalle führt, in der sich auch die Garderoben befinden. Das zweite Untergeschoß beinhaltet zwei weitere Hörsäle mit zusammen 190 Plätzen, ein Magazin für die Bibliothek, weitere große Lagerräume, die Klimazentrale, den Trafo- und Hochspannungsverteilerraum sowie alle sonstigen erforderlichen technischen Räume; das dritte Untergeschoß die Garage für 70 Personenkraftwagen, die über einen Autolift benützt werden kann, sowie weitere technische Räume. Die Garage kann im Ernstfall auch als Luftschutzraum verwendet werden; entsprechende bauliche Vorkehrungen sind getroffen.

Das neue „Juridicum" stellt sowohl vom Standpunkt der Architektur als auch von der Konstruktion und der Funktion her ein äußerst interessantes — wenn auch umstrittenes — Bauwerk dar. Es wurde noch begonnen, ehe die neue Schutzzonenverordnung jede wirklich moderne Gestaltung der Wiener Innenstadt verunmöglichte. Eingeklemmt zwischen den geschlossenen Häuserblöcken der Gründerzeit kommt es jedoch in seiner eigenwilligen, signifikanten Form nicht voll zur Geltung. Der Architekt hat zwar versucht, den umliegenden Straßenraum ins Gebäude miteinzubeziehen und ihn auf diese Weise zu einem teilweise gedeckten Platz zu gestalten, doch ist eine richtige Platzwirkung kaum entstanden. Ein wirklich freier Platz, auf dem das Fakultätsgebäude hätte zur Wirkung kommen können, stand jedoch in Universitätsnähe nicht zur Verfügung. Die Baumasse ist kompakt und übersichtlich, und die komplizierte Konstruktionsidee ist an der Stahl-Glas-Fassade mit ihren Hängesäulen leicht abzulesen.

Die Anordnung der Bibliothek stellt eine Lösung dar, die sich erst wird bewähren müssen. Die Verteilung der Bücher auf fünf Geschosse (abgesehen vom Magazin im zweiten Untergeschoß) ruft eine gewisse räumliche Zersplitterung hervor, ermöglicht jedoch eine fachspezifische Zuteilung zu den einzelnen Instituten.

Was die Lesesäle betrifft, so wird es schwierig sein, die zwei Hauptein- und -ausgänge und die (normalerweise wohlversperrten) vier Ein- und Ausgänge zu den Instituten je Geschoß, die alle zusammen nicht in einer Blickrichtung liegen, von der in der Mitte gelegenen „Kommandozentrale" zu überwachen, weil noch dazu die mit den Büchern belegten Regale die Sicht verstellen.

Da diese Bibliothek erst vor kurzem in Betrieb gegangen ist, wird man entsprechende Erfahrungen noch abwarten müssen.

Literaturhinweise

HIESMAYR, Ernst: Neubau für die Rechts- und Staatswissenschaftliche Fakultät der Universität Wien. In: Zentralarchiv für Hochschulbau. Stuttgart. Jg. 7 (1974) 28, S. 80—81.
„Juridicum" — Fakultätsgebäude der Universität Wien. In: Bauforum, Jg. 14 (1981), Heft 86, S. 47—49.
KROLLER, Franz: Fakultätsbibliothek für Rechtswissenschaften an der Universität Wien. In: Mitteilungen der Vereinigung Österreichischer Bibliothekare, 35 (1982) 1, S. 96.
HOSTEK, Ute: Die Fakultätsbibliothek für Rechtswissenschaften im neuen Juridicum. In: Mitteilungen der Vereinigung Österreichischen Bibliothekare Jg. 37 (1984) 1, S. 70—71.
KÖNIG, Ewald: Juridicum ab 1. März in Betrieb. „Modernste Bibliothek der Welt". In: Die Presse, Wien, Nr. 10738, 2. Jänner 1984, S. 7.
BISCHOFF, Emmi: Modernste Bibliothek im neuen Juridicum? (Leserbrief). In: Die Presse, 17. Jänner 1984, S. 4.
CECH, Hedi: Das neue Juridicum. In: ibf-spectrum, Nr. 446, 1. April 1984, Beilage.
KAPFINGER, Otto: Von oben nach unten gebaut. Das neue „Juridicum" beim Schottentor — eine gläserne Arche der Rechtswissenschaft. In: Die Presse, Wien, 21./22./23. April 1984. (Spectrum) S. V.

P 23 UB Wien, Fakultätsbibliothek für Rechtswissenschaften „Juridicum", Lageplan

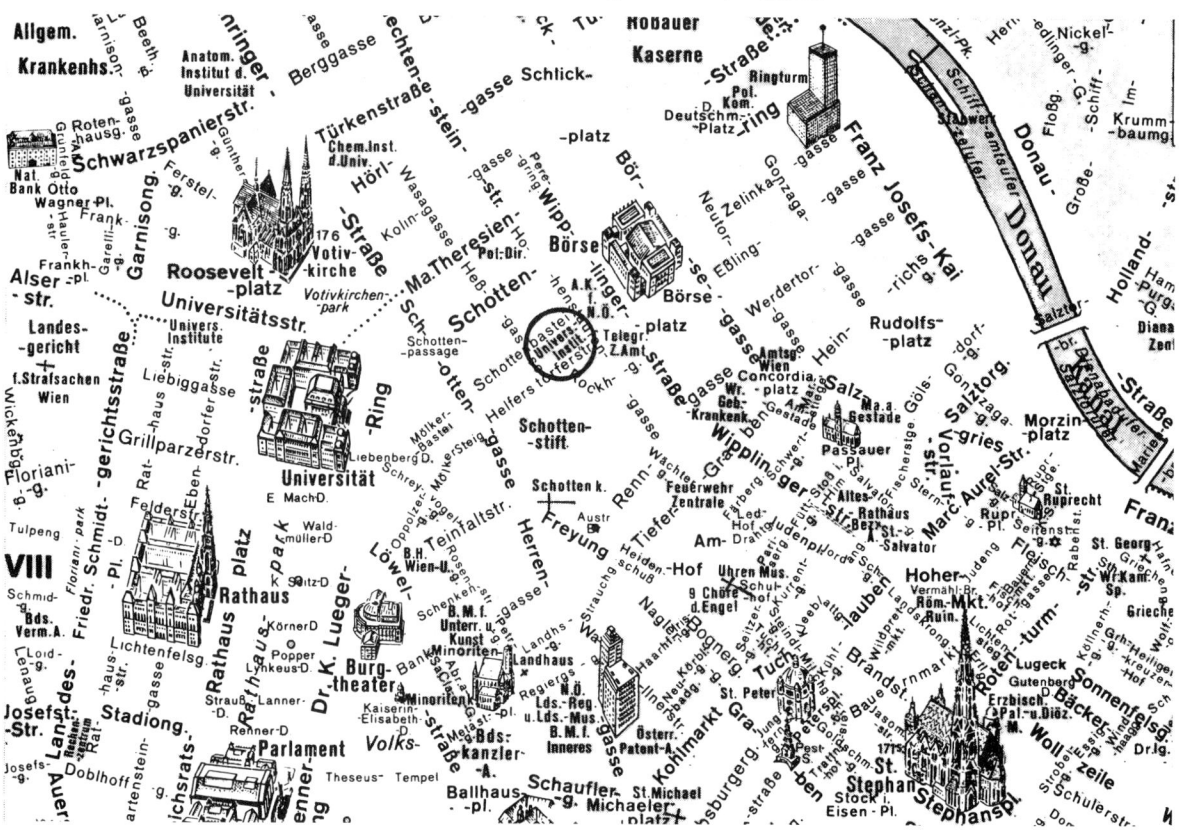

P 24 „Juridicum", Grundriß Erdgeschoß

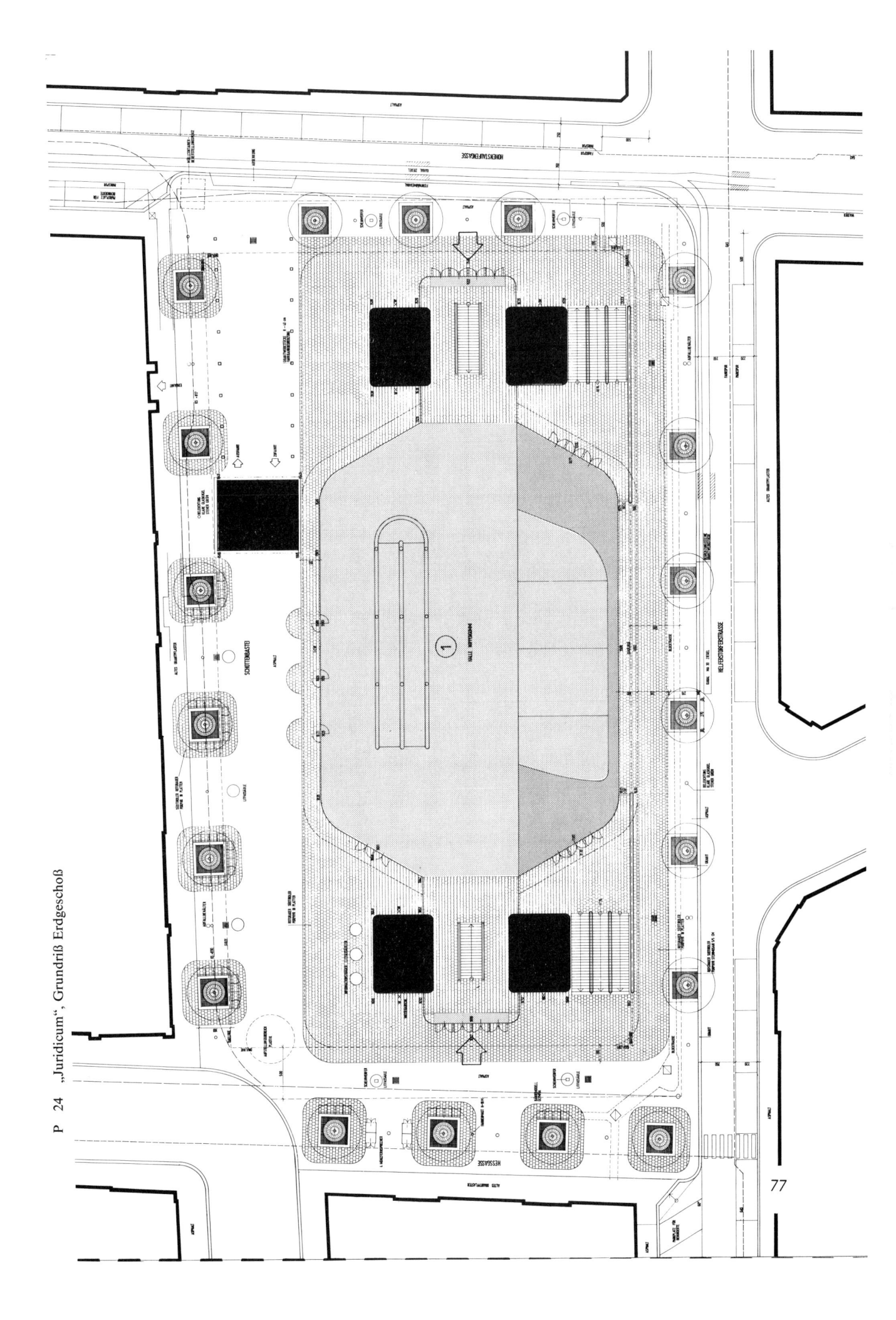

P 25 „Juridicum", Grundriß 1. Obergeschoß

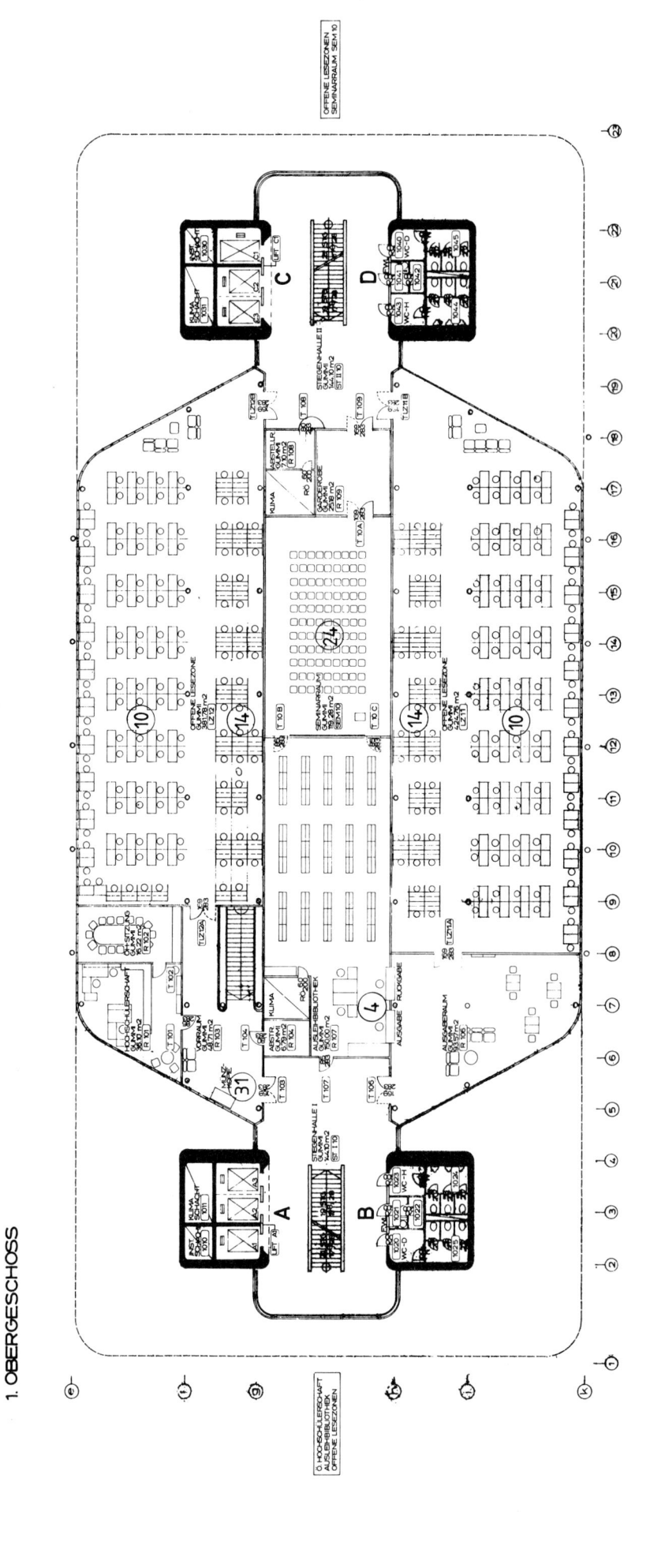

1. OBERGESCHOSS

P 26 „Juridicum", Grundriß 2. Obergeschoß

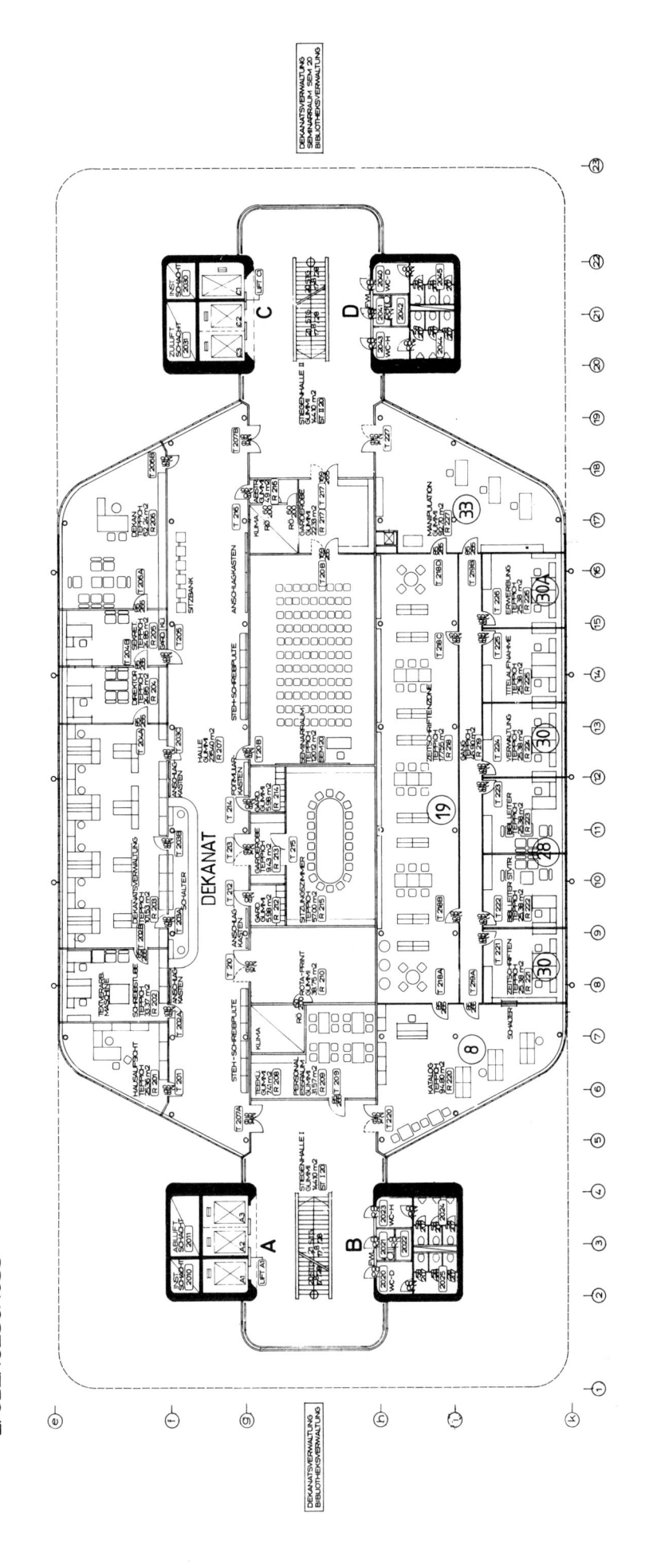

2. OBERGESCHOSS

P 27 „Juridicum", Grundriß 3. Obergeschoß

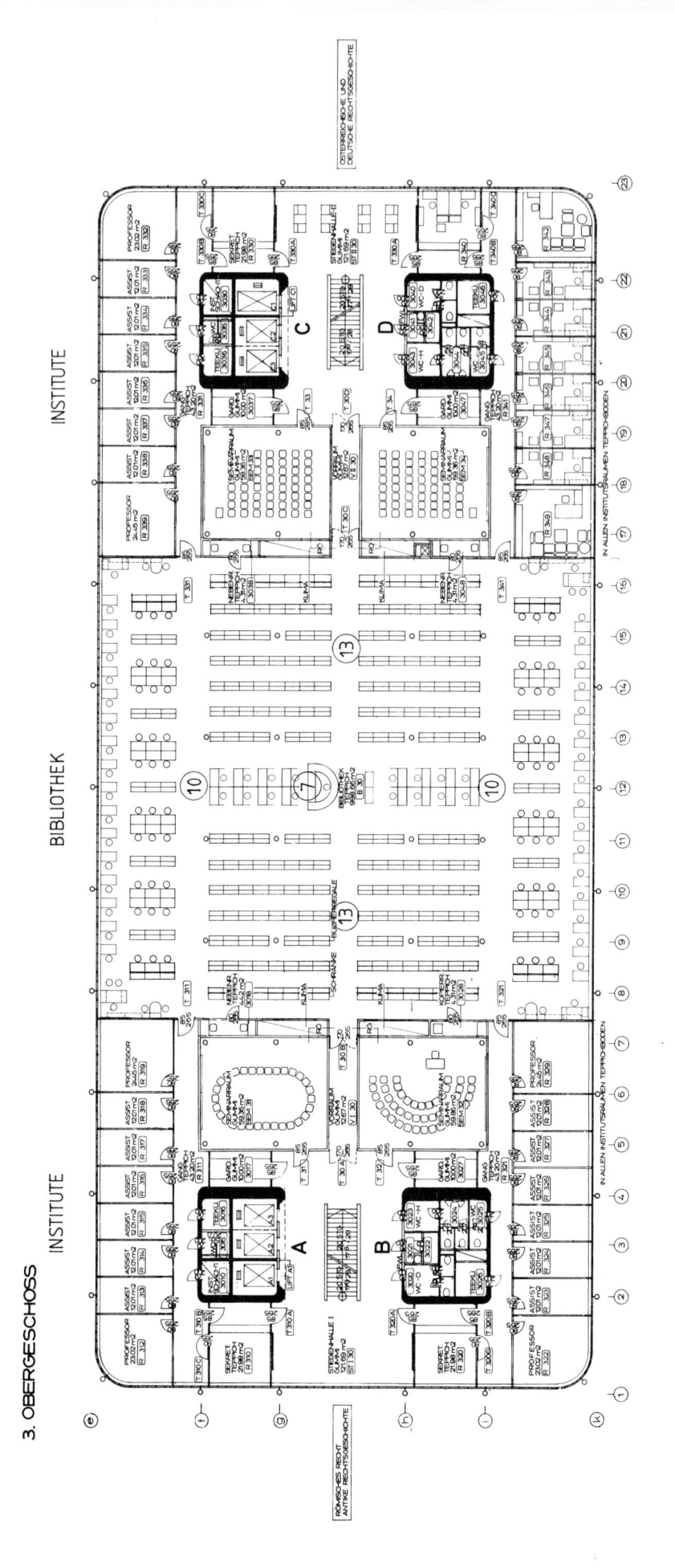

3. OBERGESCHOSS

P 28 „Juridicum", Querschnitt

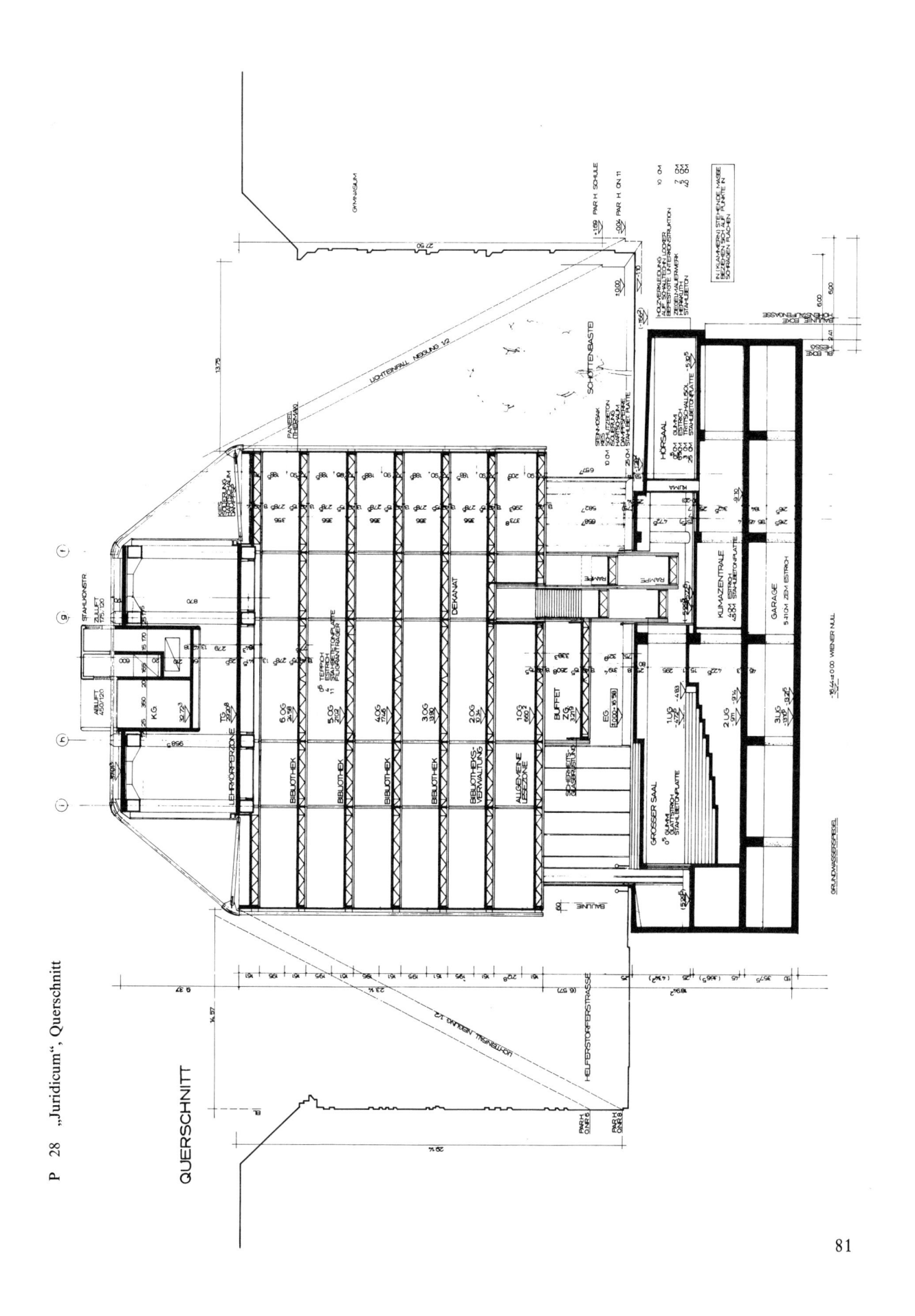

QUERSCHNITT

P 29 „Juridicum", Ansicht Hohenstaufengasse

ANSICHT HOHENSTAUFENGASSE

F 14 „Juridicum", Ecke Schottenbastei/Helferstorferstraße

F 15 „Juridicum", Kontrolle im Lesebereich

F 16 „Juridicum", Freihandlesebereich

1.2.4 Fachbibliothek für Biologie an der Universität Wien — Formal- und Naturwissenschaftliche Fakultät
Wien IX, Althanstraße 14

Planung: Architekt
          Dipl.-Ing. Dr. techn.
          Kurt Hlaweniczka, Wien
Statik: Baurat h. c. Dipl.-Ing.
          Emil Jakubec,
          Prof. Dipl.-Ing. Dr. techn.
          Kurt Koss, beide Wien,
          Zivilingenieure für Bauwesen

Fertigstellung: 1982

Nutzbare Fläche:
    a) Lese- und
       Verwaltungszone ...... 660 m²
    b) Magazinszone .... 400 m²
       Zusammen .... 1060 m²

Kapazität: 110.000 Bände
dzt. Bestand: 65.000 Bände und
             500 lfd. Zeitschriften
Zuwachs pro Jahr: 1000 Bände
Anzahl der Leseplätze: 48
Sammelgebiete:
    Allgemeine Biologie, Ökologie, Vegetationskunde, Pflanzenanatomie und -physiologie, Zellphysiologie und Protoplasmatik, Zoologie, Humanbiologie.

Das Zoologische Institut, das vorher im Hauptgebäude der Universität Wien untergebracht war und unter „unüberbrückbarer Raumnot" gelitten hatte, konnte im Jahre 1981 in den Neubau des Universitätszentrums auf dem Gelände des Franz-Josefs-Bahnhofs übersiedeln. Nach der ursprünglichen Planung des Architekten, o. Univ.-Prof. Dr. Karl Schwanzer, im Jahre 1976 hätte die Bibliothek in demselben Gebäude untergebracht werden sollen, doch entschloß man sich 1979 zu einer Zusammenlegung beider Bibliotheken (der Wirtschaftsuniversität und des Biologiezentrums der Universität Wien) in einem eigenen Bibliotheksgebäude zwischen den beiden neuen Hochschulgebäuden. In dieser zentralen Fachbibliothek für Biologie wurden die Buchbestände der Institute für Zoologie, Pflanzenphysiologie, Humanbiologie und der Zoologisch-Botanischen Gesellschaft in Österreich zusammengefaßt — ein großer Vorteil für den Lehr- und Forschungsbetrieb.

Nahezu die gesamte Wirtschaftsuniversität liegt über den Gleisanlagen der Franz-Josefs-Bahn, und zw. auf einer entsprechend starken Stahlbetonplatte und auf Stahlbetonstützen, welche die Lasten aufnehmen und in die Fundamente ableiten. Diese Platte bietet gleichzeitig aber auch den notwendigen Schutz gegen Lärm und Erschütterungen. Für das Stahlbetonskelett des Gebäudes wurde ein Raster von 7,20 m × 7,20 m gewählt. Notwendige größere Spannweiten in den Stützenfeldern im Bereich des Frachtenbahnhofes wurden durch Rahmenkonstruktionen im Untergeschoß übernommen. Bei der Wahl der Baumaterialien wurden Schall- und Wärmeisolierungseigenschaften besonders berücksichtigt, wobei auch auf Wirtschaftlichkeit Bedacht genommen wurde.

Im Interesse von Energiesparmaßnahmen wurde auch ein eigenes Konzept entwickelt. Die Dimensionierung der Baukörper, die Bauwerkshülle und das Energieversorgungssystem wurden gemeinsam einem Optimierungsverfahren unterworfen. So unterscheidet sich dieses System von jenem einer konventionellen Klimaanlage durch die Möglichkeit individueller Steuerung, wie thermostatische Regelung der Raumtemperatur, variables Luftvolumensystem, Absaugeleuchten sowie regenerativer Wärmeaustausch.

Das Planungskonzept und das Konstruktionsprinzip der Gesamtanlage wurden entlang einer durchlaufenden Nord-Süd-Achse konsequent durchgezogen. Von der Aula des Zoologischen Institutes in Ebene 1 des in drei Ebenen gegliederten Universitätsgebäudes gelangt man über einen breiten Gang (samt Treppe und Aufzug), an dem spangenförmig die Quertrakte der einzelnen Institute aufgefächert sind, in das erste Untergeschoß des Bibliotheksgebäudes, in dem sich die Fachbibliothek für Biologie befindet. Man betritt diese über ein Foyer (samt Garderobe) und kommt entlang einer Informations- und Kontrollstelle in den Lesebereich mit Warte- und Katalogzone; hier schließen zwei Büroräume für die Verwaltung und Bearbeitung an. Den mittleren Teil des Großraumes nimmt die Lesezone mit ihren Leseplätzen an den Fensterfronten und den Freihandregalen ein.

Im rückwärtigen Bereich liegen auf der einen Seite noch zwei Arbeitsräume und ein Ausstellungsraum für Neuerwerbungen und auf der anderen Seite ein AV-Medienraum, ein Raum zur Sonderaufstellung wertvoller Bestände und ein Besprechungszimmer; dazwischen sind acht Carrels eingebaut. Die gesamte Fachbibliothek ist — ebenso wie die Bibliothek der Wirtschaftsuniversität — klimatisiert; die Fußböden sind textilbespannt. Im direkten Anschluß zur Lesezone liegen ein Freihandmagazin mit Verschubregalanlagen sowie ein Stiegenhauskern mit Toiletten und einer Teeküche für das Personal.

Ein weiteres Magazin befindet sich im Geschoß darunter.

Literaturhinweise

STENGEL, Friedrich: Zur Stellung der Naturwissenschaften, besonders der Biologie, in der Universitätsbibliothek Wien. In: Hundert Jahre Universitätsbibliothek Wien im Haus am Ring. Wien 1984, S. 183—190.

STENGEL, Friedrich: Einrichtung der Fachbibliothek für Biologie. In: Biblos Jg. 32 (1983), S. 170.

STENGEL, Friedrich: Die Fachbibliothek für Biologie an der Universität Wien. In: Mitteilungen der Vereinigung Österreichischer Bibliothekare Jg. 35 (1982) 3/4, S. 87—90.

STENGEL, Friedrich: Die Fachbibliothek für Biologie an der Universität Wien. In: Fakten, Daten, Zitate Jg. 4 (1984) 1, S. 9.

P 30 UB Wien, Fachbibliothek für Biologie, Grundriß Geschoß 04

GESCHOSS 04

F 17 UB Wien, Fachbibliothek für Biologie, Eingang in den Lesebereich

1.2.5 Fakultätsbibliothek für Medizin an der Universität Wien im AKH (Allgemeines Krankenhaus)
Wien IX, Lazarettgasse

Planung: Arbeitsgemeinschaft der Architekten
Bauer
Lintl
Nobis, Köhler, Kässens
Mayr, Lippert
Marchart, Moebius, alle Wien

Fertigstellung: voraussichtlich 1989

Nutzbare Fläche: 3900 m²

Kapazität: 350.000 Bände und
1250 Zeitschriften

dzt. Bestand: 300.000 Bände und
1000 lfd. Zeitschriften

Anzahl der Leseplätze: 400

Sammelgebiete:
Klinische und Theoretische Medizin, Klinische Forschung, Lehrbuchsammlung sowie die entsprechenden audiovisuellen Medien.

Die Bibliothek besteht aus zwei räumlich voneinander getrennten Teilen:
a) aus dem Areal des Freihandlesebereiches samt Zeitschriften-, Verwaltungs- bzw. Bearbeitungsräumen und dem darunter liegenden Freihandmagazin (Ebene 04), in welchem weitere Buch- und Zeitschriftenbestände frei zugänglich aufgestellt sein werden;
b) aus der Lehrbuchsammlung mit Freihandzone, Lese- und Arbeitsplätzen und eigener Aufsichts- und Ausleihstelle.

Diese Teilung der Bibliothek wurde durch Planungsvorgaben (Verlauf von Fluchtwegen, Unterbringung anderer Einrichtungen) notwendig. Aus der Not wurde eine Tugend gemacht und eine sinnvolle Funktionsaufteilung vorgenommen; ein Mindestmaß an daraus entstehendem, personellem Mehraufwand kann freilich nicht vermieden werden.

Der Hauptlesebereich, der über einen internen Eingangsbereich (mit Schließfächern und Behinderten-WC) betreten wird, gliedert sich in einen mittleren Bereich mit zentral gelegener Auskunfts-, Leih- und Kontrollstelle, die Lesezonen, den in der Mitte situierten Katalogbereich und die Kopierstellen sowie in zwei beidseitig angeordnete, offene Regalzonen mit Freihandaufstellung. Breite Gänge sichern einen ungehinderten Verkehr. Von der Auskunfts-, Leih- und Kontrollstelle aus ist nicht nur der Ein- und Ausgang sowie die Treppe zum darunter liegenden Geschoß leicht zu überwachen, sondern auch der gesamte Großraum. Einzelleseplätze, Carrels und Gruppenarbeitsräume — zusammen 190 Leseplätze — sind jeweils an den äußeren Begrenzungswänden angeordnet. Ein Mehrzweckraum bietet 46 Arbeitsplätze an Tischen, eignet sich aber auch für Vorträge bei einer größeren Zahl von Besuchern. Der Büchertransport erfolgt über einen Personen- und Bücheraufzug. Kleinbehälterstationen in beiden Geschossen sind vorhanden. Im rückwärtigen Bereich der Haupteingangsebene befindet sich die Raumgruppe der Verwaltung mit ihren Bearbeitungsräumen, der Leitung, einem Konferenzzimmer, einem Vervielfältigungsraum, einem Personalaufenthaltsraum und den entsprechenden Naßräumen.

Die im Bau befindliche wissenschaftliche Bibliothek im AKH wird als Teil der Fakultätsbibliothek die zentrale Bibliothek für alle Fachbereiche der klinischen Forschung sowie der Verwaltung enthalten. Darüber hinaus wird es neben dem zentralen vorklinischen Bereich noch dezentrale „Handapparate der Universitätslehrer" geben sowie die Bereitstellung von Beständen zur befristeten Entlehnung an Universitätseinrichtungen.

Der Eingangsbereich der wissenschaftlichen Bibliothek liegt in der Ebene 05, der Haupteingangsebene, und zwar in unmittelbarer Nähe der großen Halle.

Eine getrennte Einheit bildet — wie schon gesagt — die Lehrbuchsammlung im gleichen Hauptgeschoß für die Studierenden, mit ihrem Lesebereich für 187 Benützer und (vorläufig) 12 AV-Arbeitsplätzen, eigener Leihstelle, frei zugänglicher Regalzone sowie Schließfächern und Naßraumgruppe beim Eingang.

Außer diesen beiden Bibliotheksteilen befindet sich noch — gleichfalls nahe der Haupteingangshalle — eine Patientenbibliothek mit eigener Leihstelle, Regalzone und separiertem Arbeitsraum, ferner einer Teeküche und einem größeren Abstellraum. Das Sammelgebiet dieser Patientenbibliothek wird vor allem Belletristik sein.

Die Gesamtkonzeption des Kerns der Anlage ermöglicht kein Tageslicht in den Bibliotheksräumen, sondern nur künstliche Beleuchtung. Lediglich die Arbeitsräume der Bibliotheksbediensteten liegen an der Fensterfront, die allerdings durch eine Zufahrtsrampe überschattet wird. Sämtliche Räume sind vollklimatisiert.

P 31   UB Wien, Fakultätsbibliothek für Medizin, Perspektive der Gesamtanlage

P 32 UB Wien, Fakultätsbibliothek für Medizin, Grundriß Geschoß 05, Freihandbereich

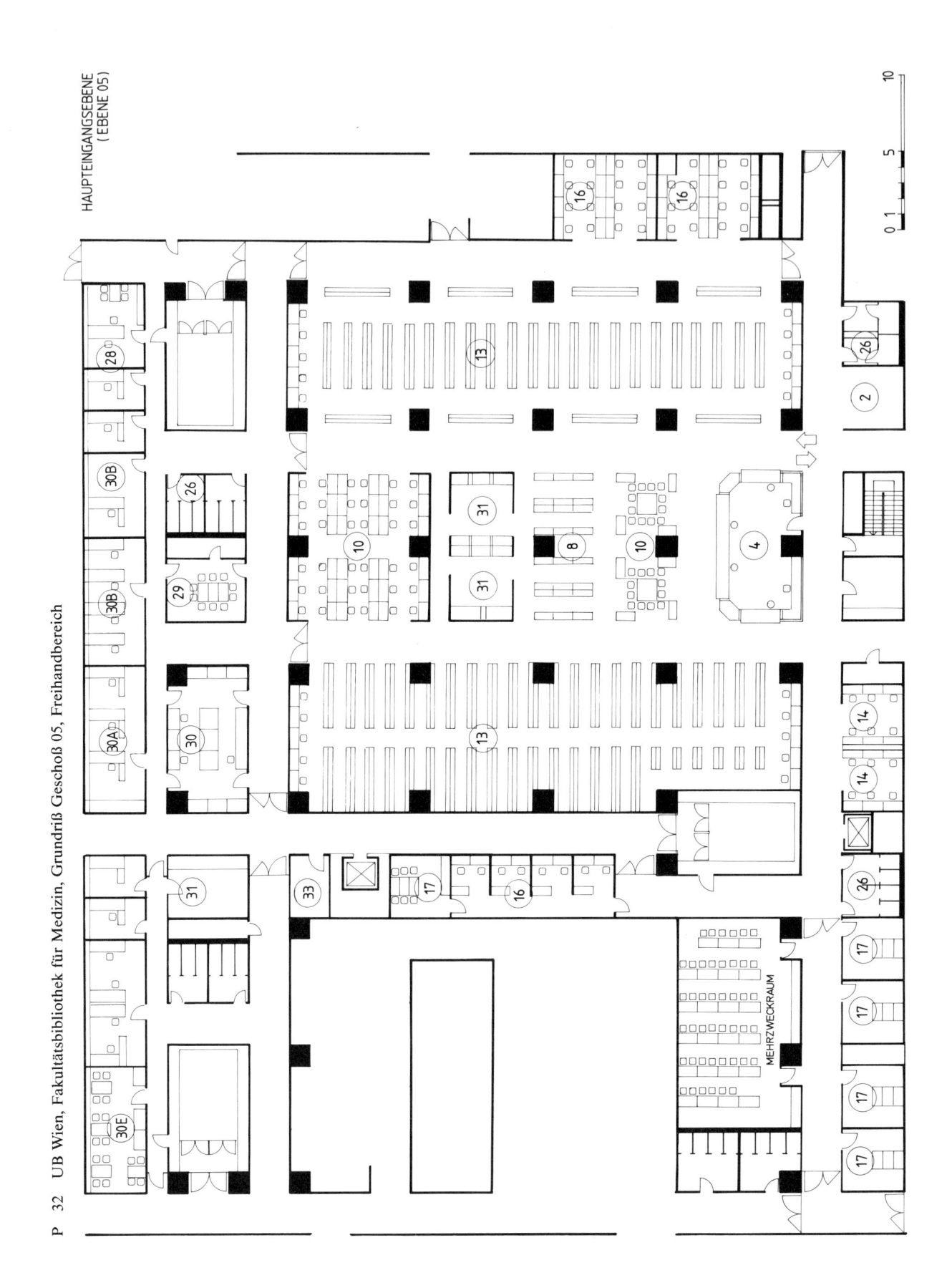

P 33 UB Wien, Fakultätsbibliothek für Medizin, Grundriß Geschoß 04, Freihandmagazin

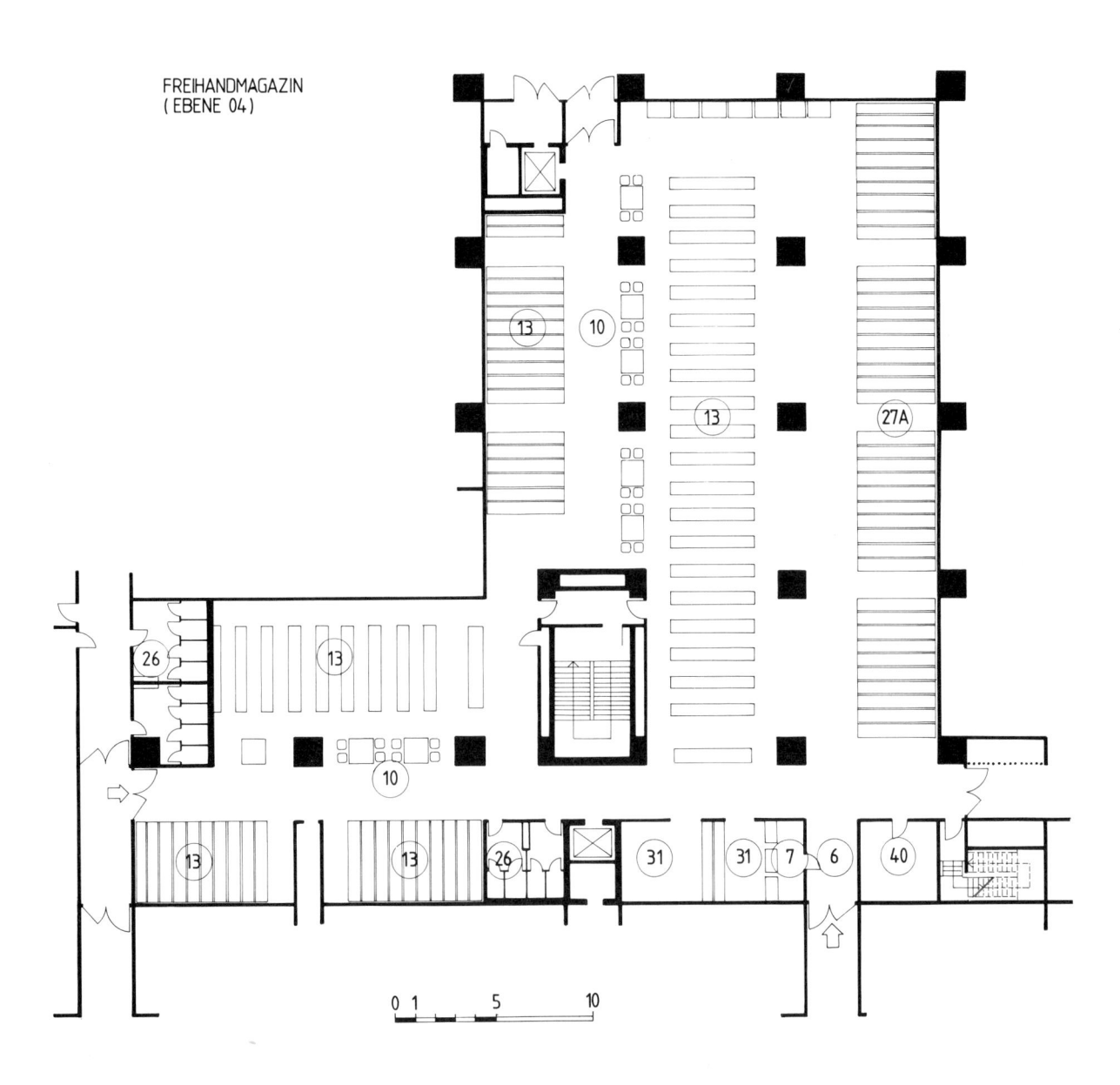

FREIHANDMAGAZIN
(EBENE 04)

P 34　UB Wien, Fakultätsbibliothek für Medizin, Grundriß Geschoß 05, Lehrbuchsammlung

HAUPTEINGANGSEBENE
(EBENE 05)

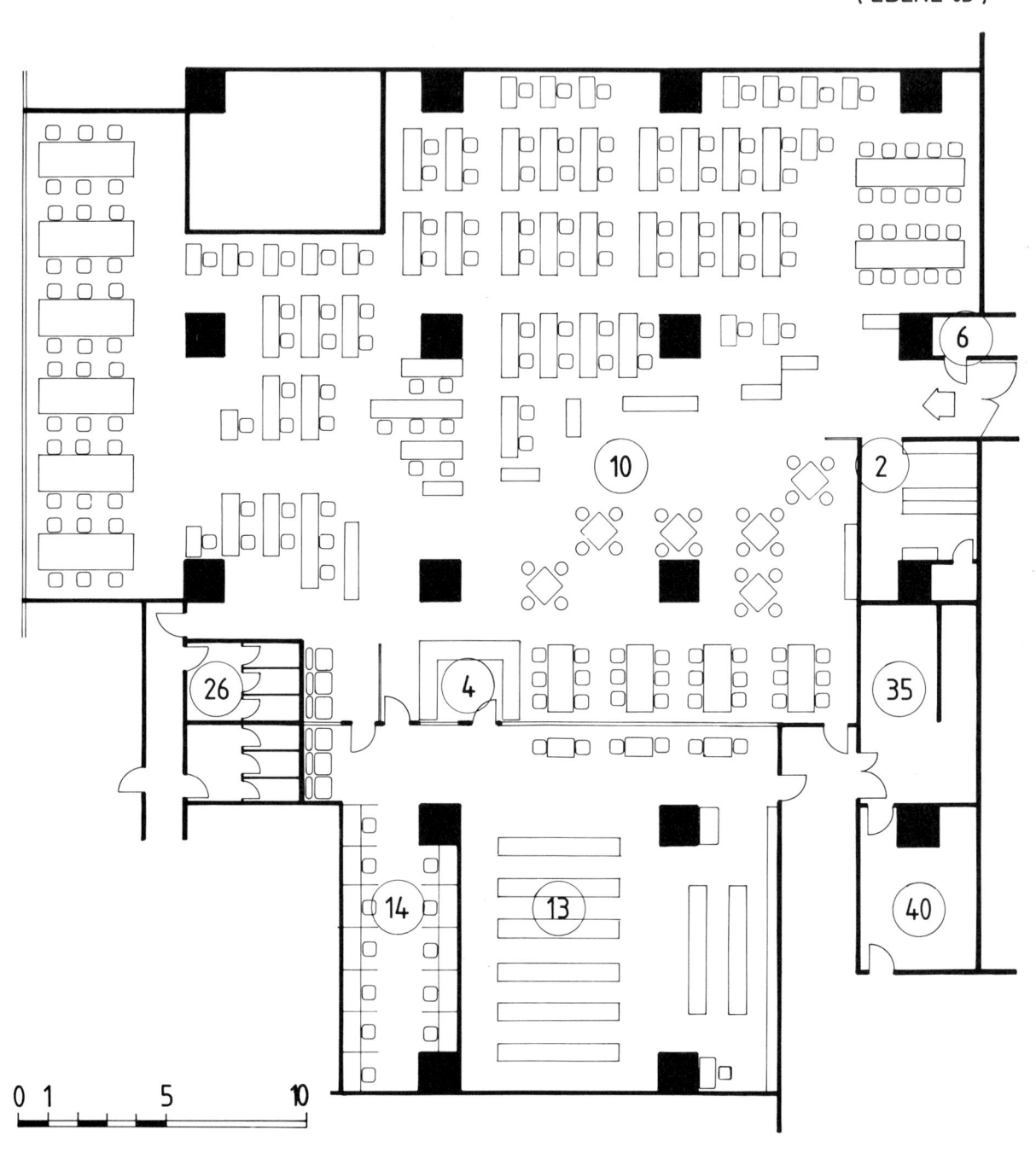

1.3 ZENTRALBIBLIOTHEK FÜR PHYSIK IN WIEN
Wien IX, Boltzmanngasse 5

Planung: a) Bibliothek
     Architekt Prof. Fritz Purr
  b) Speicher
     Architekt
     Dipl.-Ing. Walter Havelec,
     beide Wien

Fertigstellung: a) Bibliothek: 1975
        b) Speicher: 1983

Nutzbare Fläche:
  a) Bibliothek . . . . 920 m²
  b) Bücherspeicher . . . . 260 m²
  Zusammen . . . . 1180 m²

Kapazität:
  a) Bibliothek . . . . 160.000 Bände
  b) Speicher . . . . . . 130.000 Bände
  Zusammen . . . 290.000 Bände

dzt. Bestand: 200.000 Bände und
       790 lfd. Zeitschriften
       sowie
       491.000 Mikrofiches

Zuwachs pro Jahr: 3700 Bände und
         25.000 Mikrofiches

Anzahl der Leseplätze: 90

Sammelgebiete:
  Physik (besonders Theoretische Physik, Experimentalphysik, Festkörperphysik); Radiumforschung und Atomenergie-Reports; USDOE-Reports; sonstige nicht-konventionelle Physikliteratur; Weltraumfahrt; Nachlässe des Nobelpreisträgers Dr. Erwin Schrödinger sowie einer Reihe anderer Universitätsprofessoren.

Die Zentralbibliothek für Physik in Wien ist aus der Zentralbibliothek der Physikalischen Institute der Universität Wien hervorgegangen und stellt jetzt eine selbständige Institution gemäß § 89 UOG dar. Während zuerst nur die alten Bibliotheksräume der Institute zur Verfügung standen, wurde später das Dachgeschoß ausgebaut und Teile davon der Bibliothek zur Verfügung gestellt. Die sicherlich ungewöhnliche Expansion dieser Bibliothek ist dadurch entstanden, daß sie 1955 zusätzlich „Deposit Library für die Atomenergie-Reports der United States Atomic Energy Commission" für Österreich wurde und somit auch zum Teil die Literaturversorgung für die „International Atomic Energy Agency" hatte und noch hat.

Im vierten Stock des Gebäudekomplexes Boltzmanngasse/Ecke Strudelhofgasse befinden sich der Eingang, die Leihstelle, der Katalog, die Bearbeitungsräume für Bücher und Zeitschriften und die frei zugänglichen Bestände. Darüber hinaus ist in den Gängen des zweiten, dritten und vierten Stockes Literatur in versperrbaren Stahlschränken magazinartig aufbewahrt. Die eigentliche Lesezone befindet sich — zusammen mit der Verwaltung — im Dachgeschoß (das als fünfter Stock bezeichnet wird). Hier gelangt man durch ein Vorzimmer mit Kopierstelle in die Handbibliothek (einschließlich Mikroformen) und zu einer Sondersammlung historisch wertvollen Buchgutes. Daran schließt der Lesesaal an, der zu einem ruhigen Innenhof geht und ausreichend natürlich belichtet und belüftet ist. Den Abschluß der Raumgruppe bilden die Räume der Bibliotheksleitung samt Personal-Aufenthaltsraum.

Der ständige Zuwachs an Büchern, Zeitschriften und Mikroformen führte dazu, daß die Bibliothek binnen kurzem zu klein wurde und man gezwungen war, einen Bücher- und Zeitschriftenspeicher in der Form eines Tiefspeichers, unterhalb des Hofes, einzubauen. Dieser Speicher, der im Jahre 1983 fertiggestellt werden konnte, weist eine Grundfläche von 260 m² auf. Eine von Hand aus bedienbare Verschubregalanlage ermöglicht die maximale Ausnutzung des Raumes: Die obersten Fächer liegen in Griffhöhe.

Eine eigene Klimaanlage gewährleistet staubfreie Luft, annähernd konstante Temperatur und relative Feuchtigkeit. Eine automatische Brandmeldeanlage sorgt für den Schutz des Personals sowie der Bibliotheksbestände. Ein eigener Transportaufzug an der Innenhofwand — mit einer zusätzlichen Liftstation im Erdgeschoß für die Behinderten — verbindet den Tiefspeicher direkt und ohne störende Stufen mit den Bibliotheksräumen im vierten und fünften Stock.

Der neugeschaffene Tiefspeicher gewährleistet ausreichenden Stellraum für mehrere Jahrzehnte.

Literaturhinweis
KERBER, Wolfgang: Neuer Bücherspeicher der Zentralbibliothek für Physik in Wien. In: Mitteilungen der Vereinigung Österreichischer Bibliothekare, Jg. 36 (1983), Nr. 1, S. 76.

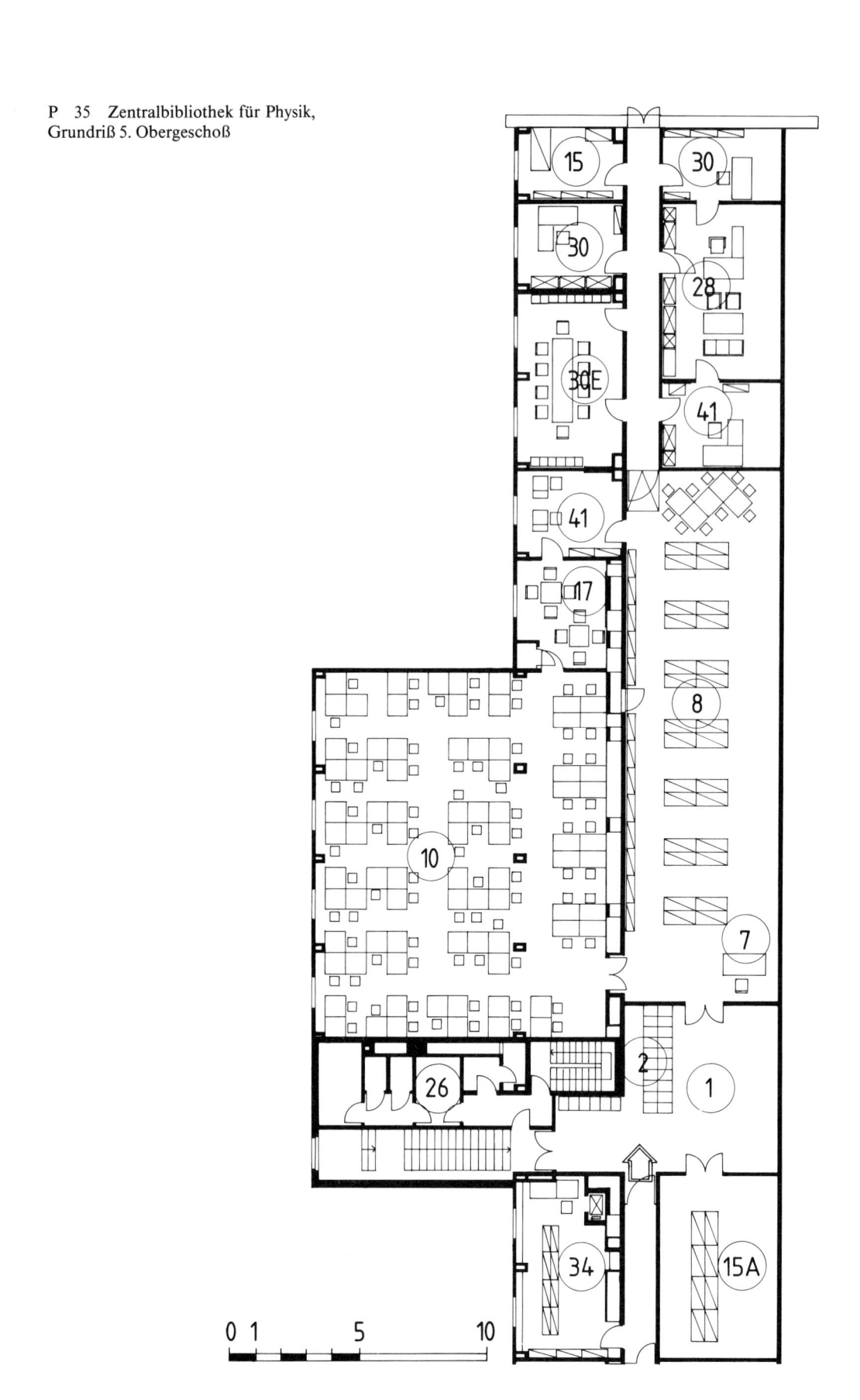

P 35　Zentralbibliothek für Physik,
Grundriß 5. Obergeschoß

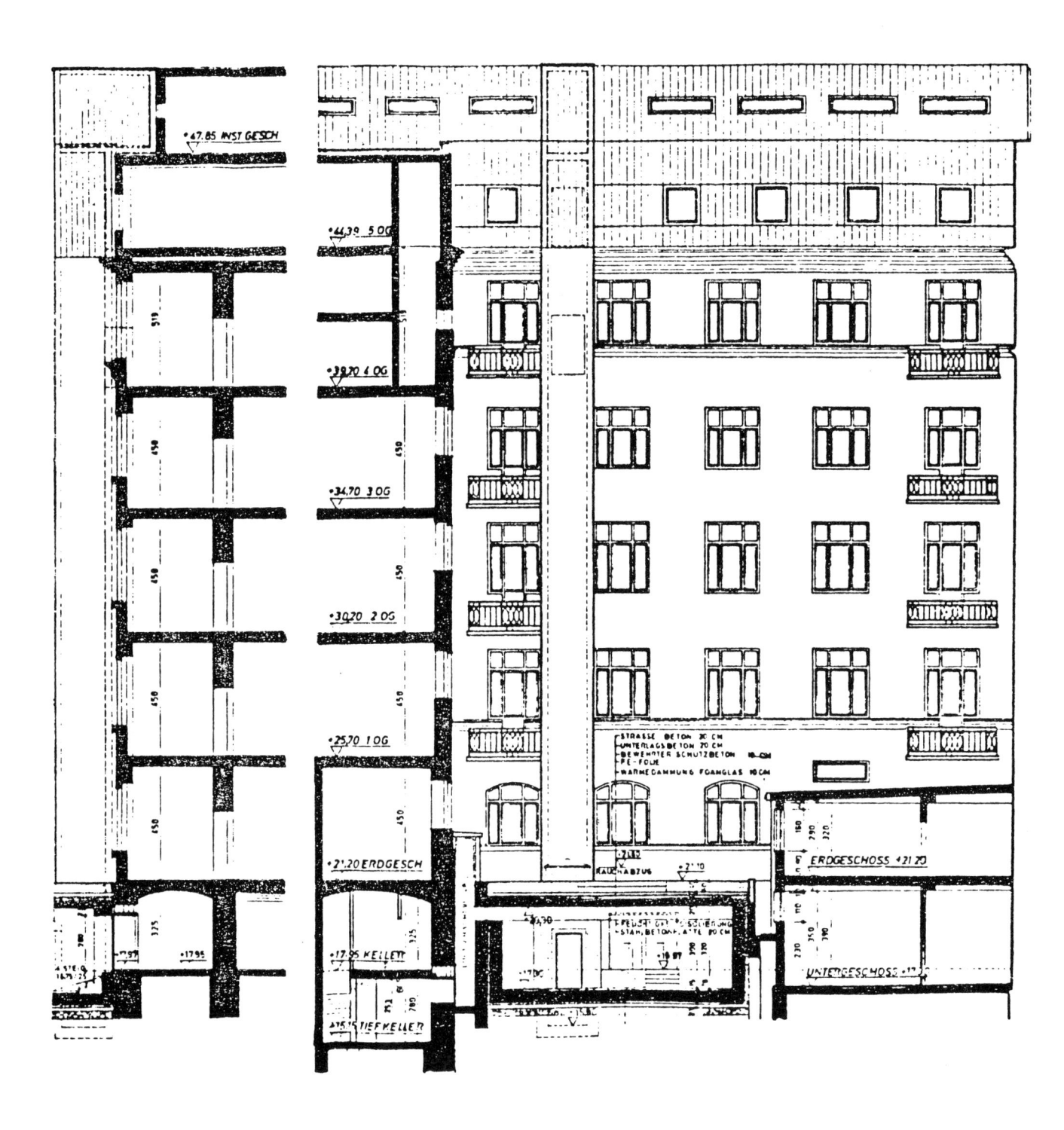

P 36 Zentralbibliothek für Physik, Schnitt und Hofansicht

1.4 UNIVERSITÄTSBIBLIOTHEK DER TECHNISCHEN UNIVERSITÄT WIEN — Hauptbibliothek
Wien IV, Wiedner Hauptstraße 6 / Ecke Treitlstraße

Planung: Architekten
    o. Prof. Dipl.-Ing.
    Justus Dahinden
    o. Prof. Dipl.-Ing. Dr. Ing.
    Reinhard Gieselmann
    Prof. Mag. Ing. Alexander
    Marchart,
    Prof. Mag. Roland Moebius
    & Partner, alle Wien

Statik: Dipl.-Ing. Willibald Zenker
    Dipl.-Ing. Albert Raunicke
    Zivilingenieure für Bauwesen

Fertigstellung: voraussichtlich 1986

Nutzbare Fläche:
    a) Lese- u.
       Verwaltungszone .... 6400 m²
    b) Magazinzone .... 2270 m²
       Zusammen .... 8670 m²

Kapazität:
    a) in Freihandauf-
       stellung ...... 325.000 Bände
    b) in Magazinen . 625.000 Bände
       Zusammen   950.000 Bände

dzt. Bestand: 791.000 Bände, davon
    477.000 Bände in der Haupt-
    bibliothek
    2300 lfd. Zeitschriften,
    davon
    820 in der Haupt-
    bibliothek

Zuwachs pro Jahr: 15.000 Bände, davon
    7000 bis 8000 Bände in der
    Hauptbibliothek

Anzahl der Leseplätze: 320
    (inkl. Gruppenarbeitsräume)

Anzahl der Studierenden: 12.700

Sammelgebiete:
    Sämtliche technische Literatur mit Randgebieten Chemie, Physik, Vermessungswesen, Mathematik, Geometrie, Architektur, Raumplanung u. a. m.

Die Bibliothek der alten Technischen Hochschule (der Vorgängerin der heutigen Technischen Universität) wurde gleichzeitig mit deren Gründung im Jahre 1815 eingerichtet. Sie war stets im Hauptgebäude bzw. in den einzelnen Instituten untergebracht, mußte jedoch wiederholt verlegt und erweitert werden. Das Unversitätsorganisationsgesetz (UOG) vom Jahre 1975, das die Einbeziehung aller früheren Institutsbibliotheken in die zentrale Verwaltung der Universitätsbibliothek vorsieht, und die enorme Steigerung der Hörerzahlen machte die Raumsituation völlig unhaltbar. Eine Überlegung ging dahin, die Bibliothek im ehemaligen Semperschen Kulissendepot in der Lehárgasse unterzubringen (siehe S. 59); die baulichen Vorgaben hätten dort jedoch keine moderne Raum- und Funktionsplanung erlaubt, sondern bestenfalls eine Bibliothek mit großem Lesesaal, Magazinen und — zu kleinem — Verwaltungsbereich. Daher mußten sich der Akademische Senat sowie die Vertreter des Bundesministeriums für Wissenschaft und Forschung, das Redaktionsteam für Bau- und Raumfragen an Bibliotheken und die Bibliotheksdirektion im Jahre 1976 mit dem Gedanken eines Neubaues beschäftigen, und zwar auf dem der Technischen Universität gewidmeten Grundstück in Wien IV, Wiedner Hauptstraße 6/ Ecke Treitlstraße, also am Karlsplatz. (Ursprünglich sollte dieses Grundstück für das Verkehrsbüro verwendet werden, das es jedoch für seine Zwecke nicht optimal fand.)

Bei der Beratung der Funktionsplanung wurde eine Freihandaufstellung von 200.000 Bänden mit 320 Leseplätzen und Magazinraum für 600.000 Bände zur Grundlage genommen. 1977 beschloß dann der Akademische Senat der Technischen Universität, im geplanten Neubau — außer der Bibliothek — auch das Außeninstitut, die neue Telefonzentrale der Universität, das Notstromaggregat für den gesamten Gebäudekomplex, ein großes Kommunikationszentrum und ein Geschäftslokal im Erdgeschoß sowie weitere Reserveflächen unterzubringen.

Bei der Erstellung des Raum- und Funktionsprogramms stellte die kleine Grundfläche des Gebäudes ein beträchtliches Problem dar. Dieser Nachteil des Baugrundstückes wird allerdings durch seine zentrale Lage aufgewogen. Man stand z. B. vor der Wahl, ob man neben Garderobe und Eingangszone mit der Leihstelle noch die Lehrbuchsammlung oder die Kataloge im Erdgeschoß unterbringen sollte; beide hier zu situieren (was das Sinnvollste gewesen wäre), erlaubte die kleine Grundfläche nicht. So entschied man sich schließlich, die Kataloge in den ersten Stock zu verlegen.

Nach langen und schwierigen Verhandlungen, bei denen die Bibliotheksseite den klaren Standpunkt vertrat, daß im Erdgeschoß möglichst viele jener Funktionen, die starken Publikumsverkehr bedingen, untergebracht werden müßten und auch die übrigen Bibliotheksbereiche nicht durch andere Nutzungen von diesem Geschoß abgetrennt werden dürften, nahm der Entwurf der Architekten weitgehend darauf Rücksicht.

Der Baukörper war in der Höhe dem benachbarten Bürohaus in der Treitlstraße anzupassen; außerdem war er zu dem unmittelbar dahinterliegenden neuen Institutsgebäude der Technischen Universität auf den ehemaligen Freihausgründen in Relation zu bringen.

Städtebaulich mußte ferner auf den in der Wiedner Hauptstraße gegenüberliegenden Hansen-Bau — die Evangelische Schule am Karlsplatz — Rücksicht genommen werden.

1981 kam es dann zur Bauverhandlung und zur Vorlage der vorgeschlagenen Fassadenlösung beim Fachbeirat für Stadtplanung; dieser empfahl die Überarbeitung des Projektes hinsichtlich der Dachform, der starken vertikalen Gliederung sowie der Übernahme der Baukörpergliederung des benachbarten „Porrhauses". Dadurch mußte zwangsläufig ein Geschoß entfallen, was zur Folge hatte, daß das Raumprogramm nicht mehr erfüllt werden konnte. So entschloß man sich, von den geplanten anderen Nutzungen des Gebäudes abzusehen und den Neubau — abgesehen von dem Geschäftslokal im Erdgeschoß (auf dem die Bezirksvorstehung bestand) und von den technischen Räumen in den Untergeschossen — ausschließlich der Bibliothek zu widmen. Nach endgültiger Zustimmung des Fachbeirates für Stadtplanung im Jahre 1982 konnte an die Einreichs- und Detailplanung herangegangen werden. Der Baubeginn erfolgte im Sommer 1984.

Architektonisch wird die Fassade der neuen Universitätsbibliothek — entsprechend den Funktionen des Inneren — ein ausgewogenes Wechselspiel von den Waagrechten und Senkrechten aufweisen. Auf einer zweigeschossigen Sockelzone für das Eingangs- und Kataloggeschoß wird eine viergeschossige Mittelzone mit halbrundem, vertikal durchgehendem Lesekern für die Großräume der Freihandbibliothek und eine Gesimszone mit Quadratfenstern für die Büroräume der Verwaltung der Bibliothek ruhen. Besondere Beachtung wird der Gestaltung der Gebäudeecke Karlsplatz und Wiedner Hauptstraße mit großem zylindrischem Glaserker und freistehender Ecksäule zugewendet, die sechs Geschosse durchläuft und an ihrem oberen Ende ein künstlerisch gestaltetes Kapitell in Form einer stilisierten Eule erhält. Natursteinplatten — zum Teil mit Schattenfugen — sowie Kupferblech für den Dachaufbau sollen gewisse Bezüge zu den Materialien der historischen Gebäude der Umgebung herstellen. Im Bereich der Resselgasse wird eine niedrige, zurückgesetzte Verbauung die im Bau befindliche Bibliothek mit dem nahezu fertiggestellten Institutsgebäude verbinden. Unter Berücksichtigung der Achse Kärntnerstraße — Karlsplatz — Wiedner Hauptstraße werden an der Front Wiedner Hauptstraße Fußgängerarkaden errichtet, an denen sich der Eingang (samt Stiege und Aufzug) zu den Verwaltungsräumen im sechsten Obergeschoß sowie ein Buchladen befinden.

Im letzten Entwurf ist folgende Raumnutzung vorgesehen:
Erstes bis drittes Untergeschoß:
Büchermagazine (teilweise Kompaktanlagen), Technik- und Lagerräume, Anlieferung im dritten Untergeschoß durch die Garage des Institutsgebäudes, Wiedner Hauptstraße 8.
Erdgeschoß:
Fremdnutzung (ein Geschäftslokal), Arkadierung entlang der Wiedner Hauptstraße, Zugang zur Bibliotheksverwaltung über ein zweites Stiegenhaus unter den Arkaden, Haupteingang in die Bibliothek in der Resselgasse mit Behindertenrampe, großzügiges Foyer mit künstlerisch gestaltetem Brunnen, das für Ausstellungen genützt werden kann, Garderoben, Eingangs- und Ausgangskontrollpunkt, Leihstelle, Lehrbuchsammlung.
Erstes Obergeschoß:
Informationsabteilung mit Bibliothekskatalogen und bibliographischem Apparat, Büros für Fernleihe und Informationsvermittlungsstelle.
Zweites Obergeschoß:
Laufende Zeitschriften, teilweise auch ältere gebundene Jahrgänge, Zeitschriftenverwaltung.

Drittes, viertes und fünftes Obergeschoß:

Freihandbereiche mit Leseplätzen, Carrels, Gruppenarbeitsräumen, Informationspulten, Kopier- und Nebenräumen wie Sanitäts- und Raucherzimmer. Weitere Räume für das EDV-Referat und 2 Seminarräume, die zu einem kleinen Vortragssaal vereinigt werden können.

Sechstes Obergeschoß:

Gesamte Bibliotheksverwaltung mit Archiv und Lagerräumen, Hausbuchbinderei und Personalraum, ferner das Universitätsarchiv.

Bautechnisch mußte bei der Fundierung auf die besonderen Bodenverhältnisse, wie sie bereits beim Bau des benachbarten Institutsgebäudes angetroffen wurden, Rücksicht genommen werden: Verankerte Schlitzwände (60 cm stark) sind vorgesehen. Die Gründung über der U-Bahnröhre der U 1 und für das restliche Gebäude erfolgt durch eine 1,30 m starke Stahlbetonplatte; sie bildet — zusammen mit einer 80 cm starken, in die Platte eingebundenen Stahlbetonaußenwand im dritten Untergeschoß — eine dichte Wanne. Die Außenwände ab Erdgeschoß besitzen einen Stahlbetonkern mit einer Natursteinverkleidung außen, einen Dampfdruck-Entspannungsraum mit Be- und Entlüftung sowie einer 8 cm starken thermischen Isolation innen. An der Innenseite sind die Säulen und Außenwände mit schallabsorbierenden Materialien verkleidet. Die Außenwände der Überbauung in der Resselgasse sind analog der Fassade des benachbarten Institutsgebäudes mit hinterlüfteten Alu-Paneelen und Wärmeisolierung vor der Stahlbetonwand ausgebildet.

Das Gebäude wird konstruktiv als Stahlbeton-Skelettbau ausgeführt, und zwar auf einem Raster von 7,20 × 7,20 m, mit einer 28 cm starken unterzuglosen Flachdecke — eine funktionell und wirtschaftlich günstige Lösung. Abgehängte Decken aus Lochplatten werden die Untersicht bilden. Die Decke über dem Dachgeschoß wird teilweise schräg ausgeführt. Der eigentliche Dachaufbau ist ca. 4,50 m hinter den Attikarand zurückgesetzt. Die Dachkonstruktion ist eine massive Stahlbetonplatte mit äußerer thermischer Isolation und wasserdichter Verkleidung aus Kupferblech, be- und entlüftet an den schrägen und vertikalen Flächen. Die Wärmedämmschicht wird aus zweilagigen Isoliermatten (10 cm) bestehen. Der flache Teil des Daches über der Lüftungszentrale ist ein sogenanntes „Umkehrdach" mit Kieslage, feuchtigkeitsresistenter, thermischer Isolation auf dem Gefällestrich der Stahlbetondecke. Der terrassenförmige Rücksprung des Dachgeschosses wird begehbar und für einen Fensterputzwagen befahrbar ausgebildet. Die Oberflächen der Innenwände werden zum Teil mit echtholzfurnierten, großflächigen Paneelen verkleidet. Als Fenster sind Holz-Alu-Verbundfenster mit 3facher Isolierverglasung an den verkehrsreichen Fronten und mit doppelter Isolierverglasung an den übrigen Fronten vorgesehen.

Als Sonnenschutz sind an der Südfront und bei den quadratischen Fenstern des sechsten Obergeschosses außenliegende Aluminiumlamellen-Jalousien vorgesehen, während alle übrigen Fenster innenliegende Vertikallamellen-Stores aus Kunstfasergewebe erhalten. Die Türen — zum Teil aus Holz, zum Teil aus Stahl — werden den schalltechnischen und feuerpolizeilichen Erfordernissen entsprechen. Die Holztüren erhalten Echtholz-Furniere. In sämtlichen Aufenthaltsräumen in den Obergeschossen, die für Bibliotheks- oder Bürozwecke dienen, werden aus akustischen Gründen Teppichböden in schwer entflammbarer Ausführung (B 1) vollflächig verklebt. Die Eingangshalle erhält Natursteinplatten, die Gänge, Lagerräume, Garderoben etc. erhalten PVC-Beläge, die Naßräume keramische Platten. In den Stiegenhäusern werden auf den unterzuglosen Stahlbetonplatten und Betonkeilstufen Kunststeinplatten verlegt.

Die Bibliothek wird an das Fernheiznetz angeschlossen; die Wärme wird über einen Umformer in eine Warmluftheizung umgewandelt, mit zusätzlichen Radiatoren in den Räumen mit großer Abkühlung. Sämtliche Lesesäle sowie Magazine werden mechanisch be- und entlüftet. Eine Buchförderanlage mit einem zentral gelegenen Bücheraufzug samt Rollenauslauf in jedem Geschoß besorgt den Transport der Kastenbehälter vom Keller bis zum obersten Geschoß; horizontale Verteiler sind keine erforderlich. Die Buchbestellungen werden an die einzelnen Arbeitsbereiche über Bildschirme bzw. Druckerterminals übermittelt. Ein bibliothekseigener Rechner wird installiert werden und an das zentrale Bibliotheksnetz angeschlossen. Der zentrale Kontrollpunkt im Erdgeschoß erhält eine elektronische Buchsicherungsanlage, welche auch die Benützer der Lehrbuchsammlung erfaßt.

Dieser schon äußerst dringlich gewordene Bibliotheksneubau der Technischen Universität Wien ist ein städtebaulich wichtiger Beitrag zur Schließung dieser Ecke am Karlsplatz, in dessen Ensemble er sich einzufügen hat. Gleichzeitig soll er den formalen, technischen und funktionellen Bedürfnissen unserer Zeit entsprechen.

Literaturhinweise

WAWROSCH, Josef: Ein neues Bibliotheksgebäude für die Technische Universität Wien. In: Mitteilungen der Vereinigung Österreichischer Bibliothekare 36 (1983) 2, S. 36—43.
WAWROSCH, Josef: Einer neuen Epoche entgegen. In: Österreichische Hochschulzeitung Jg. 37 (1985) 6, S 41—42.

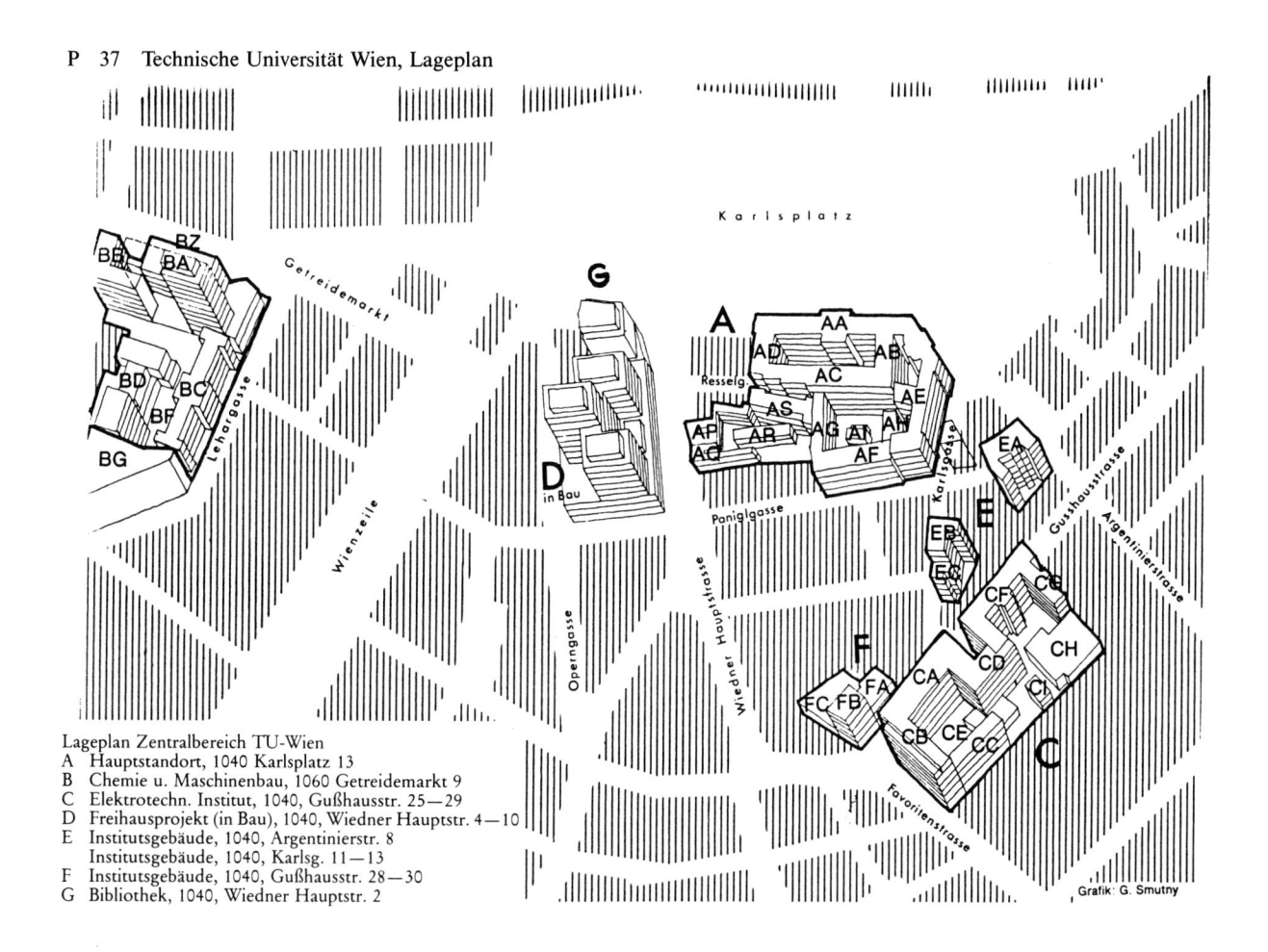

P 37 Technische Universität Wien, Lageplan

Lageplan Zentralbereich TU-Wien
A Hauptstandort, 1040 Karlsplatz 13
B Chemie u. Maschinenbau, 1060 Getreidemarkt 9
C Elektrotechn. Institut, 1040, Gußhausstr. 25—29
D Freihausprojekt (in Bau), 1040, Wiedner Hauptstr. 4—10
E Institutsgebäude, 1040, Argentinierstr. 8
   Institutsgebäude, 1040, Karlsg. 11—13
F Institutsgebäude, 1040, Gußhausstr. 28—30
G Bibliothek, 1040, Wiedner Hauptstr. 2

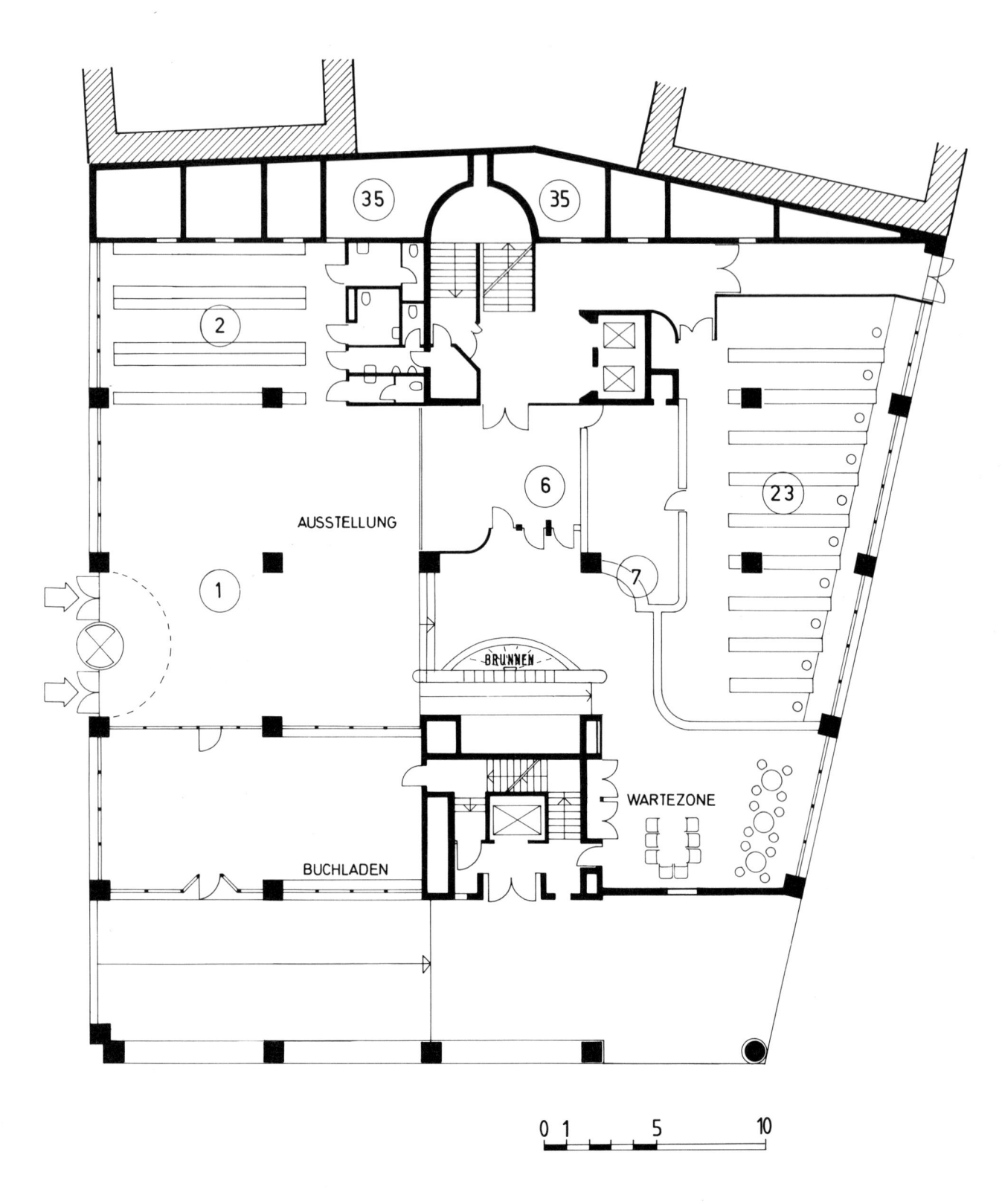

P 38   UB der Technischen Universität, Grundriß Erdgeschoß

AUSSTELLUNG

BRUNNEN

WARTEZONE

BUCHLADEN

0 1   5   10

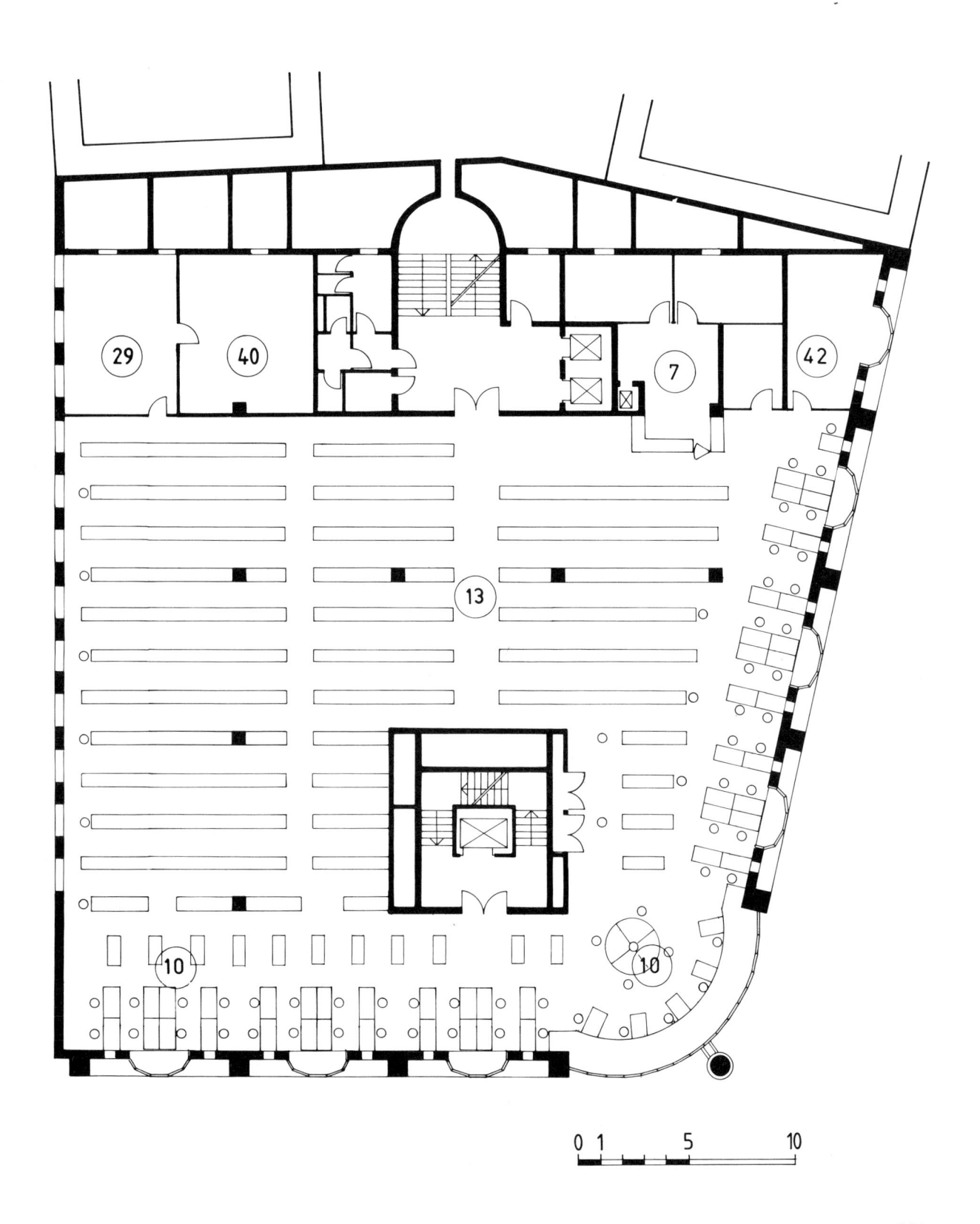

P 39 UB der Technischen Universität, Grundriß 3. Obergeschoß

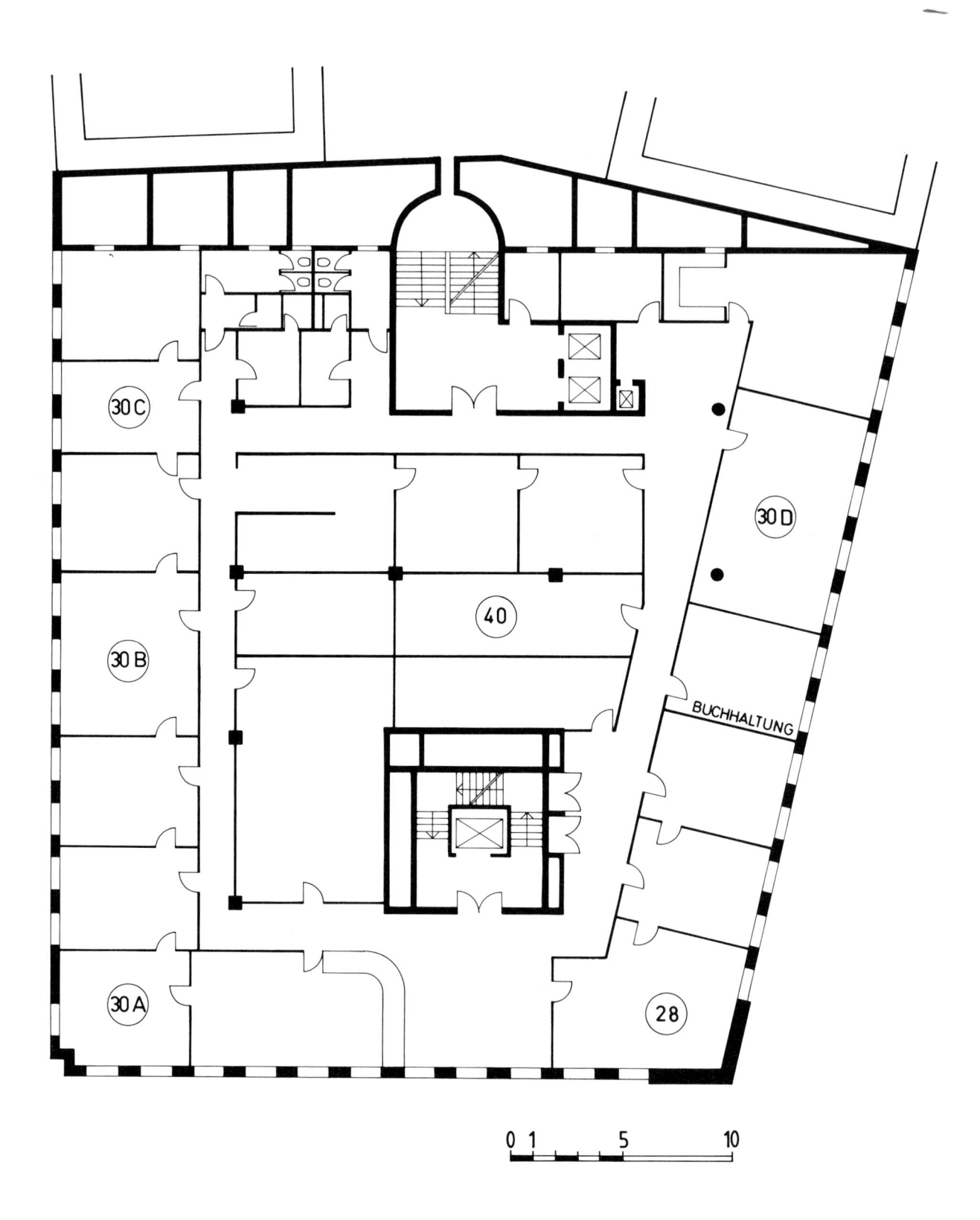

P 40 UB der Technischen Universität, Grundriß 6. Obergeschoß

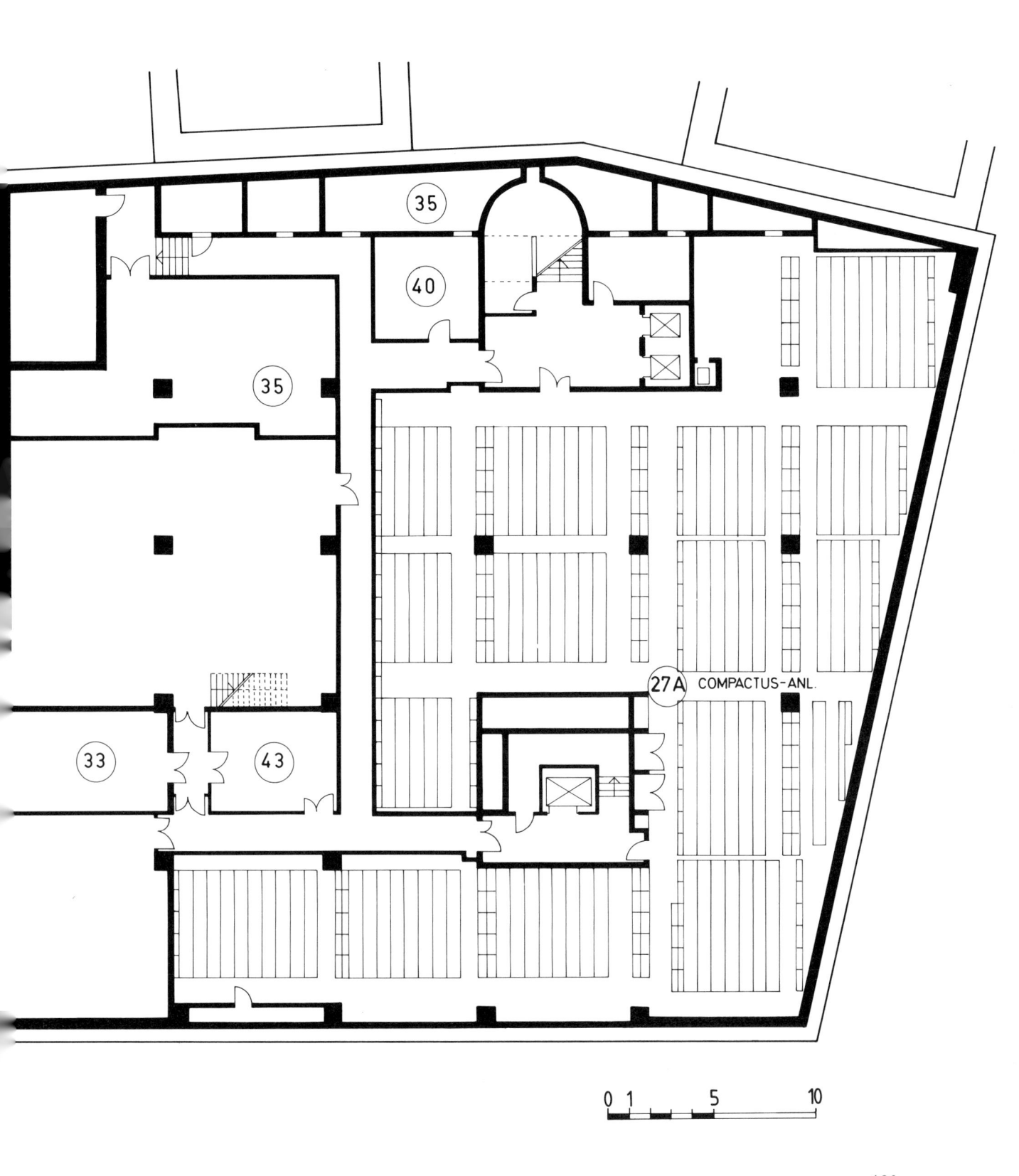

P 41 UB der Technischen Universität, 3. Untergeschoß

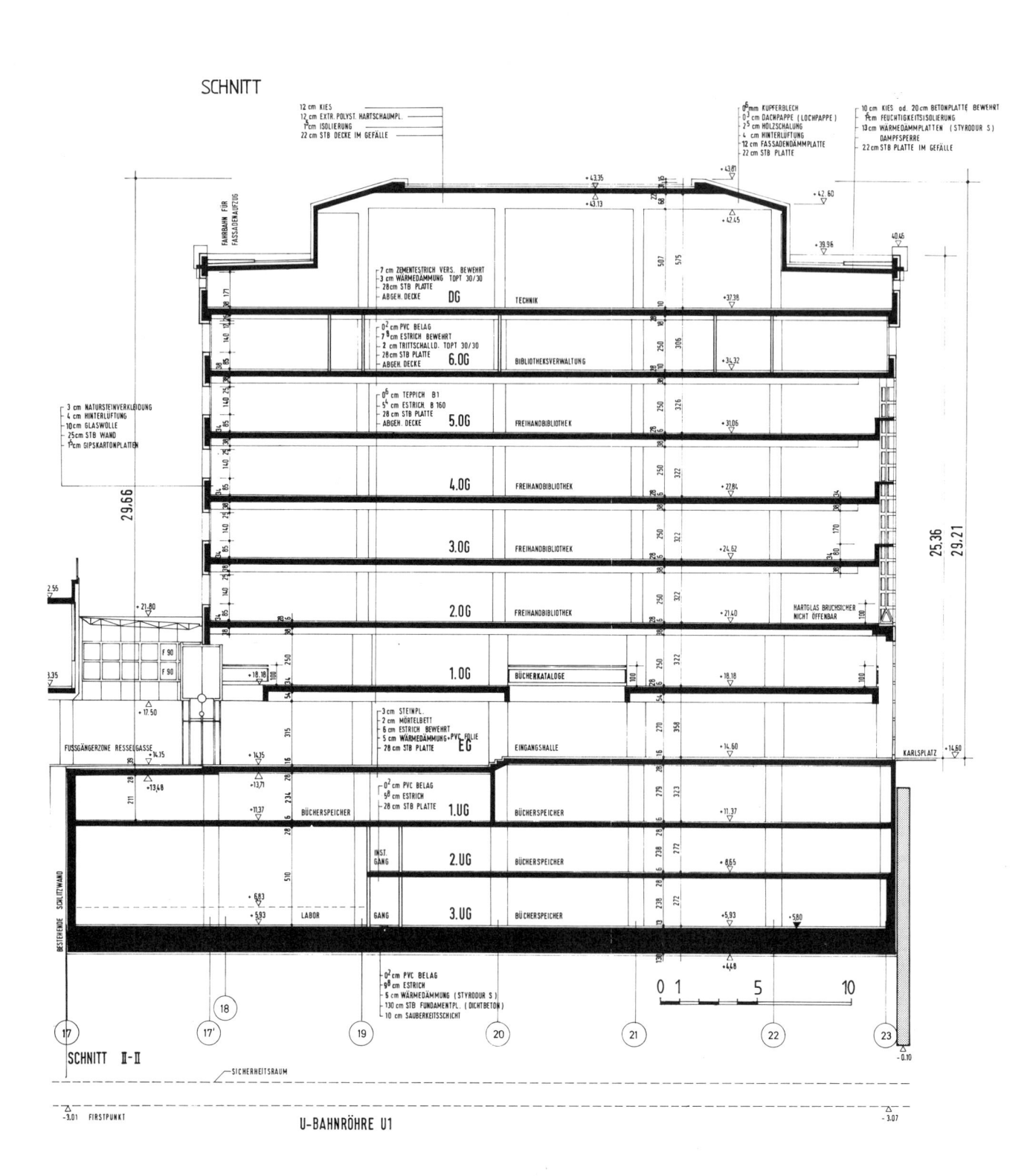

P 42 UB der Technischen Universität, Schnitt

P 43 UB der Technischen Universität, Perspektive

1.5 UNIVERSITÄTSBIBLIOTHEK DER WIRTSCHAFTSUNIVERSITÄT WIEN — Hauptbibliothek
Wien IX, Augasse 2—6

Planung: Architekt
        Dipl.-Ing. Kurt Hlaweniczka, Wien

Statik: Baurat h. c. Dipl.-Ing. Emil Jakubec
        Prof. Dipl.-Ing. Dr. techn. Kurt Koss,
        Zivilingenieure für Bauwesen, beide Wien

Fertigstellung: 1983

Nutzbare Fläche:
    a) Lese- und Verwaltungszone .... 6390 m²
    b) Magazinszone .... 2200 m²
    Zusammen .... 8590 m²

Kapazität: 490.000 Bände (bei Verschubregalanlagen 700.000 Bände)

dzt. Bestand: 230.000 Bände, davon
    90.000 Bände in Freihandaufstellung
    3.100 lfd. Zeitschriften, davon
    600 lfd. Zeitschriften Hauptbibliothek

Zuwachs pro Jahr: 13.000 Bde., davon
    5.000 Bde. Hauptbibliothek

Anzahl der Leseplätze: 460

Sammelgebiete:
    Wirtschafts- und Sozialwissenschaften.

Die ehemalige Hochschule für Welthandel im XIX. Wiener Gemeindebezirk wurde im Jahre 1975 gemäß Universitätsorganisationsgesetz (UOG) in „Wirtschaftsuniversität Wien" umbenannt. Trotz zweier Umbauten in den Jahren 1956 und 1973 erwies sich dieses Haus als viel zu klein, denn die Studentenzahl erhöhte sich von Jahr zu Jahr (1973: 6000 Studierende; 1983: 11.000 Studierende). Der akute Raummangel war die Ursache, daß sich das Kuratorium zur Förderung der Wirtschaftsuniversität als Bauträger zu einem großzügigen Neubau entschließen mußte, der vorerst utopisch erschien, dann aber, dank der positiven Einstellung und des Interesses von Frau Bundesminister für Wissenschaft und Forschung, Dr. Hertha Firnberg, tatsächlich realisiert werden konnte. Es handelt sich hiebei um die Großüberbauung des Geländes der Franz-Josefs-Bahn im IX. Wiener Gemeindebezirk mit einer Gesamtfläche von 170.000 m². Dieses Gebiet war bisher städtebauliches Brachland und trennte außerdem zwei Bezirksteile voneinander. Hier entstand nun — als größter österreichischer Hochschulneubau seit Bestehen der Republik — das Universitätszentrum Althanstraße, das für 15.000 Personen (Studenten, wissenschaftliches und nichtwissenschaftliches Personal) mitsamt einer Mensa und einem Studentenhaus konzipiert ist. Die beiden Hauptblöcke bilden das Gebäude der Wirtschaftsuniversität Wien im Norden und das Gebäude des Zoologischen und Biologischen Institutes der Universität Wien (Formal- und Naturwissenschaftliche Fakultät, Fachgruppe für Biowissenschaften) im Süden; diese Institutionen beanspruchten im Laufe der Planung mehr Platz für sich, der durch die Ausgliederung der jeweiligen Bibliothek geschaffen werden konnte.

Ursprünglich sollte nämlich die Universitätsbibliothek der Wirtschaftsuniversität in demselben Gebäude wie die Universität selbst und die Fachbibliothek für Biologie in demselben Gebäude wie das Zoologische und das Biologische Institut untergebracht werden, doch wurde 1979 eine Konzeptänderung beschlossen, weil es sich als zweckmäßig erwies, die Bibliotheken der Wirtschaftsuniversität und des Zoologischen und Biologischen Institutes aus den beiden Baukörpern auszugliedern und in einem eigenen Bibliotheksgebäude mit speziell geeigneter Baustruktur unterzubringen. So entstand zwischen den beiden Baukörpern, in ganz zentraler Lage und einheitlicher baulicher Gestaltung, das neue Bibliotheksgebäude. Der Bücherspeicher der Universitätsbibliothek der Wirtschaftsuniversität wurde an seinem ursprünglichen Platz im ersten Untergeschoß des Neubaues der Wirtschaftsuniversität belassen und durch eine Förderanlage mit der Hauptbibliothek verbunden. Das Bibliotheksgebäude besteht aus einem freistehenden viergeschossigen Baukörper, der auf einer entsprechend starken Stahlbetonplatte aufruht, welche die Gleisanlagen der Franz-Josefs-Bahn überdeckt und somit den notwendigen Schutz gegen Lärm und Erschütterungen bietet. Die Konstruktion bildet einen Stahlbetonskelettbau mit einem Raster von 7,20 m × 7,20 m.

Das unterste Geschoß (zweites Untergeschoß) dient der Anlieferung und Versorgung sowie Autoparkzwecken. Über eine entsprechend breite Aufschließungsstraße erfolgt die Zu- und Abfahrt von bzw. zur Althanstraße. Ein großer Lkw-Laderaum, der auch anderen Einrichtungen dient (z. B. der Mensa), bietet ausreichend Platz für die An- und Auslieferung der Bücher. Die noch einzurichtende Buchbinderei und Offsetdruckerei werden in einem eigenen Bereich nahe dem Lkw-Hof liegen. An der Südseite dieses Traktes befindet sich ein dreieckiger, gut belichteter Raum als unterster Teil des Zeitschriften-Lesesaales — mit diesem durch eine repräsentative Treppe verbunden.

Das erste Untergeschoß des Universitätsgebäudes enthält entlang der ostseitigen Längsfront das Büchermagazin der Wirtschaftsuniversität, das zum Teil mit Verschubregalanlagen, zum anderen Teil mit Fixregalen eingerichtet ist. Eine elektrisch gesteuerte Bücherförderanlage auf Schienen führt von hier zur zentralen Bücherausgabe im Erdgeschoß bzw. im ersten Obergeschoß des Bibliotheksgebäudes. Darüber hinaus besorgen Bücherwägen über Gänge und Aufzüge den Bücher- und Zeitschriftentransport. Ein eigener Parkplatz für diese Bücherwägen ist vorgesehen. An der Südostecke dieses Gebäudetraktes befindet sich im gleichen ersten Untergeschoß die Bibliothek des Zoologischen Institutes und des Institutes für Biologie (siehe S. 85).

Im Erdgeschoß liegt der eigentliche Haupteingang zur Bibliothek an einer vom Süden des Universitätszentrums in der Althanstraße bis zum Norden in der Nordbergstraße durchlaufenden Längsachse; sie endet in der von der Augasse her zugänglichen Haupthalle der Wirtschaftsuniversität, an der auch die großen Hörsäle und das Auditorium Maximum liegen. Zwischen den Baukörpern liegen breite, begrünte, ruhige Höfe für die Rekreation der Studenten und der übrigen Besucher sowie der Angestellten. Die Studenten der Wirtschaftsuniversität erreichen ihre Bibliothek über einen teilweise überdachten Innenhof direkt von der großen Haupthalle, oder vom ersten Stock her über zwei verglaste Brücken und eine Treppe samt Aufzug, der bis in das zweite Untergeschoß fährt. Eine quergelegte Vorhalle bildet die Wartezone, von der aus man durch eine zentrale Kontrollstelle mit Information und Leihstelle den eigentlichen Bibliotheksraum betritt. Den ostseitigen Teil dieses Bereiches nimmt die Katalogzone ein, die auch gleichzeitig von der Raumgruppe der Verwaltung und Buchbearbeitung, welche den ostseitigen Abschluß bildet, mitbenützt werden kann. Den westseitigen Teil bildet die Lehrbuchsammlung, an welche die Kartenlesezone und die Zeitschriften-Leseräume anschließen, die bis zur schrägen Front in der Augasse reicht; von dort gelangt man über eine interne Treppe in den darunterliegenden (bereits vorangeführten) Zeitschriftenteil.

Dem Ausgabepult gegenüber führt eine repräsentative halbrunde Treppe in den großen Freihand-Lesebereich im ersten Obergeschoß. Dieser ist ein großer Raum, der über die ganze Grundrißfläche geht, mit Leseplätzen an den Fensterfronten. Die einzigen Fixpunkte sind die Bücherausgabe in der Mitte und die beiden Stiegenhauskerne mit den Naßgruppen. Das zweite Obergeschoß beinhaltet nur technische Räume, insbesondere für die Klimatisierung.

Mensa und Cafeteria, die auch den Benützern der Bibliothek offenstehen, befinden sich in einem eigenen Gebäudetrakt an der Augasse, unmittelbar neben der sehr repräsentativen Treppenanlage samt begrünten Freiflächen vor dem Haupteingang zur Wirtschaftsuniversität.

Für einen Bau dieser Verwendung und dieser Größenordnung war es erforderlich, ein eigenes Energiekonzept zu entwickeln. Daher kam man von der herkömmlichen Klimaanlage zu einem System, das raumweise gesteuert werden kann, sowohl im Hinblick auf die Lufteinbringung als auch im Hinblick auf die Temperatur; dies führte zu einer thermostatischen Regelung der Raumtemperatur, zu einem variablen Luftvolumensystem, Absaugleuchten sowie zu regenerativem Wärmeaustausch.

Zusammenfassend ist zu sagen, daß die Baukörperdimensionierung, die Bauwerkshülle (größtenteils aus Aluminium und Glas) und das Energieversorgungssystem gemeinsam einem Optimierungsverfahren unterworfen wurden. Inwieweit es gelungen ist, unter den gegebenen Umständen tatsächlich Einsparungen zu erzielen, wird erst die Zukunft erweisen. Die Sonneneinstrahlung an der Südfront wird trotz (leider nur innenliegender) Jalousien an warmen Sommertagen zu einem gewissen Wärmestau führen, den die Klimatisierung vermutlich auch nicht zur Gänze wird aufheben können.

Baukünstlerisch ist gegen die Aufgliederung der Baukörper und die konsequente Fassadengestaltung und Gliederung nichts einzuwenden. Funktionell dürfte sich die Raumsituation im Verwaltungs- und auch im Lesebereich bewähren.

Ungünstig sind die verhältnismäßig langen Verkehrswege von den Magazinen zur Bücherausgabe, die dadurch entstanden sind, daß der Bücherspeicher in seiner ursprünglichen Lage blieb und nicht (wie es wünschenswert gewesen wäre und ursprünglich geplant war) unmittelbar unterhalb des Lesebereiches situiert wurde. Durch die Zusammenlegung der beiden Bibliotheken in ein einziges Gebäude, die erst nachträglich beschlossen wurde und bestimmt auch große Vorteile mit sich brachte, war dies nicht mehr möglich.

Die erforderlichen großen Querschnitte der Lüftungsleitungen, die unterhalb der Decke laufen, ergaben im Magazin eine Raumhöhe von maximal 2,10 m — niedriger als ursprünglich geplant. Als weiterer Nachteil hat sich erwiesen, daß an der zentralen Bücherausgabe und Leihstelle im Erdgeschoß, im Bereich der Kontrollen Zugluft entsteht.

Alles in allem handelt es sich aber bei diesem neuen Bibliotheksgebäude um ein sowohl architektonisch als auch funktionell durchaus gelungenes, interessantes Bauwerk.

Literaturhinweise

BISCHOF, Ferdinand: Der Erweiterungsbau der Bibliothek der Wirtschaftsuniversität Wien. In: Biblos 24 (1975) 4, S. 330—333.
BISCHOF, Ferdinand: Die Planung des Universitätszentrums Althanstraße. In: Biblos, Jg. 31 (1982), H. 3, S. 186—191.
Das Projekt Universitätszentrum Althanstraße. Wirtschaftsuniversität Wien. In: Der Aufbau, 1981, S. 461.
Wirtschaftsuniversität Wien. In: Der Aufbau, 1982, S. 506—516.
UZA (Universitäts-Zentrum Althanstraße).
Festschrift zur Eröffnung der Wirtschaftsuniversität Wien. (Illustr.) Architekturbüro Hlaweniczka, Wien: Konstruktiva 1982, 18 Bl., 20 Bl. Abb.
Wirtschaftsuniversität Wien. In: Architektur aktuell. Jg. 16 (1982) 51, S 15—28.

F 18   Wirtschaftsuniversität Wien, Luftbild

P 44 UB der Wirtschaftsuniversität, Lageplan

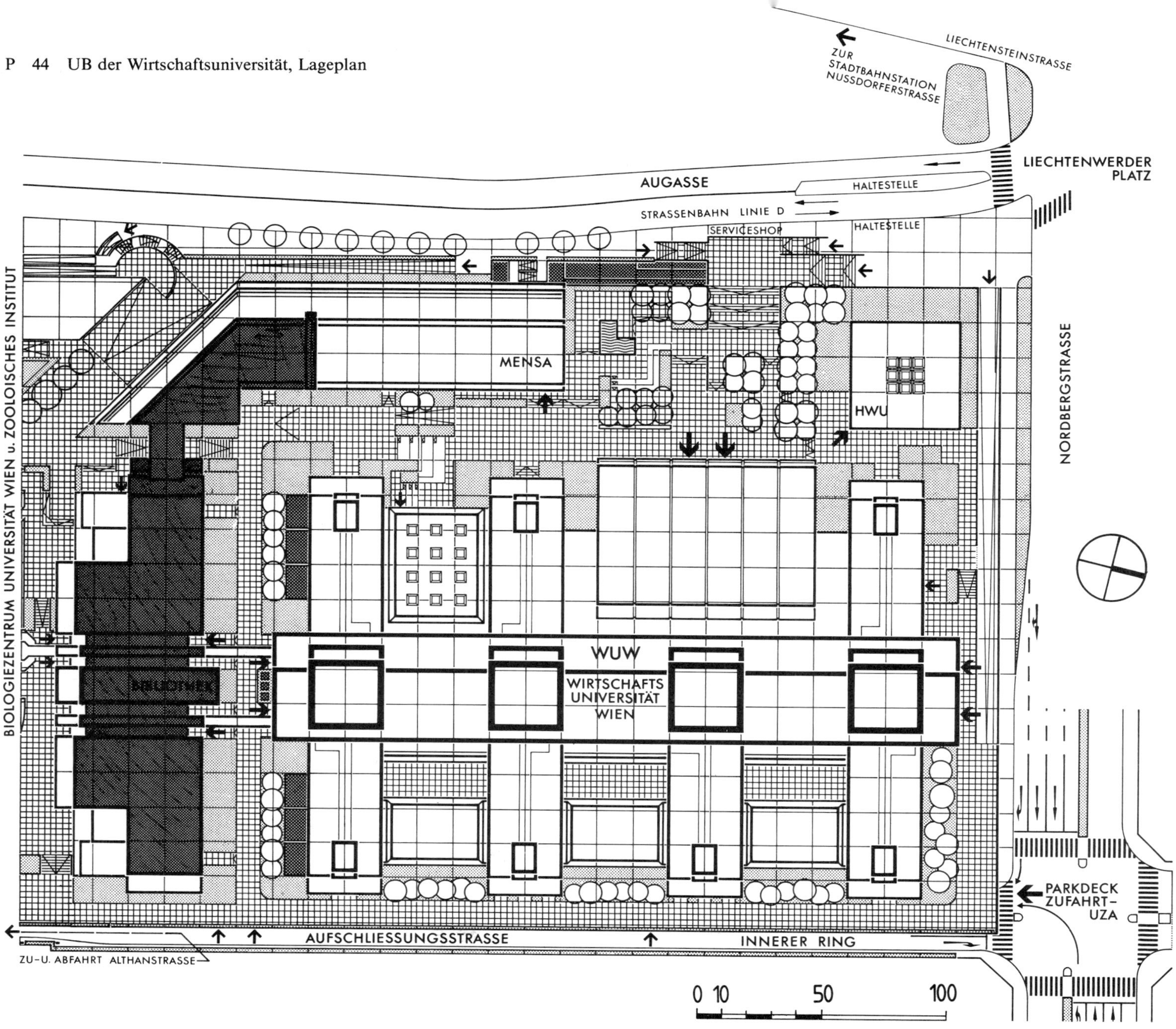

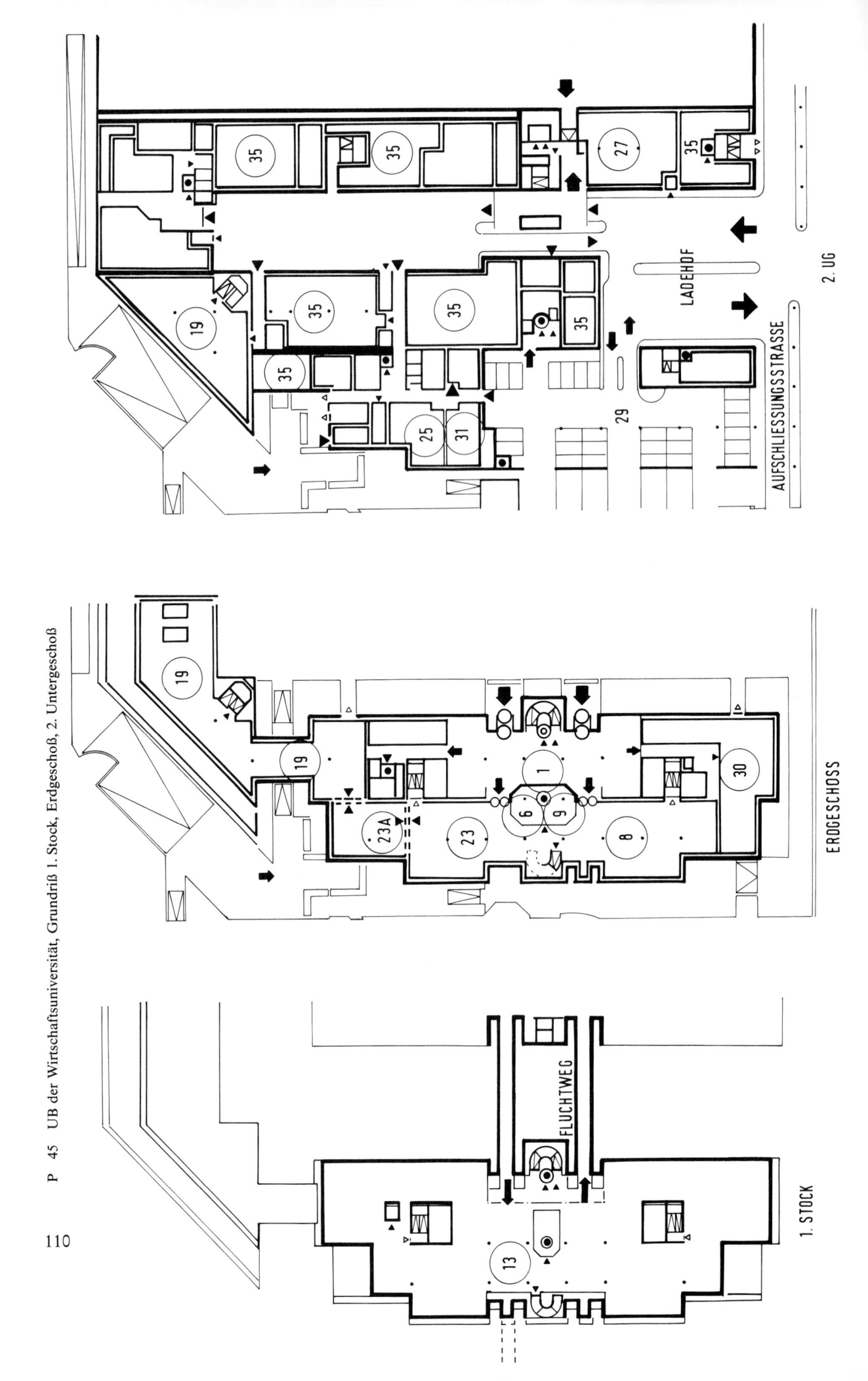

P 45 UB der Wirtschaftsuniversität, Grundriß 1. Stock, Erdgeschoß, 2. Untergeschoß

2. UG

LADEHOF

AUFSCHLIESSUNGSSTRASSE

ERDGESCHOSS

1. STOCK

FLUCHTWEG

P 46 UB der Wirtschaftsuniversität, Grundriß 1. Untergeschoß

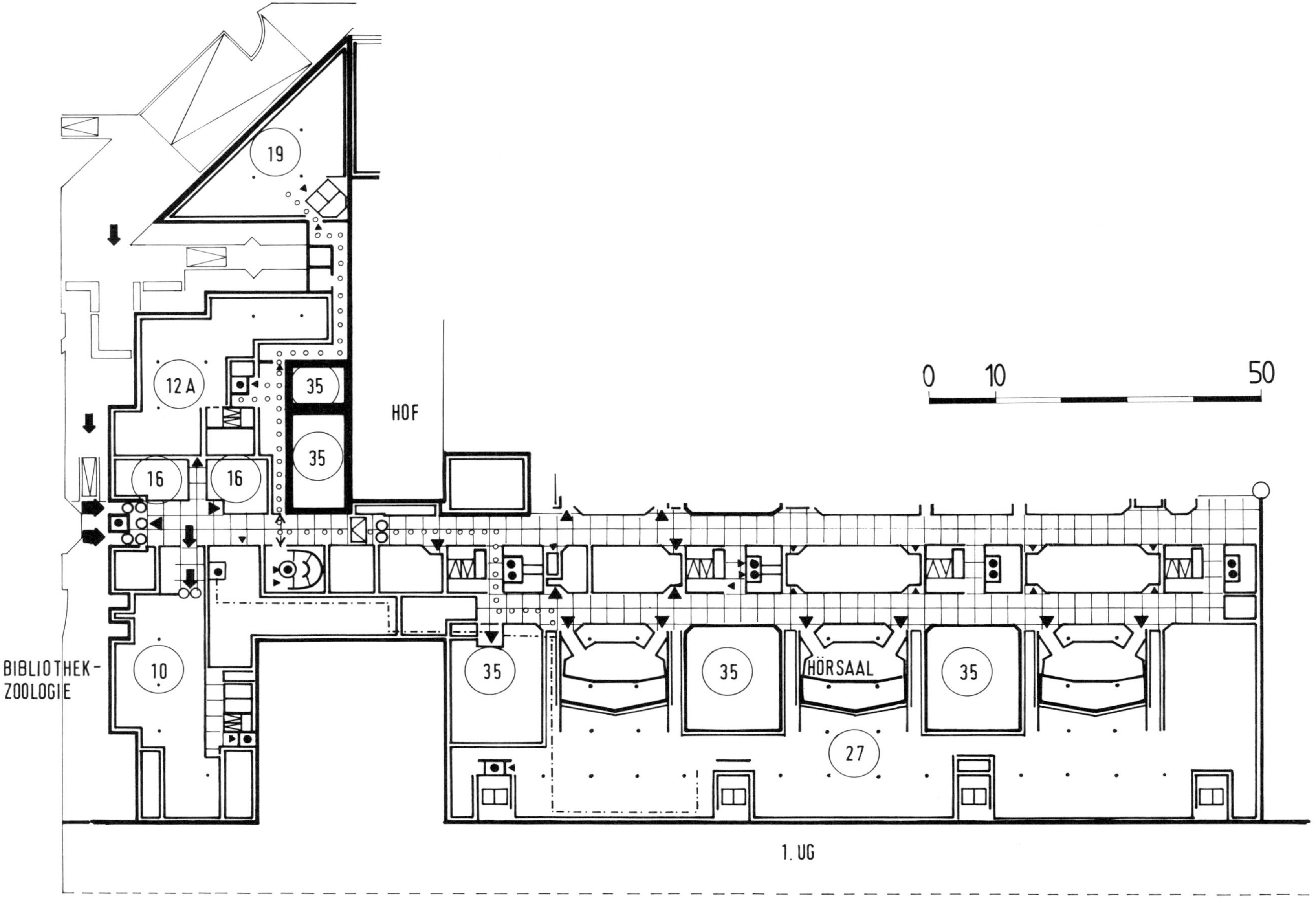

P 47 UB der Wirtschaftsuniversität, Hauptgeschoß

ERDGESCHOSS

F 19 UB der Wirtschaftsuniversität, Hauptansicht

F 20 UB der Wirtschaftsuniversität, Hofansicht mit Stiegenhaus

F 21 UB der Wirtschaftsuniversität, Bücherausgabe

F 22
UB der Wirtschafts-
universität,
Innenstiege

F 23 UB der Wirtschaftsuniversität, Freihandlesebereich

1.6 UNIVERSITÄTSBIBLIOTHEK DER VETERINÄRMEDIZINISCHEN UNIVERSITÄT WIEN
Wien XXI, Ecke Donaufelderstraße und J.-Baumann-Gasse

Planung: Architekt Prof. Dipl.-Ing. Dr. techn. Sepp Stein, Wien
Statik: Baurat h. c. Dipl.-Ing. Dr. techn. Adolf Lukele, Zivilingenieur für Bauwesen, Wien

Fertigstellung: unbestimmt (Projekt dzt. noch in Planung)

Nutzbare Fläche:
   a) Lese- und Verwaltungszone ..... 1933 m²
   b) Magazinszone .... 290 m²
   Zusammen .... 2223 m²

Kapazität: 172.000 Bände
dzt. Bestand: 107.000 Bände (einschl. Institute und Kliniken)
   666 lfd. Zeitschriften
Zuwachs pro Jahr: 2500 Bände
Anzahl der Leseplätze: 128
Sammelgebiete:
   Veterinärmedizin einschl. Tierzucht, naturwissenschaftliche Grundlagenfächer u. a. m.

Die ehemalige Tierärztliche Hochschule — jetzt Veterinärmedizinische Universität Wien — in der Linken Bahngasse im III. Wiener Gemeindebezirk besteht bereits seit 1768. Mit ihren alten Gebäuden und dem nicht mehr erweiterungsfähigen Gelände (entlang der Schnellbahntrasse) reicht sie nicht mehr aus, um der wesentlich gestiegenen Anzahl von Studierenden (dzt. 2000) und den neuen Studienerfordernissen gerecht zu werden. Daher wurde von der Republik Österreich in den Jahren 1980 bis 1985 ein Gelände in Wien-Donaustadt in der Größenordnung von rund 100.000 m² erworben und Zwecken der Veterinärmedizinischen Universität gewidmet. Dieses Areal, das von der Endstelle der U 1 in Kagran leicht zu Fuß erreichbar ist, liegt an der Grenze zwischen dem XXI. und XXII. Wiener Gemeindebezirk. Hier soll nun die neue Veterinärmedizinische Universität entstehen, deren Vorentwurf derzeit dem ministeriellen Begutachtungsverfahren unterliegt.

Im Rahmen dieses Universitätsneubaues soll auch ein eigenes Bibliotheksgebäude errichtet werden, dessen Funktion und Wirtschaftlichkeit bereits vom Bundesministerium für Wissenschaft und Forschung prinzipiell gutgeheißen wurde. Dieses Gebäude ist im Südwesten des ausgedehnten, rechteckigen Geländes — in unmittelbarer Nähe der Institutsgebäude, der Universitätsdirektion, des Hochschülerschaftsgebäudes und der Mensa — geplant. Für die Berechnung des Raumbedarfes ging man im wesentlichen davon aus, daß dieses Gebäude nicht nur die derzeitigen Bestände der Hauptbibliothek und der Institute und Kliniken, sondern auch einen zu erwartenden Zuwachs von mindestens 30 Jahren aufnehmen kann, insgesamt also etwa 172.000 Bände, von denen 100.000 Bände in Freihandaufstellung und der Rest in einem Büchermagazin mit Verschubregalanlagen untergebracht werden sollen.

Das Bibliotheksgebäude ist ein quadratischer, dreigeschossiger Bau (hievon ein Geschoß unter der Erde), 36 m × 36 m, mit zwei außenliegenden rechteckigen Stiegenhäusern im Norden und im Süden sowie einem westseitig anschließenden Lesehof. Ursprünglich war ein zentraler Innenhof geplant, der entfallen mußte, um zusätzlichen Arbeits- und Stellraum zu gewinnen. Die gesamte verbaute Fläche beträgt rund 1350 m² (ohne Lesehof).

Erdgeschoß:
Man betritt die Bibliothek vom Osten her über Stufen bzw. eine Behindertenrampe und gelangt durch einen Windfang in die Eingangshalle mit seitlicher Publikumsgarderobe und gegenüberliegender Fernleihe, die auch ohne Betreten der Bibliothek frequentiert werden kann. Durch den Haupteingang, neben dem sich die Ausgangskontrolle in Form eines Drehkreuzes mit elektronisch gesteuertem Überwachungssystem befindet, kommt man in den Wartebereich mit der Auskunft, der Ausleihe und der Rückgabe und von dort in den großen Freihand- und Lesebereich. Die Lehrbuchsammlung, die Kataloge, die Nachschlagewerke sind in der Mitte des Gebäudes (unter dem Lichthof) situiert, während an den drei verglasten Außenwänden die Leserplätze angeordnet sind. Die jeweiligen inneren Zonen dienen

P 48 UB der Veterinärmedizinischen Universität, Wien, Grundriß, Erdgeschoß

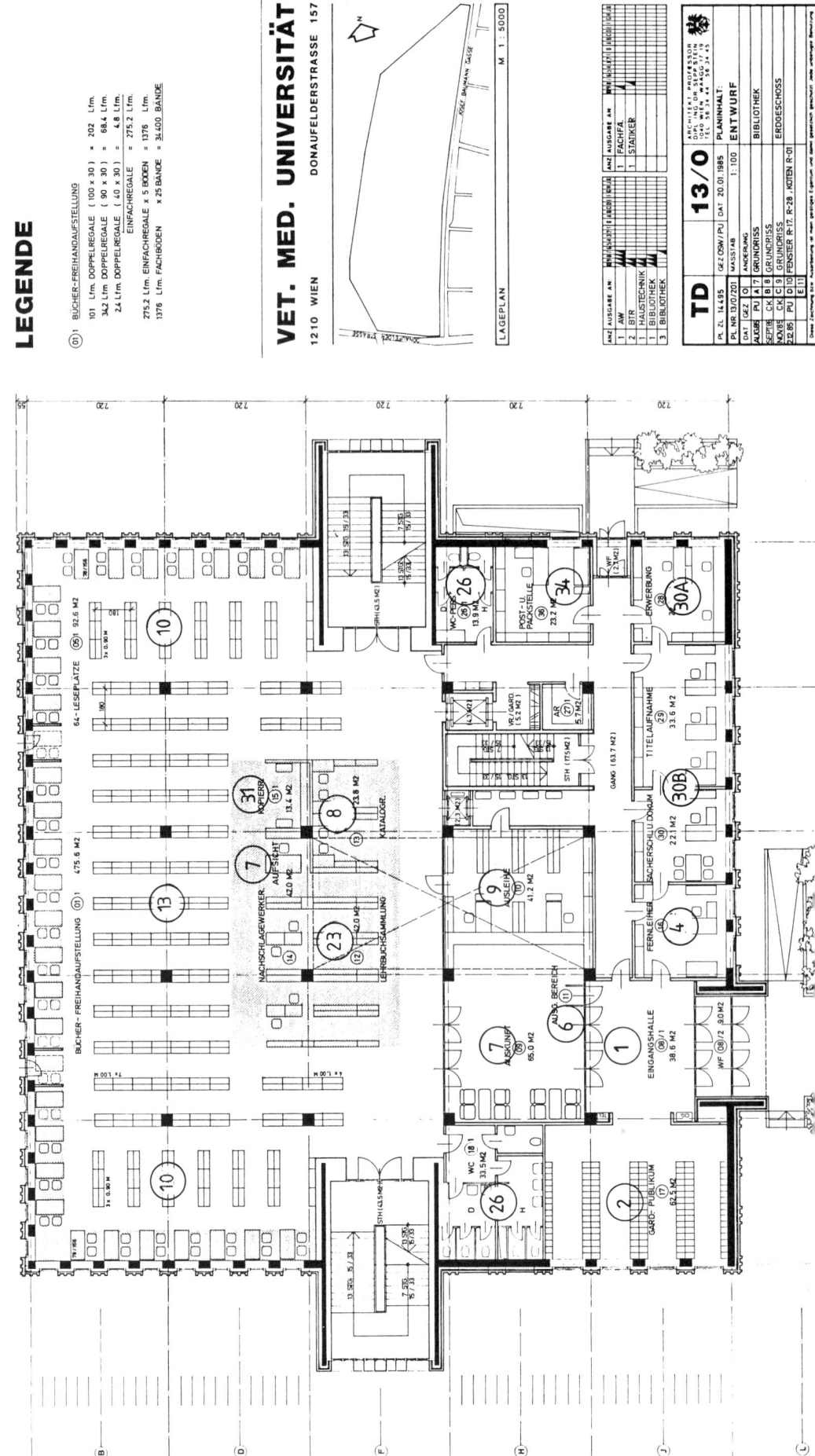

P 49 UB der Veterinärmedizinischen Universität, Wien, Grundriß, 1. Obergeschoß

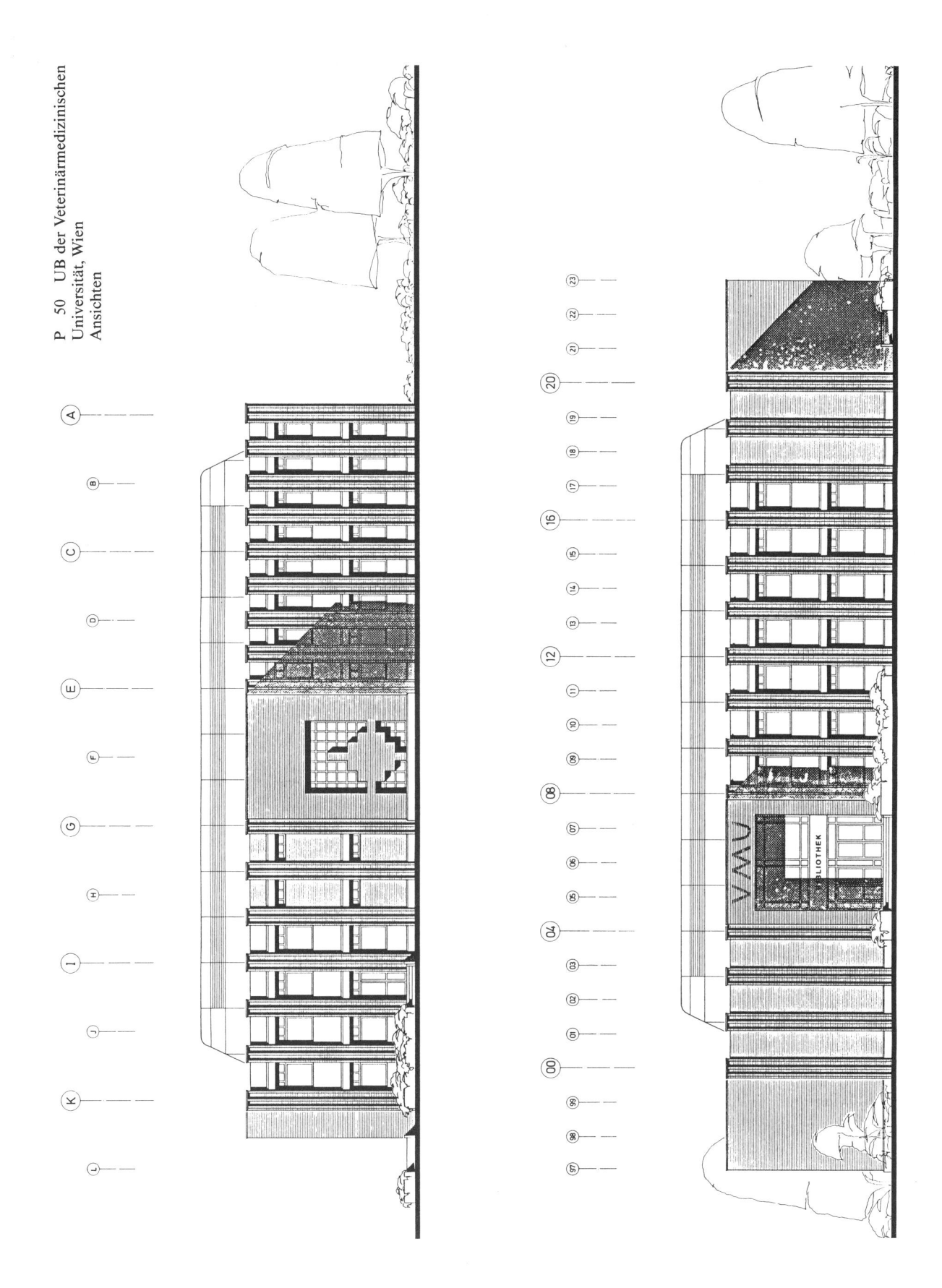

P 50 UB der Veterinärmedizinischen
Universität, Wien
Ansichten

der Freihandaufstellung. — Unmittelbar an den großen Saalbereich, der in Stützen aufgelöst ist und von den Seiten bzw. von oben her Tageslicht bezieht, schließt der Verwaltungsbereich mit der Fernleihe, der Sacherschließung, der Erwerbung und Titelaufnahme sowie der Post- und Packstelle an. Eine Stiege und 2 Aufzüge verbinden die 3 Geschosse.

Obergeschoß:

Dieses entspricht in seiner Aufteilung im wesentlichen jener des Erdgeschosses; hier sind auch noch drei zusätzliche Gruppenarbeitsräume und 3 Einzelarbeitsräume sowie ein Seminarraum vorgesehen.

An der Ostseite sind die Direktion, die Buchhaltung und die Vervielfältigungsstelle sowie ein Papierlager untergebracht.

Untergeschoß:

Außer den erforderlichen technischen Anlagen und Lagern ist hier ein Büchermagazin mit Verschubregalanlagen für rund 72.000 Bände vorgesehen, ferner ein klimatisiertes Raramagazin samt erforderlicher Klimaanlage. Das übrige Gebäude ist jedoch nicht klimatisiert, sondern nur mechanisch be- und entlüftet. Unterhalb des Freihand-Lesebereiches ist noch eine Schutzraumanlage (rund 750 m²) geplant, die gegebenenfalls auch zu einer Erweiterung des Büchermagazins herangezogen werden könnte.

Konstruktion:

Der Bücher- und Lesebereich wird als Stahlbetonskelettbau in einem Raster von 7,20 m × 7,20 m ausgeführt und erhält Stahlbetondecken mit einer Tragfähigkeit von 1500 kp/m² (für allfällige, später notwendige Kompaktaufstellung). Die Außenwände bestehen aus Füllmauerwerk, vorgesetzter Wärmedämmung und hinterlüftetem Ziegelmauerwerk mit pulverbeschichteten Alu-Fenstern und -Türen. Der Verwaltungsbereich wird aus Ziegelmauerwerk mit Stahlbetondecken und gleichartigen, hinterlüfteten Fassaden ausgeführt werden. Über die architektonische Gestaltung kann derzeit nichts gesagt werden, weil die Planung im Gange ist.

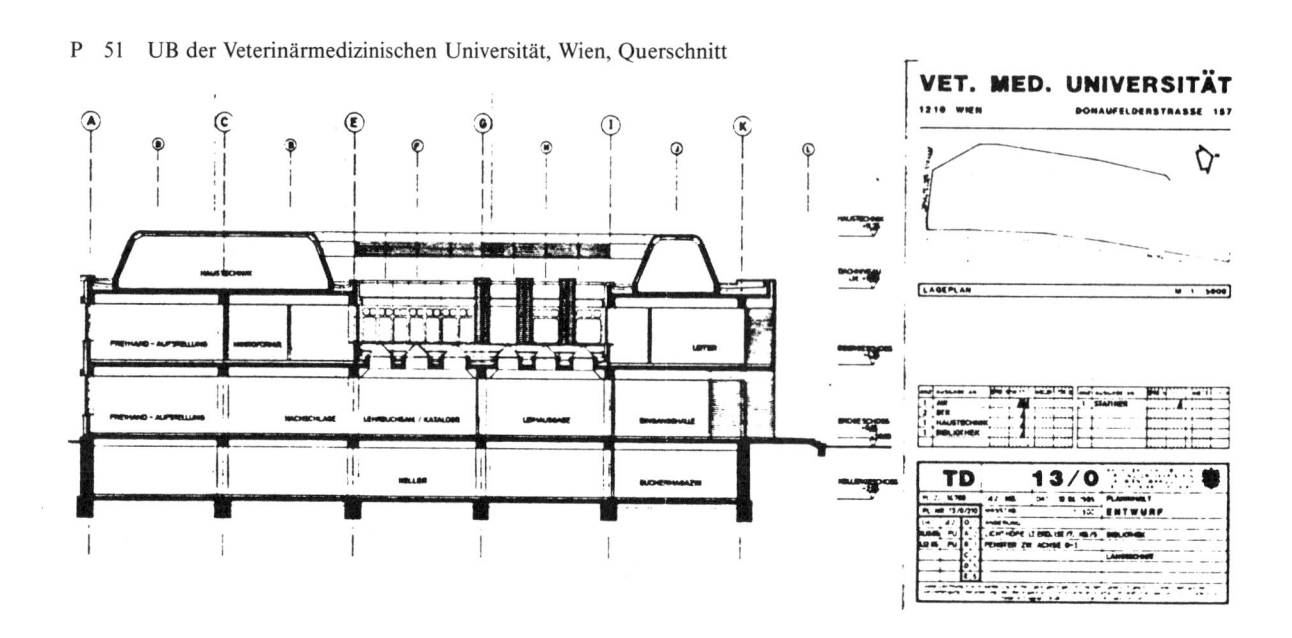

P 51 UB der Veterinärmedizinischen Universität, Wien, Querschnitt

1.7 AUSSENPOLITISCHE BIBLIOTHEK
Amtsbibliothek des Bundesministeriums für Auswärtige Angelegenheiten — Studienbibliothek der Diplomatischen Akademie im Theresianum
Wien IV, Favoritenstraße 15

Planung: Architekt Baurat h. c.
  Dipl.-Ing. Dr. techn.
  Erich Schlöss, Wien
Statik: Baurat h. c.
  Dipl.-Ing. Dr. techn.
  Alfred Popper, Wien
  Ingenieurkonsulent für Bauwesen
Fertigstellung: 1983
Nutzbare Fläche:
  a) Bibliotheksteil . . . . 316 m²
  b) Gesellschaftsraum . . . . . 169 m²
     (Zeitungslesesaal
     mit Galerie)
     Zusammen . . . . 574 m²
Kapazität: rd. 100.000 Bände
dzt. Bestand: 35.000 Bände
Zuwachs pro Jahr: 1300 Bände
Anzahl der Leseplätze: 22
dazu 30 im Gesellschaftsraum
Sammelgebiete:
  Internationale Beziehungen, Außenpolitik, Diplomatie (inkl. Geschichte), Völkerrecht, Wirtschaftsgeographie, Wirtschaft.

Diese Bibliothek entstand im Zusammenhang mit der Adaptierung des Unteren Stöckls des Theresianums für Zwecke der Diplomatischen Akademie in den Jahren 1979 bis 1983. Das Gebäude selbst wurde um 1755 als „Ballsaal" in Erweiterung der 1746 gegründeten Theresianischen Akademie — ein ebenerdiger, nicht unterkellerter Bau mit einem Mansardengeschoß — errichtet. Nach der Wiederbegründung der Theresianischen Akademie im Jahre 1955 stand es leer und funktionslos (abgesehen von seiner Verwendung als Depot für ausrangierte Dinge). Nach Sanierung der Fassaden und des Daches im Jahre 1964 wurde es dann für die Erweiterung der Diplomatischen Akademie, die bereits im wiederaufgebauten Konsulartrakt des Theresianums untergebracht war, freigegeben. Erst 1977 konnte ein im Umgang mit historisch wertvoller Bausubstanz erfahrener Architekt ein Projekt erstellen, das — außer der Unterbringung eines zentralen, geräumigen Vortragssaales — eine ausreichend große Bibliothek, nebst Studienräumen, einen Gesellschaftsraum, zusätzliche Hörerunterkünfte und zwei kleine Dienstwohnungen im Dachgeschoß vorsah. Außerdem war eine Unterkellerung vorgesehen.

Die Lösung war einerseits in gestalterischer Hinsicht äußerst heikel, weil die denkmalgeschützte Straßenfassade nicht verändert werden durfte — und auf der Gartenseite nur das funktionell Notwendigste —, andererseits in konstruktiver Hinsicht recht schwierig, weil die Fundamentsohle des Gebäudes nur 2 m unter Niveau lag, die Sohle der beabsichtigten Unterkellerung jedoch 3,50 m unter Niveau, Zwischendecken eingezogen und die Dachkonstruktion gartenseitig völlig geändert werden mußten.

Die Forderung, nicht weiter an der Substanz zu rühren, ergab natürlich eine ganze Reihe von Problemen, die jedoch schließlich gemeistert werden konnten. Das hohe Erdgeschoß wurde durch den Einzug einer neuen Decke (etwa in halber Höhe) geteilt, wodurch im ersten Stock neue nutzbare Flächen für die Bibliothek geschaffen werden konnten. Um nun die notwendige Belichtung für dieses neue Geschoß gewährleisten zu können, mußten die Fensteröffnungen bis zum Boden und bis zur Gesimsunterkante erweitert werden, wodurch der Eindruck einer großzügig angelegten Fassade entstand.

Die Raumgruppe der Bibliothek im ersten Stock umfaßt zwei Bücherspeicher in demselben Niveau für rund 45.000 Bände, einen Katalograum, einen Raum für technische Einrichtungen, vier Räume für Bibliothekare, zwei Tutorenräume (Studierzimmer mit je 4 Arbeitsplätzen, einem Semester-Handapparat auf Doppelborden), einen Zeitschriftenleseraum und einen Gesellschaftsraum mit Galerie, der auch Zeitungsleseraum ist und den Hörern der Diplomatischen Akademie allgemein zur Verfügung steht. Alle Räume sind durch einen Längsgang separat zugänglich. Während die Magazinsräume, der Katalograum und der Raum für die technischen Einrichtungen — bedingt durch die bauliche Situation — keine direkte natürliche Belichtung erhalten konnten, sind die Studierräume, das Sekretariat und die Räume der Bibliothekare vom Garten her mit großen, bis zum Fußboden reichenden Fenstern ausgestattet. Bemerkenswert bei diesen sind die funktionell notwendigen Vergitterungen, deren Form den Fensterscheibenteilungen angepaßt ist. Die Gestaltung der Räume ist auf Zweckmäßigkeit ausgerichtet, jedoch durchaus ansprechend. Während die Speicherräume einen Kunststoffbelag aufweisen, sind alle übrigen Räume mit Textilbelag ausgestattet. Nur der Zeitschriftenraum mit seinem Klebeparkettboden bildet eine Ausnahme, da er ursprünglich als Musikzimmer hätte verwendet werden sollen. Der Gesellschaftsraum, mit einem kleinen Barpult, schweren Ledergarnituren und leichten Sitzgruppen ausgestattet, erinnert in seiner formalen Gestaltung an englische Landhäuser der ersten Jahre dieses Jahrhunderts.

In Ergänzung zu den Räumen der Bibliothek im ersten Stock wurden Magazinsräume im Kellergeschoß geschaffen, die mit einer Verschubregalanlage eingerichtet sind.

Alles in allem handelt es sich bei dieser Bibliothek um eine zweckmäßige Nutzung eines funktionslos gewordenen, alten Gebäudetraktes, die auch aus architektonischer Sicht eine beachtenswerte Leistung darstellt.

Literaturhinweis

Schlöss, Erich: Erweiterung der Diplomatischen Akademie. In: Architektur aktuell 15 (1981) 82, S. 66—68.

P 52   Außenpolitische Bibliothek im Theresianum, Grundriß 1. Stock

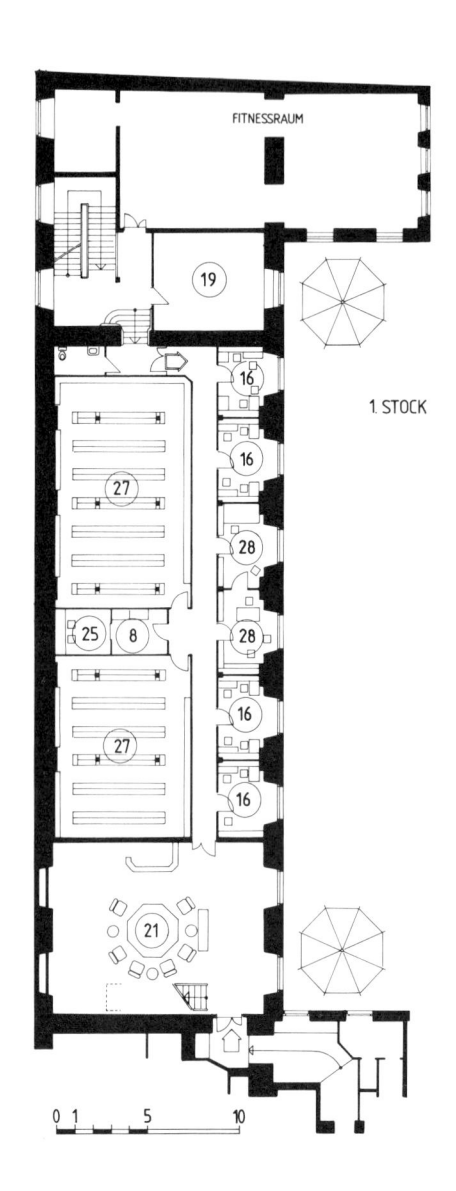

1.8 BIBLIOTHEK DES BUNDESAMTES FÜR EICH- UND VERMESSUNGSWESEN
Wien II, Schiffamtsgasse 1—3

Planung: Architekten
Prof. Dipl.-Ing. Dr. techn.
Walter Jaksch, Wien
Dipl.-Ing. Fritz Steinfelser, Linz

Fertigstellung: 1983

Nutzbare Fläche: 275 m²

Kapazität: 40.000 Bände
dzt. Bestand: 32.000 Bände
Zuwachs pro Jahr: 700 Bände
Anzahl der Leseplätze: 20
Sammelgebiete:
Naturwissenschaften, Geodäsie, Fotogrammetrie, Mathematik, Technik allgemein, Meteorologie, Geographie, Geologie, Physik, Chemie.

Im Jahre 1964 wurde ein öffentlicher Wettbewerb für den Neubau des Unterrichtsministeriums auf diesem Grundstück ausgeschrieben, bei dem die obengenannten Architekten als Sieger hervorgingen. Später allerdings verzichtete das Unterrichtsministerium auf diesen Standort. 1977 wurde beschlossen, auf diesem Gelände einen Neubau für das Bundesamt für Eich- und Vermessungswesen zu errichten, der die zahlreich verstreut gelegenen Dienststellen zusammenfassen sollte.

In diesem Gebäude wurde über der Eingangshalle — und in direkter Verbindung mit dieser — eine Fachbibliothek eingebaut und eingerichtet. Sie besteht aus einem ostseitig gelegenen, natürlich belichteten großen Leseraum mit zwei stirnseitig gelegenen Räumen für die Information und für die Verwaltung sowie aus einem an den Leseraum anschließenden, durch eine Glaswand getrennten Freihandmagazin. Darüber hinaus ist noch ein zweiter Bücherspeicher im ersten Kellergeschoß vorhanden, der nur für das Personal zugänglich ist.

P 53 Bibliothek des Bundesamtes für Eich- und Vermessungswesen, Grundriß 1. Stock

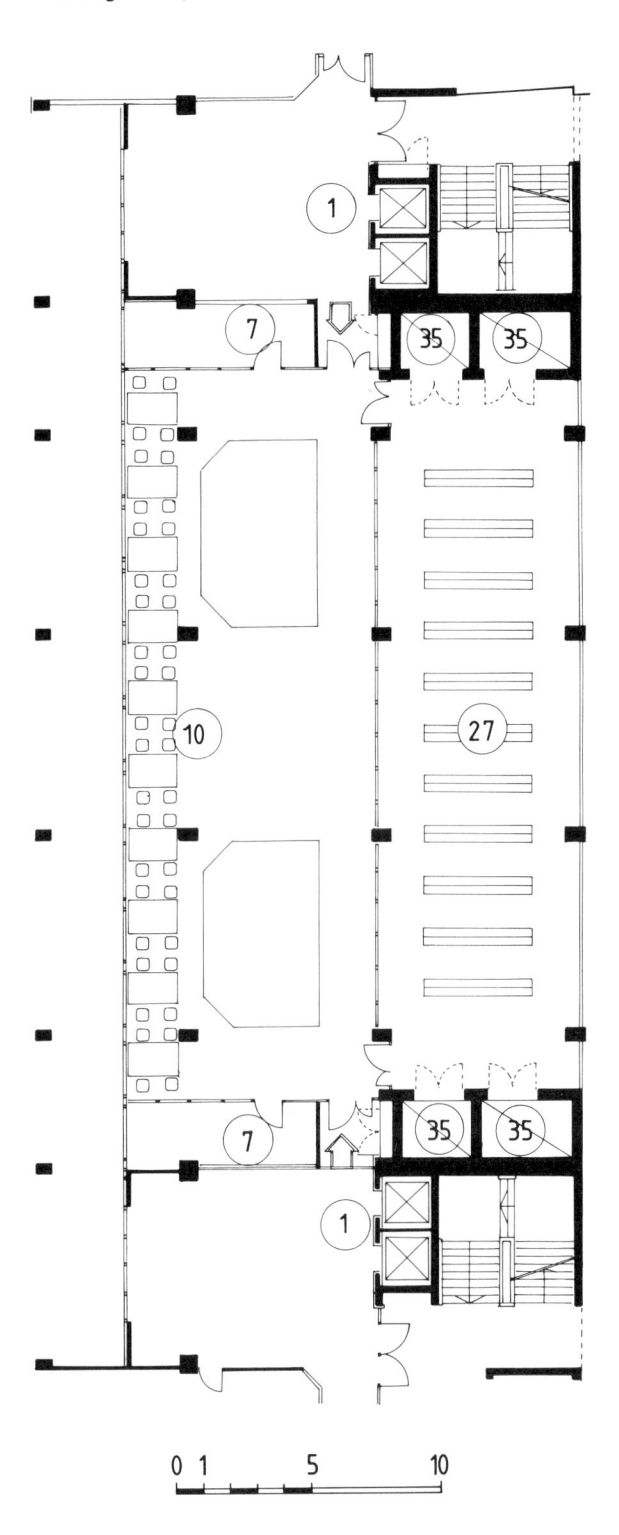

P 54 Bibliothek des Bundesamtes
für Eich- und Vermessungswesen,
Querschnitt

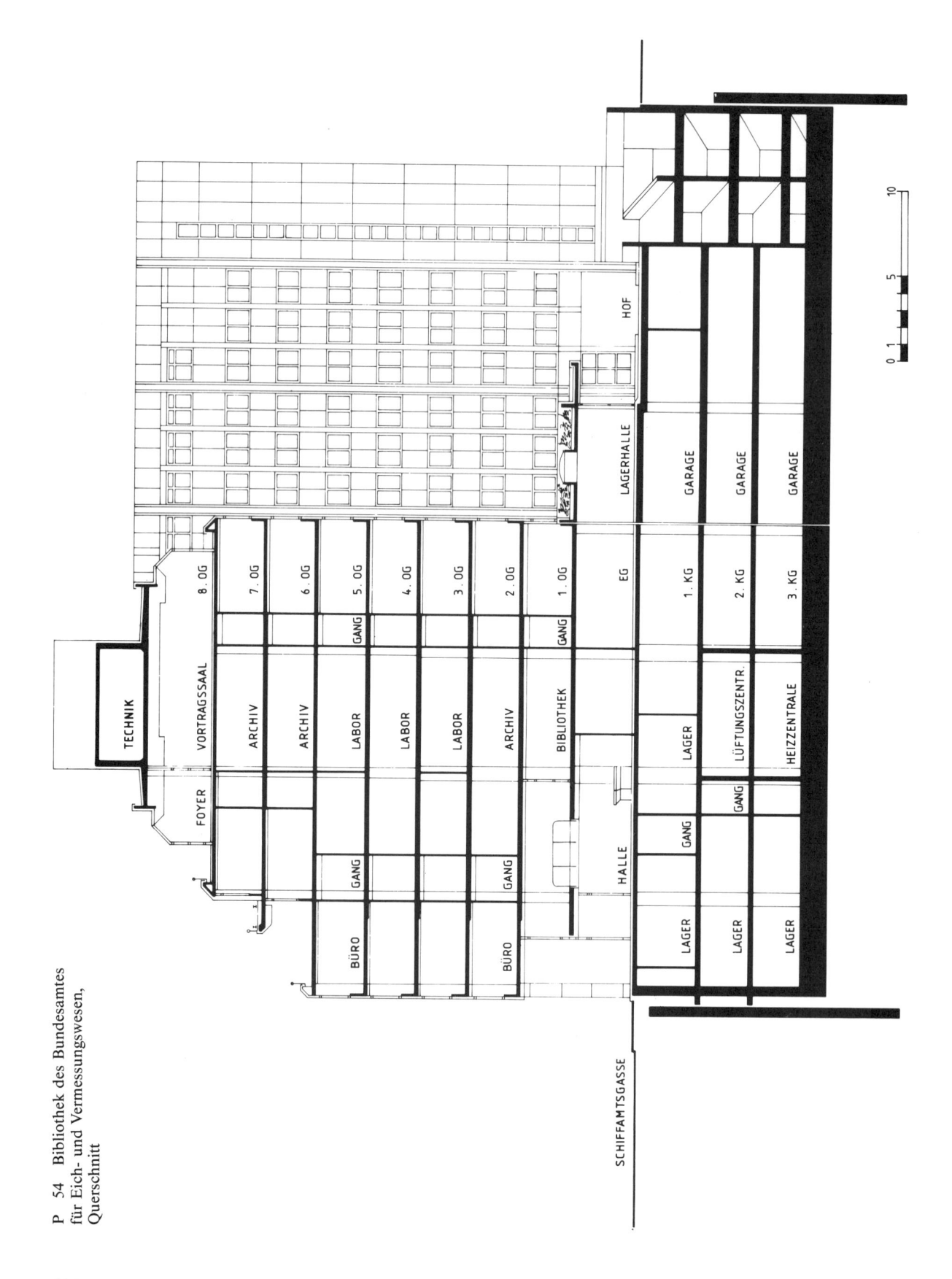

F 24 Bundesamt für Eich- und Vermessungswesen, Hauptansicht

1.9 BIBLIOTHEK DER OESTERREICHISCHEN NATIONALBANK
(Fach- und Freizeitbibliothek)
Wien IX, Otto-Wagner-Platz 4 a

Planung: Architekten
        Dipl.-Ing. Heinz Marschalek
        Prof. Dipl.-Ing. Josef Krawina,
        beide Wien

Fertigstellung: 1982

Nutzbare Fläche: 325 m²

Kapazität: 40.000 Bände
dzt. Bestand: 35.000 Bände
Zuwachs pro Jahr: 800 Bände
Anzahl der Leseplätze: 10
Sammelgebiete:
    a) Wirtschaftspolitik, Finanzwissenschaften, Rechtswissenschaften, Soziologie, Geschichte, EDV
    b) Belletristik

Ursprünglich befand sich diese Bibliothek im Hauptgebäude der Nationalbank, das im Jahre 1979 von einem Brand teilweise zerstört worden ist und dem auch u. a. 4000 Bücher zum Opfer gefallen sind. Aus Sicherheitsgründen sowie zur leichteren Zugänglichkeit hat man sich dann im Zuge des Wiederaufbaues der Oesterreichischen Nationalbank entschlossen, den Standort der Bibliothek in das nebenliegende Wohngebäude zu verlegen. Dafür war es notwendig, einen der Haupteingänge zu den einzelnen Wohnungen in die Frankgasse zu verlegen. Ferner mußte — um die notwendige Kapazität zu erreichen — in die vorhandenen ebenerdigen Räume eine Stahlbeton-Zwischendecke eingezogen werden. Grundsätzlich sollten aus internen organisatorischen Gründen zwei getrennte Bereiche geschaffen werden, und zwar der eine Bereich als Fachbibliothek für Interessenten aus der Öffentlichkeit (Wissenschaftler, Professoren, Studenten) und der andere Bereich als Freizeitbibliothek für die Angestellten der Oesterreichischen Nationalbank. Die Grundvorstellung der Architekten war eine Konstruktion aus heimischem Holz, wobei aus ästhetischen Gründen einer Fachwerkskonstruktion der Galerie der Vorzug gegeben wurde. Weiters hat man die Holz-Zwischendecke aus eichenfurnierten Paneelen mit eingebauten Lichtbändern ausgeführt sowie den Fußboden aus einem 3 cm starken Holzstöckelpflaster hergestellt, wobei die sich aus dem stumpfen Winkel der beiden Raumgruppen ergebende Diagonale bei der Ausrichtung der Paneele, einschließlich der Beleuchtungskörper sowie des Holzstöckelpflasters berücksichtigt wurde. Zusätzlich wurden die Trennwände als gegliederte Holzglaswände ausgebildet und der Eingangsbereich mit einer Nirosta-Konstruktion ausgestattet. Alle Details wurden in einer architektonisch sehr ansprechenden Form gelöst, insbesondere auch die betonte Aufhängung der Galerie mittels sichtbarer Chromstangen. Ein zentraler Punkt der Freihandbibliothek ist der speziell entworfene achteckige Katalogschrank, der aus einem Holzgestell mit einer stabilen Nirosta-Konstruktion ausgeführt wurde.

Die architektonische Gliederung der Abschlußwände ist zwar recht hübsch, wird aber in Zukunft bei weiterem Zuwachs für Bücherregale verwendet werden müssen.

Anstelle der ursprünglich vorgesehenen raumsparenden Wendeltreppe wurden — um auch älteren Besuchern entgegenzukommen — zwei geradläufige massive Eichentreppen eingeplant. Der von außen stark eingesehene Vorraumbereich sowie der daran anschließende abgetrennte Bereich vor den Naßräumen wurde mit Hydrokulturen begrünt. Ein farblich intensiver Gobelin der Künstlerin Helene Knopp, gegenüber dem Haupteingang der Bibliothek, bildet einen besonderen Akzent in der bemerkenswert guten architektonischen Gestaltung dieser Bibliothek.

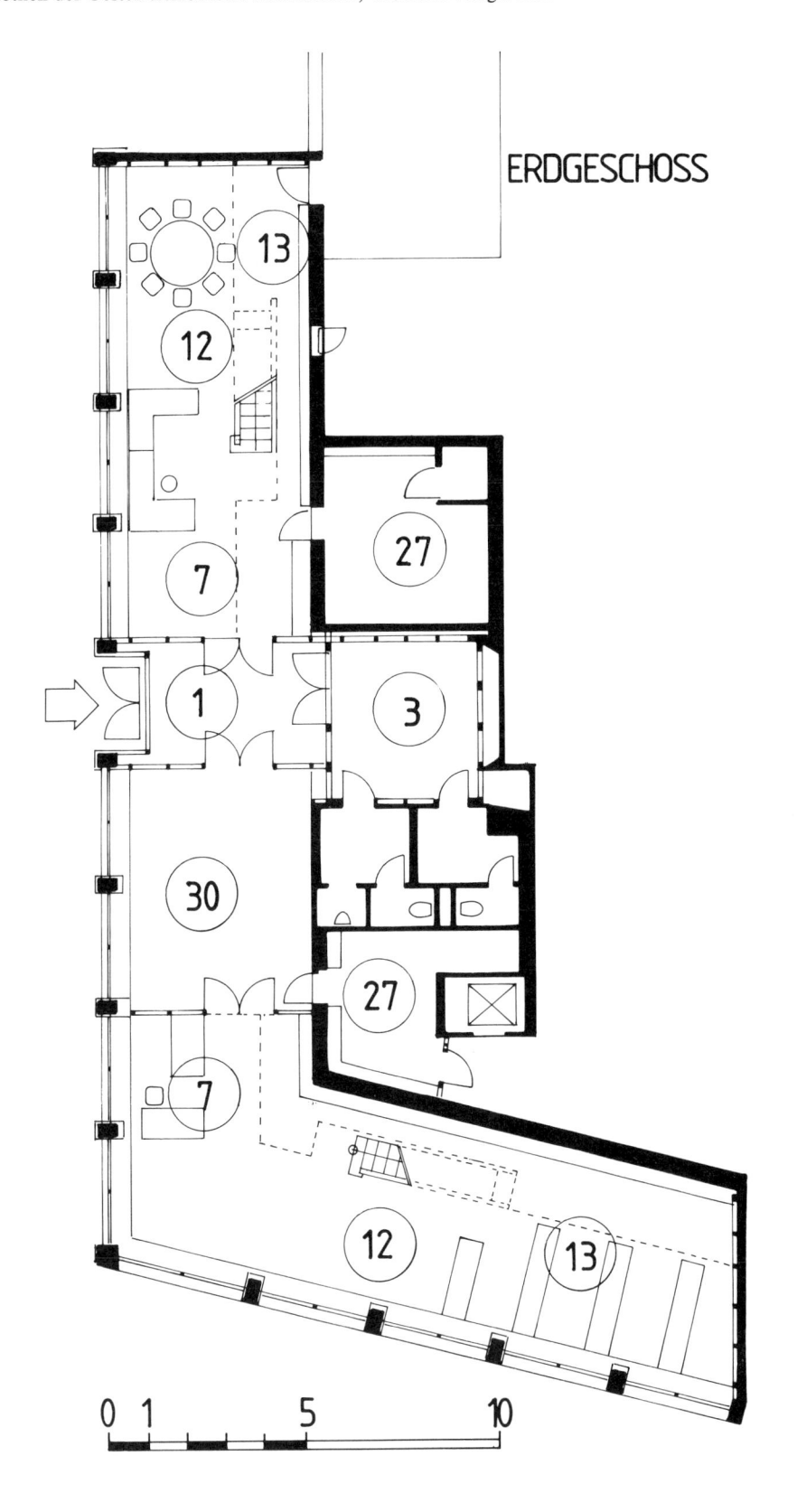

P 55 Bibliothek der Oesterreichischen Nationalbank, Grundriß Erdgeschoß

ERDGESCHOSS

P 56

P 57

P 56—59
Bibliothek der Oesterreichischen Nationalbank, Perspektiven

P 58

P 59

1.10 VIC-BIBLIOTHEK
Vienna International Centre Library
Wien XXI, Wagramer Straße 5

Planung: Architekt
    Dipl.-Ing. Johann Staber, Wien
Statik: Dipl.-Ing. Dr. techn.
    Richard Ahorner,
    Dipl.-Ing. Dr. techn.
    Roland John,
    Dipl.-Ing. Herbert Schuster,
    Zivilingenieure für Bauwesen,
    alle Wien

Fertigstellung: 1979

Nutzbare Fläche: 3000 m²

Kapazität: 65.000 Bände
dzt. Bestand: 56.000 Bände und
              4.000 lfd. Zeitschriften
Zuwachs pro Jahr: 4000 Bände
Anzahl der Leseplätze: 90
Sammelgebiete:
    Atomenergie, Industrielle Entwicklung,
    Ökonomie, Soziologie, Handelsrecht,
    Rauschgift, Narkotika u. a.

Die 1979 durch Zusammenlegung der Bibliotheken der Internationalen Atomenergie-Organisation (IAEA) und der Organisation der Vereinten Nationen für Industrielle Entwicklung (UNIDO) entstandene Bibliothek wird von der IAEA verwaltet. Ihr Fachbereich wurde erweitert, um alle im Internationalen Zentrum (VIC) untergebrachten Organisationen der Vereinten Nationen betreuen zu können.

Im Zuge der Errichtung der Gesamtanlage, die aus einem großen internationalen Architekten-Wettbewerb hervorgegangen ist, wurde an zentraler Stelle, und zwar im ersten Stock des Turmes F, die Bibliothek eingerichtet.

Die Trennwände bestehen aus vorfabrizierten, nicht tragenden Elementen, die jede gewünschte Raumteilung oder auch Änderung ermöglichen und somit volle Flexibilität gewährleisten.

Im Kern dieses Gebäudes liegen die Stiegen mit den Aufzügen, technischen und sanitären Anlagen. Von diesen gelangt man direkt in den großen Lesesaal mit der Information und der Entlehnstelle in der Mitte und den Leseplätzen an den Fensterfronten; dazwischen liegt der Freihandbereich. Unmittelbar daran schließt der Zeitungs- und Zeitschriftenleseraum, der seinerseits wieder mit dem Zeitschriftenmagazin verbunden ist. Die Literatursuche kann manuell aus den Katalogen oder mittels EDV-unterstützter Recherche in Datenbanken erfolgen.

Südlich des vorgenannten Kernes liegen die Präsenzbibliothek, ein Konferenzzimmer und die Erwerbungsabteilung, östlich der Verwaltungsbereich samt einer großen Raumgruppe, in der Forschungsberichte und Normensammlungen (in Verschubregalen) sowie die Mikrofiche-Abteilung untergebracht sind. Nördlich des großen Lesesaales — von diesem durch ein Stiegenhaus getrennt — liegt die Filmabteilung samt den erforderlichen Büros, dem Filmarchiv und der Dokumentensammlung.

Sämtliche Bestände sind in diesem einen Geschoß konzentriert, und zwar weitgehend in Freihandaufstellung, weshalb die Bibliothek, die allen Angestellten und Mitarbeitern der vorangeführten Organisationen frei zur Verfügung steht, durchaus als benützerfreundlich bezeichnet werden kann.

Literaturhinweis

SIKA, Peter: Die UNO-City-Bibliothek in Wien. In: Biblos 30 (1981) 2, S. 160—162.

P 60   VIC-Bibliothek, Schemaplan

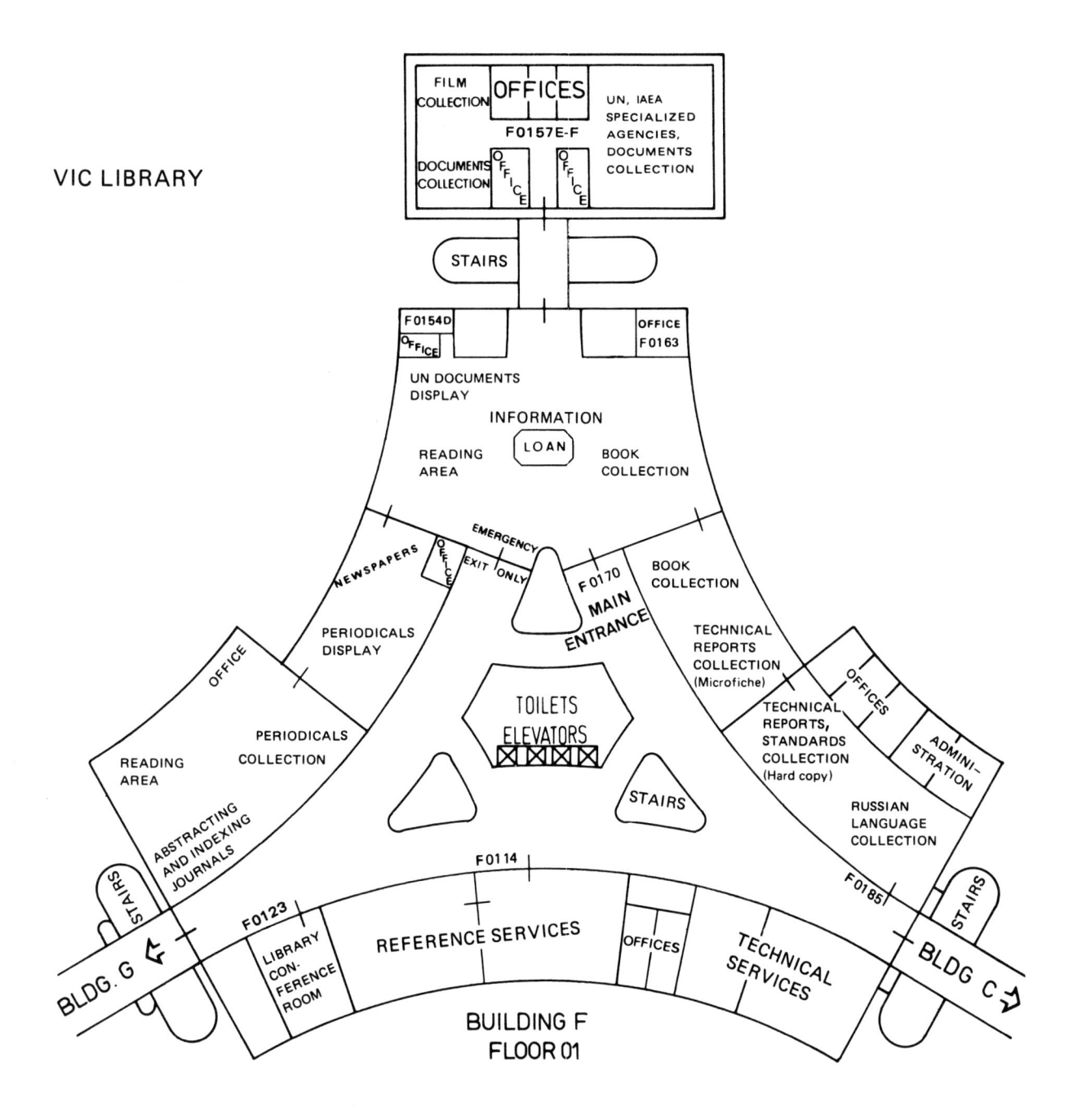

VIC LIBRARY

```
                    ┌─────────────────────────────┐
                    │ FILM    │ OFFICES │ UN, IAEA│
                    │COLLECTION│         │SPECIALIZED│
                    │         │ F0157E-F│ AGENCIES,│
                    │         │         │DOCUMENTS │
                    │DOCUMENTS│OFF│OFF│COLLECTION│
                    │COLLECTION│ICE│ICE│          │
                    └─────────────────────────────┘
                              STAIRS
```

BUILDING F
FLOOR 01

1.11 SOZIALWISSENSCHAFTLICHE STUDIENBIBLIOTHEK DER KAMMER FÜR ARBEITER UND ANGESTELLTE für Wien
Wien IV, Prinz-Eugen-Straße 20—22

Planung: Architekten
　　Dipl.-Ing. Franz Mörth
　　Dipl.-Ing. Heinrich Vana
　　Dipl.-Ing. Alexis Franken
　　alle Wien

Fertigstellung: 1960

Nutzbare Fläche:
　　a) Lese- und
　　　Verwaltungszone ...... 800 m²
　　b) Magazinszone .... 1630 m²
　　　Zusammen .... 2430 m²

Kapazität: 250.000 Bände
dzt. Bestand: 220.000 Bände und
　　　　　　1.000 lfd. Zeitschriften
Zuwachs pro Jahr: 5000 Bände
Anzahl der Leseplätze: 75
Sammelgebiete:
　　Geschichte, Politik, Soziologie, Pädagogik, Volksbildung, Umweltschutz, Städtebau, Raumplanung, Wohnungswesen, Rechts- und Staatswissenschaften, Öffentliche Verwaltung, Kommunal- und Landeswesen, Arbeitsrecht, Sozialpolitik, Sozialversicherung, Sozialmedizin, Arbeitsbewegung und anderes mehr. Dazu ein Großteil der Bibliothek Dr. Karl Renners, Viktor Adlers und Engelbert Pernerstorfers.

Zugleich mit der Errichtung der Arbeiterkammern in Österreich (1920) wurde die Führung einer Bibliothek notwendig, die im Jahre 1922 in dem Gebäude Ebendorferstraße 7 als Sozialwissenschaftliche Bibliothek eröffnet werden konnte. Die ersten Bestände stammten aus Privatbibliotheken führender Männer der Sozialdemokratischen Arbeiterpartei, zu denen Neuerscheinungen zugekauft werden konnten. Nachdem der erste Lesesaal mit seinen 15 Plätzen zu klein geworden war, konnte in demselben Haus im Jahre 1929 ein neuer Lesesaal mit 45 Plätzen eröffnet werden. Die politischen Ereignisse zwischen 1934 und 1938 führten schließlich zu einer Auflösung der Bibliothek. Nach dem Ende des Zweiten Weltkrieges und der Wiedererrichtung der Arbeiterkammern konnte auch die Bibliothek, unter teilweiser Rückführung des Altbestandes, der nach allen möglichen Richtungen hin verstreut war, wiedererstehen.

Allmählich konnte durch Ankäufe und verschiedene Schenkungen der Bestand um 6000 bis 7000 Bände pro Jahr beträchtlich erweitert werden. So kam es, daß nun die Räume in der Ebendorferstraße zu klein wurden und Bestände außer Haus gelagert werden mußten. Erst der Neubau des Gebäudes der Kammer für Arbeiter und Angestellte in der Prinz-Eugen-Straße, der Ende 1959 fertiggestellt wurde, brachte eine Dauerlösung mit ausreichendem Raum für die Bibliothek. Dieser Bereich wurde in eine Lese-, Verwaltungs- und Magazinzone getrennt — eine Dreiteilung, die bis in die 70er Jahre unseres Jahrhunderts üblich war. Sie hat sich nach Aussage des Direktors bis zum heutigen Tage bewährt, auch wenn nur verhältnismäßig wenig Raum für die Freihandaufstellung zur Verfügung steht.

Die Bibliothek ist im Westtrakt des U-förmigen Gebäudes untergebracht, mit dem Blick nach Süden bzw. Westen zu einer anschließenden Grünfläche. Die Räume sind in sechs Ebenen übereinander angeordnet, von denen die oberste die Verwaltungszone bildet, die im gleichen Niveau wie der Kammerbereich liegt. Darunter befinden sich die fünf Magazinebenen, wobei der Benützungsbereich in der 3. Ebene liegt — also in der Mitte zwischen den darüber- bzw. darunterliegenden Magazinen. Der Eingang zur Bibliothek erfolgt über eine niedrige Freitreppe vom großen Hof her (bzw. durch die Haupteingangshalle) — also im Erdgeschoß. Man gelangt in eine Vorhalle samt Garderobe und bequemen Sitzgruppen für Zeitungleser. Die Mitte bildet das Pult mit Bücherausgabe und Entlehnung; dahinter liegt ein Magazin für die Bereitstellung bzw. Rückverteilung der Bücher.

Anschließend an das Pult befindet sich eine Kabine für Mikroformen. Gegenüber dem Pult stehen die Kataloge und ein Kopiergerät zur allgemeinen Benützung. Daran vorbei führt der Weg direkt in den Lesesaal mit einer Freihandaufstellung von 2000 Bänden. Der Raum ist ausreichend natürlich belichtet und belüftet, außerdem bestehen — wie in sämtlichen Magazinen — eine Be- und Entlüftungsanlage und eine Rauchwarnanlage. Den künstlerischen Abschluß der Stirnwände bilden Gipsschnitte des bekannten akademischen Malers Prof. Leopold Schmid mit Darstellungen von Persönlichkeiten des europäischen Geisteslebens.

Die Verwaltungszone mit den Bearbeitungs- und Manipulationsräumen befindet sich im obersten der 6 Bibliotheksgeschosse; sie besitzt ihren eigenen Beamtenkatalog sowie einen Mikrofilmaufnahmeraum und einen Raum für die Kopiergeräte.

In der Bibliothek wurde das integrierte Bibliotheksorganisationssystem „BIBOS" zur Anwendung gebracht. Für den Benützungsbereich ist das On-line-System im Aufbau.

Zusammenfassend ist zu sagen, daß sich bei dieser Bibliothek die Lage der Benützungseinheit in der mittleren Bibliotheksebene sowie die günstigen Belichtungs- und Belüftungsverhältnisse besonders bewährt haben.

P 61   Studienbibliothek der Kammer für Arbeiter und Angestellte für Wien, Grundriß Erdgeschoß und 1. Stock

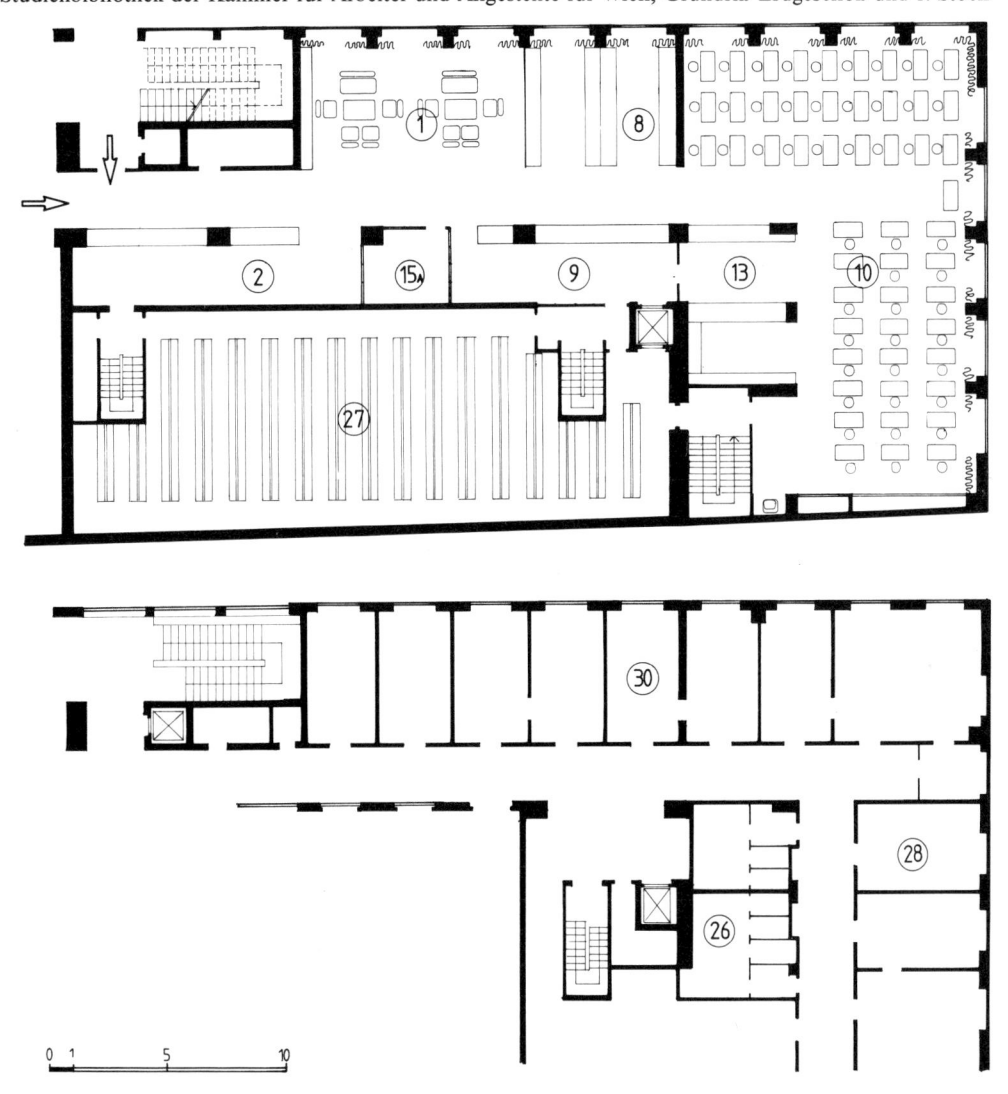

1.12 HAUS DES BUCHES
Wiener Städtische Büchereien
Wien VIII, Skodagasse 20

Planung: Architekten
Prof. Dipl.-Ing. Georg Lippert
Dipl.-Ing. Emmerich Donau,
beide Wien
Statik: Dipl.-Ing. Otto Wieser, Wien
Ingenieurkonsulent für Bauwesen

Fertigstellung: 1968

Kapazität: 100.000 Bände
(mit Erweiterungsmöglichkeit
auf 150.000 Bände)
dzt. Bestand: 101.000 Bände
Zuwachs pro Jahr: 4000 Bände
Anzahl der Leseplätze: 35 (+32 Plätze für Kinder)
Sammelgebiete:
Sachbücher, Belletristik, Musikliteratur, Kinderbücher.

Das „Haus des Buches" befindet sich auf einem historisch bemerkenswerten Grundstück in der Josefstadt. Hier stand das im Jahre 1912 errichtete Stadttheater, das nach wechselvollem Schicksal — Glanz und Tiefpunkt folgten einander — im Jahre 1962 von der Stadt Wien erworben und infolge Baufälligkeit abgerissen wurde, um Platz zu machen für die Errichtung eines „Adolf-Schärf-Studentenheimes" und einer städtischen Bücherei.

Die städtebauliche Absicht der Architekten war die Erreichung einer Auflockerung im eng verbauten VIII. Gemeindebezirk. Deshalb wurde das Studentenheim als optischer Abschluß in einen 33 m hohen, leicht gekurvten Hochhausteil zusammengefaßt und davor das nur zweigeschossige Haus des Buches in Form eines abgestumpften Dreieckes um einen sechseckigen Innenhof herum angeordnet.

Man betritt die Bücherei über eine Vorhalle, die gleichzeitig als allgemein zugänglicher Zeitungsleseraum dient. Eine Treppe führt von hier in den ersten Stock zu einem Foyer und einem Vortragssaal, der zur Zentralen Verwaltung der Städtischen Büchereien gehört, die im rückwärtigen Teil desselben Geschosses (Front Skodagasse) untergebracht ist.

Am eigentlichen Eingang zur Bücherei hat sich der Benützer anzumelden, erhält dort die notwendigen Informationen und findet gleich gegenüber die Kataloge. Hier liegt auch die Leihstelle. Das gesamte Erdgeschoß der Bücherei ist ein einziger großer Raum, um einen sechseckigen Innenhof gruppiert, der ein Atrium bildet und an warmen Tagen als zusätzlicher Leseraum benützt werden kann. Ansonsten liegen die Leseplätze an den verglasten Wänden zu diesem Atrium. Fast der gesamte übrige Raum ist der flexiblen Regalaufstellung von frei benützbaren Regalen vorbehalten. Zur Front Laudongasse zu findet sich ein eigener, freundlich gestalteter Bereich einer Kinderbibliothek mit 32 Leseplätzen. Eine interne Treppe führt zur Musikbücherei und zum anschließenden Klavierraum im ersten Stock.

Die Mediathek besitzt 14 Tische zum Abhören von Schallplatten, deren Bedienung von einer zentralen Theke aus erfolgt; ferner zwei Tonkabinen für zwei bis drei Personen, die auch als Schreibmaschinenräume verwendbar sind. Das Büchermagazin mit Stellraum für 40.000 Bände befindet sich im Untergeschoß; es ist mittels eines Bücheraufzuges mit der Ausgabe verbunden.

Der Bücherei fehlt ein größerer zusammenhängender Lesebereich (insbesondere im Winter, wenn das Atrium nicht verwendbar ist). Es wäre daher zu überlegen, diesen Innenhof mit einem Glasdach zu versehen und zu schließen. Auch der Bereich der Anmeldung, Information, Bücherausgabe und Ausleihe erscheint zu karg bemessen und sollte etwas abgeschlossener sein, um den darin arbeitenden Personen mehr Ruhe und Konzentrationsmöglichkeit bieten zu können.

Literaturhinweise

Haus des Buches. Städtische Bücherei — Hauptbücherei in Wien 8, Skodagasse 20/Laudongasse 36. In: Bauforum, Wien, 3 (1970), 17, S. 41.
LIPPERT, Georg: Baugedanken bei der neuen Hauptbücherei der Wiener Städtischen Büchereien. In: Symposium moderner Bibliotheksbau. Wien 1971, S. 163—167. (Biblos-Schriften 56).
„HAUS DES BUCHES" und „STUDENTENHEIM in WIEN". In: Bauverwaltung 45 (1972) 5, S. 228—231.

F 25 Haus des Buches, Wiener Städtische Büchereien

P 62 Haus des Buches, Grundriß Erdgeschoß

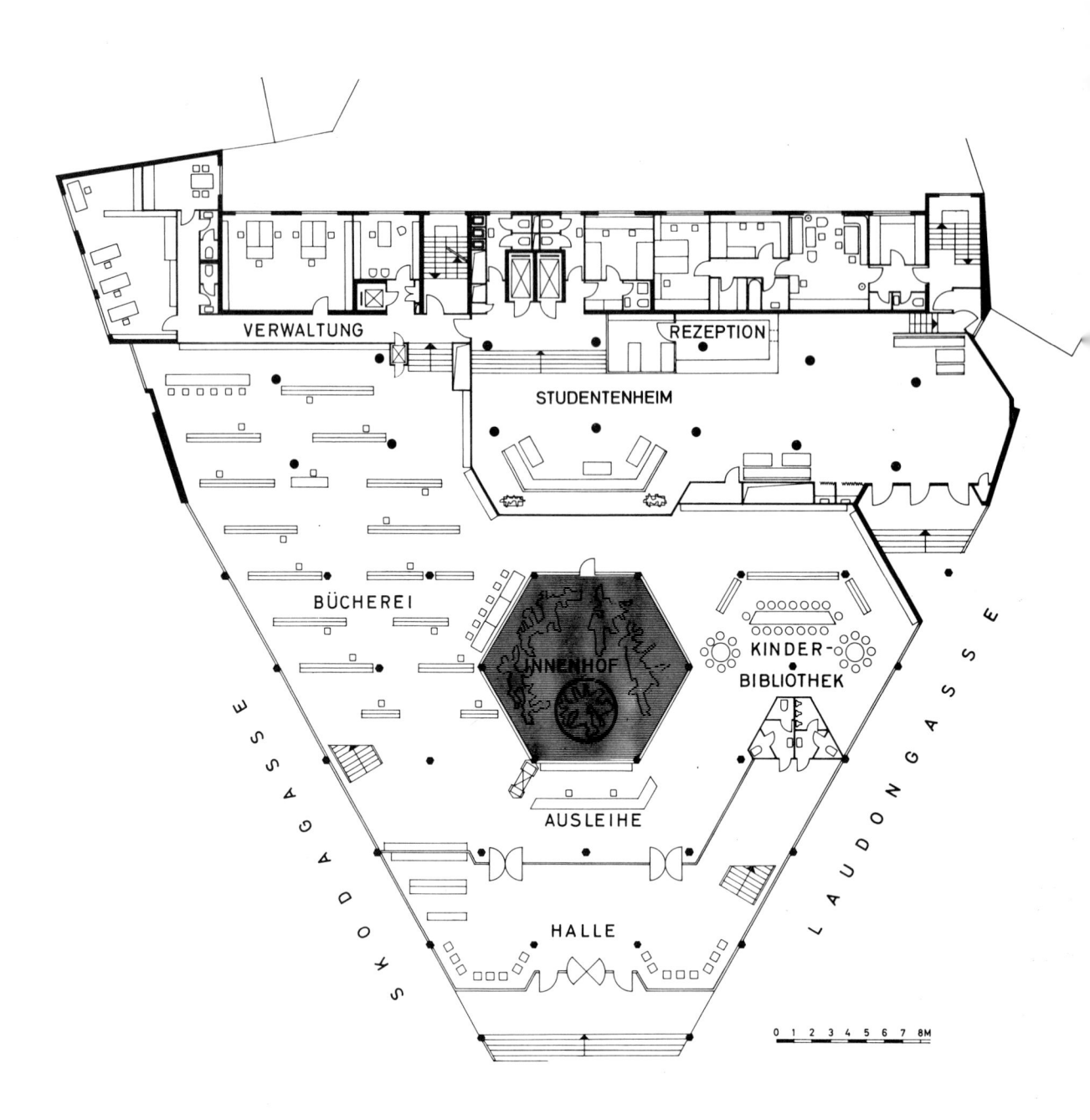

P 63　Haus des Buches, Grundriß 1. Stock

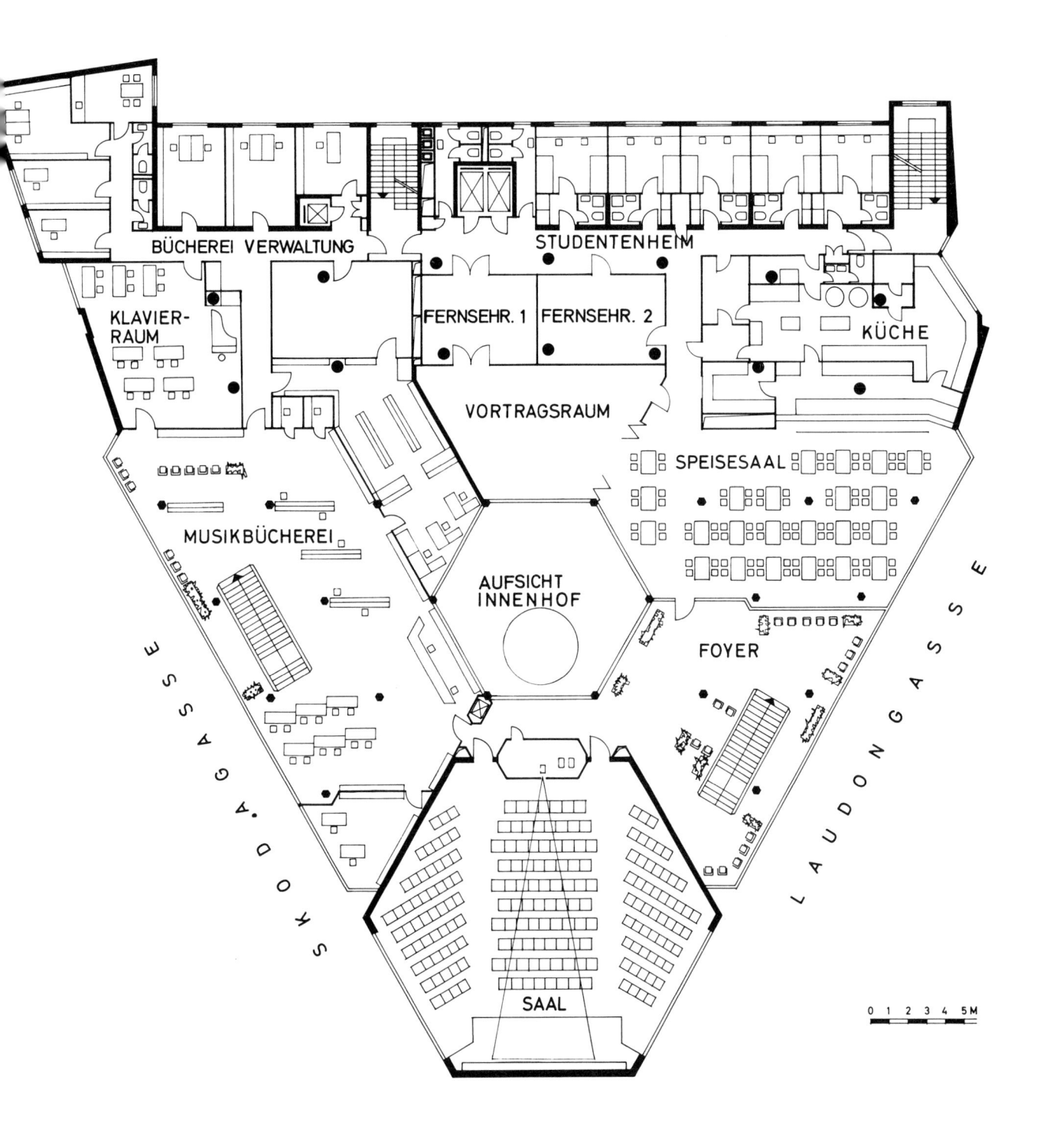

E BIBLIOTHEKSBAUTEN IN ÖSTERREICH NACH 1945
(Neu-, Um- und Zubauten bzw. Planungen)

2. BURGENLAND

2.1 BURGENLÄNDISCHE LANDESBIBLIOTHEK
Landhaus, Eisenstadt

Planung: Amt der Burgenländischen Landesregierung Abteilung für Hochbau

Fertigstellung: 1970

Nutzbare Fläche:
   a) Lese- u. Verwaltungszone ..... 212 m²
   b) Magazinszone .... 514 m²
   Zusammen .... 726 m²

Kapazität: 120.000 Bände
dzt. Bestand: 79.000 Bände und 800 lfd. Zeitschriften
Zuwachs pro Jahr: 2.000 Bände
Anzahl der Leseplätze: 16
Sammelgebiete:
   Landeskundliches Schrifttum, österreichische Geschichte und Literatur, Juridische Amtsbibliothek, Südosteuropaschrifttum (speziell ungarisches und kroatisches Schrifttum) Archäologie, Geschichte, Volkstum, Literatur, Musik, Geographie, Österreichische und Burgenländische Verfassung und Verwaltung.

„Als das Gebiet des heutigen Burgenlandes als selbständiges Bundesland Österreich angeschlossen wurde, verblieben neben den wichtigsten Verwaltungseinrichtungen auch die Amtsbibliotheken und wissenschaftlichen Bibliotheken bei Ungarn. Das neue Bundesland stand vor einer schweren Aufgabe: Es war gezwungen, sich die gesamte, für eine ordnungsgemäße Verwaltung notwendige Literatur neu zu beschaffen. Aus diesem Grunde hat die Landesverwaltung des Burgenlandes noch im Jahre 1921 den Entschluß gefaßt, einen Bibliotheksdienst einzurichten. Zur tatsächlichen Gründung der Landesbibliothek kam es aber erst gegen Ende des Jahres 1922, als im Zuge der Errichtung der einzelnen Ämter der Landesregierung die Landesbibliothek mit dem Landesarchiv der Landesamtsdirektion unterstellt wurde."[1]

Nachdem man den Kurort Sauerbrunn — aus Gründen der günstigen Lage und der vorhandenen Unterbringungsmöglichkeiten — zum provisorischen Sitz der Landesregierung gemacht hatte, wurde die dortige „Tannenblatt-Villa" der Landesbibliothek zugewiesen, wo sie bis zum Jahre 1930 verblieb, bis sie in das neuerbaute Landhaus in Eisenstadt übersiedeln konnte. Hier wurden ihr Räume im Erdgeschoß des Ostflügels zugewiesen, die bedeutend bessere Arbeitsbedingungen mit sich brachten. Infolge Fehlens einer wissenschaftlichen Bibliothek mußte die Landesbibliothek nun auch die Aufgaben einer Studienbibliothek übernehmen. Wegen eines Feuers im Landhaus nach dem Einmarsch der Besatzungstruppen im Jahre 1945 mußte dieses Gebäude binnen kürzester Zeit geräumt werden. Als Ausweichquartier bot sich das ehemalige Museumsgebäude, das „Leinerhaus", an, wo die Bibliothek 25 Jahre hindurch untergebracht war. Das Anwachsen der Bestände führte jedoch zu einer Raumnot. Schließlich entschloß man sich zu einem größeren Zubau zum Landhaus, der unter anderem auch die notwendigen Räumlichkeiten für Landesbibliothek und Landesarchiv enthielt und nach vierjähriger Bauzeit im Jahre 1970 eröffnet werden konnte.

Dieser Bau wurde von zwei konstruktiv voneinander getrennten Baukörpern gebildet: einem Depottrakt mit dem Landesarchiv im Erdgeschoß und erstem Obergeschoß und der Landesbibliothek im zweiten und dritten Obergeschoß und einem Trakt für Sonderräume wie Grundbucharchiv, Ein- und Auslaufprotokolle, Kartenarchiv, Mikrofilm und Fotolabor. Die Depoträume erhielten eine Stahlregalanlage; die Raumhöhe beträgt nur 2,25 m (Regalhöhe). Ein hydraulischer Personen- und Lastenaufzug verbindet die einzelnen Geschosse miteinander.

Eine Zufahrtsrampe mit Vorsortierraum für die Verteilung sorgt für reibungslose An- und Ablieferung. Die eigentlichen Benützerräume (einschließlich eines Mikrofilm-Leseraumes mit vier Leseplätzen) sowie die Bibliotheksdirektion und die Bearbeitungsräume befinden sich im dritten Obergeschoß des Depottraktes.

Kritisch gesehen ist weder die Lage der Bibliothek — am äußersten Ende des Landhauses in den Obergeschossen — noch die grundrißliche Lösung mit einer Aneinanderreihung von Räumen beidseitig eines Ganges als günstig zu bezeichnen.

Obwohl in der Burgenländischen Landesbibliothek noch Stellraum für 20 bis 25 Jahre vorhanden ist, dürfte man sich in einigen Jahren mit dem Gedanken eines eigenen Bibliotheksgebäudes befassen müssen, weil die Benützerzahl noch zunehmen wird, da die Landesbibliothek offizielle Amts- und Studienbibliothek des ganzen Burgenlandes ist.

Literaturhinweise

1 ERNST, August: Die burgenländische Landesbibliothek. Handschriftlich.

ERNST, August: Fünfzig Jahre Burgenländische Landesbibliothek. In: Burgenländische Heimatblätter 34 (1972) 2, S. 49—66.

F 26 Burgenländische Landesbibliothek — Westansicht

F 27 Burgenländische Landesbibliothek — Nordansicht

2.2 BIBLIOTHEK DER PÄDAGOGISCHEN AKADEMIE DES BURGENLANDES
Eisenstadt-Wolfgarten

Planung: Architekt Dipl.-Ing. Josef Patzelt, Wiener Neustadt

Fertigstellung: 1972

Nutzbare Fläche:
    a) Lese- und
        Verwaltungszone ...... 160 m²
    b) Magazinszone .... 120 m²

        Zusammen .... 280 m²

Kapazität: 60.000 Bände
dzt. Bestand: 35.000 Bände und
               70 lfd. Zeitschriften
Zuwachs pro Jahr: 1500 Bände
Anzahl der Leseplätze:
    a) Leseraum 24
    b) Verglaster Gang 20

        Zusammen 44

Sammelgebiete:
    Pädagogische Literatur für Volks- und Hauptschulausbildung, Pädagogik, Didaktik, Religion, Lehrbuchsammlung.

Diese kleine Bibliothek, am ostseitigen Pausenhof der Pädagogischen Akademie gelegen, ist der Eingangshalle zugeordnet. Über einen breiten verglasten Gang, der gleichzeitig als Aufenthaltsraum und als Zeitungsleseraum dient — gegebenenfalls aber auch als zusätzlicher Leseraum verwendet werden kann —, gelangt man zum zentralen Bereich der Bibliothek mit der Leihstelle; hier stehen die Katalogkästen, die Zeitschriftenregale und die Nachschlagwerke zur freien Benützung. Der nördlich daran anschließende Raum ist der eigentliche Lesesaal mit 24 Leseplätzen. Das Büchermagazin, das mit einer Mobilregalanlage optimal genutzt ist, schließt direkt an die Bücherausgabe an und liegt im selben Niveau, so daß der Büchertransport denkbar einfach ist und die Wege äußerst kurz sind.

P 64   Pädagogische Akademie des Burgenlandes, Lageplan

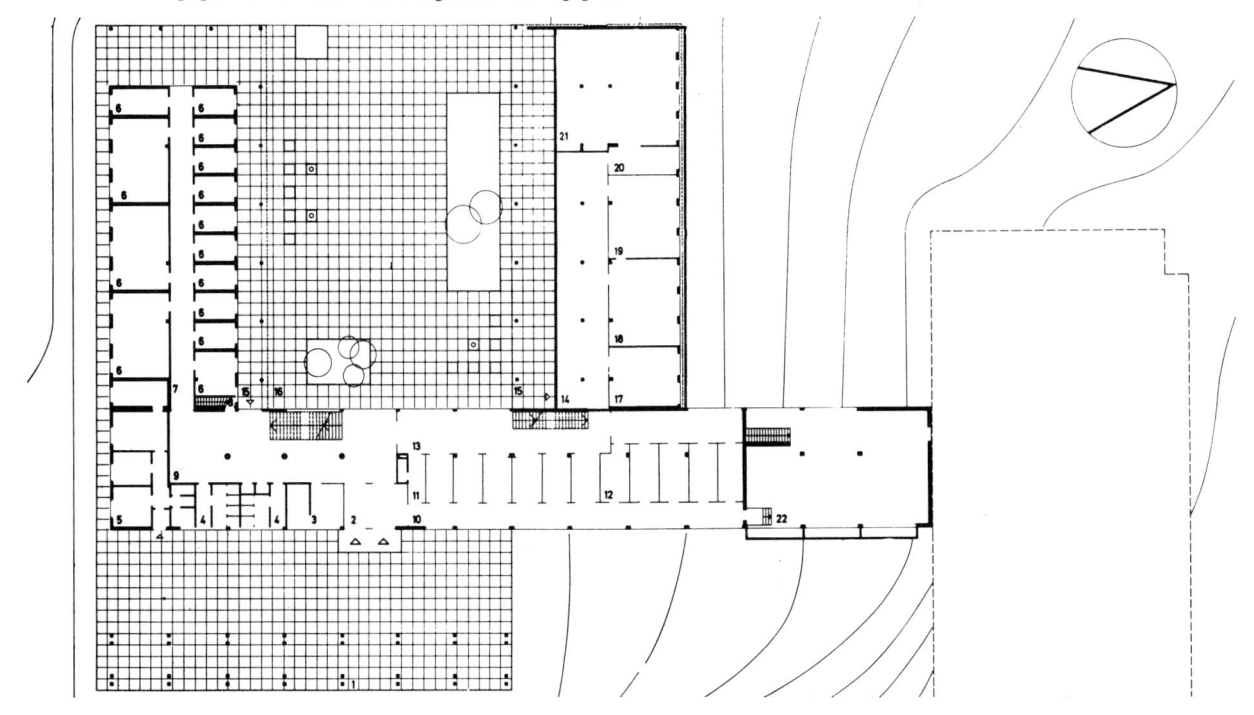

3. KÄRNTEN

3.1 UNIVERSITÄTSBIBLIOTHEK DER UNIVERSITÄT FÜR BILDUNGS-WISSENSCHAFTEN
Klagenfurt

Planung: Architekten
    Dipl.-Ing. Otto Baurecht
    Dipl.-Ing. Martin Esterl
    Dipl.-Ing. Ernst Hildebrandt
    Dipl.-Ing. Ewald Kaplaner,
    alle Klagenfurt

Statik: Dipl.-Ing. Willibald Rabischnig,
    Klagenfurt
    Zivilingenieur für Bauwesen

Fertigstellung: 1977

Nutzbare Fläche:
    a) Lese- und
        Verwaltungszone . . . . . 2460 m²
    b) Magazinszone . . . . 2350 m²
        Zusammen . . . . 4990 m²

Kapazität: 530.000 Bände
dzt. Bestand: 373.000 Bände
                 1.800 lfd. Zeitschriften
Zuwachs pro Jahr: 13.000 Bände
Anzahl der Leseplätze: 360
Anzahl der Studierenden: rd. 2270

Sammelgebiete:
    Bildungswissenschaften, Geographie, Mathematik, Bildungsökonomie, Sprach- und Literaturwissenschaften, Geschichtswissenschaft und Allgemeines, seit 1983 auch Informatik und Betriebswirtschaft.

Die alte Studienbibliothek Klagenfurt, die aus der Klosterbibliothek des Klagenfurter Jesuitenordens und seines „Collegium sapientiae et pietatis" hervorgegangen ist, blickt auf ein zweihundertjähriges Bestehen zurück. Sie wurde im Jahre 1975 zur Universitätsbibliothek der Universität für Bildungswissenschaften umgewandelt und von dem alten Gebäude in der Stadtmitte in das neue Universitätsareal am Stadtrand verlegt. Die Lage dieser Bibliothek ist äußerst zentral, und zwar in der Mitte zwischen den einzelnen Instituten, mit diesen durch kurze Quertrakte — richtige „Spangen" — verbunden. Die kurze Entfernung führte dazu, daß die früher vorhandenen einzelnen Institutsbibliotheken weitgehend aufgelassen und der Hauptbibliothek auch räumlich einverleibt werden konnten. Auch im Falle einer etwaigen Erweiterung ist dafür gesorgt, daß dieses organisatorische Prinzip weitergeführt werden kann.

Die Bibliothek liegt im viergeschossigen Zentralgebäude, und zwar auf die Ebenen 0, II und III verteilt. Zur untersten Ebene 0 besteht direkte Zufahrtsmöglichkeit für die Anlieferung. Hier befindet sich das Zentralmagazin mit einer nutzbaren Fläche von 1350 m² und einem Fassungsvermögen von 180.000 Bänden. Die Bibliothek „Goeß" und die „Josef-Buttinger-Bibliothek" sowie die reichhaltige Sammlung an Autographen, Handschriften und Inkunabeln sind in einem eigenen Raum — die wertvollsten Zimelien in diebstahlsicheren Stahlschränken — aufbewahrt. Dazu kommt noch ein Magazin in einem Vorstufengebäude mit einem Fassungsvermögen von 150.000 Bänden für den wenig frequentierten Altbestand.

In der Ebene I, dem eigentlichen Erdgeschoß, liegen die Aula und eine Reihe von Hörsälen sowie ein Buffet mit geräumiger Terrasse. Lesesaal I und Verwaltungseinheiten sind in der Ebene II, dem flexibel gestalteten Bereich der Hauptbibliothek untergebracht. Dieser Lesesaal beinhaltet 166 Leseplätze und fünf Carrels inmitten der systematischen Freihandaufstellung von 25.000 Bänden und 1800 laufenden Zeitschriften (die auf die Ebenen II und III verteilt sind) sowie sämtliche Einrichtungen des Benützerdienstes und alle Kataloge, dazu die Orts- und Fernleihe. Ein schallisolierter

Sonderleseraum für 25 bis 30 Benützer dient nicht nur den Gruppenarbeiten und Gemeinschaftsstudien, sondern auch der Ersteinführung von Schulklassen in die Bibliotheksbenützung.

Die Mediathek in einem anschließenden schalldichten Raum besitzt sechs Arbeitsplätze mit Mikrofilm-Lesegeräten, Milchglas-Auflegeplatte für Dias sowie Steuer- und Kopfhöreranlagen für das Abhören von Schallplatten und Bändern. Das außerhalb liegende Manipulationspult wird von einem Angestellten bedient.

Die Bücherausgabe fungiert zugleich als wirksame Kontrollstelle des Ein- und Ausganges und ist mittels Rohrpost und Bücheraufzug mit den Ebenen 0 und III verbunden. Durch einen Gang getrennt — jedoch in unmittelbarer Nähe der Lesezone — liegt die Verwaltungszone mit einer Gesamtfläche von 480 m², mit Räumen für die Buchbearbeitung, für die Technischen Dienste, Fotolabor und andere. Die Garderobe befindet sich im Vorraum, unmittelbar am Eingang zum Lesesaal.

Die gesamte Ebene III wird vom Lesesaal 2 (Fachbibliothek) mit seinen 172 Leseplätzen und systematischer Freihandaufstellung von 50.000 Bänden eingenommen. Dazu kommen noch Regale für die laufenden Zeitschriften. Da sich die Kataloge in der Ebene II befinden und ein Pendeln der Benutzer nicht vertretbar wäre, wurden in diesem Lesesaal 2 mikroverfilmte Zentralkataloge samt Mikrofilm-Lesegerät zur Aufstellung gebracht. Sechs Stück solcher Lesegeräte wurden in den literaturintensiven Instituten aufgestellt. Der Lesesaal 2 verfügt über einen komplett ausgestatteten Benützerdienstschalter, der mittels Telefon, Gegensprechanlage, Rohrpost und Bücherlift mit allen anderen Betriebsebenen verbunden ist. Hier stehen auch zwei Kopiergeräte zur Verfügung. Leider erwies sich der Freihandstellraum für die Fachbibliothek im Lesesaal 2 schon jetzt als zu klein, so daß die Fachbibliothek „Geschichte" in den Lesesaal 1 verlegt werden mußte.

Alles in allem ist diese Lösung als günstig zu bezeichnen: die Universitätsbibliothek liegt tatsächlich im Mittelpunkt der Gesamtanlage auf freier Flur, ringsum von Grün umgeben. Um sie herum gruppieren sich die einzelnen Institutstrakte, die mit der Bibliothek durch mehrere begrünte Innenhöfe verbunden sind. Kurze Wege, Flexibilität, gute Funktion und Wirtschaftlichkeit — last, not least eine klare und ansprechende Architektur — zeichnen die Gesamtanlage, aber auch die Bibliothek und deren geschmackvolle Inneneinrichtung aus.

Literaturhinweise

Vorstufe der Hochschule Klagenfurt. In: Der Baumeister 69 (1972), S. 36.
Vorstufe der Hochschule Klagenfurt. In: Deutsche Bauzeitschrift, Jg. 20 (1972) 3, S. 399—402.
NATMESSNIG, Hugo: Neubau der Universität für Bildungswissenschaften in Klagenfurt. In: Der Aufbau 31 (1976—77), 7/8, S. 288—289.
KROLLER, Franz: Der Neubau der Universitätsbibliothek Klagenfurt. In: Mitteilungen der Vereinigung Österreichischer Bibliothekare 30 (1977) 1, S. 16—21.
Die Vollendung des ersten Teiles der Ausbaustufe der Universität für Bildungswissenschaften Klagenfurt (1973—1977). Herausgegeben vom Bundesministerium für Wissenschaft und Forschung. Bearbeitet von O. Drischel und H. Paulhart. Wien 1977.
Universität der Bildungswissenschaften, Klagenfurt/A. In: Deutsche Bauzeitschrift, Jg. 27 (1979), H. 5, S. 671—674.
ZENGERER, I.; BENISCHKE, E.: Die Universitätsbibliothek Klagenfurt. Historischer Werdegang, Bestand und gegenwärtige Funktion. In: 10 Jahre Universität für Bildungswissenschaften Klagenfurt 1970—1980. Klagenfurt 1980, Bd. 2, S. 171—187.
Zehn Jahre Universität Klagenfurt. Geschichte und Dokumentation. Herausgegeben von der Universität für Bildungswissenschaften. Schriftleitung: G. Hödl, Klagenfurt 1980, S. 280.
BENISCHKE, Ernst: Die Universitätsbibliothek [Klagenfurt]. In: Österreichische Hochschulzeitung, Jg. 36 (1984) 9, S. 26.

P 65 Universität für Bildungswissenschaften in Klagenfurt, I. Baustufe, Lageplan

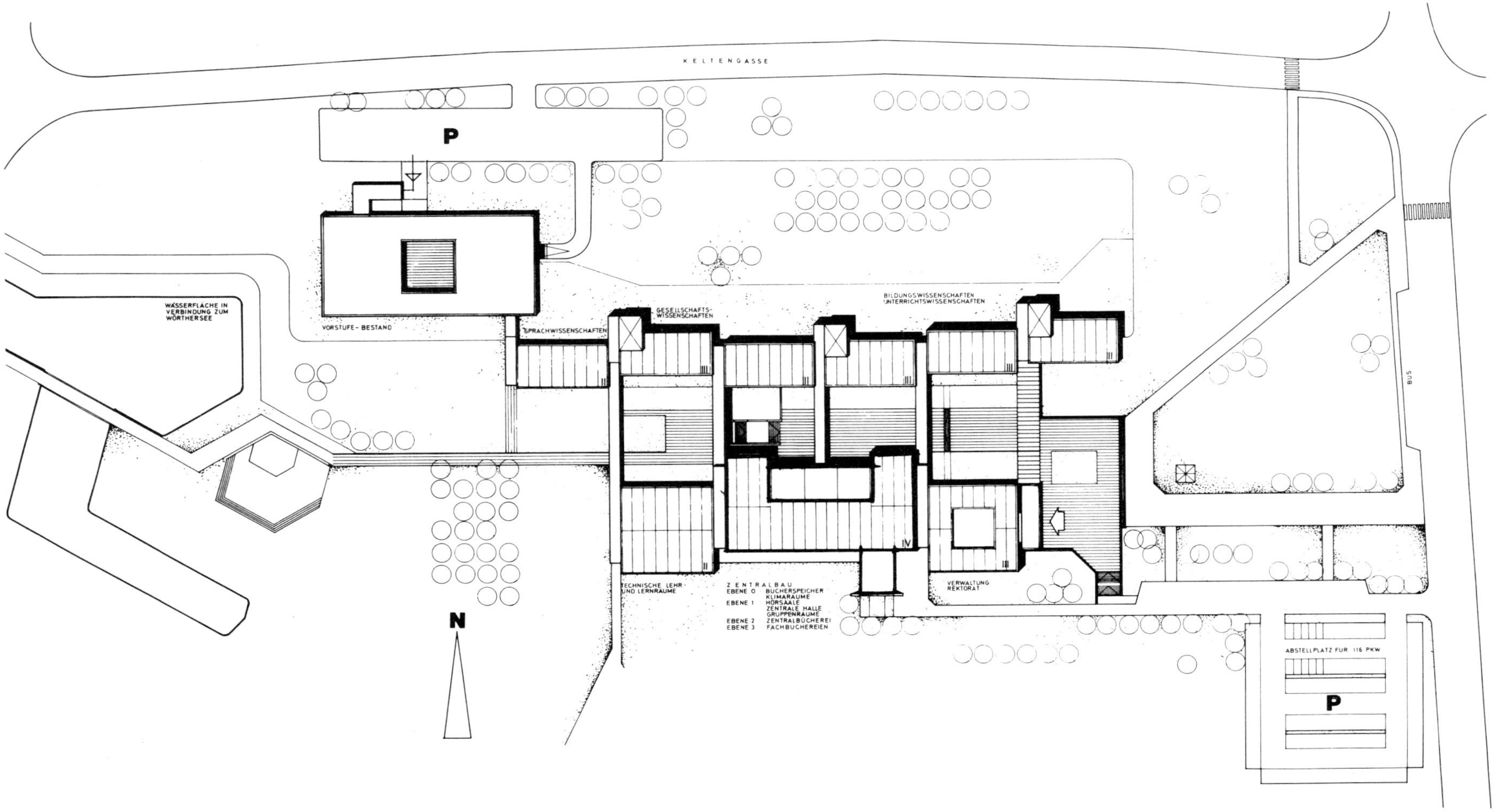

P 66 Universität für Bildungswissenschaften, 1. Ausbaustufe, Grundriß Zentralbibliothek

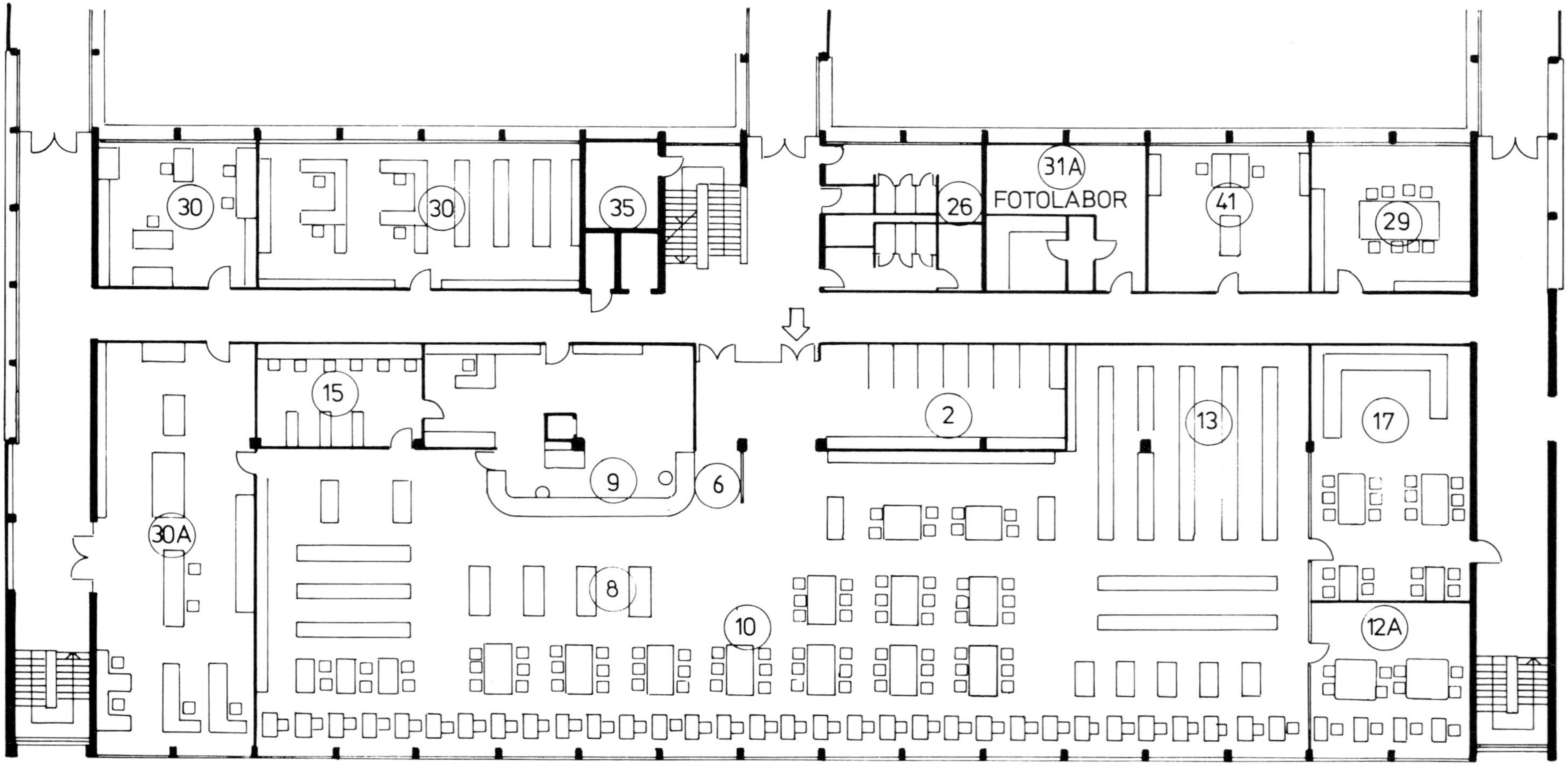

P 67 Universität für Bildungswissenschaften, 1. Ausbaustufe, Grundriß, Fachbibliothek

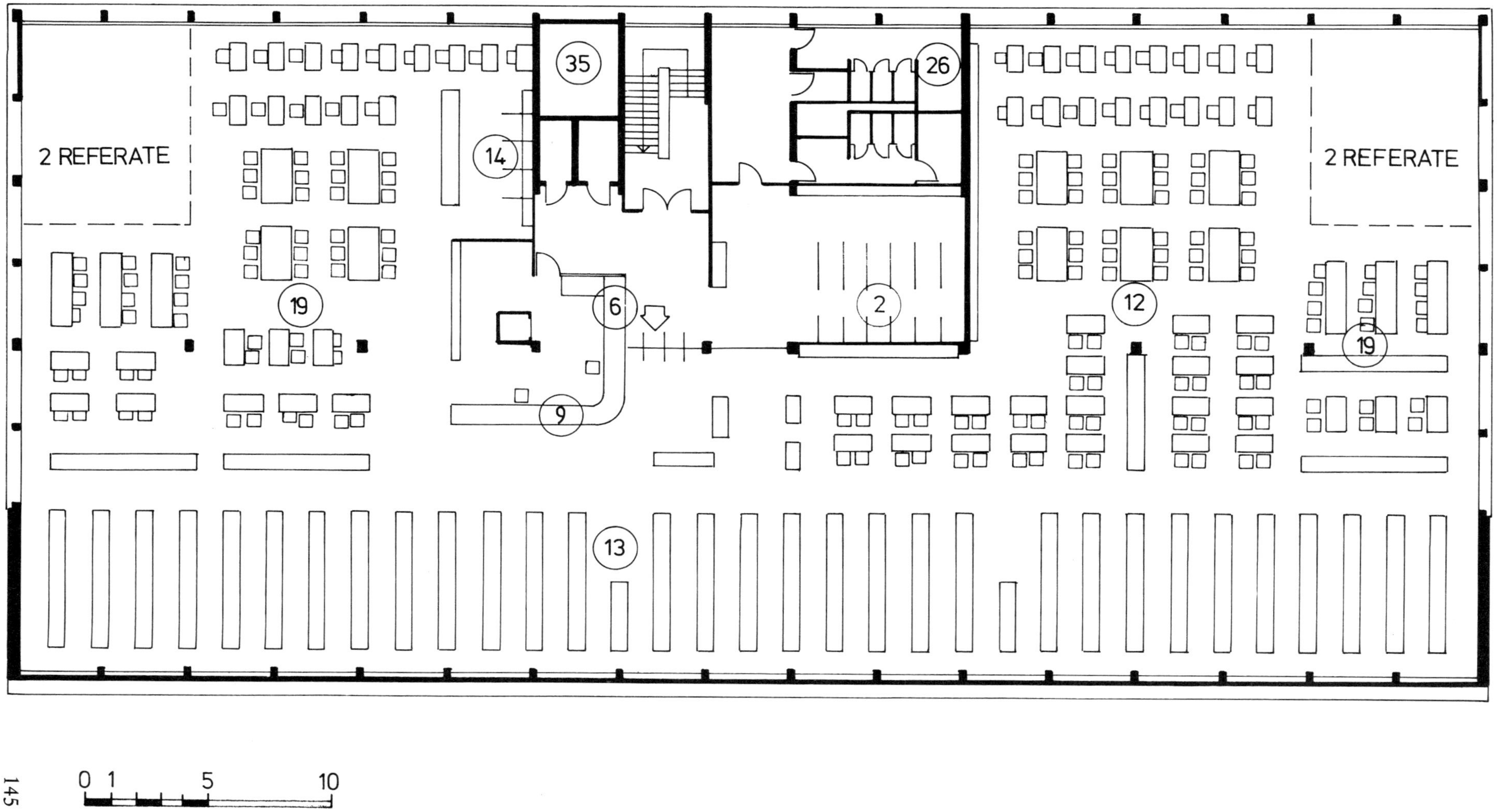

2 REFERATE

2 REFERATE

F 28 Bibliothek der Universität für Bildungswissenschaften, Klagenfurt, Freihandbereich

F 29 Bibliothek der Universität für Bildungswissenschaften, Klagenfurt, Freihandbereich

F 30 Bibliothek der Universität für Bildungswissenschaften, Klagenfurt, Bearbeitungsraum

3.2 BIBLIOTHEK DER PÄDAGOGISCHEN AKADEMIE DES BUNDES IN KÄRNTEN
Klagenfurt, Hubertusstraße 1

Planung: Architekten
    Prof. Ing. Mag.
    Alexander Marchart
    Prof. Mag. Roland Moebius,
    beide Wien

Fertigstellung: 1974

Nutzbare Fläche: 280 m²

Kapazität: 50.000 Bände und
dzt. Bestand: 31.000 Bände
                110 lfd. Zeitschriften
Zuwachs pro Jahr: 2000—3000 Bände
Anzahl der Leseplätze: 57
Sammelgebiete:
    Pädagogik
    Lehrerausbildung
    Lehrerfortbildung.

    Diese kleine Bibliothek liegt zentral unmittelbar an der Aula der Pädagogischen Akademie, ebenerdig, zu einem ruhigen Gartenhof hin orientiert. Im großen Eingangsraum befinden sich die Bücherausgabe, die gleichzeitig als Ortsleihe fungiert, der Katalogschrank und eine Taschenablage für die Besucher. Im rechten Winkel dazu liegt das Büchermagazin, an dessen Ende ein kleiner Raum für die Leiterin der Bibliothek nachträglich eingebaut werden mußte. Der Lesesaal selbst schließt an den Eingangsraum an, ist von diesem jedoch durch eine massive Wand getrennt (was die Übersicht und Kontrolle allerdings erschwert).

    Ein Nachteil ist die reine Südlage dieses Lesesaales, wenn auch versucht worden ist, die Sonneneinstrahlung durch Jalousien zu mildern; trotzdem ist dieser Raum während der Sommerzeit einfach zu warm. Ein weiterer Nachteil ist die an das Magazin anschließende Schulküche, deren Dünste in die Räume der Bibliothek eindringen. Auch bestehen für die Bibliothek ebenerdig keine Erweiterungsmöglichkeiten mehr.

3.3 BÜCHEREI DER KAMMER FÜR ARBEITER UND ANGESTELLTE FÜR KÄRNTEN
Klagenfurt, Bahnhofplatz

Planung: Architekt Dipl.-Ing. Dr.
    Rainer Bergmann, Klagenfurt

Fertigstellung: 1982

Nutzbare Fläche:
    a) Lese- u.
        Verwaltungszone ..... 550 m²
    b) Magazinszone .... 250 m²
        Zusammen .... 800 m²

Kapazität: 100.000 Bände
dzt. Bestand: 75.000 lfd. Zeitschriften
Zuwachs pro Jahr: 5.000 Bände und
50 lfde. Zeitschriften
Anzahl der Leseplätze: 36
Sammelgebiete:
    Sozialwissenschaften und Belletristik.

    Diese Bücherei, die hauptsächlich den Sozialwissenschaften dienen sollte, wurde infolge Fehlens einer Stadtbücherei in Klagenfurt und infolge ihrer zentralen Lage gegenüber dem Bahnhof zu einer solchen.

    Sie war ursprünglich im ersten Stock des Neubaues der Arbeiterkammer geplant, wurde aber dann noch rechtzeitig vor Fertigstellung ins Erdgeschoß verlegt, um die „Schwellenangst" der Besucher weitgehend zu mildern (was auch tatsächlich gelungen ist). Man betritt diese Freihandbücherei direkt von der Eingangshalle her und gelangt in einen großen offenen Raum, der infolge seiner Höhe unterteilt ist und eine Galerie besitzt, die ringsum läuft und von den hohen Fenstern der seitlichen Nischen her belichtet ist. Sie läßt überall den Durchblick zum Erdgeschoß frei, was als reizvoll empfunden wird. Leider hat diese Galerie, die sowohl über eine einläufige Treppe als auch über eine Wendeltreppe erreichbar ist, eine lichte Höhe von nur 2 m. Nahe dem Eingang zur Bücherei liegt die Bücherausgabe samt Beratung und unmittelbar davor der Katalog. Im Lesebereich schaffen vier Büchernischen mit runden Tischen für sechs Personen eine angenehme, wohnliche Atmosphäre. Im rückwärtigen Teil — durch eine Glaswand getrennt — befindet sich der eigentliche Lesesaal mit 12 Leseplätzen, dessen Belichtung durch die vorerwähnten hohen Fenster, die bis zur Decke die Galerie durchlaufen und den Blick zu einem begrünten Hof freigeben, optimal ist.

Im rechten Winkel zum Eingangsbereich und der Bücherausgabe, die mit dem darunterliegenden Speicher durch einen Bücheraufzug verbunden ist, liegen die Buchbinderei, dann die Bearbeitungsräume und das Zimmer des Leiters.

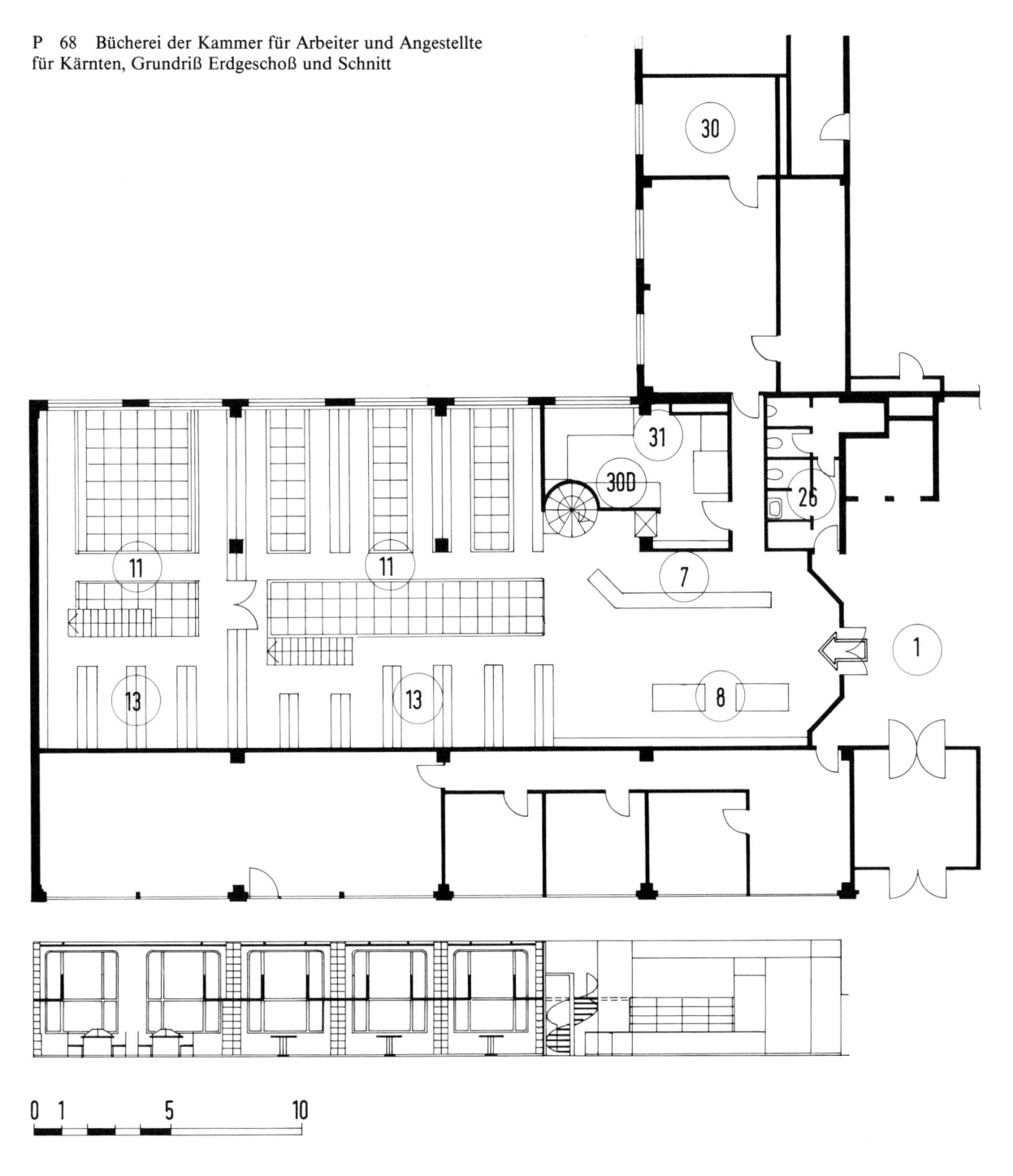

P 68 Bücherei der Kammer für Arbeiter und Angestellte für Kärnten, Grundriß Erdgeschoß und Schnitt

F 31 Bücherei der Kammer für Arbeiter und Angestellte, Klagenfurt, Freihandbereich mit Galerie

4. NIEDERÖSTERREICH

4.1 NIEDERÖSTERREICHISCHE LANDESBIBLIOTHEK
Wien I, Teinfaltstraße 8

Planung: ohne Architekt

Fertigstellung: 1967

Nutzbare Fläche:
  a) Lese- u.
     Verwaltungszone ...... 730 m²
  b) Magazinszone .... 450 m²

     Zusammen .... 1180 m²

Kapazität: 150.000 Bände
dzt. Bestand: 125.000 Bände
              1.600 lfd. Zeitschriften
              und Sondersammlungen

Zuwachs pro Jahr: 4000 Bände

Anzahl der Leseplätze: 40

Sammelgebiete:
  Historische Landeskunde, Volkskunde, Geschichte, Geographie, Kunstgeschichte, Musikgeschichte, Literatur- und Sprachwissenschaften, historische Hilfswissenschaften, Recht und Verwaltung, Sammlung topographischer Ansichten von Niederösterreich, Landkartensammlung, Portraitsammlung, Exlibris.

Landesbibliotheken haben den Zweck, den Bedürfnissen jener Region, der sie zugeordnet sind, zu entsprechen und vorwiegend regionale, landeskundliche Aufgaben zu erfüllen. Dies ist bei der Niederösterreichischen Landesbibliothek durchaus der Fall; darüber hinaus kann sie jedoch auch als Universalbibliothek angesehen werden.

Sie ging hervor aus einer Bibliothek der Stände Niederösterreichs, die sich in der zweiten Hälfte des 17. Jahrhunderts durch den berühmten Kartographen und Topographen Georg Matthäus Vischer eine Topographie von Niederösterreich und ein großes Kartenwerk herstellen ließen. Der Präses des Ritterstandes Johann Joachim von Aichen (1664—1729), ein begeisterter Sammler wertvoller alter Bücher und Handschriften, legte den Grundstock für die Niederösterreichische Landesbibliothek. Die verstreuten Sammlungen und Schenkungen wurden im Jahre 1913 an e i n e m Ort, und zwar in der Prälatenstube des Alten Landhauses in Wien, vereinigt und ein Katalog angelegt. Als eigentlicher Begründer kann der Landschaftssyndikus und Kanzleidirektor der Stände Niederösterreichs Karl Edler von Schreyber angesehen werden.

Der umfangreiche Bestand und vor allem der ständige große Zuwachs (insbesondere in der Zeit nach dem Zweiten Weltkrieg) machte eine Lösung des Raumproblems notwendig, die in der Unterbringung der Bibliothek in den Räumen der ehemaligen Bodenkreditanstalt in der Teinfaltstraße — in Wiens Innenstadt, nahe dem Gebäude der Niederösterreichischen Landesregierung — gefunden werden konnte. So wurde zum ersten Mal eine Bank in eine Bibliothek umgebaut. Neben umfangreichen Bauarbeiten mußten auch zahlreiche konstruktive Maßnahmen ergriffen werden, insbesondere um die hohen Lasten der topographischen und der Kartensammlung aufzunehmen.

Um genug Raum für die Magazinierung der Bücher sowie Raum für die Rara zu schaffen, mußten die ehemaligen Tresorräume der Bank im Souterrain in 2 Geschosse unterteilt werden. Eine Erweiterung der Magazine auf eine Gesamtkapazität von 250.000 Bänden ist geplant. Lese- und Zeitschriftensaal, die leider keine Be- und Entlüftung erhielten, besitzen nur 40 Leseplätze, die allerdings ausreichen, weil diese Bibliothek hauptsächlich eine Entlehnbibliothek ist. Sie hat ein eigenes Zeitungs- und Zeitschriftenmagazin sowie eine eigene Restaurierwerkstätte. Der gesamte Bibliotheksbetrieb (inkl. der Katalogkarten-Vervielfältigung) wickelt sich bereits über eine EDV-Anlage ab, und zwar über ein PC-Gerät (IBM) mit Drucker.

Literaturhinweise

KOENIG, Josef: Die Niederösterreichische Landesbibliothek und ihre Sammlungen. In: Biblos, Jg. 17 (1968), H. 4, S. 276—279.
RIEPL, Hermann: Die Niederösterreichische Landesbibliothek. (Illustr.), St. Pölten, Wien 1977. (Wiss. Schriftenreihe Niederösterreich. 31).

P 69 Niederösterreichische Landesbibliothek, Grundriß Erdgeschoß

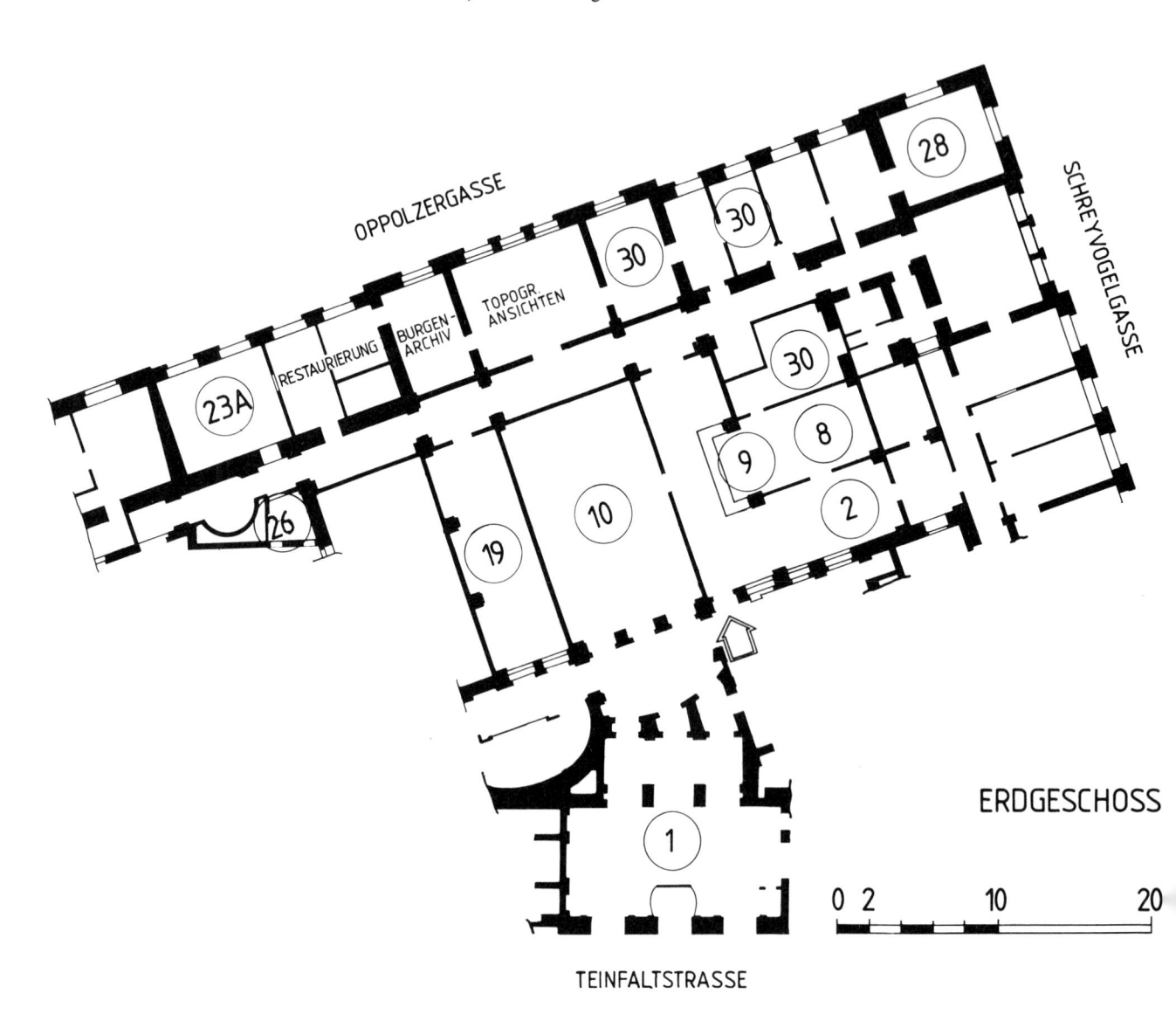

4.2 BUNDESSTAATLICHE PÄDAGOGISCHE BIBLIOTHEK BEIM LANDESSCHULRAT FÜR NIEDERÖSTERREICH
Wien I, Wipplingerstraße 28

Planung: ohne Architekt

Fertigstellung: 1985

Nutzbare Fläche: 800 m²

Kapazität: 250.000 Bände
dzt. Bestand: 180.000 Bände und
                       500 lfd. Zeitschriften
Zuwachs pro Jahr: 3000 Bände

Anzahl der Leseplätze: 50

Sammelgebiete:
   Pädagogik, Heilpädagogik, Psychologie, Soziologie, Didaktik, Schulbücher und anderes mehr.

Der Landesschulrat für Niederösterreich ist der einzige Landesschulrat Österreichs mit größerer, eigener Bibliothek. Sie befindet sich im Hochparterre eines Gebäudes in der Wiener Innenstadt — aus der Zeit des Eklektizismus —, in dem ein totaler Umbau vorgenommen wurde.

Von der Haupteingangshalle führt ein breiter Verbindungsgang zu einem langgestreckten großen Raum, der zum Lesesaal umgestaltet wurde; dieser gliedert sich in mehrere Bereiche, den eigentlichen Eingangsbereich mit der Informationstheke und Bücherausgabe, bequemen Sitzgruppen mit Grünpflanzen, dann den Katalogbereich (samt Kopierstelle) auf der einen Seite und den eigentlichen Lesebereich mit Freihandaufstellung auf der anderen Seite. Die Leseplätze liegen größtenteils an den Fensterfronten mit natürlicher Belichtung und Belüftung, die Bücherregale im rückwärtigen Teil. Durch die Einrichtung wurde eine Art Bibliothekslandschaft gebildet.

Zwei Bücheraufzüge im Bereich der Pfeiler führen direkt zu den einzelnen Abteilungen des Landesschulrates in den oberen Geschossen. Den stirnseitigen Abschluß des Lesesaales bilden die Räume der Bibliotheksleitung, und im unmittelbaren Anschluß daran liegen die einzelnen Bearbeitungsräume sowie im rückwärtigen Teil — im selben Niveau — ein Büchermagazin samt Abgang zu den Kellermagazinen, in denen die Aufstellung von Verschubregalanlagen geplant ist. Darüber hinaus gibt es noch im vierten Stock zwei Räume mit Freihandaufstellung.

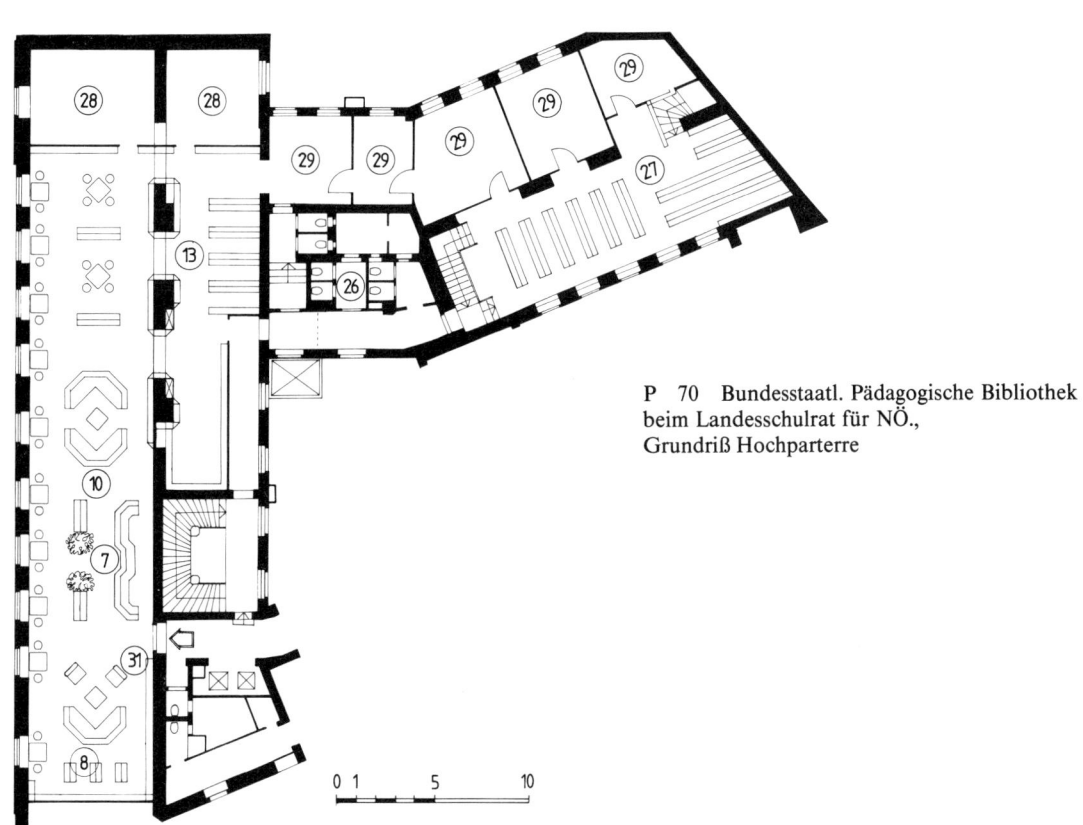

P 70 Bundesstaatl. Pädagogische Bibliothek beim Landesschulrat für NÖ., Grundriß Hochparterre

4.2.1 Bundesstaatliche Pädagogische Bibliothek beim Landesschulrat für Niederösterreich Expositur Baden, Mühlgasse 67

Planung: Architekten
    Prof. Ing. Mag. Alexander Marchart
    Prof. Mag. Roland Moebius & Partner, beide Wien

Fertigstellung: 1976

Nutzbare Fläche:
    a) Lesesaal .... 460 m²
    b) Lesehof .... 390 m²
    c) Verwaltungszone ..... 220 m²
    d) Magazinszone .... 1480 m²
    Zusammen .... 2550 m²

Kapazität: 310.000 Bände
dzt. Bestand: 40.000 Bände und 100 lfd. Zeitschriften
Zuwachs pro Jahr: 2000 Bände
Anzahl der Leseplätze: 90
Sammelgebiete:
    Pädagogik, Pädagogische Psychologie und Soziologie, Schulbücher, Heilpädagogik, Didaktik und anderes mehr.

Diese im Gebäudekomplex der Pädagogischen Akademie des Bundes in Niederösterreich untergebrachte — am östlichen Stadtrand von Baden gelegene — Bibliothek ist verhältnismäßig groß, weil ursprünglich geplant war, für Niederösterreich eine wissenschaftliche Allgemeinbibliothek zu schaffen (wozu es allerdings dann nicht gekommen ist).

Der ganze, in sich abgeschlossene Lesebereich ist unterkellert und bietet genug Raum für den Bücherzuwachs vieler Jahre. Die Konzeption dieser Bibliothek geht im wesentlichen noch auf die Dreiteilung in Lese-, Bearbeitungs- und Magazinszone zurück.

Man betritt sie durch die große Halle der Pädagogischen Akademie über einen Vorraum, an den Garderobe und Toiletten anschließen. Unmittelbar neben dem Eingang befinden sich die Bücherausgabe und Entlehnung, von der auch der gesamte Lesebereich überwacht werden kann, ihnen gegenüber die Katalogschränke. Der Lese- und Zeitschriftensaal ist ein einziger, großer und flexibler Raum mit Freihandaufstellung — mit freiem Blick durch verglaste Außenwände zu einem großen, allseits geschlossenen Innenhof, der im Sommer — soferne es nicht zu heiß ist — als Lesehof verwendet wird (hier wären allerdings schattenspendende Bäume vorteilhaft). Im Lese- und Zeitschriftensaal, der im rückwärtigen Teil mit Plexiglas-Kuppeln ausreichend belichtet ist, war ursprünglich eine Glaswand zwischen dem Ausgabebereich und dem Lesesaalbereich vorgesehen (Lärmschutz), doch kam man davon ab, erreichte aber durch die Aufstellung von Grünpflanzen eine gewisse optische Trennung. Die fix montierten Arbeitstische erhielten Einzelbeleuchtung und eine Einzelrufanlage, die von der Ausgabe zu bedienen ist.

Unter dem Lesesaal- und Lesehofbereich liegt das große Büchermagazin und der Expeditraum, der von außen her über eine teilweise überdeckte Rampe bedient werden kann. Von hier führen ein Bücheraufzug und daneben eine Treppe in das Erdgeschoß. Dieser Aufzug steht nicht in direkter Verbindung mit der Bücherausgabe, sondern liegt zwischen ihr und der Buchbearbeitung.

Die Bibliothek besitzt keine eigene Be- und Entlüftungsanlage, ein Nachteil, der sich insbesondere bei der Lagerung der Bücher im Kellermagazin ungünstig bemerkbar macht.

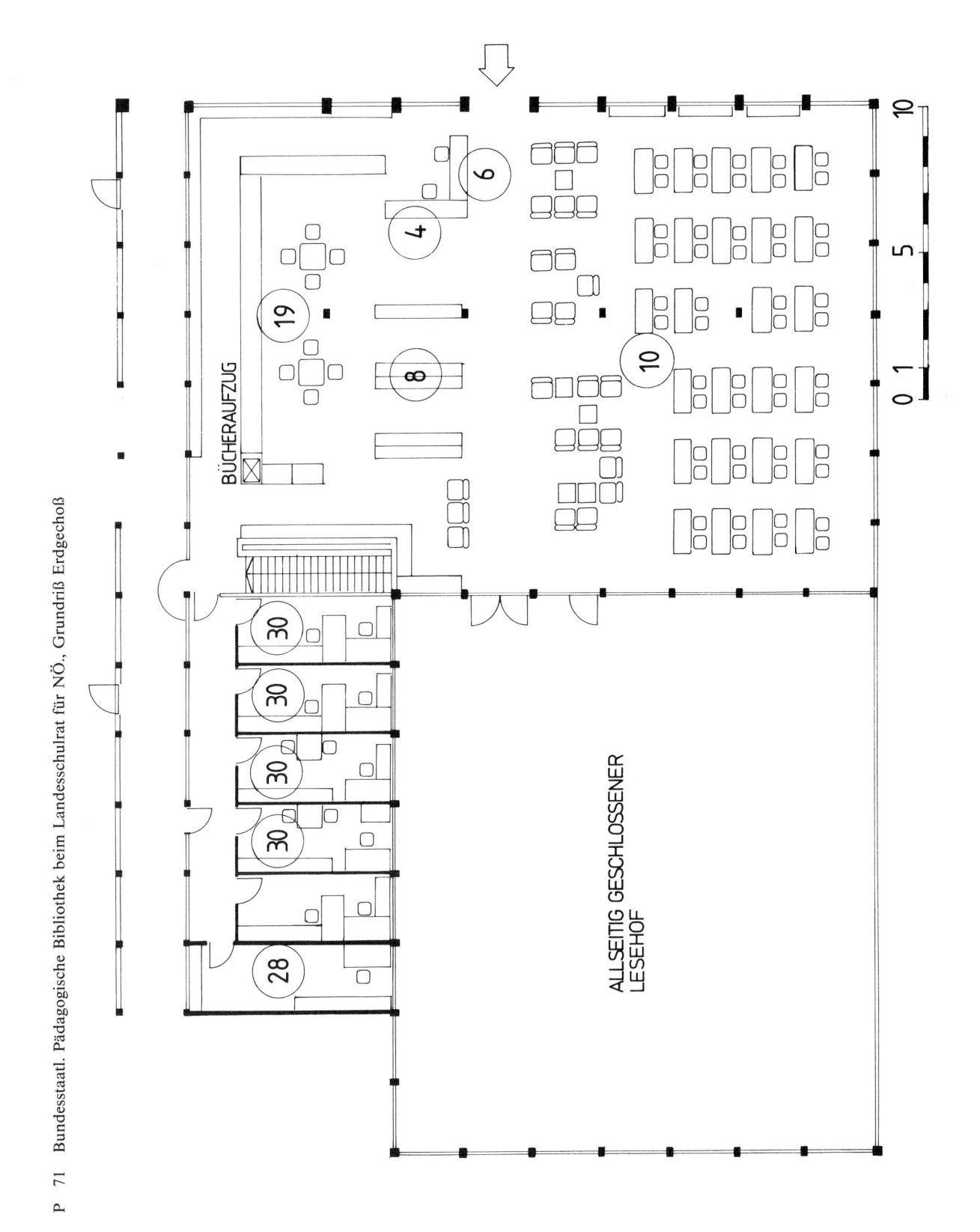

P 71 Bundesstaatl. Pädagogische Bibliothek beim Landesschulrat für NÖ., Grundriß Erdgechoß

5. OBERÖSTERREICH

5.1 UNIVERSITÄTSBIBLIOTHEK LINZ — HAUPTBIBLIOTHEK
Linz-Auhof

Planung: Architektengruppe
　　　　　Prof. Mag. Arthur Perotti
　　　　　Mag. Ing. Franz Treml
　　　　　Dipl.-Ing. Helmut Eisendle,
　　　　　alle Linz

Statik:　　Dipl.-Ing. Peter Kirsch
　　　　　Dipl.-Ing. Fritz Muchitsch,
　　　　　beide Linz
　　　　　Zivilingenieure für Bauwesen

Fertigstellung: Herbst 1984

Nutzbare Fläche: 6500 m²

Kapazität:　　550.000 Bände, davon
　　　　　　　220.000 Bände in Freihand-
　　　　　　　aufstellung
dzt. Bestand:　306.000 Bände, davon
　　　　　　　130.000 Bände Haupt-
　　　　　　　bibliothek und
　　　　　　　3.190 lfd. Zeitschriften,
　　　　　　　davon
　　　　　　　1.300 Hauptbibliothek
Zuwachs pro Jahr: 12.000 Bände, davon
　　　　　　　5000 Bände Hauptbibliothek
Anzahl der Leseplätze: 240
　　　　　　　26 Carrels
　　　　　　　8 Einzelarbeitsräume
　　　　　　　2 Gruppenarbeitsräume

Anzahl der Studierenden: rd. 7.630

Sammelgebiete:
　　　Rechtswissenschaften, Wirtschafts- und Sozialwissenschaften, Informatik, Mathematik, Chemie, Physik

Als im Jahre 1962 mit dem Aufbau der Universität Linz, der damaligen Hochschule für Sozial- und Wirtschaftswissenschaften, begonnen wurde, war selbstverständlich von Anfang an die Errichtung einer Universitätsbibliothek in die Planungen miteinbezogen. Dennoch mußte sie 16 Jahre lang hinter anderen dringenden Bauvorhaben zurückstehen und ihren Betrieb in Provisorien durchführen. Diese Verzögerung hatte jedoch auch eine positive Seite, denn während die ursprüngliche Planung eine Magazinsbibliothek alten Typs vorsah, wie sie in Mitteleuropa seit der ersten Hälfte des 19. Jahrhunderts bis in den Anfang der siebziger Jahre üblich war, konnten in der endgültigen Planung die neuen internationalen Erfahrungen und Entwicklungen des Bibliotheksbaues und der Bibliothekstechnik ebenso wie die tiefgreifenden Veränderungen in Universitätsorganisation und Studium bereits berücksichtigt werden.

Das neue Bibliotheksgebäude, das 1981 begonnen und im November 1984 feierlich eröffnet wurde, liegt innerhalb des bestehenden Universitätsgeländes, nördlich des Vorplatzes, zwischen Mensa im Osten und Institutsgebäude I im Westen. Nach Süden zu blickt man auf den Teich und alten Baumbestand, nach Norden auf ländliche Hügellandschaft. Es ist ein nach Süden abfallendes Hanggelände, das im Norden durch die Wolfauerstraße begrenzt ist. Versorgungsleitungen für Fernwärme, Wasser, elektrischen Strom, Telefon und Abwasserkanäle waren bereits vorhanden oder in unmittelbarer Anschlußnähe.

Als günstigste Lösung ergab sich ein kompakter Baukörper im Rechteck-Grundriß mit den daraus resultierenden geringsten Außenwandflächen (Länge 55 m, Breite 42,50 m, Höhe 12,50 m). Der ursprüngliche Entwurf wurde vom Bundesministerium für Bauten und Technik abgelehnt, weil in den Plänen der Architektengruppe große, schrägverglaste Südflächen (mit Aussicht auf Park und

Teich) vorgesehen waren. Die Begründung war, daß aus wärmetechnischen Gründen an der Südseite einer Bibliothek im Hinblick auf Sonnenschutz, Beschattung und Regulierung des Raumklimas der Fensteranteil möglichst gering zu halten wäre. Diese Forderung wurde dann in einem abgeänderten Entwurf erfüllt. Die Belichtung der Lesezonen wird nun durch größere Fensterflächen an der Nordfront und durch nach Norden gerichtete Oberlicht-Sheds über dem zweiten Obergeschoß erfolgen. Trotzdem wird es nicht zu verhindern sein, künstliche Beleuchtung auch bei Tag einzuschalten, was die Betriebskosten erhöhen dürfte, weil an der Süd-, Ost- und Westfront im zweiten Obergeschoß nur verhältnismäßig kleine Lichtschlitze vorhanden sind und der Kernbereich nur wenig Tageslicht erhält. Im ersten Obergeschoß sowie im Erdgeschoß erfolgt die Beschattung der Fensterflächen im Süden durch die Zurücksetzung der Front um jeweils 2 m. Durch das Einschneiden des Gebäudes in den Hang an der Nordfront, wird eine bessere Ausnutzung der Wärmespeicherung und eine Abstrahlverzögerung erreicht werden. Spezielle Gestaltungselemente der bestehenden Gebäude wurden übernommen, wie z. B. das Fortsetzen der Säulenreihe, die man bereits am Institutsgebäude I vorfindet, Integrierung des Rasters in Konstruktion (Großraster 10 × 10 m bzw. 5 × 10 m, Kleinraster 1,25 m) sowie Materialwahl.

Die Bibliothek ist viergeschossig und besteht aus Keller, Erdgeschoß, erstem und zweitem Obergeschoß (letzteres mit Dachaufbauten). Der Haupteingang zur Universitätsbibliothek liegt an der Südfront, und zwar in der Hauptachse des Gebäudes; es ist von der Hochschule her über einen überdeckten Verbindungsgang zu erreichen, an dem auch — in unmittelbarem Anschluß an die Bibliothek — die gleichzeitig mit der Bibliothek errichtete Raumgruppe der Hochschülerschaft gelegen ist.

Über einen Windfang betritt man eine geräumige Vorhalle mit Garderobe und Schließfächern auf der einen Seite, dem Fernleiheschalter und einer Sitzgruppe auf der anderen Seite. Diese Anordnung erlaubt es, daß Bücher auch ohne Betreten der Bibliothek ausgeliehen bzw. zurückgestellt werden können. Durch ein Drehkreuz, das zusammen mit einem elektronisch gesteuerten Überwachungssystem die zentrale Kontrolle über den Eingang und insbesonders über den Ausgang bildet, gelangt man in eine durch Stützen aufgelöste große Halle mit Bücherausgabe, Leihstelle und Information im unmittelbaren Eingangsbereich; hier befindet sich auch eine bequeme Zeitungsleseecke und dahinter der Publikumskatalog. Ein Mikrofichekatalog und Lesegeräte werden in der Nähe der Information aufgestellt werden, um den Studierenden behilflich sein zu können. In der Mitte des Gebäudes — beiderseits der Hauptachse — liegen der Fixkern mit dem Hauptstiegenhaus, dem Personenaufzug und den Naßgruppen samt Installationsschacht und seitlich zwei Nebenstiegen, die zur Direktion und den Bearbeitungsräumen führen und gleichzeitig als Fluchtstiegen dienen. Ein eigener Manipulationsraum, der mit der daneben liegenden Leihstelle und Bücherausgabe, mit den Büchermagazinen im Keller und mit den Obergeschossen durch eine Bücherförderanlage verbunden ist, schließt an den Aufzugsschacht an. Der gesamte rückwärtige Bereich im Nordteil des Gebäudes dient dem bibliographischen Apparat, der Lehrbuchsammlung, dem Zeitschriftenmagazin und achtundzwanzig Leseplätzen. Im SW der Halle liegen ein eigener Raucherraum für die Besucher, daneben ein Schulungsraum, der auch direkt von außen zugänglich ist und eine eigene Naßraumgruppe besitzt, vier Medienkojen sowie ein Informations-Vermittlungsraum für den Zugriff zu in- und ausländischen Datenbanken. Der Verwaltungsbereich mit eigenem Eingang samt Windfang, der Poststelle, einem EDV-Arbeits- und einem EDV-Rechnerraum, der Kopierstelle, einer Teeküche und Aufenthaltsraum für das Personal sowie ein Erste-Hilfe-Raum liegt im Osten, bzw. Südosten des Gebäudes. Von außen her ist ein Mülltonnenraum zu bedienen. Ein kleiner Raum neben dem Windfang enthält die Feuermeldezentrale der Bibliothek. Ein Archiv für die Unterbringung von Pflichtexemplaren mit eigenem Bearbeitungsraum liegt zwischen diesem Bereich und der Bücherausgabe bzw. der Leihstelle.

Im ersten Obergeschoß ist der nördliche Teil dem Freihand-Lesebereich der Technischen Wissenschaften und der Naturwissenschaften mit sechzig Leseplätzen und vier Einzelarbeitsräumen vorbehalten. Dieser Raum ist durch entsprechende Fensteröffnungen wohl natürlich belichtet, doch dürfte allein damit nicht das Auslangen gefunden werden, weil der Raum ziemlich tief ist. Eine breite Mitteltüre führt auf in sich geschlossene Leseterrassen im Freien, mit einem Brunnen in der Mitte und Pergolen über den Leseplätzen, die nach entsprechender Begrünung Schatten spenden werden. Diese Terrassen sollen in der warmen Jahreszeit eine natürliche Erweiterung des Lesebereiches darstellen. Mit Absicht wurde kein eigener Zeitschriften-Lesesaal geschaffen, weil im Zuge der systematischen Aufstellung die Zeitschriften in allen Bereichen der Fachliteratur des jeweilgen Faches zugeordnet werden, so daß der Benützer alle einem bestimmten Thema zugehörige Literatur an einer einzigen Stelle vorfindet. Die Bibliotheksdirektion, die Bearbeitungsräume sowie die Referentenzimmer umschließen U-förmig das in der Mitte liegende Freihandmagazin. Naßgruppen (samt einem Behinderten-WC) befinden sich im Stiegen- bzw. Aufzugskern.

Das zweite Obergeschoß beinhaltet den großen Freihandlesesaal der Rechts-, Sozial- und Wirtschaftswissenschaften mit hundertachtzig Leseplätzen und rund 120.000 Bänden in Freihandaufstellung, zwei Referentenzimmer, zwölf Carrels, sechs Einzel- und zwei Gruppenarbeitsräume. Mit Ausnahme der Plätze unmittelbar an den schmalen und niedrigen Fenstern, die zur Reduzierung der einstrahlenden Sonne gewünscht wurden, müssen alle anderen Plätze und der gesamte Raum künstlich belichtet werden, weil auch die über dem Raum angeordneten elf Oberlicht-Sheds und zehn Lichtkuppeln zuwenig Licht bringen und untergehängte Holzlamellen noch dazu den gewünschten Lichteinfall weiter beeinträchtigen. Auch der Lese- und Freihandbereich an der Nordfront wird künstlich belichtet werden müssen, weil die vorhandenen Fensteröffnungen durch drei freie Lufträume, die hier quasi eine Galerie bilden, wohl diesen Bereich im ersten Obergeschoß belichten, jedoch für das zweite Obergeschoß nicht ausreichen dürften. Das Hauptstiegenhaus ist nach oben hin von einer halbrunden Tonne, einer Stahlkonstruktion mit Sheds, abgeschlossen — ein architektonischer Effekt!

Im Keller sind Büchermagazine für rund 200.000 Bände, zum Teil in normaler Regalaufstellung, zum Teil in Verschubregalanlagen, und ein Spezialmagazin für wertvolle Bestände untergebracht; dazu kommen noch Räume für die gesamte Technik des Hauses, Umkleide- und Naßräume für das Personal, ein Papierlager sowie eine den neuesten Vorschriften entsprechende Luftschutz-Raumgruppe mit fünf Einzelschutzräumen für insgesamt zweihundertfünfzig Personen.

Das Gebäude ist eine Stahlbetonkonstruktion auf Stahlbetonfundamenten an der hangseitigen nördlichen Gebäudehälfte und Ortbeton-Bohrpfählen an der südlichen Gebäudehälfte. Säulen und Unterzüge bilden das Gerippe einer vorgehängten Fassade mit außenseitiger Wärmedämmung aus Stahlbetonfertigteilen mit individueller Oberflächengestaltung — die zurückgesetzten Parapete ausgefacht und mit Sichtmauerwerk verkleidet. Die Mittel- und Feuermauern sind zum Teil gemauert, zum Teil an Ort und Stelle betoniert. Die Decken über dem Keller, dem Erd- und ersten Obergeschoß bilden Stahlbetonplatten mit Trittschalldämmung, PVC-Folie, bewehrtem Schwerbeton, Zweimal-Spachtelung und Belägen je nach Zweckwidmung der Räume, wie Textilbelag (Brandklasse 1), PVC-Belag, in Naßräumen keramische Bodenplatten. Das Dach bildet eine Stahlbetonplatte mit Feuchtigkeitsisolierung, 10 cm hochwertiger, trittfester Wärmedämmung, 8 cm Kies- und Waschbetonplatten zwischen den Dachaufbauten. Die Beheizung erfolgt über eine Wärmeversorgung aus einem Fernheizwerk, mit einer Umformerstation im Untergeschoß, mittels Warmwasserradiatoren und statischer Grundheizung in belüfteten Räumen. Die Großräume, wie Büchermagazine, Lese- und Freihandbereiche, Kataloge und Bibliographie erhalten mechanische Be- und Entlüftung, die innenliegenden WC-Anlagen Dauerabsaugung mit Innenraumzuluft; EDV-Räume werden durch Klimaschränke klimatisiert. Ein behinderten- und rollstuhlgerechter Personenaufzug für 8 Personen und eine Bücherförderanlage im Mittelkern sowie ein interner Personenaufzug im östlichen Fluchttreppenhaus, der auch für den Büchertransport geeignet ist, dienen der vertikalen Erschließung. Darüber hinaus sind Steuer- und Regeleinrichtungen für alle haustechnischen Anlagen vorgesehen, wie Brandmeldeanlage mit Ionisationsmeldern, Lautsprecheranlage, Gegensprecheinrichtung, Uhrenanlage, Erweiterung der Universitäts-Telefonzentrale, Installation von Peripheriegeräten des zentralen Leit- und Optimierungssystems sowie Anschluß der ca. dreihundert Datenpunkte an die bestehende ZLT-Zentrale. Der kleine, mit einem halbrunden Loch versehene Giebel — frei aufgesetzt auf die Hauptfront der Fassade — soll ein Anklang an die „Postmoderne" sein, macht aber noch lang keine solche (außerdem hat man das Gefühl, daß ihn der nächste Sturm wegblasen könnte). Immerhin betont er aber die Lage des Haupteinganges. Gegen die übrige Architektur sowie gegen die sicherlich gute Funktion dieser Universitätsbibliothek ist ansonsten nichts einzuwenden. Jedenfalls ist mit der Realisierung dieses Neubaues ein wesentlicher Teil des Konzeptes der Johannes Kepler Universität Linz erfüllt worden.

Literaturhinweise

Hochschule Linz. In: Deutsche Bauzeitschrift, Jg. 19 (1971), S. 2213—2218.

REHBERGER, Robert; GAMSJÄGER, Helmut: Die Universitätsbibliothek Linz. In: Biblos Jg. 29 (1980) 3, S. 152—158.
Universitätsbibliothek Linz. Festschrift zur Eröffnung des Neubaues. Herausgeber: Universitätsdirektion der Universität Linz. Redaktion: GAMSJÄGER, Helmut. Linz 1984. Darin: HANSL, Erich: Baubeschreibung, S. 45—49.

REHBERGER, Robert: Eröffnung des Neubaus der Universitätsbibliothek Linz. In: Mitteilungen der Vereinigung Österreichischen Bibliothekare. Jg. 37 (1984) 4, S. 55—58.

P 72 UB Linz, Lageplan

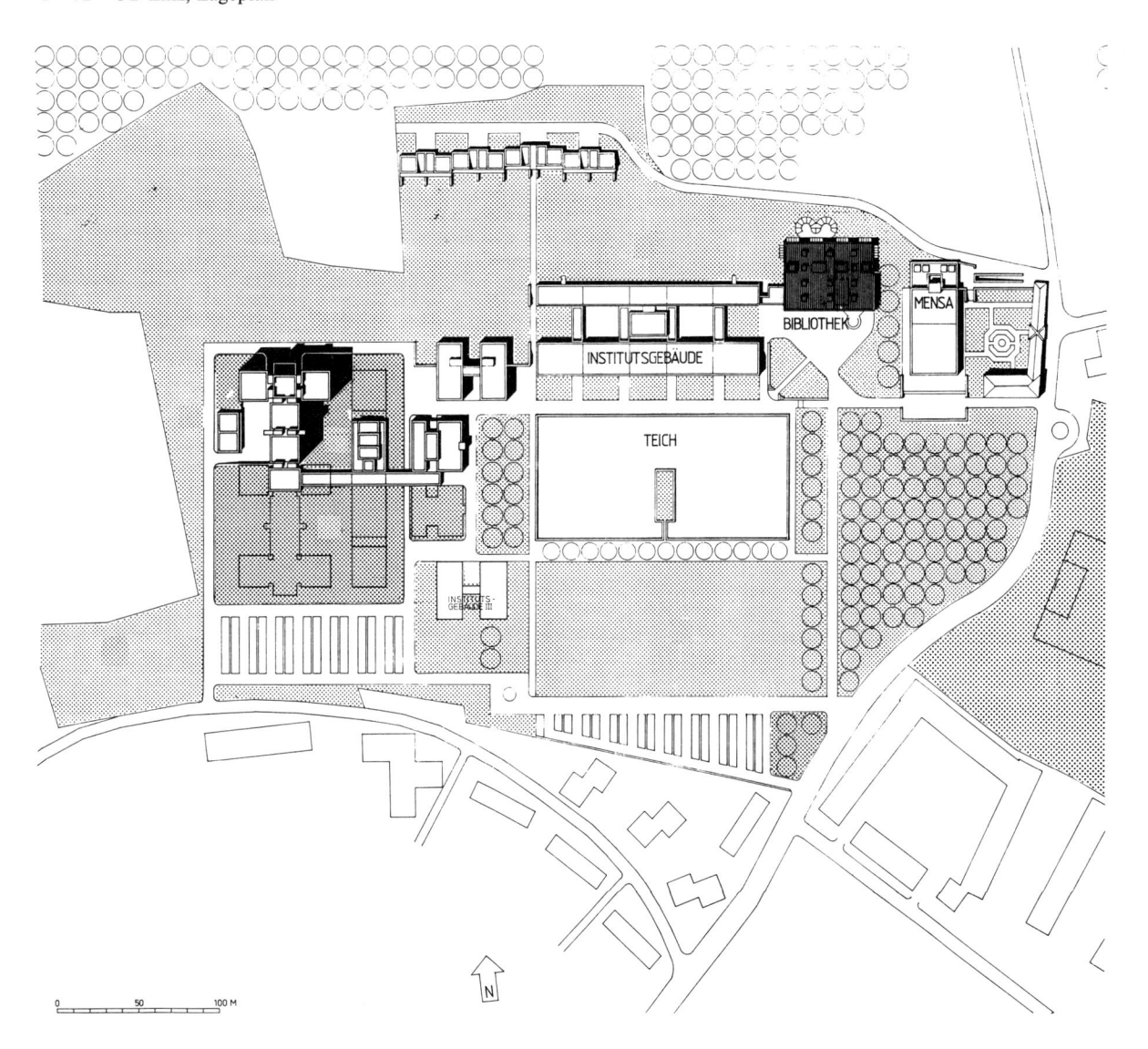

P 73 UB Linz, Grundriß Erdgeschoß

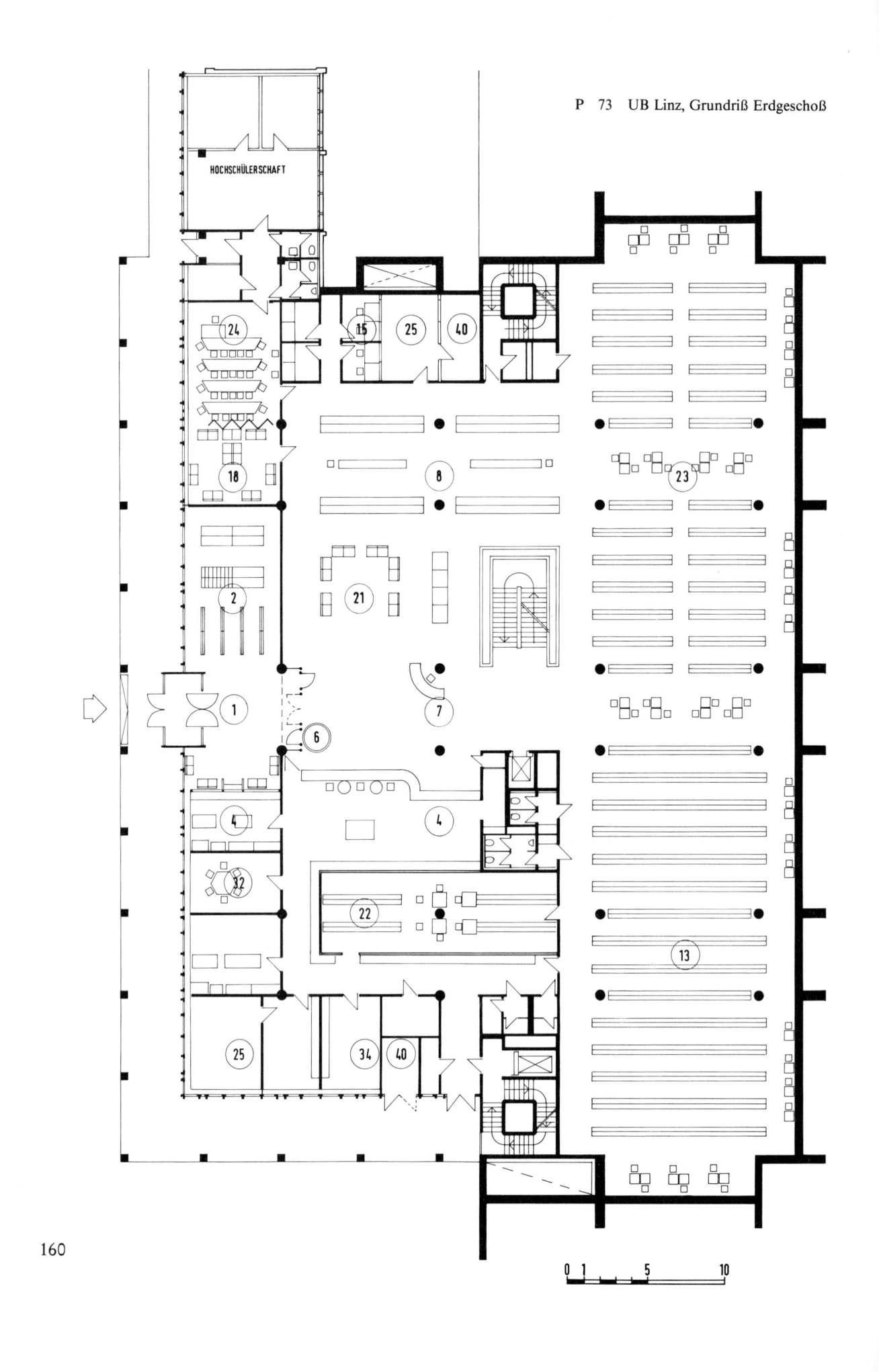

HOCHSCHÜLERSCHAFT

160

P 74 UB Linz, Grundriß 1. Obergeschoß

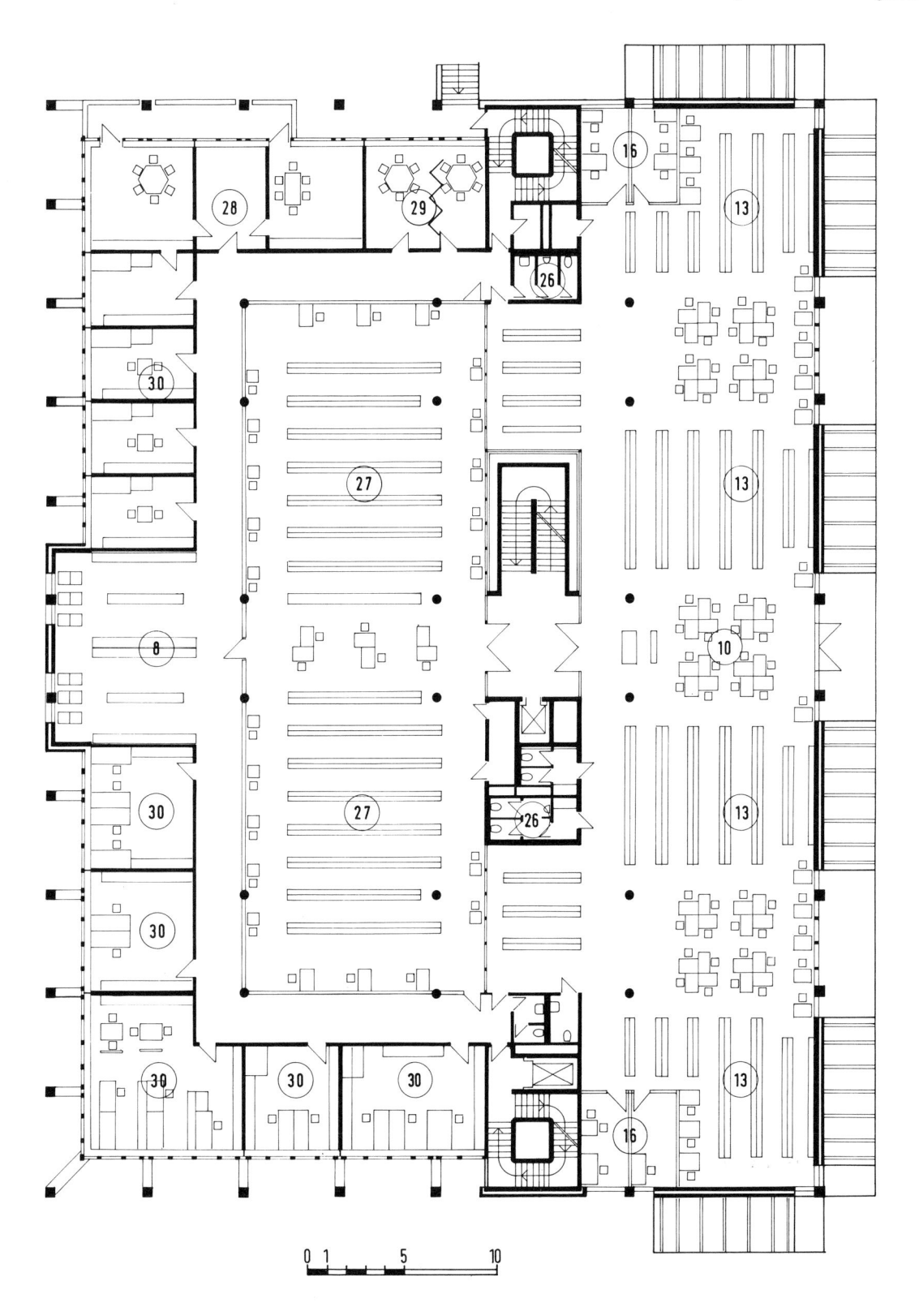

P 75   UB Linz, Grundriß 2. Obergeschoß

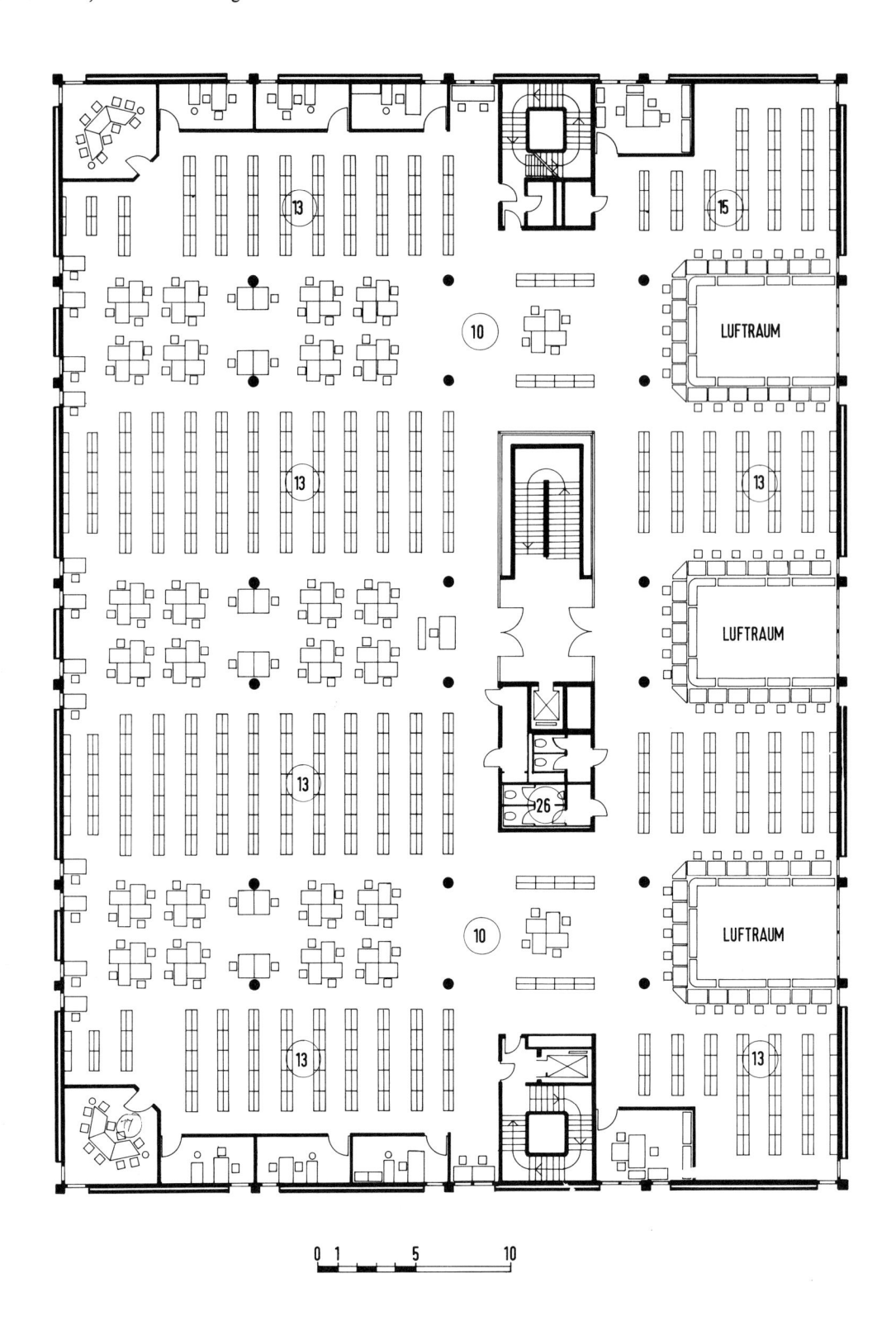

P 76 UB Linz, Schnitt

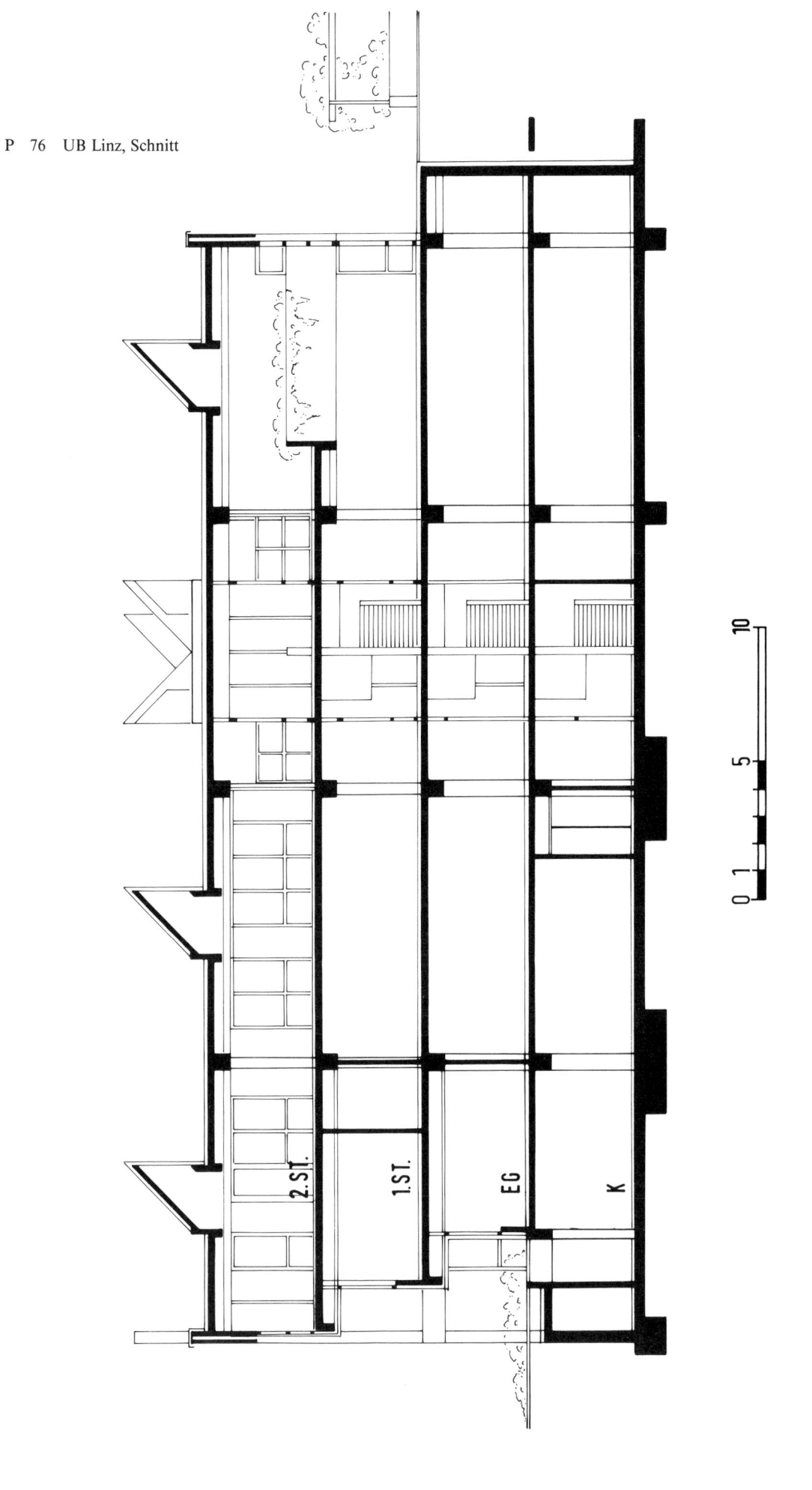

2.ST. 1.ST. EG K

P 77 UB Linz, Perspektive

F 32 UB Linz, Ansicht

F 33 UB Linz, Bücher- und Zeitschriftenmagazin

5.2 BIBLIOTHEK DER PÄDAGOGISCHEN AKADEMIE DER DIÖZESE LINZ
Linz, Salesianumweg 3

Planung: Architekten
  Dipl.-Ing. Franz Riepl, München
  Dipl.-Ing. Dr. techn.
  Othmar Sackmauer, Wien
Statik: Dipl.-Ing. Rudolf Sackmauer, Linz

Fertigstellung: 1974

Nutzbare Fläche: 220 m^2

Kapazität: 35.000 Bände
dzt. Bestand: 25.000 Bände und
                     185 lfd. Zeitschriften
Zuwachs pro Jahr: 2000 Bände
Anzahl der Leseplätze: 50
Sammelgebiete:
  Pädagogische Psychologie, Pädagogische Soziologie, Unterrichtswissenschaft, Erziehungswissenschaft, Religionspädagogik, Didaktik, Unterrichtsfächer der Pflichtschule.

Diese Bibliothek ging aus der Bibliothek des Bischöflichen Lehrerseminars hervor. Am ostseitigen Abhang des Freinberges — hart am Stadtkern gelegen und doch schon wieder aus dem Häusermeer in die freie Landschaft hinausgehoben — entstand in den Jahren 1970 bis 1974, als Ergebnis eines Architektenwettbewerbes, bei dem die obengenannten Architekten als Sieger hervorgingen, ein architektonisch interessanter, reich gegliederter, multifunktionaler Baukomplex, der sich — zusammen mit den älteren Objekten der Umgebung — zu einem übergeordneten Zentrum verbindet. Das Eingliedern in die Landschaft wurde durch eine plastische Architektur erreicht, durch eine Vielschichtigkeit der Formen und durch klar in Erscheinung tretende Baukörper, welche aus der Funktion heraus errichtet wurden und zu einer Art „gebauter Pädagogik" führten. Das Zusammenwirken von Form und Raum, Material und Farbe, Proportion und Rhythmik ergab eine lebendige Aussage und Ausstrahlung.

Die Bibliothek — die ursprünglich nur für die Ausbildung der Volksschullehrer gedacht war, 1973 auch die Ausbildung der Hauptschullehrer übernehmen mußte — liegt im Seminartrakt der Pädagogischen Akademie, am südseitigen Ende der langgestreckten, repräsentativen Haupthalle, über einen kurzen Treppenlauf der Hauptstiege erreichbar (siehe Gesamtplan). Durch einen Vorraum, in dem sich die Leihstelle und der Katalog befinden, gelangt man in den Lesesaal mit Freihandbibliothek und Zeitschriftenabteilung. Dieser ist sowohl von den verglasten Fensterflächen als auch von den verglasten Schrägflächen eines Teiles der Decke her sehr hell belichtet. Da der Raum nicht klimatisiert ist (was in diesem Falle notwendig wäre), leiden die Besucher und auch das Personal unter Hitze in den Monaten März bis September. Wohl sind entsprechende Sonnenschutzrollos angebracht, doch bieten auch diese nicht genug Schutz gegen die einstrahlende Wärme. Dem Lesesaal ist eine Terrasse vorgelagert, mit schönem Rundblick auf die Stadt und Umgebung. Die reine Südlage erlaubt es jedoch nur selten, diese als Leseterrasse zu benützen.

Für die Verwaltung dieser kleinen Bibliothek ist kein eigener Raum vorgesehen; das Personal muß sich daher im Magazinsbereich neben der Bücherausgabe aufhalten und dort arbeiten. Im Speicher sind sämtliche Bücher und Zeitschriften in platzsparenden Verschubregalen gelagert. Da diese Bibliothek schon jetzt wieder zu klein ist und auch im Kellergeschoß keine Magazinsräume zur Verfügung stehen, trägt man sich mit der Absicht, innerhalb des Grüngeländes der Akademie — im Zusammenhang mit dem Neubauprojekt einer Übungsschule — auch die Bibliothek und eine inzwischen notwendige Mediathek unterzubringen.

Literaturhinweis

Die Pädagogische Akademie der Diözese Linz. Festschrift. Herausgeber: Pädagogische Akademie Linz.

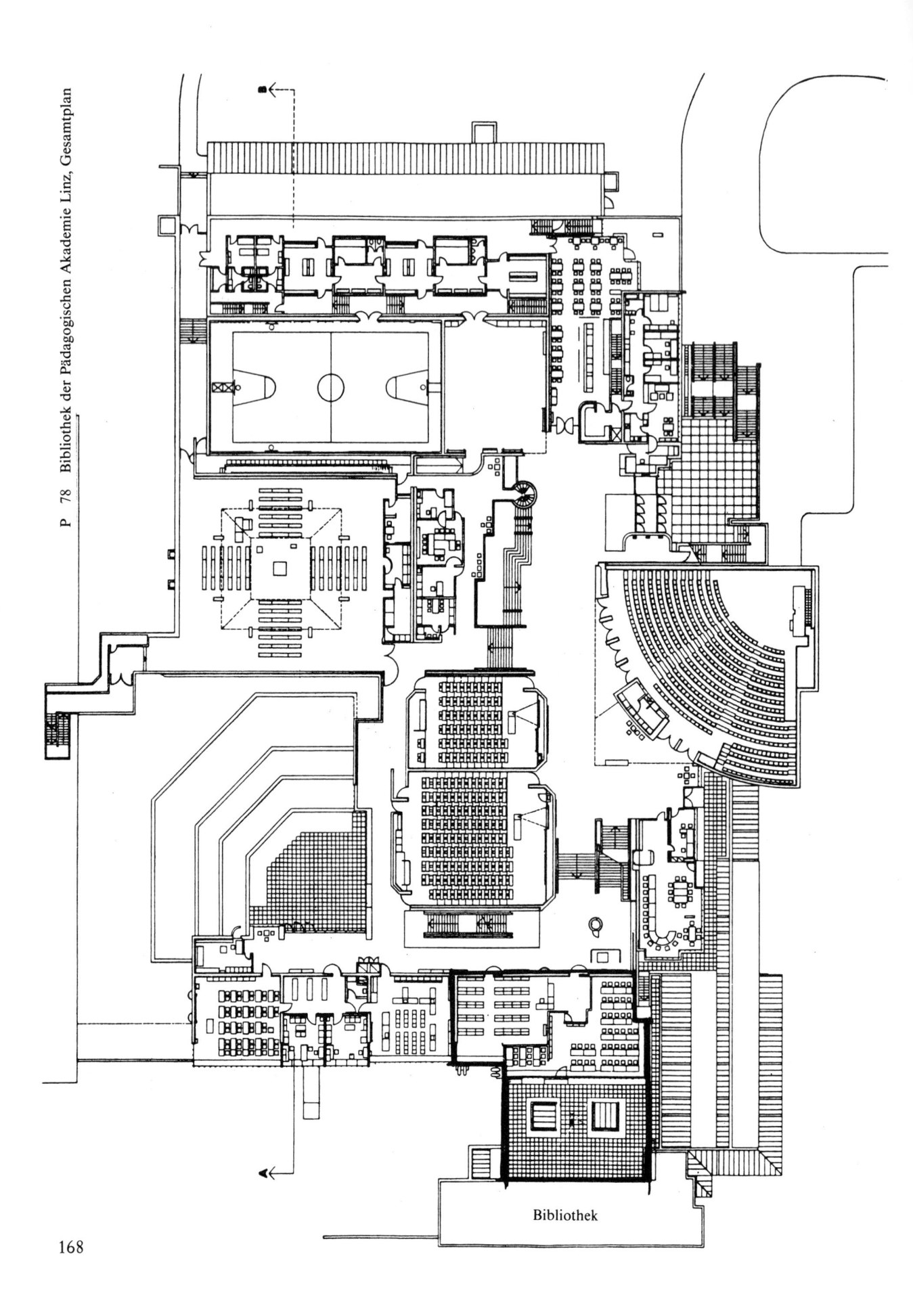

P 78 Bibliothek der Pädagogischen Akademie Linz, Gesamtplan

Bibliothek

F 34 Bibliothek der Pädagogischen Akademie Linz, Modellaufnahme

F 35 Bibliothek der Pädagogischen Akademie Linz, Lesesaal

5.3 SOZIALWISSENSCHAFTLICHE STUDIENBIBLIOTHEK DER KAMMER FÜR ARBEITER UND ANGESTELLTE FÜR OBERÖSTERREICH
Linz, Weingartshofstraße 2

Planung: Architekten
    Dipl.-Ing. Heinz Werner Lang
    Innengestaltung: Günter Pineker,
    beide Linz

Fertigstellung: 1982

Nutzbare Fläche:
    a) Lese- u.
       Verwaltungszone ...... 450 m²
    b) Magazinszone .... 310 m²
       Zusammen .... 760 m²

Kapazität: 50.000 Bände
dzt. Bestand: 49.000 Bände und
    180 lfd. Zeitschriften
Zuwachs pro Jahr: 2000 Bände

Anzahl der Leseplätze: 20

Sammelgebiete:
    Sozial-, Wirtschafts- und Rechtswissenschaften, Zeitgeschichte, Politik, Geschichte der Arbeiter- und Gewerkschaftsbewegung.

Diese Bibliothek dient der wissenschaftlichen Arbeit, dem Studium und der Forschung. Sie ist im ersten Stock des Kammeramtsgebäudes untergebracht. Ihr Bestehen geht auf die 30er Jahre zurück, sie wurde aber durch die Kriegsereignisse des Zweiten Weltkrieges auseinandergerissen. So mußte nach 1945 wieder vollkommen von neuem begonnen und Schrifttum erworben sowie das Interesse der Arbeitnehmer am Buch stärker entwickelt werden. Ein immer breiter werdender Leserkreis — vor allem Studenten der Linzer Universität — führte zu schrittweisem Ausbau und ständiger Weiterentwicklung. Die baulichen Voraussetzungen bildete der Neubau des Kammeramtsgebäudes. Die Bibliothek mußte im ersten Stock eingeplant werden, weil im Erdgeschoß die Konsumenteninformation mit teilweise schwer beweglichen Schauobjekten unterzubringen war.

Die Frequenz soll allerdings unter der Stocklage nicht leiden, weil 90 % der Benützer Studenten sind, die den Weg in den ersten Stock nicht scheuen.

Man betritt die Bibliothek vom Stiegenhaus bzw. vom Aufzug her durch einen holzgetäfelten Vorraum, der gleichzeitig Garderobe und Taschenablage enthält. Durch eine verglaste Türe gelangt man in den durchgehenden Lesesaal; in zentraler Lage befindet sich das Empfangspult mit der Bücherausgabe und der Leihstelle; ihm gegenüber die Katalogschränke. Bilder und Zeitschriftenregale bilden eine optische Raumtrennung. Eine eigene Raumgruppe stellen die Bearbeitungsräume dar, mit dem Zimmer für die Leitung, der Erwerbung und der Katalogisierung, einer zentralen Kopierstelle, einem kleinen Schreibmaschinenraum und einem Raum für Mikrofilm.

Eine weitere kleine Raumgruppe bilden die Naßräume samt einer Teeküche für die Angestellten. Anschließend an den Lesesaalbereich liegt das nicht allgemein zugängliche Magazin mit seinen fixen Regalen. Weitere Büchermagazine befinden sich im Keller; sie sind durch einen Bücherlift mit der Ausgabe verbunden.

Die Inneneinrichtung der Bibliothek ist architektonisch sehr ansprechend und hat intimen Charakter, so daß sich jeder Benützer wohl fühlen kann. Der Lesesaal ist durch eine abgehängte Decke aus zylinderförmigen Rohrstücken und durch eine durchgehende Textilbespannung am Fußboden wohnlich gestaltet, die gesamte Einrichtung ist aus Mahagoniholz; Leseecken und verstreut verteilte Arbeitstische tragen zu einer Art „Clubraum-Atmosphäre" bei. Dazu kommt noch der Grünblick in den Park des Volksgartens.

So hübsch diese Bibliothek auch wirkt, so sind doch einige funktionelle Mängel festzustellen:

Duch die Raumtrennung innerhalb des Lesesaalbereiches mittels Regalen ist die Übersicht und die Kontrolle erschwert.

Auch werden nur 3000 Bücher in Freihandaufstellung angeboten. Im Lesesaal ist eine ganztägige künstliche Beleuchtung erforderlich.

Die Belüftung, insbesondere in den Magazinen, ist nicht ausreichend und die Luftfeuchtigkeit ist zu gering (40 %).

Wie die meisten neuen Bibliotheken, so ist auch diese schon nach kurzer Zeit zu klein geworden. Vergrößerungsmöglichkeiten bestehen durch Hinzunahme eines Nachbarhauses sowie durch einen Durchbruch zu Räumen im selben Geschoß.

Literaturhinweis

Die sozialwissenschaftliche Studienbibliothek der Kammer für Arbeiter und Angestellte für Oberösterreich.
Hrsg. v. d. Kammer für Arbeiter und Angestellte für Oberösterreich. Linz 1983. 31 S.

P 79   Studienbibliothek der Kammer für Arbeiter und Angestellte für OÖ., Grundriß 1. Stock

F 36 Studienbibliothek der Kammer für Arbeiter und Angestellte für OÖ., Freihandbereich

6. SALZBURG

6.1 UNIVERSITÄTSBIBLIOTHEK SALZBURG

6.1.1 Hauptbibliothek
Salzburg, Hofstallgasse

Planung: Architekturbüro
Prof. Mag. Otto Prossinger —
Martin Windisch, beide Salzburg

Statik: Dipl.-Ing. Walter Ferstl,
Zivilingenieur für Bauwesen,
Salzburg

Fertigstellung: 1982

Nutzbare Fläche: rd. 7000 m²

Kapazität: 1,2 Mio. Bände (Vollausbau)
dzt. Bestand: 1,173.000 Bände, davon
500.000 Bände Hauptbibliothek
60.000 Bände Freihandaufstellung
4.900 lfd. Zeitschriften, davon
1.700 Hauptbibliothek
Zuwachs pro Jahr: 36.000 Bände, davon
14.000 Bände Hauptbibliothek
Leseraum: 2 Allgemeine Lesesäle
2 Spezial-Lesesäle
1 Zeitschriften-Lesesaal
Anzahl der Leseplätze: 200
Anzahl der Studierenden: rd. 8.900

Sammelgebiete:
Geisteswissenschaften, Naturwissenschaften, Recht, Theologie, Salisburgensien, Literatur über Mozart, Emigrantenliteratur, Literatur über Paracelsus, Hermann-Bahr-Bibliothek.

Die Geschichte der Salzburger Universitätsbibliothek hängt eng mit der Entstehung der Salzburger Universität im Jahre 1623 zusammen. Erzbischof Marcus Sitticus hatte die notwendigen Voraussetzungen für das „Collegium Sancti Caroli Borromaei" geschaffen, das während der Regierungszeit von Erzbischof Paris Graf Lodron seine Ausweitung zur Benediktiner-Universität erfuhr, die dann nach fast 200jährigem Bestehen 1810 allerdings wieder aufgelöst wurde.

In der Zeit nach dem Zweiten Weltkrieg sind bedeutende Veränderungen bzw. Umbauten erfolgt. In dieser Zeit hatte sich auch die Möglichkeit ergeben, vor dem Wiederaufbau bombengeschädigter Objekte umfangreiche Untersuchungen anzustellen, wobei im Bereich der alten Universität römische Gebäudereste aus der Zeit des Kaisers Tiberius (erste Hälfte des 1. Jahrhunderts n. Chr.) freigelegt wurden, insbesondere bei den Grabungen für den unterirdischen Bücherspeicher (1972 bis 1975) unter dem Hof des alten Collegiums; alte Handwerksbereiche, wie eine Schmiede, ein Glasmacher und eine Bronzegießerei, wurden entdeckt und in Plänen festgehalten.

Mit dem Beschluß zur Wiedererrichtung der Universität Salzburg im Jahre 1962 war eine neue Situation gegeben — gleichbedeutend mit einem völligen Neubeginn. Die Studienbibliothek Salzburg — errichtet 1823 — wurde zur Universitätsbibliothek. Die Standortwahl für die Bibliothek war eine der ersten Überlegungen, denn sie sollte nicht nur Hauptbibliothek der Universität Salzburg sein, sondern auch ihre Aufgabe als einzige wissenschaftliche Allgemeinbibliothek — als de facto Landesbibliothek — erfüllen. Dies war mit der gesamten Universitätsplanung abzustimmen, die ihre Schwerpunkte im Stadtkern und im Süden und Westen der Stadt aufgeteilt hat. Schließlich wurde als günstigster Standpunkt der Universitätsbibliothek das alte Studiengebäude erkannt und ihr der gesamte Hofstallgassentrakt und der

Verbindungstrakt zur Aula Academica zugewiesen sowie eine Unterkellerung des Hofes für einen unterirdischen Bücherspeicher genehmigt.

Inzwischen wurde auch die Erhaltung der Altstadt-Universität beschlossen und die übrigen Trakte des Studiengebäudes der Theologischen Fakultät zugewiesen. Diese Bibliothek ist nun relativ nahe zu den potentiellen Benützern, und das Areal ist verkehrsmäßig erschlossen, sowohl vom Bereich der öffentlichen Verkehrsmittel (Autobusse) als auch von der Fußgeherzone her. Dazu kamen noch die neugeschaffenen Parkmöglichkeiten für den Individualverkehr im nahen Mönchsberg.

Die Lage im Herzen der Altstadt, in einem Gebäude aus dem 17. Jahrhundert, inmitten der Forschungs- und Lehrstätten — unmittelbar gegenüber dem Festspielhaus —, ist bedeutsam. Das trapezförmige Gesamtareal wird begrenzt von der Kollegienkirche, dem Universitätsplatz, dem Sigmundsplatz, der Hofstallgasse und dem Max-Reinhardt-Platz. Die einzelnen Trakte umschließen einen großen Innenhof mit Arkaden ringsum. Die Theologische Fakultät erhielt die Trakte am Universitätsplatz bis zum Sigmundsplatz, die Universitätsbibliothek den gesamten Trakt an der Hofstallgasse, wo die Eingangszone, die Lesesäle, das bibliographische Zentrum mit den Katalogen und die Bearbeitungs- und Verwaltungsräume untergebracht sind, dazu noch den Verbindungstrakt zur alten Aula mit der Direktion der Universitätsbibliothek. Unter dem vorangeführten Hof wurde ein dreigeschossiger Bücherspeicher errichtet.

Anbauten, Aufbauten oder Dachausbauten mußten aus denkmalpflegerischen Gründen unterbleiben. Der Grundriß war im wesentlichen unantastbar, daher konnte auch nicht die im modernen Bibliotheksbau angestrebte Flexibilität erreicht werden.

Der Direktor der Universitätsbibliothek sagt dazu: „Ich leugne keineswegs die Vorteile einer gewissen baulichen Flexibilität, meine jedoch, daß Bauten mit tragendem Mauerwerk bei entsprechender, sorgfältiger Planung auch organisatorische Änderungen auffangen können. Bei unserem Bau kam es mir darauf an, eine möglichst weitgehende Durchlässigkeit der einzelnen Raumgruppen und Funktionseinheiten zu erreichen. Aber es ist unbestritten, daß die Salzburger Universitätsbibliothek eine klassische Dreifachgliederung aufweist. Nach meiner Meinung ist diese Form auch in einer modernen Bibliotheksplanung durchaus gerechtfertigt, da es sich in diesem Falle um die Zentrale eines gegliederten Bibliothekssystems handelt, das durch Fachbibliotheken mit großen Freihandbeständen ergänzt wird."

Zur Planung des gesamten Umbaues und seiner baulichen Gestaltung wurde von den Architekten folgende Aussage gemacht:

„Das Charakteristikum des alten Universitätsgebäudes ist die in allen Trakten befindliche hof- und gassenseitig angeordnete offene Arkadenanlage, deren längsseitige Innenmauer sich in allen Obergeschossen als Mittelmauer fortsetzt. Diese konnte fast zur Gänze erhalten werden. Die Umbaumaßnahmen wurden von uns unter folgenden Gesichtspunkten gesehen:

— Restaurierungsarbeiten mit behutsamem Einbau von zusätzlichen akustischen, lüftungstechnischen elektro- und beleuchtungstechnischen Einrichtungen in der großen Aula, der Bibliotheksaula, der Stuba Academica und im Sacellum.

— Adaptierungs- und Umbauarbeiten mit geringen baulichen Eingriffen entlang der Trakte am Universitätsplatz und Sigmundsplatz, im Erdgeschoß und im ersten Obergeschoß entlang der Hofstallgasse.

— Umbauarbeiten mit größeren baulichen Eingriffen unter Wahrung der charakteristischen Bausubstanzen in den Trakten entlang der Hofstallgasse, im zweiten Obergeschoß unter der großen Aula und im Verwaltungstrakt zum Max-Reinhardt-Platz hin.

— Neubaumaßnahmen mit Unterkellerung des Aulatraktes und des Traktes entlang der Hofstallgasse, Errichtung des dreigeschossigen Bücherspeichers und Neuanlage des Universitätsgartens.

Aus der vormals engen Durchfahrt von der Hofstallgasse zum Arkadenhof wurde ein dreihüftiger Eingangsbereich unter Beibehaltung der alten Gewölbe geschaffen, von dem aus man auf der einen Seite die Leihstelle, auf der anderen Seite die Benützungsräumlichkeiten der Universitätsbibliothek betritt. Da der Funktionsablauf der Universitätsbibliothek verlangt, daß der Eingangsbereich kontrollierbar ist, mußte der bestehende, frei in den Arkadenhof mündende Treppenantritt in das Innere des Gebäudes verlegt werden. Mit

Bedacht wurde dabei die für das aus dem 17. Jahrhundert stammende Gebäude so charakteristische Treppenanlage erhalten und saniert.

Besondere Bedeutung kam auch der großzügigen Gestaltung des neuen großen Lesesaales und Katalogsaales im zweiten Obergeschoß des Traktes entlang der Hofstallgasse zu. Diese beiden Räume sind die repräsentativsten Bereiche der Universitätsbibliothek. Für die Gestaltung der Deckenfelder konnte der Maler Joshi Takahashi gewonnen werden. Diese Bilder streben keinen barocken Deckeneffekt an, sie fördern vielmehr die Meditation. Eine reizvolle Stahlwendeltreppe verbindet intern diesen Lesesaal mit dem darunterliegenden Zeitschriftenlesesaal. Die Lesesäle nehmen in ihrer Breite den ganzen Raum von der Fassade an der Hofstallgasse bis zur Hoffassade ein. Hier galt es im Zuge der Umbauarbeiten, die im zweiten Stock vermauerten alten Arkaden wieder freizulegen. Damit konnte entsprechend dem Stich von Odilo Guetrat der Originalzustand wieder hergestellt werden, nämlich Arkaden in allen Geschossen. Die heutige Nutzung durch die Universitätsbibliothek gestattete es nicht, offene Arkaden zu belassen. Um diesen Eindruck aber weitgehend zu erhalten, wurden die Arkaden mit großflächigem Isolierglas geschlossen. Man wollte unter keinen Umständen eine kleingliedrige Sprossenteilung, die diesen Eindruck verniedlicht hätte." Darüber sind die Meinungen allerdings sehr geteilt, da diese Arkadenverglasungen von manchen als zu großflächig angesehen werden, insbesondere im Hinblick auf die im rechten Winkel anschließende Hoffront der Theologischen Fakultät mit ihren doch kleingliedrigen Sprossenteilungen. Auch stört viele die horizontale Alusprosse der neuen Arkadenfenster. Doch das Bundesdenkmalamt hat so entschieden.

Der Umbau war auch mit der Lösung schwieriger statisch-konstruktiver Probleme verbunden. Im Laufe der Zeit notwendig gewordene, angefügte Massivpfeiler mußten entfernt werden. Dies wurde durch den stabilisierenden Einbau von Stahlbetondecken und Wänden mit Verankerungen in verschiedenen Ebenen als waagrechte Scheiben und Rahmen sowie der Fußböden und Deckengewölbe im Bereich der Arkadengänge ermöglicht. Damit wurde die Voraussetzung für die geplante Unterkellerung des Objektes geschaffen, wobei auch das schadhafte Mauerwerk und die schlechten Fundamente der ursprünglichen Pfeiler und Arkadengänge unterfangen werden mußten. Die in heißem Kalkmörtel hergestellten Bruchsteinfundamente der Pfeiler sowie der Innenwand des Arkadenganges wurden dabei allseitig ummantelt und mit Beton vergossen, um sie zu stabilisieren. Beim Bücherspeicher handelt es sich um ein komplett unterirdisches Bauwerk mit Verbindung zum Altbau, welches viele Bedingungen zu erfüllen hatte. Die räumliche Beengtheit im Innenhof und der vorgesehene Platzbedarf erforderten die Errichtung des dreigeschossigen unterirdischen Bauwerkes, unmittelbar an den Außenwänden der nicht unterkellert gewesenen, bestehenden Gebäude. Dies war technisch nur mit einer Schlitzwand zu lösen, die zur Vermeidung von Bodennachsetzungen mit Verankerungen ausgeführt werden mußte. Die Ankerlage war dabei durch die Planung eines Kellers oder von Verbindungsgängen, bodenmechanischen Gegebenheiten sowie des Grundwassers vorgegeben. Das unregelmäßig auftretende Grundwasser erforderte auch die Ausführung einer zusätzlichen, dichten Wanne im untersten Geschoß des Bücherspeichers. Erwähnenswert ist noch, daß die oberste abschließende Decke des Bauwerkes für schwere Feuerwehrfahrzeuge befahrbar ist und für eine Trümmerlast von 2000 kg/qm bemessen wurde, um soweit als möglich im Katastrophenfall die gelagerten wertvollen Objekte maximal schützen zu können.

Der Tiefspeicher ist mit einer fixen, dreigeschossigen selbsttragenden Regalanlage ausgestattet; auf feste Zwischendecken wurde bewußt verzichtet. Die Hofdecke darüber wurde so stark armiert und entsprechend ausgebildet, daß sie als trümmersicher angesehen werden kann; hiedurch wurde auch gleichzeitig ein Schutzraum geschaffen, sowohl für die in der Universitätsbibliothek Beschäftigten als auch für die Unterbringung der wertvollsten Sammlungsteile.

Im Jahre 1977 wurde der viergeschossige Verwaltungstrakt fertiggestellt. Die im Hinblick auf den Gesamttrakt doch recht exzentrische Anordnung wurde durch die Förderbandanlage weitgehend ausgeglichen. Zum anderen wurden im anschließenden Benützungstrakt jene Einrichtungen festgelegt, die sowohl von der Verwaltung als auch von Bibliotheksbenützern häufig frequentiert werden, nämlich die Kataloge und der bibliographische Apparat. Auf diese Weise durchdringen sich die beiden Funktionseinheiten.

Damit ist es aber nicht mehr notwendig, eigene Verwaltungskataloge zu führen und die bibliographische Literatur auf zwei Standorte aufzuteilen oder sogar doppelt anzuschaffen. Im Trakt selbst erfolgte die Zuordnung der einzelnen Räume aufgrund der internen Bibliotheksorganisation, wobei der Lauf des Buches das entscheidende Kriterium war. Da der Grundriß es nicht anders zuließ, mußten die einzelnen Raumgruppen in der Vertikalen angeordnet werden, d. h., daß das angelieferte Buch stockwerksweise seine Bearbeitung erfährt. Im Erdgeschoß befinden sich die Erwerbung, Einbandstelle, Expedit und auf selbem Niveau im anschließenden Trakt E 1 die Buchbinderei und die Reproduktion mit der Mikrofilmstelle. Im ersten Obergeschoß ist die Sachkatalogisierung eingerichtet sowie die Referentenzimmer und darüber die Nominalkatalogisierung. Im Sinne der Humanisierung des Arbeitsplatzes wurde bewußt auf Großraumbüros verzichtet.

Der letzte Bauabschnitt, der die gesamten Benützungsdienste aufnimmt, wurde in dreieinhalbjähriger Bauzeit vollendet. In der Konzeption dieses Traktes war es die erklärte Absicht, alle artgleichen Benützungsfunktionen auf eine Ebene zu bringen, soweit dies bei einer Trakttiefe von 13 m möglich war. Das gelang im Hinblick auf die Eingangszone mit Leihstelle (Orts- und Fernleihe), Lehrbuchsammlung und studentischer Kommunikationsfläche sowie die im Tiefparterre situierte Zentalgarderobe; es gelang auch für die Lesesäle und das Informationszentrum mit den Gesamtkatalogen und letztlich auch für den Zeitschriften-Lesesaal.

Die technische Einrichtung ist den modernen Erfordernissen angepaßt und besteht aus einer Trafostation mit Notstromanlage, einer Vollklimaanlage im Tiefspeicher, Be- und Entlüftungsanlage für die Lesesäle und das Untergeschoß; einer Rauchgas-Warnanlage in sämtlichen Benützerräumen und Magazinen, zwei Umformerstationen für Fernwärme, Telefon- und Gegensprechanlage. Ferner wurden eingebaut: drei Personenaufzüge, eine Kastenförderanlage mit vier Steigtürmen, durch die Speicher, Lesesäle und Verwaltung verbunden sind; eine Rohrpostanlage, eine Fernseh-Überwachungsanlage der Benützerräume, eine Buchrufanlage in den Lesesälen und eine speziell für diese Bibliothek entwickelte Halogen-Tischbeleuchtung. Dazu kommen noch die entsprechenden Kopierapparate, eine Mikrofilmanlage, Mikrofiche-Lesegeräte, Druckerei, Fernschreiber, Projektoren und andere Geräte sowie die EDV-Ausstattung für automationsunterstützte Entlehnverbuchung.

Besonderes Augenmerk beim Ausbau und bei der Möblierung wurde auch auf das Detail gelegt, auf die Qualität der Materialien und deren gediegene Verarbeitung. Hier konnte vorbildliche Arbeit geleistet werden. Insbesondere Steinmetzarbeiten und Stukkaturarbeiten, Bau- und Möbeltischlerarbeiten, Schlosser- und Gürtlerarbeiten verdienen, erwähnt zu werden. Neben der Deckenmalerei im großen Lesesaal, die als gelungener Beitrag zum Thema „Integration von Bildender Kunst am Bau" bezeichnet werden kann, wurden noch weitere künstlerische Arbeiten dem Bau hinzugefügt. In der Universitätsbibliothek, entlang der Hofstallgasse, eine Stele der Bildhauerin Veva Toncic und zwei Bronzen der Bildhauerin Pier Eckhoff.

Wenn auch der gesamte funktionelle Ablauf infolge der verschiedenen Ebenen und der ziemlich weiten Entfernung der Lesesäle von den Magazinen, von den Bearbeitungsräumen bzw. von der Direktion sowie die Lage der Leihstelle zum Katalog nicht gerade als ideal bezeichnet werden kann, so ist diese Bibliothek trotzdem — unter Berücksichtigung der historisch bedingten baulichen und räumlichen Gegebenheiten der Altsubstanz, aus der Sicht der Zweckmäßigkeit und aus architektonischer Sicht — als äußerst gelungen zu betrachten. Dieser umfangreiche und sehr schwierige Umbau des alten Kollegiengebäudes, samt Einbau des unterirdischen Bücherspeichers, benötigte unter tatkräftiger Leitung seines von seiner Aufgabe völlig erfüllten Direktors einen Zeitraum von 10 Jahren, währenddessen der gesamte Bibliotheksbetrieb möglichst ungestört weitergehen mußte.

Schließlich gehört auch noch den Architekten und den Sonderfachleuten ein besonderes Lob dafür, daß sie den Beweis erbringen konnten, daß historische Objekte — zeitgemäß um- und ausgebaut — sehr wohl vorbildlich gestaltet werden können.

Literaturhinweise
Baudokumentation Universität und Ersatzbauten. Einf.-Bd. Planungsstand 9/81. Amt der Salzburger Landesregierung,

Landespressebüro 1981—82 (Schriftenreihe des Landespressebüros).

Amt der Salzburger Landesregierung. Baudokumentation der Abteilung 6, Bd. 11 (1982), 3. Salzburg 1982.

Universitätsbibliothek als Informationszentrum. In: Salzburger Nachrichten, Jg. 38. 7. 9. 1982. S. 7.

FORSTNER, Karl: Struktur und Gestaltung der Universitätsbibliothek Salzburg. In: Der Österreichische Bibliothekartag 1982. Hrsg. von der Vereinigung Österreichischer Bibliothekare. Wien 1983, S. 35—42 (Biblos-Schriften 120).

WINDISCH, Martin: Universitätsbibliothek Salzburg. Ausbau aus der Sicht des Architekten. In: Der Österreichische Bibliothekartag 1982. Hrsg. von der Vereinigung Österreichischer Bibliothekare, Wien 1983, S. 43—49 (Biblos-Schriften 120).

UNTEREGGER-VAERST, Annelore: Studienbibliothek und Universitätsbibliothek Salzburg. Eine Gegenüberstellung. Aufgaben, Organisation, Probleme. Mit Plänen — Salzburg 1984, 75 S., 7 Beilagen. Hausarbeit für die Prüfung für die Verwendungsgruppe A — Bibliotheks-, Dokumentations- und Informationsdienst. Maschinschriftlich.

PROSSINGER, Otto — WINDISCH, Martin: Architekturbericht. In: Baudokumentation 3/82 der Abteilung des Amtes der Salzburger Landesregierung.

F 37 UB Salzburg, Studiengebäude mit Hauptbibliothek

P 80 UB Salzburg, Studiengebäude Übersicht

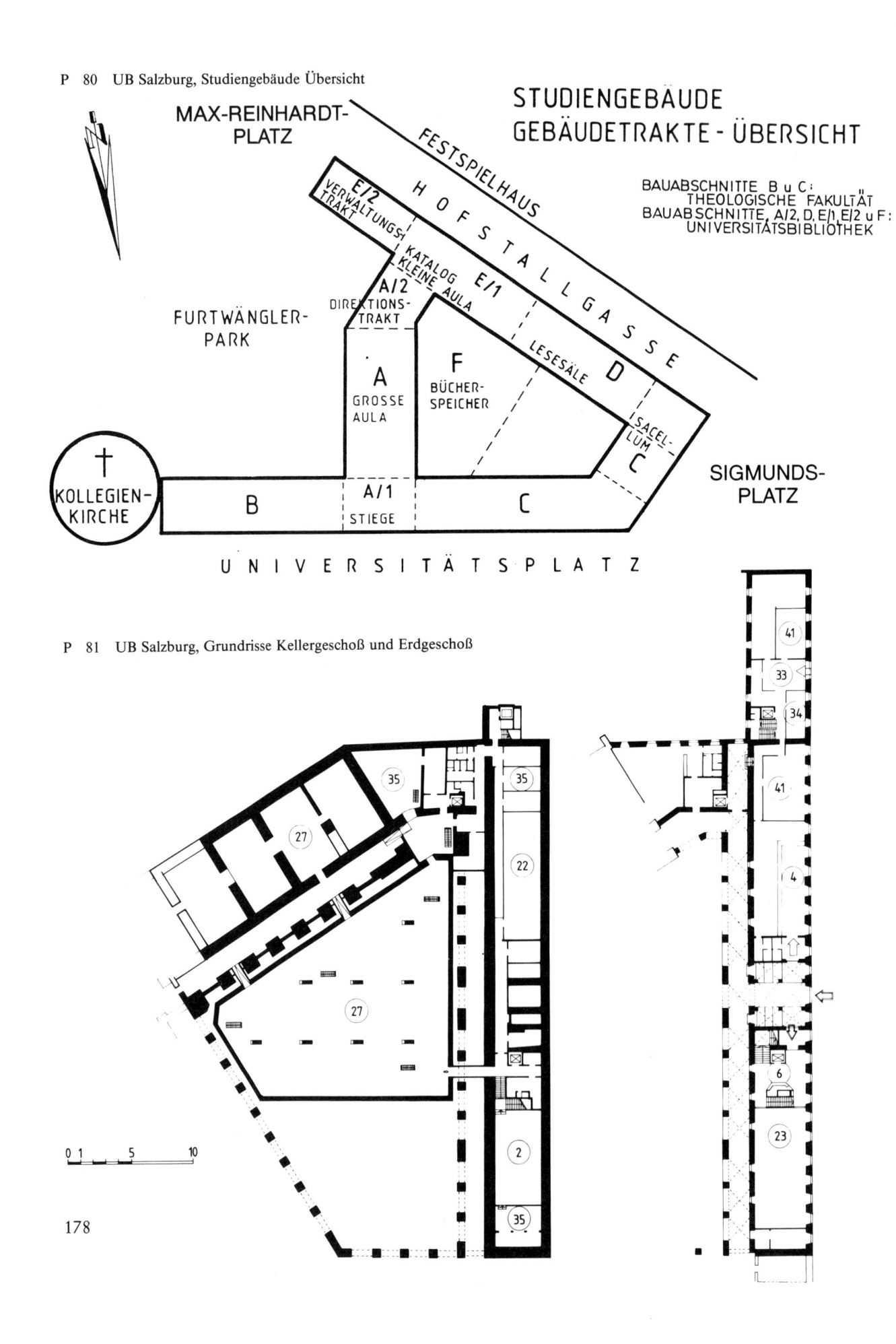

STUDIENGEBÄUDE
GEBÄUDETRAKTE - ÜBERSICHT

BAUABSCHNITTE B u C:
  THEOLOGISCHE FAKULTÄT
BAUABSCHNITTE A/2, D, E/1, E/2 u F:
  UNIVERSITÄTSBIBLIOTHEK

MAX-REINHARDT-PLATZ
FESTSPIELHAUS
HOFSTALLGASSE
E/2 VERWALTUNGSTRAKT
KATALOG
E/1
A/2 KLEINE AULA
DIREKTIONSTRAKT
FURTWÄNGLER-PARK
A GROSSE AULA
F BÜCHERSPEICHER
LESESÄLE
D
SACELLUM
KOLLEGIENKIRCHE
B
A/1 STIEGE
C
SIGMUNDSPLATZ
UNIVERSITÄTSPLATZ

P 81 UB Salzburg, Grundrisse Kellergeschoß und Erdgeschoß

178

P 82   UB Salzburg, Grundrisse 1. Stock und 2. Stock

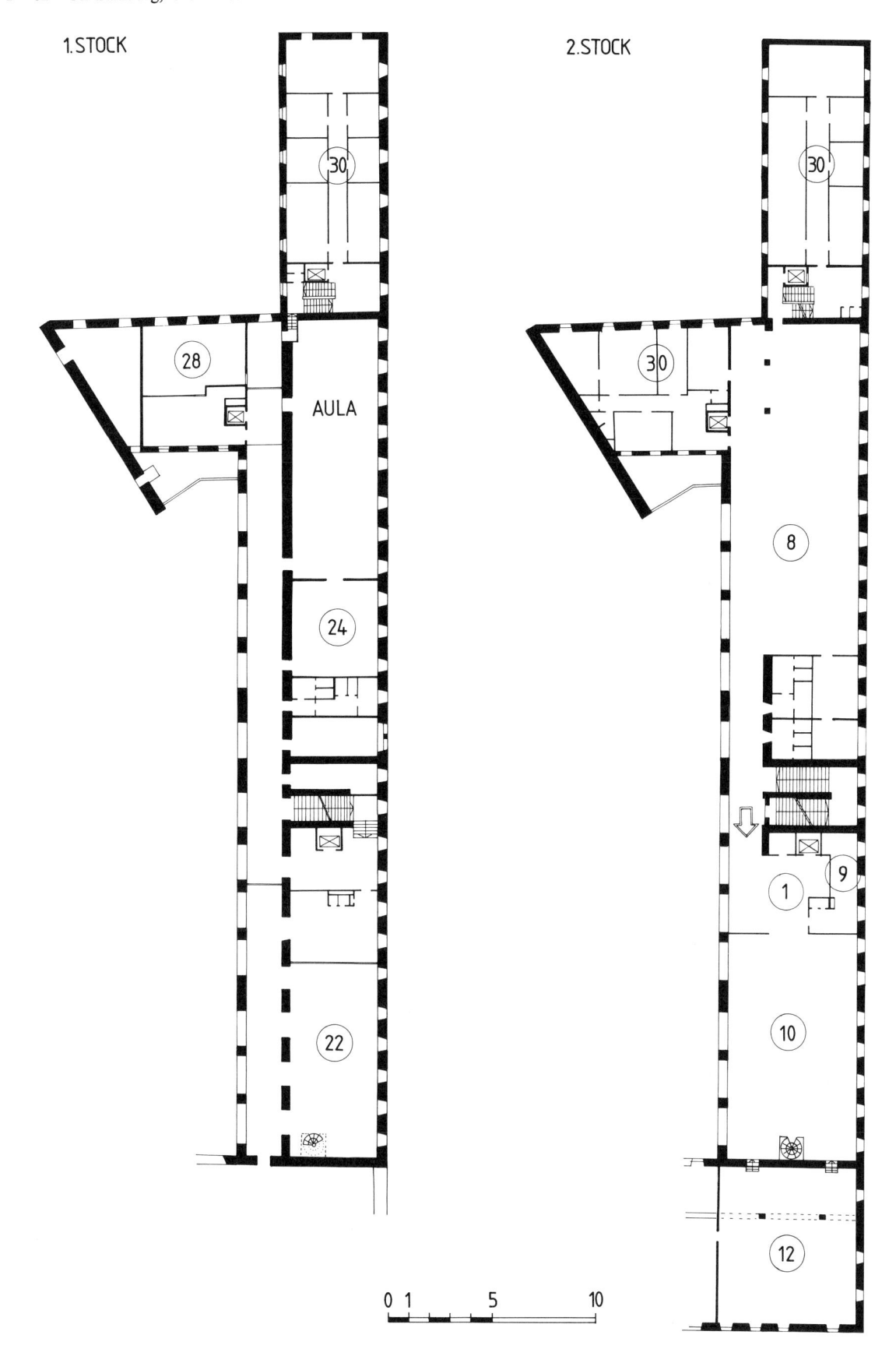

1. STOCK

2. STOCK

0 1   5   10

179

P 83 UB Salzburg, Schnitt

F 38 UB Salzburg, Haupteingang

F 39 UB Salzburg, Hofansicht

F 40 UB Salzburg, großer Lesesaal

F 41 UB Salzburg, Fernleihe

6.1.2 Fakultätsbibliothek für Naturwissenschaften Salzburg-Freisaal

Planung: Architektenteam
    Dipl.-Ing. Heinz Ekhart —
    Dipl.-Ing. Stefan Hübner
    Dipl.-Ing. Georg Ladstätter —
    Dipl.-Ing. Heinz Marschalek
    o. Prof. Mag. Wilhelm Holzbauer,
    alle Wien

Statik: Dipl.-Ing. Norbert Seethaler
    Dipl.-Ing. Werner Westhauser, beide Salzburg
    Dipl.-Ing. Wolf-Dietrich Ziesel, Wien
    Zivilingenieure für Bauwesen

Fertigstellung: Herbst 1986

Nutzbare Fläche: 2800 m² (einschließlich Verwaltungs- und Magazinszone)

Kapazität: 180.000 Bände
dzt. Bestand: 70.000 Bände und 3.000 lfd. Zeitschriften
Zuwachs pro Jahr: 4500 Bände
Anzahl der Leseplätze: 150 und 12 Carrels

Sammelgebiete:
    Psychologie, Geographie, Mathematik, Geo-Wissenschaften, Botanik, Zoologie, Allgemeine Biologie, Biochemie und Biophysik, Didaktik der Naturwissenschaften.

Im Ringen um den Standort für die Universitätsneubauten war im Jahre 1971 die Entscheidung für den Bereich von Schloß Freisaal gefallen. Nach Erwerbung des 266.000 m² großen Areals wurde im Jahre 1973 ein Architektenwettbewerb ausgeschrieben, aus dem die obengenannten Architekten als Preisträger hervorgingen. Sie wurden dann zu einer gemeinsamen Architektengruppe zusammengeführt und im Jahre 1974 beauftragt, ein neues Projekt zu erstellen. Dieses Projekt, das sich durch Großzügigkeit auszeichnete, bildete dann einen Zankapfel der öffentlichen Meinung und führte in der Folge zu Bürgerinitiativen, welche das Vorhaben unbedingt zu Fall bringen wollten, indem sie diesen Standort überhaupt in Frage stellten. Schließlich aber blieb es doch bei diesem; allerdings mußten zugunsten des Grünlandes gewaltige Abstriche erfolgen, so daß von der ursprünglichen Planung kaum noch etwas übrig blieb. Nach Streichung der Bauten für die Geisteswissenschaftliche Fakultät und des Landessport-Zentrums, die in die Altstadt bzw. nach dem Westen der Stadt verlagert werden sollten, blieb als einziger Universitäts-Neubau in diesem Bereich die Naturwissenschaftliche Fakultät mitsamt der naturwissenschaftlichen Abteilung der Universitätsbibliothek übrig. Das frühere Projekt wurde damit auf etwa ein Viertel seiner ursprünglichen Größe zusammengestrichen. So kam es 1978 zu einer weiteren Neuplanung der Architektengruppe, deren Ergebnis an Hand von Plänen und einem Modell der Öffentlichkeit vorgestellt wurde. Doch auch damit waren noch lange nicht alle Schwierigkeiten behoben, weil wieder Einwände von verschiedenen Seiten gemacht wurden. So mußten Baumasken an Ort und Stelle montiert und Baumodelle perspektivgetreu in die Landschaft einkopiert werden, als deren Folgen die Bauhöhe neuerlich reduziert wurde. Schließlich genehmigten Landeshauptmann, Landschaftsplaner und Stadtgemeinde, einvernehmlich mit dem Bundesministerium für Wissenschaft und Forschung sowie dem Bundesministerium für Bauten und Technik, im Jänner 1980 den Vorentwurf — allerdings unter mehreren Auflagen. Dies machte eine nochmalige gründliche Überarbeitung des Projektes notwendig. Zum Spatenstich — und somit zum eigentlichen Baubeginn — kam es erst nach weiteren zwei Jahren, nämlich am 21. April 1982, durch Frau Bundesminister Dr. Hertha Firnberg. Der Leidensweg der Universität und der Architekten und aller an dem Zustandekommen des Vorhabens Interessierten war also ein gewaltiger!

Zum endgültigen Projekt selbst äußerten sich die Architekten wie folgt:

„Nunmehr liegt der Schwerpunkt auf der Bauform und der Gestaltung.

Architektonische Elemente der urbanen Struktur Salzburgs werden übernommen:
— Innenhöfe, deren Maße und Proportionen dem Beschauer von der Altstadt her vertraut sind;
— dem Straßenzug unauffällig und harmonisch folgende Gebäude, die einfach gegliedert traditionelle Putzfassaden tragen;

— der kreisrunde Eingangshof, die städtebauliche Torsituation am Ende der Michael-Pacher-Straße mit einem schräg ansteigenden Boden, formal als Akzent betont, mit historischen Stilelementen;
— nach Freisaal hin stufenartiger Übergang der Institutstrakte, klein-maßstäbliche Volumen und Formen, Terrassen, Freitreppen zu den landwirtschaftlich genutzten Wiesen;
— in den Übergangsbereichen Gewächshäuser, die Bepflanzung in die Gebäude hineintragen.

Die Zugänglichkeit ist gleichzeitig sowohl von der Michael-Pacher-Straße als auch von Freisaal her möglich. Zentrale Treppenanlagen und Galerien erschließen die Institute, deren Eingänge jeweils am Ende der die Trakte verbindenden Halle liegen. Die Bibliothek, das Herz der Universität, ist in den Räumen um den runden Eingangshof untergebracht."[1]

Von der großen Aula, im Mittelpunkt der Gesamtanlage, führen zwei Freitreppen und ein Aufzug in die Fakultätsbibliothek im ersten und zweiten Obergeschoß. Über einen breiten Gang gelangt man, von zwei Seiten her, zum zentralen Haupteingang der Bibliothek mit Katalograum und Sperre, die gleichzeitig Aufsichts- und Kontrollzwecken dienen wird. Die Wände sind hier in Glas aufgelöst, um den freien Blick zum Innenhof mit dem monumentalen Eingangsportal zu gewährleisten.

Von hier geht es beidseitig in die halbkreisförmigen Freihandlesebereiche, deren vorderster Abschnitt den Zeitschriftenlesern und deren rückwärtige Abschnitte jeweils den einzelnen Instituten als Lesebereich dienen. In den beiden Bibliotheksgeschossen werden insgesamt 150 Leseplätze zur Verfügung stehen, hievon zwölf in Carrels sowie 66 in den Zeitschriftenbereichen. Die Leseplätze liegen größtenteils zum ruhigen Innenhof hin und sind bestens belichtet. Sämtliche Bücher werden in Freihandaufstellung angeboten, also für jeden Leser frei benützbar. In den inneren Zwickeln zum Rondeau zu sind die Kopierstellen und in einer Ecke zu den Institutstrakten hin die Toiletten angeordnet. Ein Bücheraufzug verbindet die Büchergeschosse untereinander sowie mit dem Magazin. Am südseitigen Ende der Lesebereiche führt beidseitig eine interne Treppe zu den Lesebereichen im darüberliegenden Geschoß, die natürlich auch von der Aula her über die vorangeführten Freitreppen und die beiden Aufzüge erreichbar sind.

Im Gebäudeabschnitt zur Hellbrunner Straße zu liegen das Zimmer des Leiters der Fakultätsbibliothek sowie die notwendigen Arbeits- und Verteilerräume. Dieser Trakt ist verhältnismäßig klein gehalten (nutzbare Fläche 240 m²), weil die Fakultätsbibliothek gemäß UOG eine Abteilung der Universitätsbibliothek darstellt; die Verwaltung, Bearbeitung und Magazinierung findet in der in der Altstadt gelegenen Hauptbibliothek statt. Ein kleines Magazin im Keller des Fakultätsgebäudes (nutzbare Fläche 160 m²) dient der Manipulation bzw. einer Zwischenlagerung der älteren Bestände.

Literaturhinweise

Naturwissenschaftliche Fakultät. Salzburg 1983. (Schriftenreihe des Landespressebüros. Ser. D. Banddokumentation Universität und Ersatzbauten 2, 1.) 114 S.
a 3 bau. Das österreichische Baumagazin. November 80. S. 52—54.

1 Architektengruppe Universität Salzburg: Ausstellung, Entwurf und Modellvision 1980. Unpubliziert.

F 42 Fakultätsbibliothek für Naturwissenschaften, Modellaufnahme

P 84 Fakultätsbibliothek für Naturwissenschaften, Lageplan

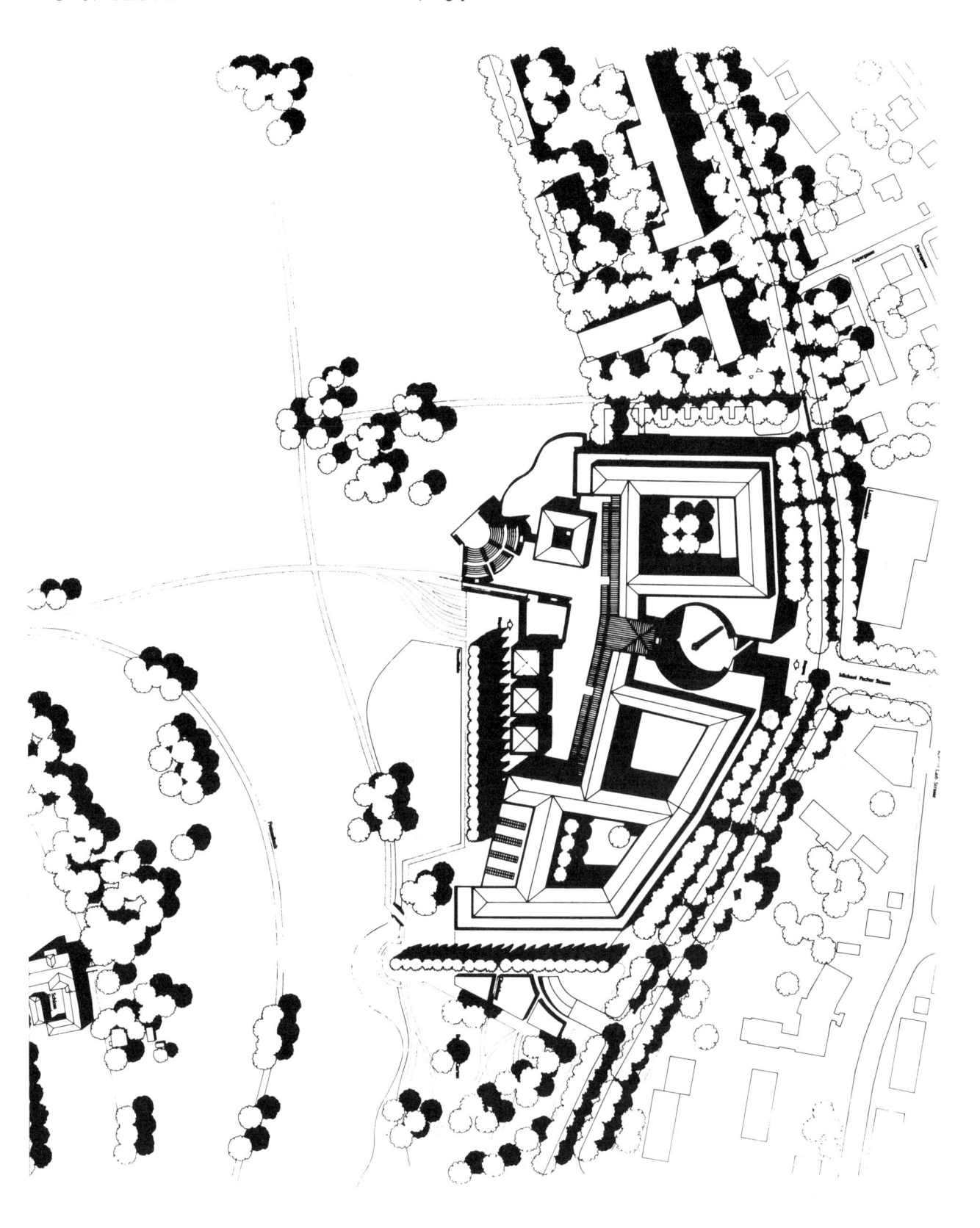

P 85 Fakultätsbibliothek für Naturwissenschaften, Grundriß 1. Stock

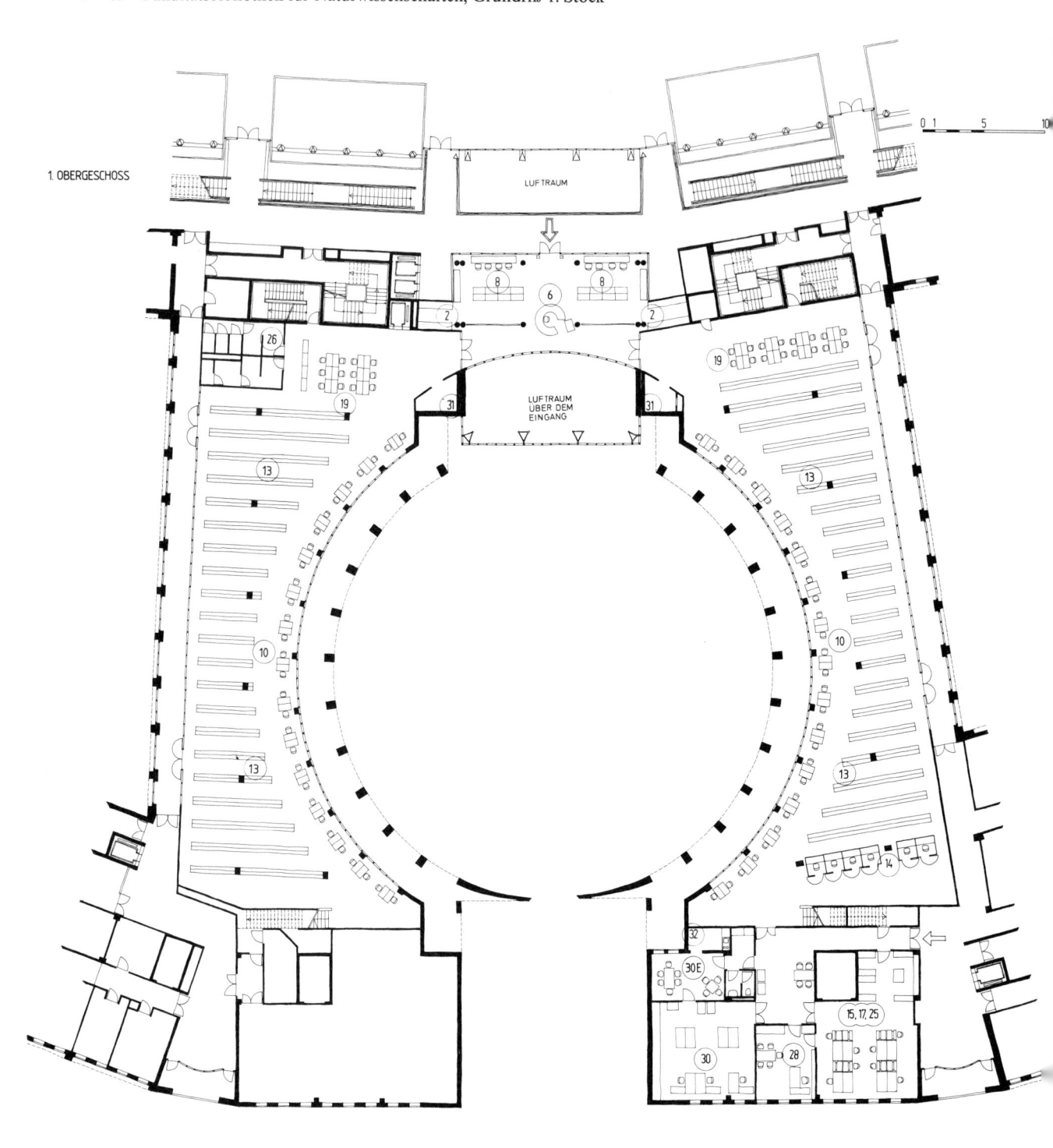

F 43 Fakultätsbibliothek für Naturwissenschaften, Innenhof

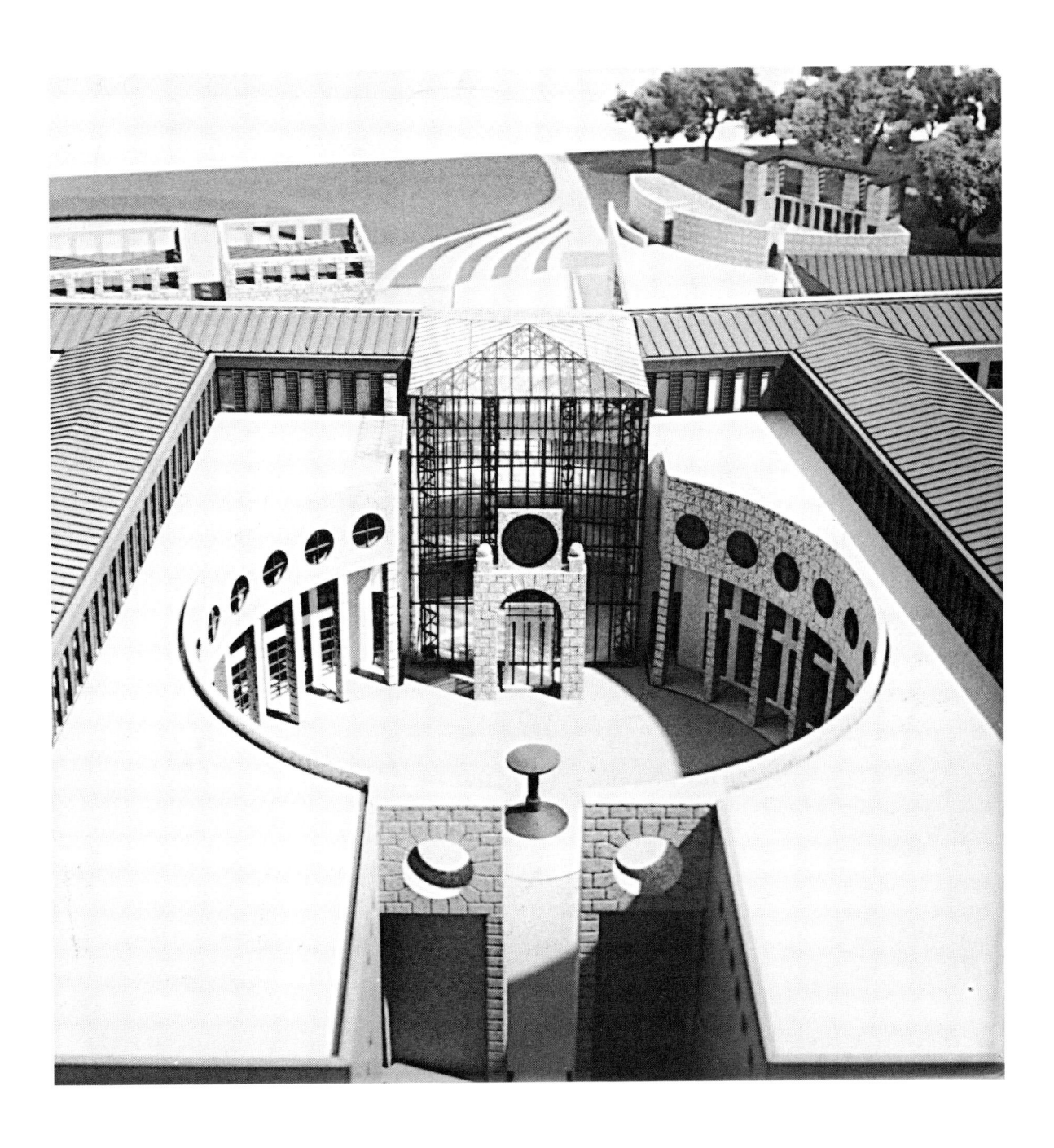

P 86   Fakultätsbibliothek für Naturwissenschaften, Perspektiven

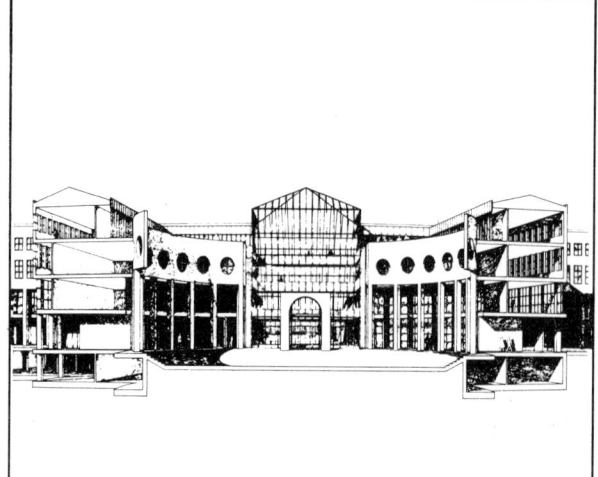

6.2   HOCHSCHULBIBLIOTHEK DER
      HOCHSCHULE FÜR MUSIK
      UND DARSTELLENDE KUNST
      „MOZARTEUM" IN SALZBURG
      Salzburg, Mirabellplatz 1

Planung der Kunsthochschule: Architekt
Prof. Mag. Eugen Wörle, Wien
Statik: Dipl.-Ing. Klaus Mühlberg
          Ingenieurkonsulent für Bauwesen,
          Salzburg

Fertigstellung: 1981
Nutzbare Fläche:
   a) Lese- u.
      Verwaltungszone ..... 800 m²
   b) Magazinszone .... 400 m²
      Zusammen .... 1.200 m²
Kapazität: 200.000 Bände
dzt. Bestand: 159.000 Bände, davon
               90.000 Bände Haupt-
               bibliothek

1.100 lfd. Zeitschriften,
davon
250 Hauptbibliothek
Zuwachs pro Jahr: 2700 Bände, davon
1600 Bände
Hauptbibliothek
Anzahl der Leseplätze: 36
und 14 Abhörtische
Anzahl der Studierenden: rd. 1.230
Sammelgebiete:
Musik, Theater, Bildende Kunst, Pädagogik, Psychologie, Philosophie, Literatur, Geschichte.

Als Standort für die Hochschule für Musik und Darstellende Kunst, „Mozarteum", wurde von der Republik Österreich der Lodronsche Primogeniturpalast mit dem an den Mirabellgarten anschließenden Gartenhof erworben. Der Palast wurde um 1630 vom Dombaumeister Santino Solari erbaut. Hier hatte Mozart musiziert und dafür berühmte Serenaden geschrieben. Beim Stadtbrand im Jahre 1818 weitgehend devastiert, wurde der Bau nie mehr richtig restauriert. Etwa seit 1880 war hier das „Collegium Borromaeum" (ein Schulbetrieb der Nonnen der St.-Petrus-CLAVER-Sodalität) untergebracht, welches das Gebäude zuerst für Schulzwecke verwendete, ab 1911 bis in die sechziger Jahre jedoch als schlechtes Mietobjekt allmählich verfallen ließ. Nach Aufhebung des Denkmalschutzes wurde das Gebäude von der Österreichischen Länderbank gekauft und 1967 über Betreiben des damaligen Unterrichtsministers von der Republik Österreich zur Behebung der außerordentlichen Raumnot der Kunsthochschule erworben.

Diese Nutzungskonzeption führte zum Entschluß, den Lodronschen Palast in der äußeren Erscheinung zu erhalten und in den Zustand vor dem Stadtbrand wiederherzustellen. Im Inneren wurden die wichtigsten Teile erhalten oder, wo baufällig, in der alten Form wiederhergestellt. Der notwendig gewordene, umfangreiche Zubau wurde im Sinne der UNESCO-Konvention von Venedig über Erhaltung bzw. Revitalisierung konzipiert, d. h. nicht als stilistische Anpassungen, sondern im Geiste der Architektur unserer Zeit, wobei der neue Bestand sich dem historischen Bestand würdig und zurückhaltend zuordnet und dadurch den Charakter des historischen Bestandes unterstreicht. Die für die Planung geforderte volle Ausnützung der Bebaubarkeit führte jedoch während des Baues zu einer Bürgerinitiative gegen das Bauvorhaben. Im Auftrag des Salzburger Landeshauptmannes und mit Zustimmung des Bautenministers stellte sich der Architekt der Kritik. Diese sinnvolle Kritik ermöglichte zum Vorteil des Stadtbildes an dieser empfindlichen Stelle Modifizierungen der Baumasse und dadurch eine Vermeidung einer Aggressivität gegenüber dem kostbaren Mirabellgarten.

Der Rohbau der Hochschule für Musik und Darstellende Kunst neben dem Mirabellgarten war bereits fertiggestellt, als man mit der bibliothekarischen Detailplanung beginnen konnte. Es waren folgende Kriterien zu berücksichtigen:
— möglichst geringer Personalaufwand,
— Größe und Vielfalt der Bestände (inklusive zu erwartendem Zuwachs und Berücksichtigung zu erwartender Medien) sowie
— die Struktur der zukünftigen Benützer.

Der Zugang zur Bibliothek, die im sogenannten Gartenschloß untergebracht ist, erfolgt von der Aichergasse. Unmittelbar am Eingang der Bibliothek ist die Entlehnstelle situiert, die zugleich Kontrollzwecken dient. Die Eingangshalle hat gleichzeitig mehrere Funktionen, nämlich als Warte-, Ausstellungs-, Katalograum zu dienen sowie den Verkehr zum Lesesaal und zum Medienbereich zu verteilen.

Weiters befinden sich hier zwei Schreibmaschinen-Carrels (für Diplomanden), ein Münz-Vervielfältigungsapparat, Ablagen für die Neuerwerbungen und Vitrinen für die Zimelien.

Im Hintergrund der Bücherausgabe führt eine Stiege zum zweigeschossigen Bücherspeicher im Untergeschoß, unmittelbar daneben liegt der Bücheraufzug. Für die Verwaltung und Bearbeitung stehen drei Arbeitsräume und ein Raum für den Direktor der Bibliothek, in direkter Verbindung mit der Eingangshalle, zur Verfügung. Der Lesesaal ist entlang einer durchgehenden Fensterfront zum ruhigen „Steingarten" hin ausgerichtet.

Die gesamte Einrichtung, in heller Eiche, wurde nach Zeichnung des Architekten von österreichischen Firmen angefertigt. Als Vorlage für die Lesetische diente ein englisches Tischmodell aus dem Jahre 1860 mit leicht abgeschrägter oberer Ablage. Der Freihandbereich mit ca. 150.000 Bänden und Zeitschriftenregalen liegt im rückwärtigen, künstlich beleuchteten Teil. Im rechten Winkel dazu ist der Medienbereich mit 14 Abhörtischen für Schallplatten, Kassetten, Tonbänder, Filme, Dias und Mikroformen, die in Schränken an den Wänden untergebracht sind, angeordnet. Ein eigener Medienarbeitsraum dient Musik- und Filmvorführungen für eine größere Anzahl von Zuhörern bzw. Zusehern. Sämtliche Räume sind an eine Be- und Entlüftungsanlage angeschlossen.

Im ersten Stock ist eine eigene Bibliothek für einen Sonderzweig, nämlich die Kunsterziehung, geplant.

Literaturhinweis:

RAINER, Werner: Die Bibliothek im neuen Haus. In: Jahresbericht der Hochschule für Musik und Darstellende Kunst „Mozarteum". 1976/77. S. 49—51.

P 87 „Mozarteum", Lageplan

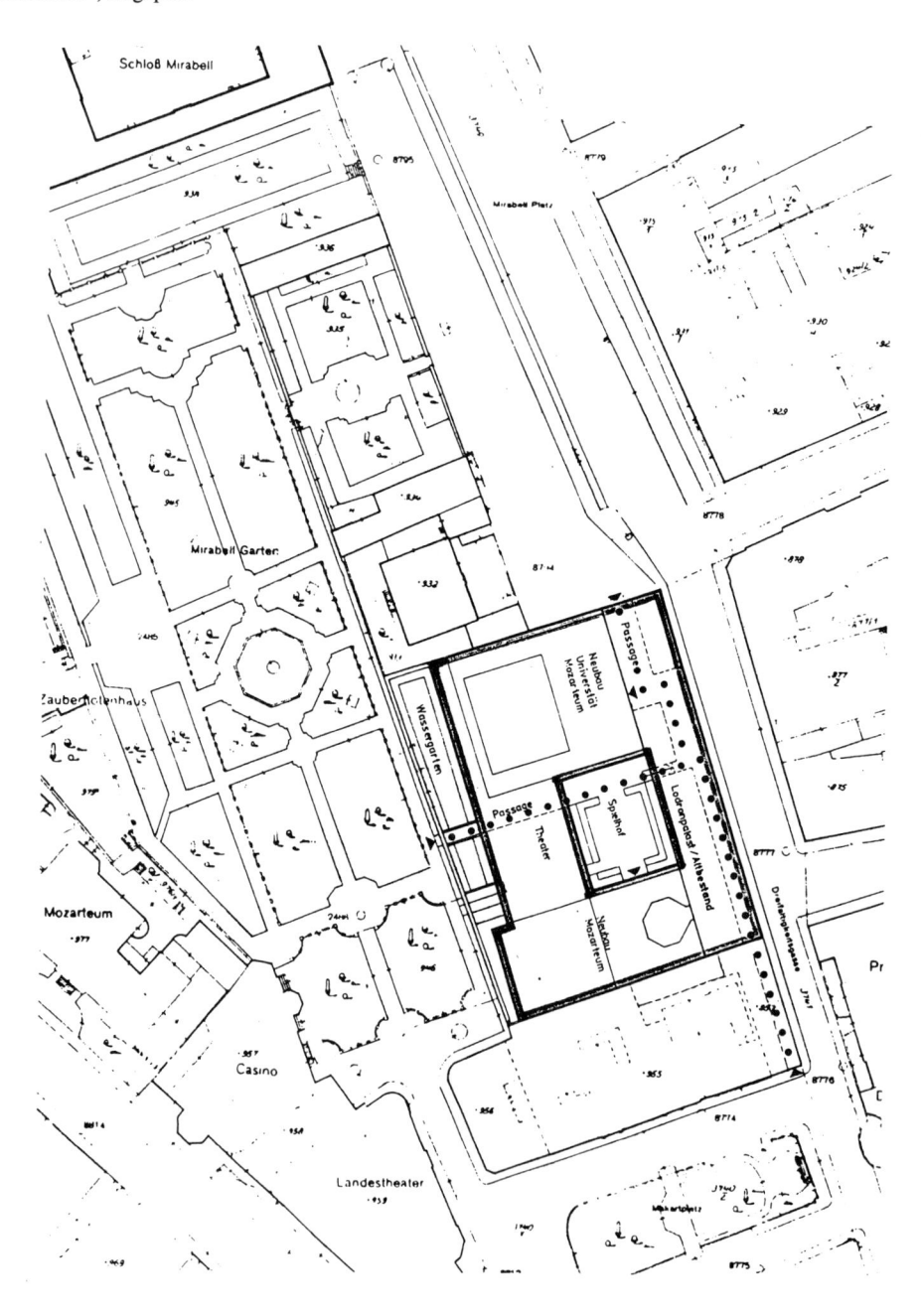

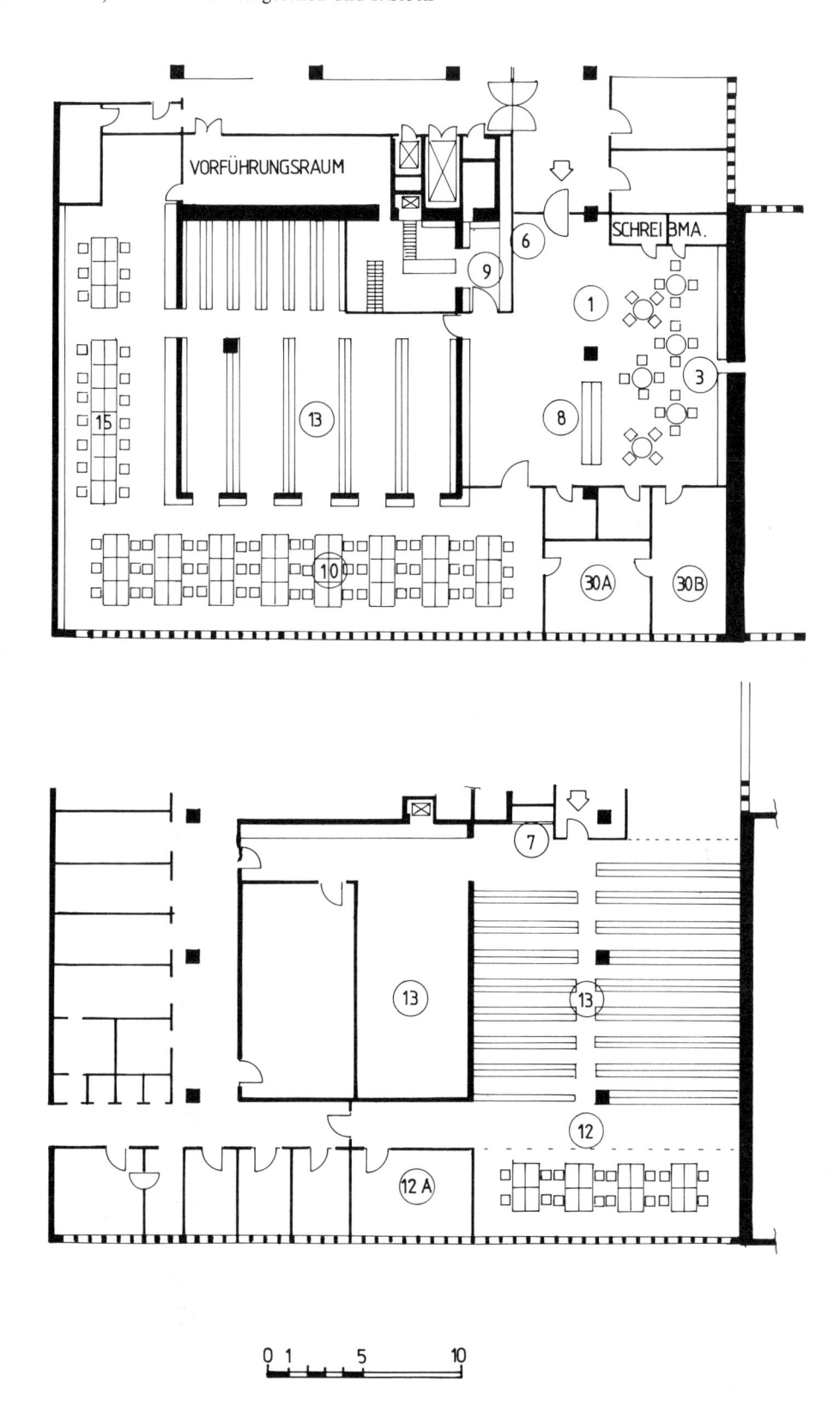

P 88 „Mozarteum", Grundrisse Gartengeschoß und 1. Stock

F 44 „Mozarteum", Gartenfront

F 45 „Mozarteum", Medienbereich mit Abhörtischen

F 46 „Mozarteum", Lesebereich

F 47 „Mozarteum", Tonträger und Katalog

F 48 „Mozarteum", Vorführraum

F 49 „Mozarteum", Magazin mit Förderanlage

6.3 STADTBÜCHEREI SALZBURG
Schloß Mirabell

Planung: Architekt
 Dipl.-Ing. Franz Fonatsch,
 Salzburg

Fertigstellung: 1982

Nutzbare Fläche: 580 m²

Kapazität: 80.000 Bände
dzt. Bestand: 48.000 Bände und
 32 lfd. Zeitschriften
Zuwachs pro Jahr: 3300 Bände
Anzahl der Leseplätze: 92
Sammelgebiete:
 Sach- und Fachliteratur aus allen Wissensgebieten, Schöne Literatur, Kinder- und Jugendliteratur, Musikalien (Noten), Salisburgensien.

Die bisherigen Magazinsräume der Stadtbücherei Salzburg im Westtrakt des Schlosses Mirabell sowie die bisherigen Büroräume im Nordtrakt wurden in den Jahren 1981/82 gänzlich umgebaut und neu eingerichtet. Die Umstellung des Büchereibetriebes auf Freihandaufstellung machte eine Vergrößerung des Raum- und Flächenangebotes erforderlich. Da alle Räume eine Höhe von 5,90 m aufwiesen, konnte eine zweite Geschoßebene hergestellt werden.

Um jedoch die architektonische Wirkung der Räume als Ganzes und in der vollen Höhe zu erhalten, wurden in jedem Raum tischähnliche Elemente eingebaut, die auf eigenen Stützen stehen und von den Wänden allseitig Abstand haben (siehe Schnitt).

Die vorhandenen Verbindungsöffnungen zwischen den einzelnen Räumen wurden auf e i n e Flucht, auf einheitliche Breite und auf eine zweigeschossige Höhe gebracht. Die alten Gesimse wurden durch diese Öffnungen hindurchgeführt und so im gesamten Büchereibereich miteinander verbunden. Der obere Abschluß der Durchgangsöffnungen wurde mit halbkreisförmigen Stichkappen hergestellt, welche sich mit den vorhandenen Scheingewölben überschneiden. Die Plattform der oberen Ebenen wurde durch diese Verbindungsöffnungen über eingehängte Brücken verbunden.

Gegenüber dem Eingang steht das Informations- und Entlehnpult; diese Tätigkeiten sollen später auf EDV umgestellt werden. Seitlich davon führt eine einläufige Stiege zur oberen Ebene. Frei in den Raum gestellt wurde ein Kleinlastenaufzug für den Büchertransport; in den Fensternischen wurden Sitzgruppen mit Tischen eingebaut. In diesem vorderen Bereich befinden sich auch die Garderobe, die Toiletten und ein Putzraum.

Der — gemäß den örtlichen Gegebenheiten — langgezogene Leseraum, der dann im rechten Winkel weiterführt und an dessen Ende sich die Abgangsstiege von der oberen Ebene befindet, hat überall in den Fensternischen die gleichen, vorangeführten Sitzgruppen, dazwischen niedere Schrankverbauten und auf der gegenüberliegenden Seite 2,10 m hohe Regale. Der Arbeitsplatz für die Auskunftsstelle ist zentral angeordnet. Die obere Ebene ist in ähnlicher Weise aufgebaut; von den Tischen und Bänken an der Fensterseite blickt man in das untere Geschoß, was reizvoll ist. Die gesamte Farbgebung mit dem lichten Blau an den Wänden, den weißen Decken und den weißen Regalen setzt sich gut ab von dem rostbraunen Textilbelag der Fußböden und der gleichfalls rostbraunen Polsterung der Bänke und gibt dem ganzen Raum einen ungemein freundlichen Charakter.

Die Zwischenebenen und die Treppen sind eine Stahlkonstruktion mit runden Säulen, mit Randträgern und Trapezblechen als Fußböden der oberen Ebene (mit Aufbeton, Estrich und Teppichbelag).

Dieser Umbau ist ein gutes Beispiel einer harmonischen Verbindung von historischer Bausubstanz mit erforderlicher Nützlichkeit und praktischer Verwendbarkeit. Allerdings dürfte binnen kürzester Zeit der Stellraum wieder zu klein werden. Die neue Stadtbücherei ist eine beachtliche Leistung des planenden und bauleitenden Architekten, der vorsichtig schonend — ohne die wertvolle Bausubstanz des historischen erzbischöflichen Schlosses zu zerstören — eine moderne, zweckentsprechende Bibliothek, ästhetisch ansprechend, geschaffen hat.

Literaturhinweis

FONATSCH, Franz: Baubeschreibung der Stadtbücherei Salzburg. In: Bastei. Zeitschrift des Salzburger Stadtvereins 1/2 (1983), S. 5.
Stadtbücherei Salzburg. In: Domus (1984), 654, S 52.

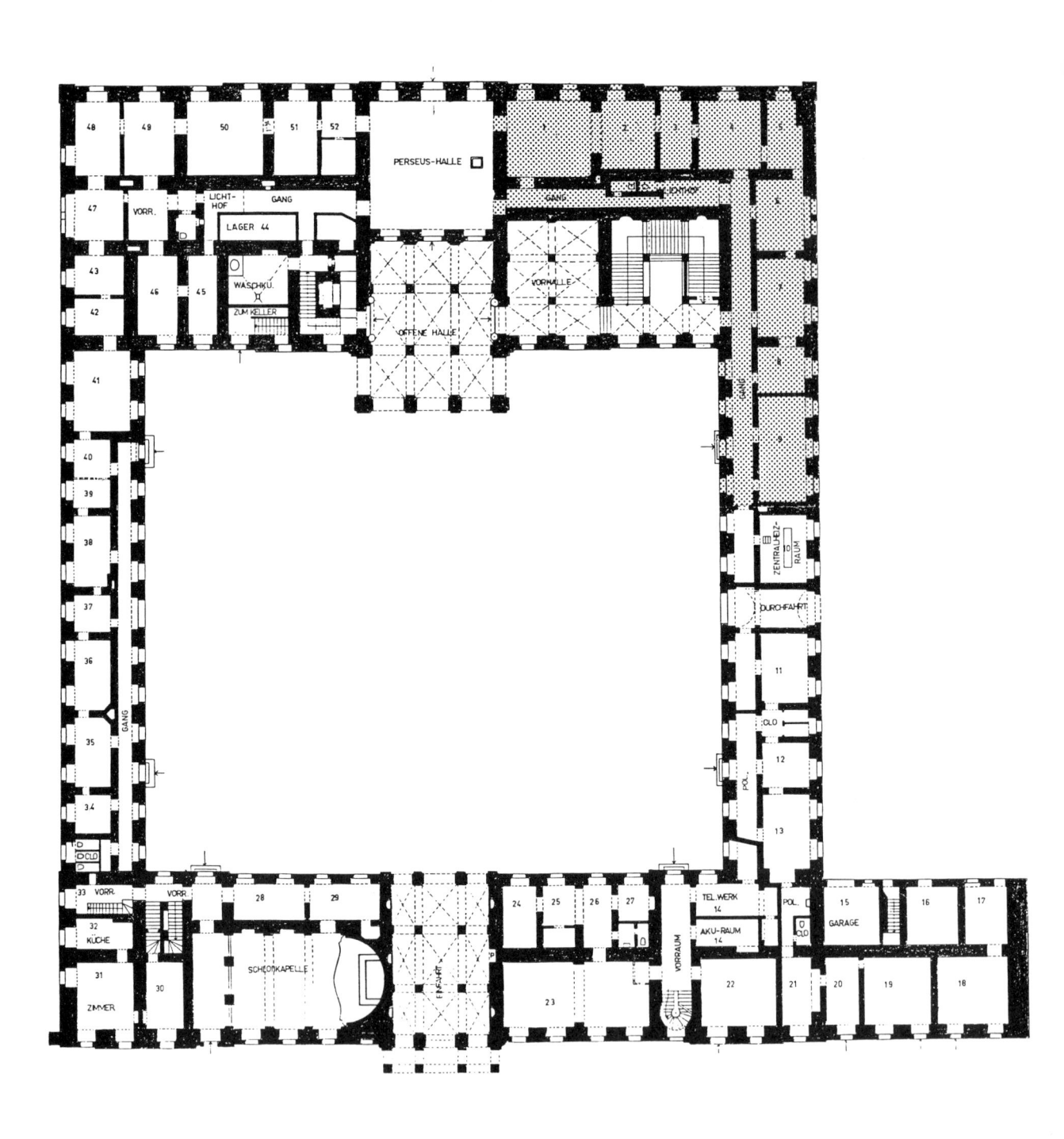

P 89 Stadtbücherei im Schloß Mirabell, Grundriß Erdgeschoß

P 90   Stadtbücherei im Schloß Mirabell, Grundriß untere Ebene

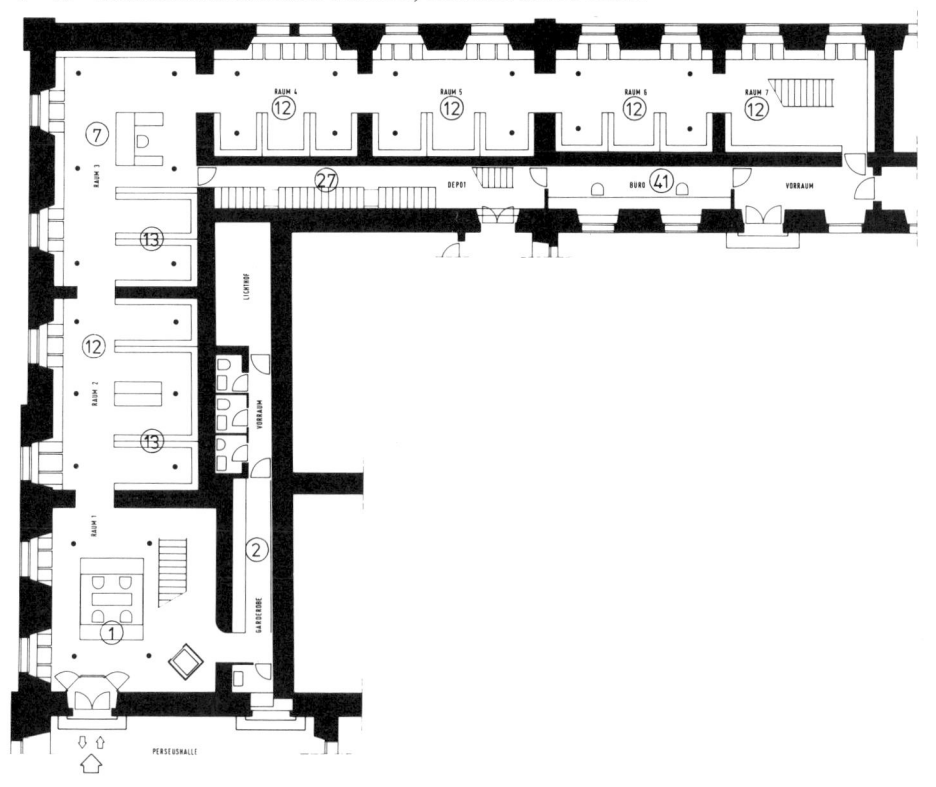

P 91   Stadtbücherei im Schloß Mirabell, Grundriß obere Ebene

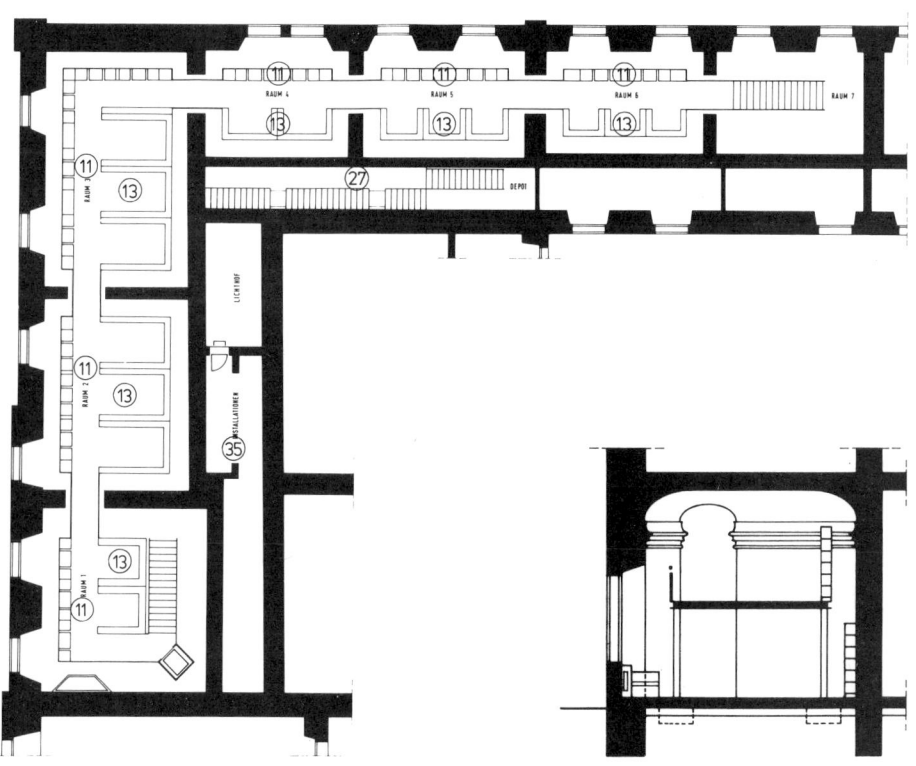

P 92   Stadtbücherei im Schloß Mirabell, Schnitt durch Raum 2

199

F 50 Stadtbücherei im Schloß Mirabell, Bücherausgabe

F 51 Stadtbücherei im Schloß Mirabell, Leseplätze am Fenster

F 52 Stadtbücherei im Schloß Mirabell, Freihandbereich

F 53 Stadtbücherei im Schloß Mirabell, Galerie

7. STEIERMARK

7.1 UNIVERSITÄTSBIBLIOTHEK GRAZ
7.1.1 Hauptbibliothek
Graz, Universitätsplatz

Planung: Landesbaudirektion, Fachabteilung IV b; Oberbaurat Dipl.-Ing. Friedrich Rous, Graz

Fertigstellung: 1950, 1970, 1981, 1986 (weiterer Abschnitt in Planung)

Nutzbare Fläche:
    a) Lese- und Verwaltungszone ... 2.405 m²
    b) Magazinszone ...... 5.200 m²
    Zusammen .... 7.605 m²

Kapazität: 1,4 Mio. Bände, davon 250.000 in Freihandaufstellung

dzt. Bestand: 1,940.000 Bände, davon
    1,100.000 Bände Hauptbibliothek
    8.700 lfd. Zeitschriften, davon
    4.000 Hauptbibliothek

Zuwachs pro Jahr: 60.000 Bände, davon 25.000 Hauptbibliothek

Anzahl der Leseplätze: 420

Anzahl der Studierenden: rund 25.000

Sammelgebiete:
Bibliographien, Nachschlage- und Quellenwerke, Zeitschriften, Ausleihexemplare grundlegender und interdisziplinärer Literatur aller Fachgebiete, Lehrbücher, Hochschulschriften, Belletristik, Handschriften, alte und seltene Bücher, Chemie, Buch- und Bibliothekswesen, Informationswissenschaft, Styriaca, Depot der ILO (International Labor Organisation), diverse Nachlässe.

Die Grazer Universitätsbibliothek blickt auf eine ebenso lange Tradition zurück wie ihre Alma mater. Gegründet 1585 von den Jesuiten, ist sie die älteste kontinuierlich geführte österr. Hochschulbibliothek und erfuhr seither einen ständigen Zuwachs ihres Bestandes. Eine Zäsur in der Geschichte der Bibliothek brachte das Jahr 1773, als im Zuge der Josefinischen Reformen zuerst der Jesuitenorden und später Hunderte Klöster und Orden in Österreich aufgelöst wurden. Durch Überführung des klösterlichen Buchbestandes in die Universitätsbibliothek erweiterte sich deren Besitz beträchtlich. Seit dem Jahre 1807 konnte, kraft Gesetzes, die Styriaca-Sammlung aufgebaut werden — eine fast lückenlose Erfassung aller in der Steiermark erschienenen Druckschriften. Die stetige Zunahme des Bestandes wie die der Leserzahl erforderte zwangsläufig auch eine räumliche Expansion; ursprünglich in der Hauptsache im ehemaligen Festaal der Jesuiten-Universität, nahe dem Dom untergebracht, wurde die Universitätsbibliothek 1895 zusammen mit der Universität aus der Stadtmitte in den Osten der Stadt verlegt, wo sie sich heute noch befindet. Aus dieser Zeit stammt der in klassizistischem Stil gehaltene Hauptlesesaal mit seiner ruhigen, traditionsgeladenen Atmosphäre, der über 150 Leseplätze enthält. Im Jahre 1914 wurde der Osttrakt aufgestockt, 1950/51 entstand neben dem Magazin eine sechsgeschossige Stahlregalanlage, die den Stellraum wesentlich erweiterte; 1970 ein großer Zubau an der Nordseite, später eine Aufstockung, der innere Umbauten folgten.

Der vorerwähnte sechsgeschossige Magazinsbau an der Südostseite war der erste selbständige Bibliotheksbau Österreichs nach dem Zweiten Weltkrieg. Die Grundfläche der selbsttragenden Stahlregalanlage, deren fünf Zwischenböden auf 312 Stahlstützen ruhen, beträgt 24,50 × 18,50 m, die lichte Stockwerkshöhe

2,50 m in den unteren und 2,10 m in den drei oberen Geschossen. Der Zugang zu den einzelnen Geschossen erfolgt von den entsprechenden Geschossen des alten Bücherspeichers. Somit war im neuen Speicher kein Stiegenhaus notwendig. Die Stockwerke werden durch einen Mittelgang von 1,20 m Breite in zwei gleiche Hälften unterteilt. Jede Hälfte hat dreizehn Doppelgestelle von je 11 m Länge, der Achsabstand beträgt 1,30 m. Dies ergibt eine Flächenausnutzung von 41 %. Der Stützdruck auf jeden Stahlsteher beträgt im untersten Geschoß über 4000 kg. In jedem Geschoß ist Stellraum im Umfang von ca. 4000 lfm vorhanden, also in allen Geschossen rund 24.000 lfm, so daß rund 700.000 Bände untergebracht werden können. Der Bücherspeicher ist mit einer Anlage für Beheizung sowie Be- und Entlüftung ausgestattet.

Während hiedurch die Stellraumsituation ganz wesentlich verbessert werden konnte, brachten die enorme Steigerung der Benützerzahlen und die zentralen Aufgaben der Hauptbibliothek in Erfüllung des Universitätsorganisationsgesetzes neue Probleme in bezug auf Lese- und Verwaltungszonen.

Im Jahre 1970 konnten auch diese durch einen Erweiterungsbau an der Nordseite der Bibliothek mit einer Nutzfläche von 3500 m², von denen 1000 m² an die Rechts- und Staatswissenschaftliche Fakultät und 2500 m² an die Universitätsbibliothek fielen, bis zu einem gewissen Grad gelöst werden. So wurde es auch möglich, den Betrieb strukturell neu zu gestalten; dabei standen folgende Ziele für die Bibliothek im Vordergrund: eine für den Benützer leicht überschaubare Organisation der Publikumsdienste und Vergrößerung aller diesem Zweck gewidmeten Stellen und Schaffung zusätzlicher Leseplätze bei gleichzeitiger Trennung der Betriebszonen von den Benützungszonen. Der direkte Zugriff des Benützers zum Buch konnte verbessert werden, gleichzeitig wurde Vorsorge für einen glatten und raschen Transport aller in den geschlossenen Magazinen stehenden Werke zum Ausgabeschalter getroffen. Eine radikale Verkürzung des Bearbeitungsweges für die neu einlangenden Bücher konnte erreicht und Stellraumkapazität für weitere 150.000 Bände geschaffen werden. Der Planung lag von Anfang an die Überlegung zugrunde, daß es sich bei diesem Erweiterungsbau um einen ersten Bauabschnitt handelt, dem zwingend ein weiterer folgen muß.

Einer Universität mit inzwischen auf 25.000 angestiegenen Hörerzahlen kann nur durch den geplanten, an der Ostseite gelegenen zweiten Bauabschnitt der Hauptbibliothek mit einer wesentlichen Vergrößerung Genüge getan werden. Vorbereitungen dazu werden bereits getroffen. Der Erweiterungsbau von 1970 entspricht in seinen Funktionen und Dimensionen bereits jetzt der endgültigen Gestalt der Bibliothek, die den kommenden zweiten Bauabschnitt miteinschließt.

Mit dem Erweiterungsbau 1970 wurde die Blickrichtung der Bibliothek um 90° gedreht, wodurch ein funktionsgerechter Ablauf der Dienste erreicht werden konnte. Der Benützer gelangt durch den Haupteingang durch einen Rauch- und Sprechraum in die geräumige Mehrzweckhalle, wo er alle wichtigen Dienststellen der Bibliothek mit einem Blick übersehen kann. Gleich links liegt das Informationszentrum mit allen Erschließungsmitteln für die Bestände; zunächst die konventionellen Zettelkataloge, sodann die Mikrofiche-Ausgaben des Nominalkataloges, der 1983/1984 verfilmt wurde, sowie sonstige Kataloge des In- und Auslandes. Neben den Lesegeräten stehen die Terminals, die dem Leser einen On-line-Zugriff zu den Entlehndaten der Hauptbibliothek bieten. Das seit 1980 in Betrieb befindliche „Pilotprojekt für die automatisierte Entlehnverbuchung, Modellbibliothek Universitätsbibliothek Graz" ist eine Neuentwicklung, die auf andere Universitätsbibliotheken in Österreich übertragen wurde.

Neben dem Informationszentrum — nur durch eine Glaswand getrennt — liegen die Fernleihstelle mit dem Fernschreiber und die Poststelle. Die Buchbearbeitung läuft im Erdgeschoß im rechten Winkel zum Katalog und ist auf 20 m verkürzt. Die Buchausgabe und -rückgabe im Foyer und die Mahnkasse sind ebenfalls mit Terminals ausgestattet und liegen innerhalb eines 10 m langen Schalters. Im Schalter erfolgt auch der Ausdruck der Bestellzettel, wobei das System erst prüft, ob die Bestellung durchgeführt werden kann, und nur realisierbare Magazinbestellungen weitergibt. Leihstelle und Magazine sind durch eine magnetgesteuerte Förderanlage mit 10 Stationen verbunden, der Transport der Bücher vom obersten Geschoß bis zur Leihstelle beträgt maximal drei Minuten. Die Leihstelle und Magazine sind auch durch eine Rohrpostanlage in Verbindung, die den Transport der Bestellzettel in jedes

Magazingeschoß binnen Sekunden besorgt. Eine Wechselsprechanlage und eine Signalanlage sowie Lautsprecher sichern eine rasche und präzise Kommunikation zwischen Leihstelle und Magazinen.

Im Foyer aufgestellt ist überdies die Lehrbuchsammlung im Umfang von rund 22.000 Bänden. Dieser Bestand wird schon seit Jahren über die elektronische Datenverarbeitungsanlage verwaltet; seit ihrer Einführung hat sich der Umsatz dieser Bücher verdreifacht. Im Stockwerk darüber liegen der große Zeitschriftensaal, die Direktion, die Offsetstelle und verschiedene Verwaltungsräume.

Das Gebäude der Hauptbibliothek wurde durch Um- und Zubauten immer wieder den rasch wechselnden Bedürfnissen angepaßt. 1972 konnte ein neuerlicher Um- und Zubau an der Westseite bezogen werden. Im Parterregeschoß entstanden dabei eine Reihe von Fachlesesälen, die mit frei zugänglichen Beständen ausgestattet sind, und im Obergeschoß konnte die Handschriftenabteilung und Abteilung für das alte und seltene Buch neue Räume beziehen. Zwei besonders geschützte, feuer- und einbruchsichere Magazine für Handschriften und Inkunabeln, kostbare und seltene Bücher, für Autographen, Mikrofilme und für die Einbandsammlung sind entstanden. Diese beiden Magazine werden von Stahlbetonwänden und -decken umschlossen, sind mit zentralverriegelten Panzertüren versperrbar, voll klimatisiert und mit Verschubregalen eingerichtet. Die Temperatur beträgt 17°C, die Luftfeuchtigkeit 50%. Im selben Obergeschoß entstand ein Lesesaal für die Handschriftenabteilung und Raum für die Benützung von Mikrofilmlesegeräten aller Art. Zusätzlich konnte ein größerer Arbeitsraum für die zentrale Katalogisierung geschaffen werden. In den beiden Schutzräumen verwahrt die Universitätsbibliothek ihre über 2000 Codices sowie ein vollständiges Mikrofilmarchiv aller in steirischen Bibliotheken befindlichen Handschriften.

Seit 1974 stellt die Universitätsbibliothek ihren Benützern einen gärtnerisch gestalteten und mit Steinplatten und einem Springbrunnen versehenen Lesehof zur Verfügung.

Im Jahre 1977 wurde eine bibliothekseigene autonome EDV-Anlage angeschafft und im Souterrain installiert. Im gleichen Jahr erfolgte auch die Gesamtrestaurierung des Hauptlesesaales in Verbindung mit einer Neugestaltung der Glasdachkonstruktion sowie einer Erneuerung aller lüftungstechnischen Anlagen. Durch den Einbau umfangreicher Verschubregalanlagen konnte die Stellraumkapazität in den Kellergeschossen erweitert werden.

Im Zusammenhang mit der Inbetriebnahme der EDV-Anlage erfolgte eine Verkabelung des Gebäudes. 1978 entstand eine für Selbstbedienung eingerichtete Garderobenanlage. 1981 konnte ein Umbau des Zwischenmagazins zwischen Altbau und Zubau an der Nordseite zum Abschluß gebracht werden, wobei an Stelle der Stahlroste Betonzwischendecken eingezogen wurden. Dieses wichtige Bauvorhaben erbrachte eine Reihe von Verbesserungen: Erstens war nun die Einrichtung mit Mobilregalanlagen und dadurch die Schaffung von 6500 Laufmetern zusätzlichen Bücherstellraums möglich, der für die Freihanddarbietung vielgebrauchter Zeitschriften verwendet wird. Dieser Stellraum ist deshalb wertvoll, weil er im Kontrollbereich liegt und mit allen anderen Freihandbereichen ohne zusätzlichen Personalaufwand überwacht werden kann. Über das im Zusammenhang damit entstandene Stiegenhaus entstand auch ein kontrollierter Zugang zum Magazin unter dem Zubau. So war es zweitens möglich, weitere Bände in Freihandaufstellung zugänglich zu machen, darunter alle gebundenen Zeitungen, die am Standort eingesehen und benützt werden können, sowie eine große Sammlung schöner Literatur aus österreichischen Verlagen, die frei zugänglich ist. Zusammen mit den bestehenden Freihandaufstellungen im Hauptlesesaal und in den fünf Sonderlesesälen kann die Universitätsbibliothek Graz eine Freihandaufstellung im Umfang von 250.000 Bänden anbieten. Im Zuge der Umbauten entstanden gesicherte Brandabschnitte und eine Ausstattung des Gebäudes mit Brandschutztüren. 1984 wurde eine Brandmeldeanlage eingebaut, die einen Vollschutz des gesamten Gebäudes sicherstellt.

War früher der Zutritt zur Universitätsbibliothek wegen der Treppe zum Hauptgeschoß für Behinderte nur schwer möglich, so gelang es diesen durch Einbau eines Schrägaufzuges, der den Niveauunterschied vom Straßeneingang bis zum Hauptgeschoß überwindet, zu verbessern. Behinderte können samt ihren Fahrzeugen mühelos auf- und abtransportiert werden oder selbst fahren. Im

Zuge der Umbauten des Jahres 1981 entstand auch ein zentral gelegener Ausstellungsraum, der mit gesicherten Vitrinen eingerichtet werden konnte und die ausstellungsmäßige Darbietung auch wertvoller Objekte erlaubt.

1984 war das Jahr des Umbaues des Zwischenmagazins zwischen Altbau und Hauptmagazin an der Südseite ebenfalls mit Einziehung von Betondecken anstatt der Stahlroste, wodurch fünf Geschosse allseits geschützten Magazinsraumes für die Unterbringung der Bestände vor dem Jahre 1850 entstanden. Diese geschützte Unterbringung der immer seltener und kostbarer werdenden Altbestände entspricht international gestellten Forderungen und stellt ebenfalls eine modellhafte Entwicklung an der Universitätsbibliothek Graz dar.

Für eine Universität mit 25.000 Hörern und einem erheblichen Anteil von Stadtbenützern ist das gegenwärtige Gebäude zu klein, zu klein auch für die Hauptbibliothek als Zentrum eines universitären Bibliothekssystems mit rund 80 Außenstellen, deren Bestände notwendigerweise fluktuieren und eine Heimstatt in der Hauptbibliothek brauchen; so ist das nächstkommende Projekt ein Zubau an der Ostseite, der das jetzt L-förmig angelegte Gebäude zu einem Rechteck schließt. Der Zubau wird weitere 2000 m² Nutzfläche und einen zusätzlichen Stellraum für 1 Million Bände erbringen sowie die Schaffung weiterer Leseplätze und weiterer Personalarbeitsplätze möglich machen.

Das Gebäude der Grazer Universitätsbibliothek bietet ein Beispiel für eine einfache, effektive und kostengünstige Erweiterung eines Bibliotheksgebäudes durch den Anbau von 1950 und als große Erweiterungsvariante durch den 1970 eröffneten Erweiterungsbau. Mit diesen und anderen Baumaßnahmen ist es gelungen, das ursprüngliche Volumen des Gebäudes zu verdreifachen, den Buch- und Benutzerbereich entsprechend den gestiegenen Anforderungen zu erweitern und eine leicht überschaubare Organisation herzustellen. Auch die Einhaltung der Regeln für abgestufte Ruhezonen war möglich, und gleichzeitig ist das historische Gesicht des Gebäudes gewahrt worden.

Literaturhinweise
KROLLER, Franz: Universitätsbibliothek Graz: Tradition und Gegenwart. In: Bericht und Informationen. 14 (1959), H. 665, S. 13—14.
KROLLER, Franz: Die Universitätsbibliothek Graz und ihr Erweiterungsbau. In: Österreichische Hochschulzeitung 21 (1969), 10, S. 15—16.
KROLLER, Franz: Die Universitätsbibliothek Graz als zentrale Einrichtung der Universität. In: Die Universität Graz 1972. Ein Fünfjahr-Buch. Graz 1972, S. 123—128.
KROLLER, Franz; REINITZER, Sigrid: Grazer automatisierte Entlehnverbuchung. Pilotprojekt für die österreichischen Universitätsbibliotheken. In: ABI-technik 4 (1984), 3, S. 173—180.
KROLLER, Franz: 400 Jahre Universitätsbibliothek Graz. In: Österreichische Hochschulzeitung, Jg. 37 (1985), Nr. 5, S. 26—28.
SZÉP-KROATH, Jutta: Durch Jesuiten und Klöster groß geworden. In: Börsenblatt für den Deutschen Buchhandel 42 (1986), 21, S. 788—795 (Bedeutende Bibliotheken der Welt 46).

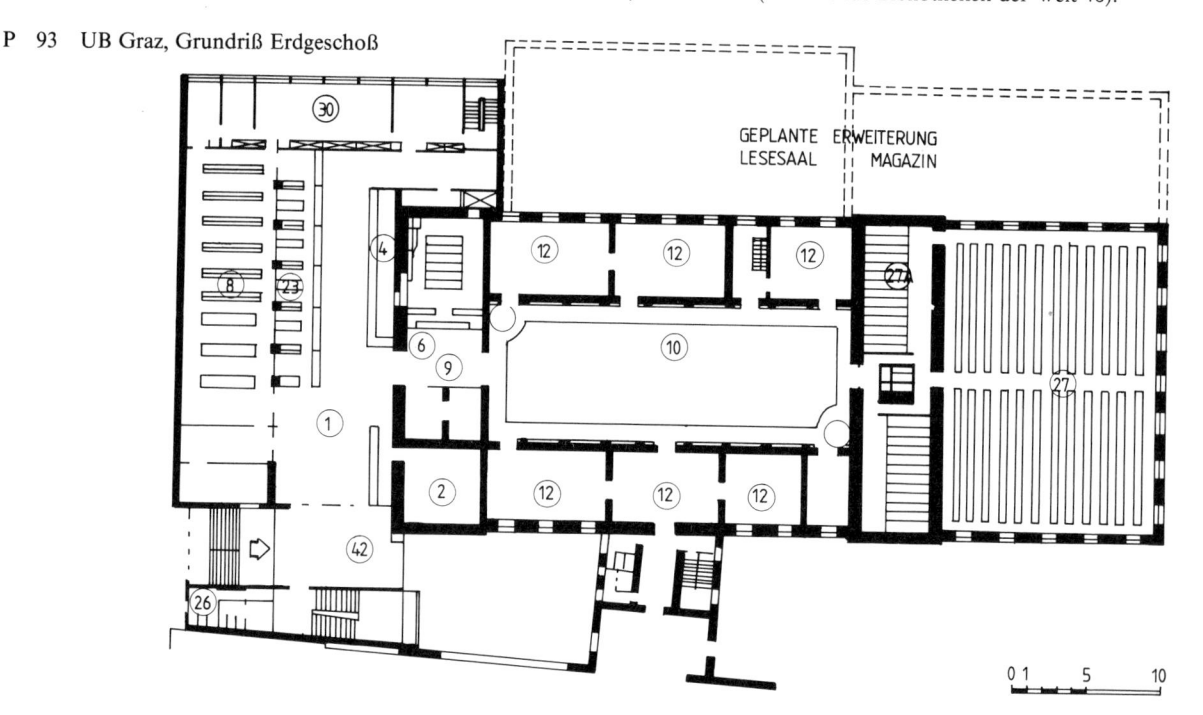

P 93 UB Graz, Grundriß Erdgeschoß

P 94 UB Graz, Grundriß 1. Stock

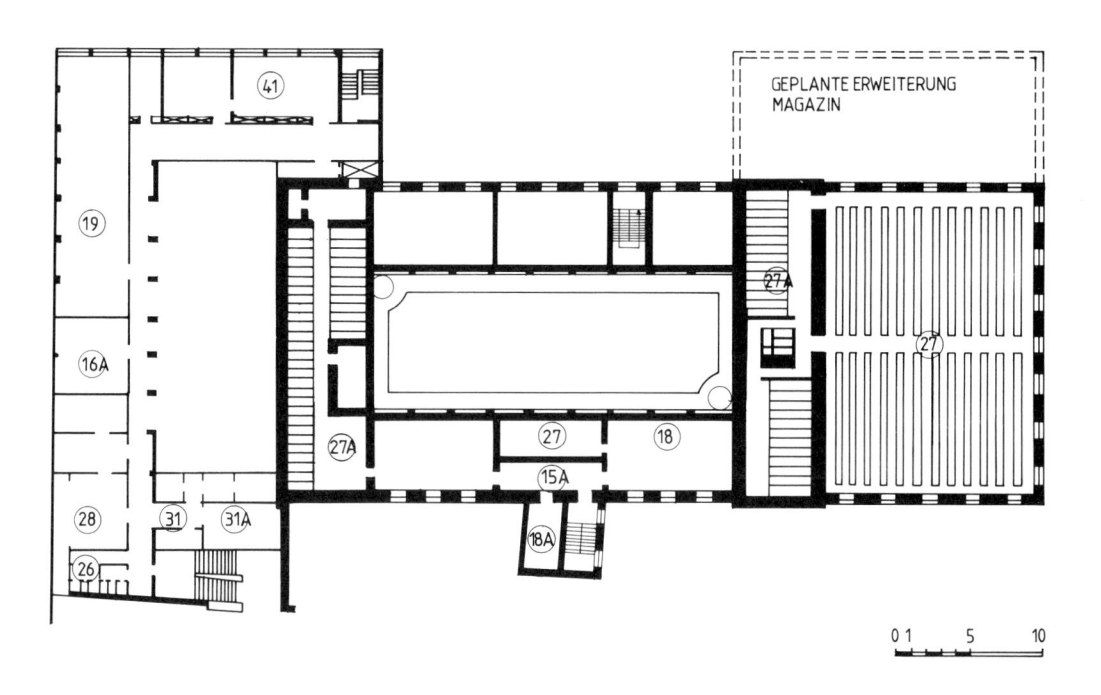

P 95 UB Graz, Grundriß Keller

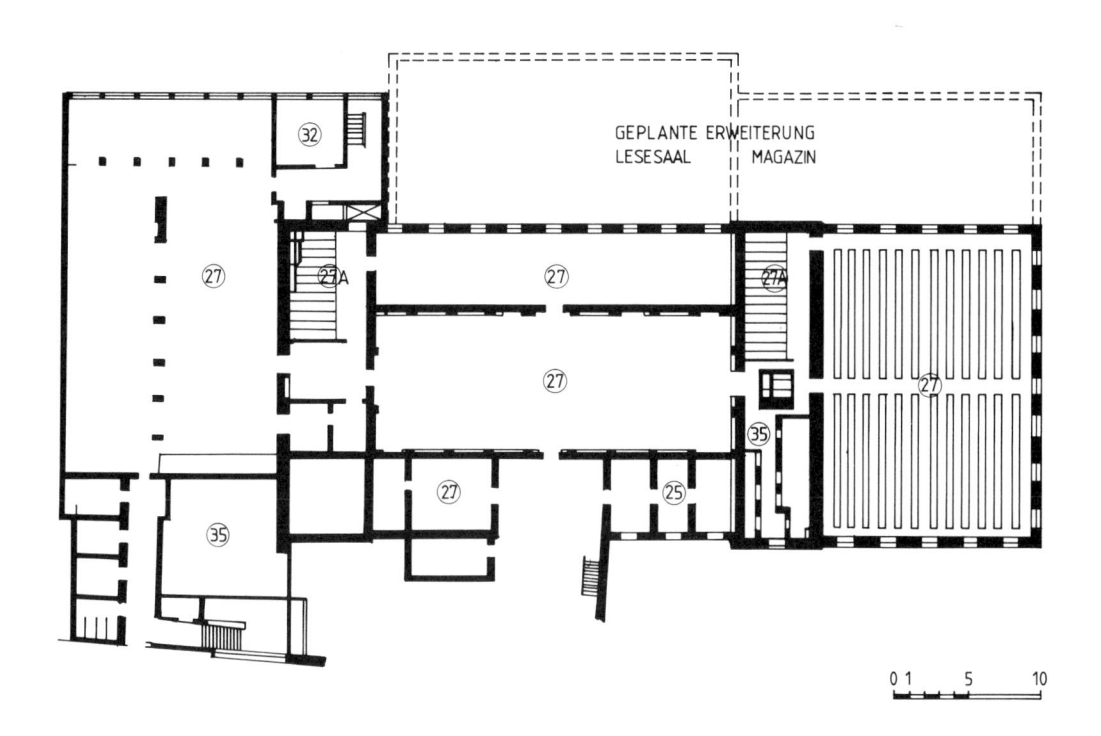

F 54   UB Graz, Ansicht

F 55   UB Graz, großer Lesesaal

F 56 UB Graz, Zeitschriftensaal

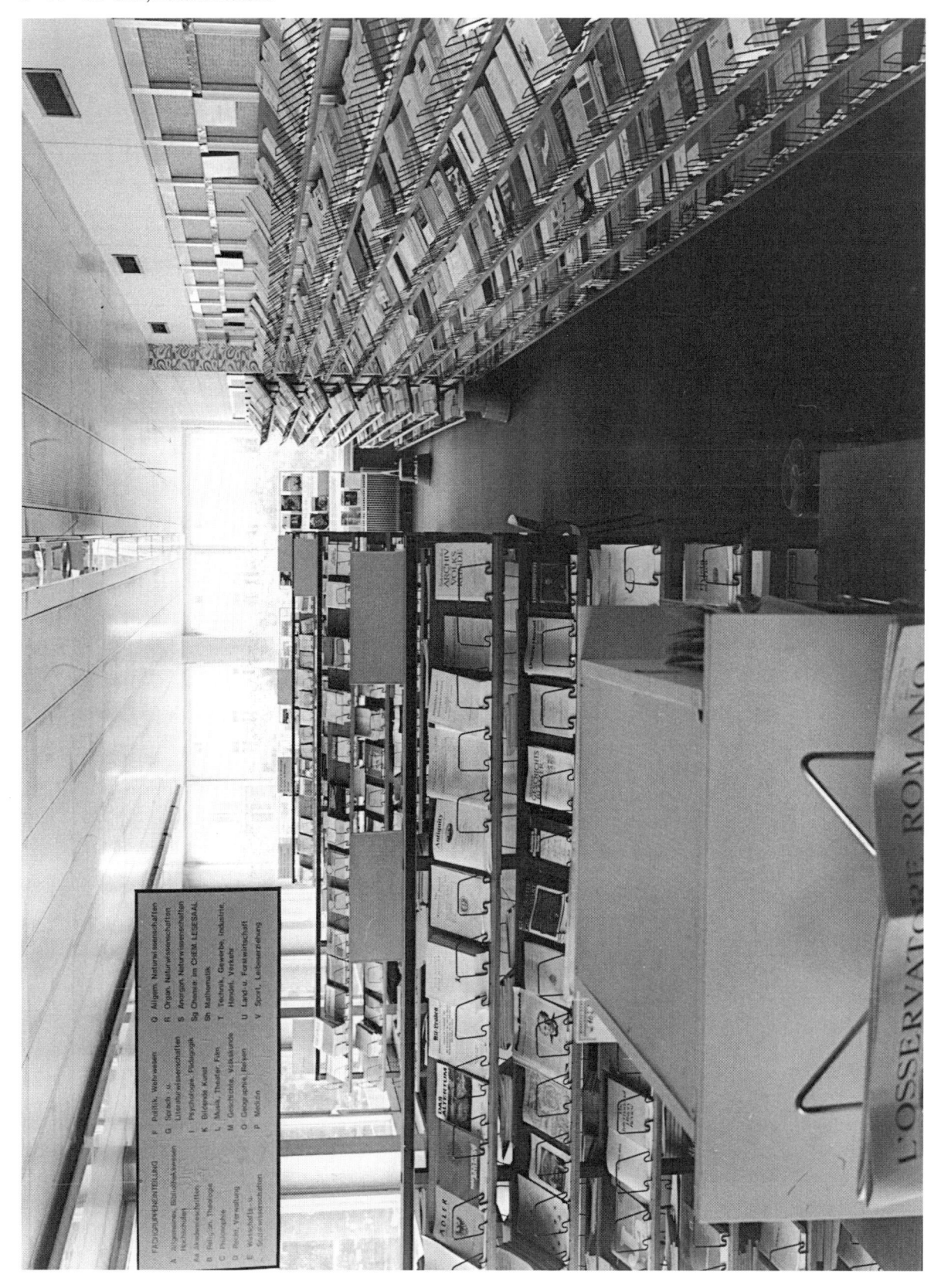

F 57   UB Graz, Terminals für den On-line-Zugriff auf Entlehndaten

F 58   UB Graz, Eingangshalle mit Entlehnstelle

F 59 UB Graz, Automatisierte Entlehnverbuchung

F 60 UB Graz, EDV-Anlage

211

F 61 UB Graz, Verschubregalanlage mit Handbetrieb

7.1.2 Fachbibliotheken im geplanten Neubau für die Geistes- und die Naturwissenschaftliche Fakultät der Universität Graz, Heinrichstraße 4

Planung: Architekten
    Dipl.-Ing. Wolfgang Kapfhammer
    Dipl.-Ing. Johannes Wegan
    Dipl.-Ing. Gert Kossdorff,
    alle Graz
    Mitarbeit: cand. Ing. Adolf Kelz, Graz

Fertigstellung: voraussichtlich 1989

Nutzbare Fläche: 1120 m²

Kapazität: 133.000 Bände
dzt. Bestand: 83.000 Bände und
                600 lfd. Zeitschriften
Zuwachs pro Jahr: 3000 Bände
Anzahl der Leseplätze: 175
Sammelgebiete:
    Anglistik, Amerikanistik, Geographie, Mathematik.

Das Projekt eines Neubaues für die Geistes- und Naturwissenschaftlichen Fakultäten der Universität Graz ging aus einem baukünstlerischen Wettbewerb hervor, bei dem die obengenannten Architekten mit dem 1. Preis ausgezeichnet wurden.

Mit dem Bau soll im Jahre 1987 begonnen werden.

Das Areal liegt im Bereich der gründerzeitlichen Stadterweiterung des Gleisdorfviertels — an der Peripherie eines ca. 86.000 m² großen Hochschulareals. In diesem Gebäude sind vier Institute unterzubringen, und zwar: Anglistik, Amerikanistik, Geographie und Mathematik.

Die beiden erstgenannten Institute werden eine gemeinsame Bibliothek benutzen. Den Instituten entsprechend war die Bibliothek somit in drei Fachbereiche aufzuteilen, wobei jede der drei Fachbibliotheken in räumlicher Nähe zum jeweiligen Institut zu situieren und als geschlossene Einheit nur mit einem Zugang zu versehen war. Die Jury hat u. a. festgestellt:

„Das Projekt weist eine eindeutige Ausformulierung der Funktionsbereiche im Baukörper auf, der auch die städtebaulichen Gegebenheiten berücksichtigt. Die in drei Bauteilen untergebrachten Institutsbibliotheken schirmen die Institutsarbeitsräume vom Schall der Heinrichstraße ab. Die beiden Funktionsgruppen werden durch eine viergeschossige Halle, die im wesentlichen die Verkehrsflächen aufnimmt, verbunden. Das Innere zeichnet sich durch hohe räumliche Qualität aus, die sich vor allem im Erdgeschoßbereich in der Halle zeigt."

Einem viergeschossigen, U-förmigen Baukörper, in dem jeweils die vier Institute untergebracht werden, stehen — durch die hohe Halle getrennt — drei würfelförmige, dreigeschossige Trakte gegenüber, welche die drei vorangeführten Fachbereichsbibliotheken (in drei Ebenen) beinhalten werden. Das Erdgeschoß ist der großen Eingangshalle mit den Hörsälen samt Nebenräumen, Stiegen, Lift und Naßräumen vorbehalten. Der Zugang zu den drei Bibliotheksfachbereichen wird jeweils nur von einem Geschoß, und zwar über die Galerien der Halle erfolgen; dort soll sich die Aufsicht, der Katalog, der bibliographische Apparat befinden. Verschubregale in der Mitte werden die Freihandbibliothek bilden; die Arbeitsplätze sind an der äußeren Seite zu den Fenstern hin vorgesehen. Jeder einzelne Bücherkubus stellt einen Brandabschnitt dar und erhält einen eigenen Bücherlift. Es wird auch darauf geachtet werden, die drei Geschosse in lautere und stille Zonen zu unterteilen.

Es handelt sich somit um ein architektonisch und auch funktionell interessantes Projekt. Es ist zu hoffen, daß es in Bälde auch tatsächlich realisiert werden kann.

P 96   Projekt einer Fachbibliothek der Geistes- und Naturwissenschaften, Graz Heinrichstraße, Lageplan

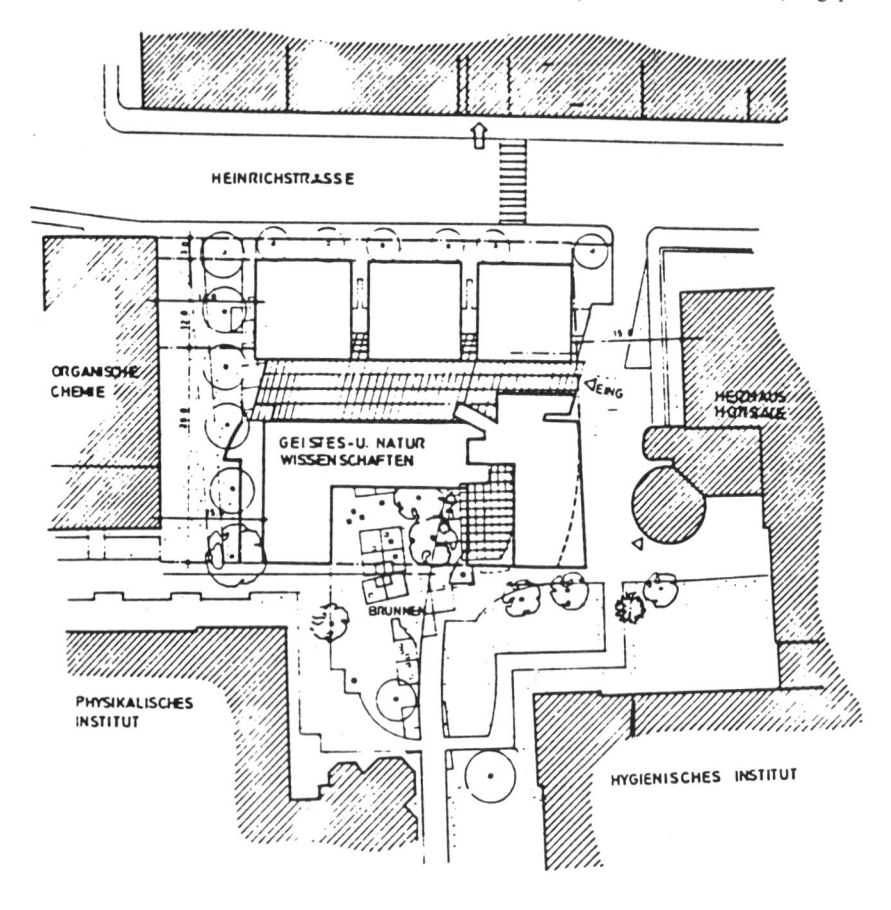

P 97   Projekt Heinrichstraße, Grundriß Kellergeschoß

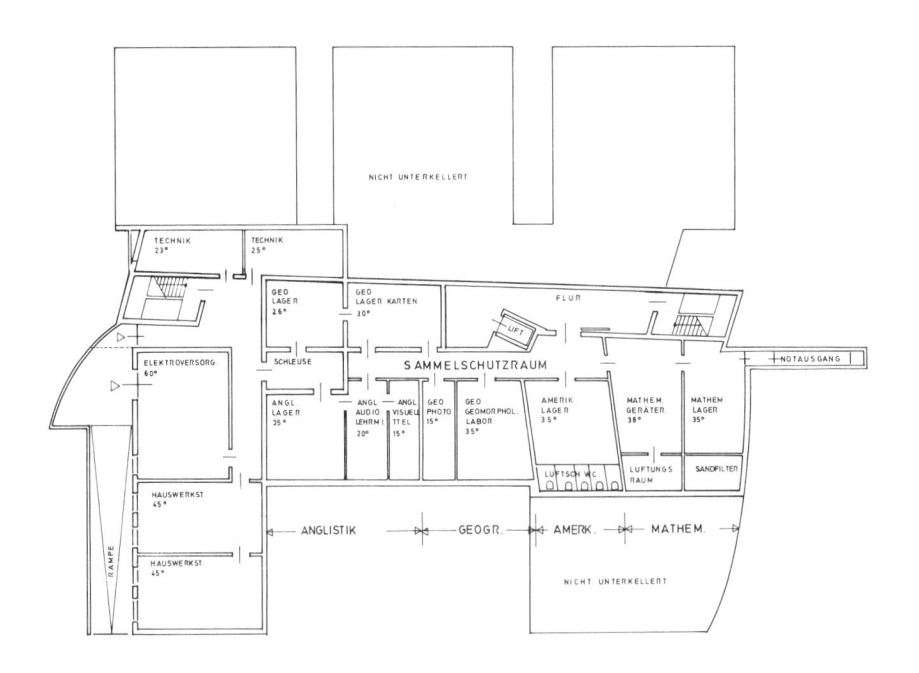

214

P 98 Projekt Heinrichstraße, Grundriß Erdgeschoß

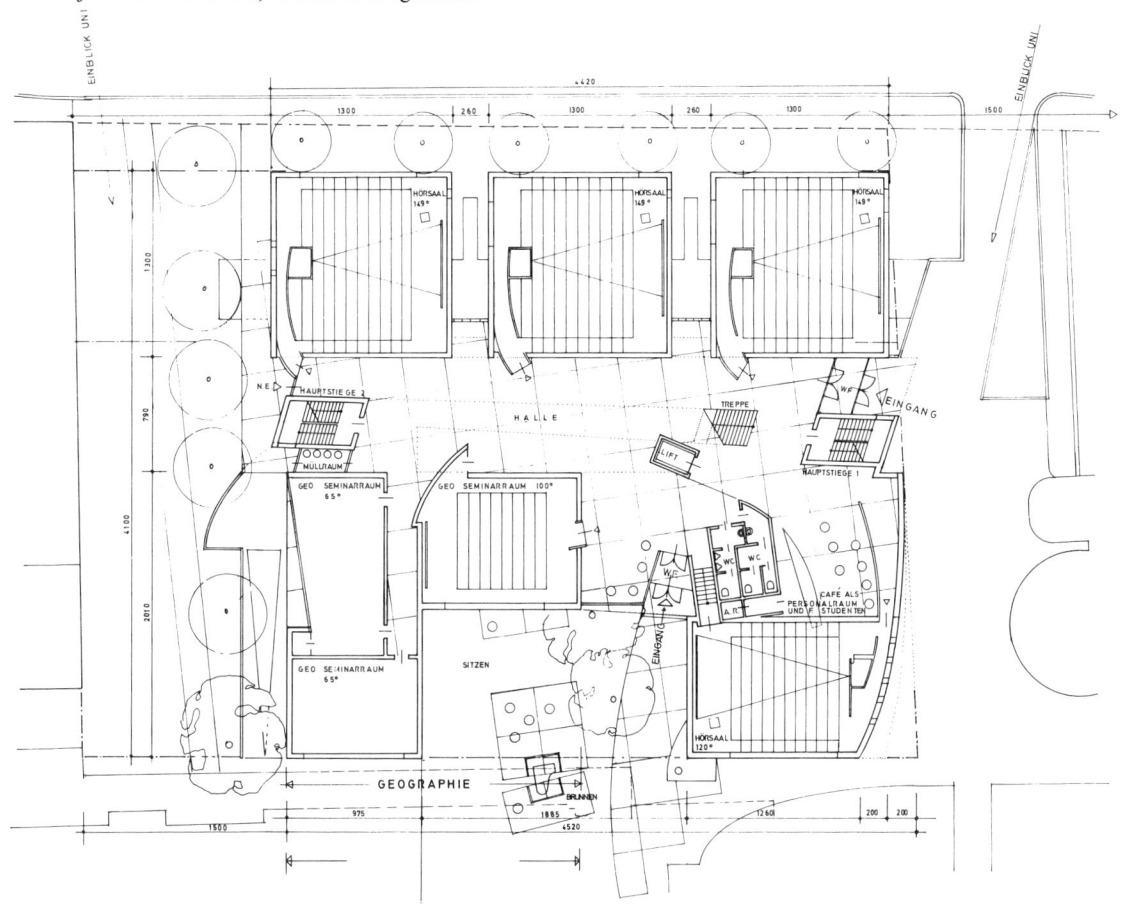

P 99 Projekt Heinrichstraße, Grundriß 1. Obergeschoß

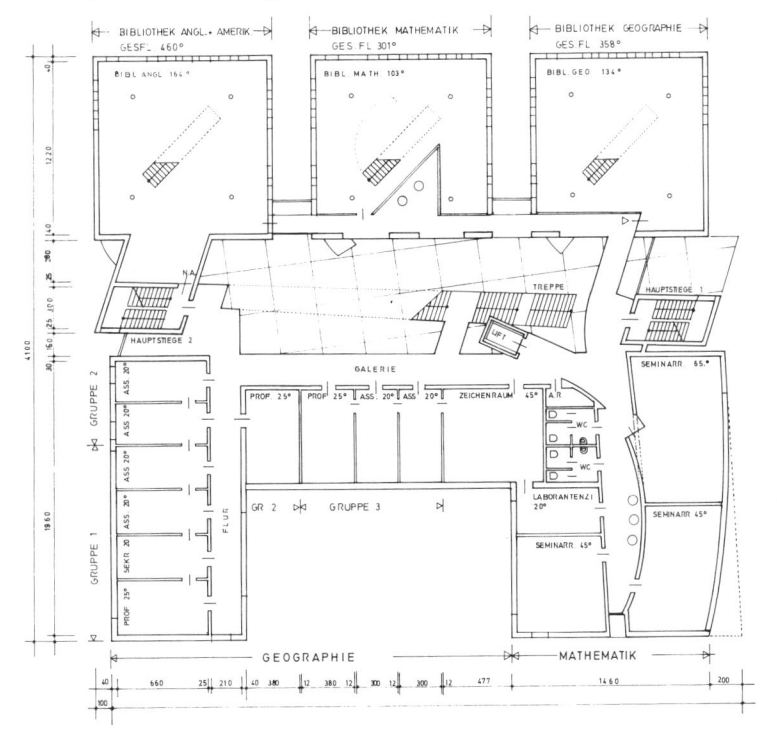

P 100 Projekt Heinrichstraße, Grundriß 2. Obergeschoß

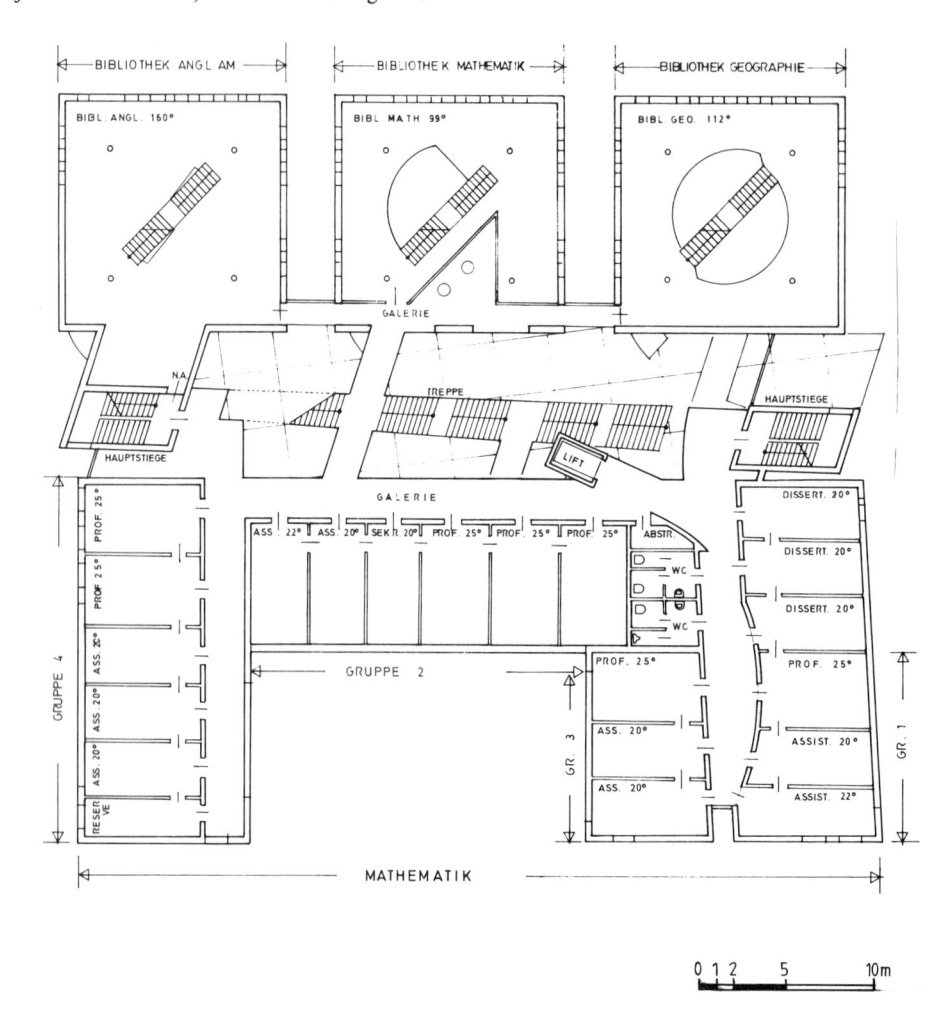

P 101 Projekt Heinrichstraße, Schnitt B-B

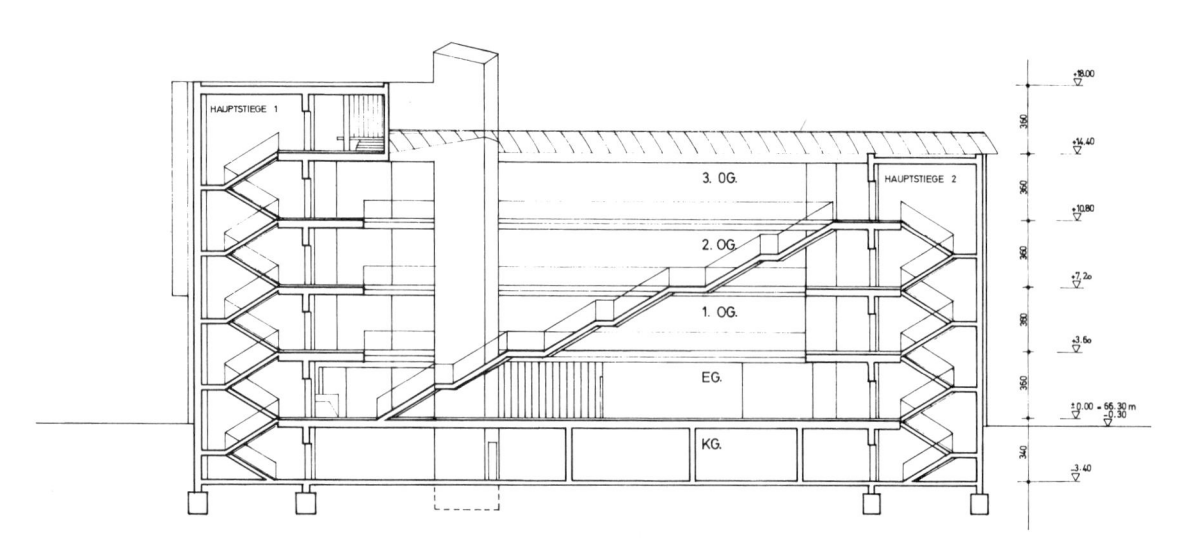

P 102   Projekt Heinrichstraße, Ansicht Ost

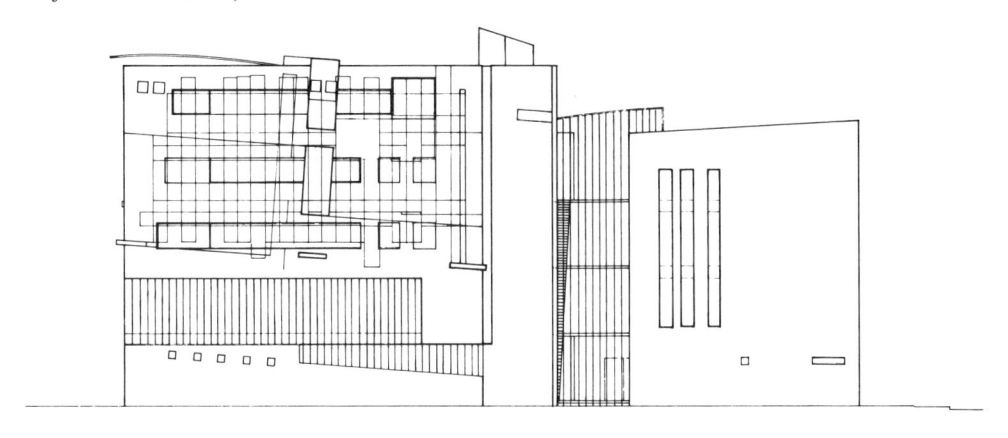

P 103   Projekt Heinrichstraße, Schnitt A-A

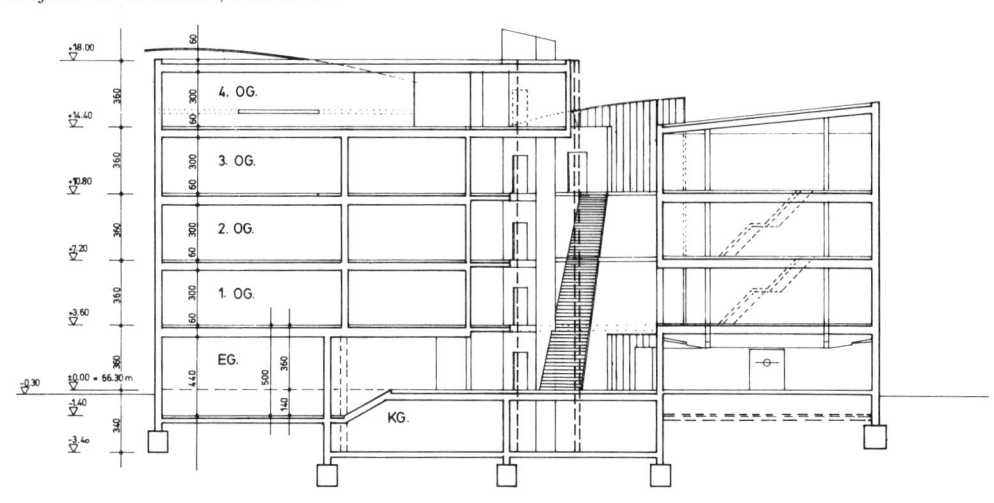

P 104   Projekt Heinrichstraße, Schnitt C-C

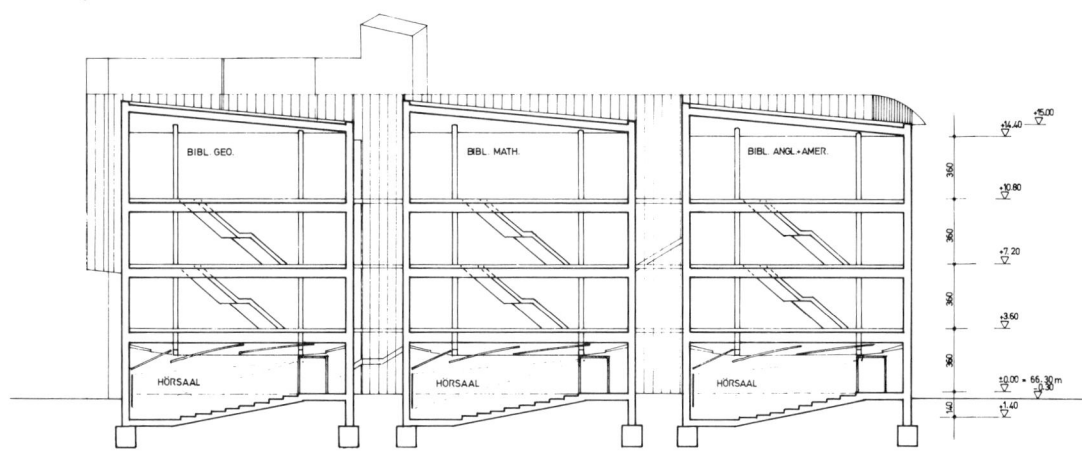

217

F 62 Projekt Heinrichstraße, Modellaufnahme

7.2 *UNIVERSITÄTSBIBLIOTHEK DER
TECHNISCHEN UNIVERSITÄT
GRAZ* — *Hauptbibliothek*
Graz, Technikerstraße 4

Planung: Architekten
Univ.-Prof. Dipl.-Ing.
Karl Raimund Lorenz
Dipl.-Ing. H. Repolusk
Dipl.-Ing. H. Illgerl
Dipl.-Ing. H. Worschitz
Dipl.-Ing. H. Weixler, alle Graz
Statik: Dipl.-Ing. Paul Bilek, Graz

Fertigstellung: 1975

Nutzbare Fläche:
   a) Lese- u.
      Verwaltungszone ... 2.470 m²
   b) Magazinszone .... 1.810 m²
      Zusammen .... 4.280 m²

Kapazität: 400.000 Bände
dzt. Bestand: 336.000 Bände, davon
     170.000 Bände Hauptbibliothek
     1.700 lfd. Zeitschriften, davon
     660 Hauptbibliothek
Zuwachs pro Jahr: 12.000 Bände, davon
     6.500 Bände Hauptbibliothek
Anzahl der Leseplätze: 180
Anzahl der Studierenden: rd. 7000
Sammelgebiete:
Technisch-naturwissenschaftliche Literatur, Patentschriften.

Im Jahre 1958 wurde von der obengenannten Architektengruppe ein Neubau als Erweiterung des Altgebäudes der Technischen Hochschule — seit 1975 Technische Universität — für die Fakultät Bauingenieurwesen und Architektur einschließlich Vermessungswesen geplant, der durch ein Gelenk mit dem Altbau verbunden werden und an dessen Ende sich — wieder durch ein Gelenk verbunden — die neue Hauptbibliothek befinden sollte.

In der Hauptachse dieses Erweiterungsbaues sollte ein großes Auditorium Maximum zum Park zu entstehen. Dieses Projekt wurde von den Bundesministerien für Unterricht und Kunst sowie für Bauten und Technik genehmigt und sollte in vier Baustufen verwirklicht werden. Es kamen jedoch nur zwei Baustufen zur Durchführung. So ist der geplante Erweiterungsbau nur ein Torso geblieben — sowohl in funktioneller als auch in baukünstlerischer Hinsicht.

1965 wurde mit dem südseitigen Drittel des Fakultätsgebäudes für Bauingenieurwesen und Architektur begonnen und 1970 mit dem Bau des daran anschließenden Bibliotheksgebäudes. Die Bibliothek befand sich bis zu diesem Zeitpunkt im rückwärtigen Trakt des ersten Obergeschosses des Altbaues; sie war im Stil einer hohen Saalbibliothek mit umlaufenden Galerien angelegt und entsprach mit ihren 76 Leseplätzen und ihrem Stellraum für maximal 60.000 Bände in keiner Weise mehr den Anforderungen und der stark angestiegenen Hörerzahl. Eine Hauptforderung — insbesondere des gesamten Professorenkollegiums — war, das „Herzstück" der Bibliothek (mit Anmeldung, Bücherausgabe, Katalog und Lesesälen) wie früher in derselben Geschoßhöhe unterzubringen, in der sich die Aula, der Sitzungssaal, das Rektorat, die Universitätsdirektion, die Quästur, die meisten Hörsäle, die Dekanate und der Hauptzugang zum Auditorium Maximum befinden. Diesem ersten Obergeschoß im Altbau entsprach (wegen der geringen Geschoßhöhen des Neubaues und wegen des Gefälles der Technikerstraße) das dritte Obergeschoß im Neubau der Bibliothek. Eine besondere Auflage war ferner die weitgehende Erhaltung des alten Baumbestandes — des Mandell-Gartens; auch wurde von seiten der Ministerien auf besondere Sparsamkeit in der Planung und in der Bauausführung Wert gelegt.

So entstand auf einer verbauten bzw. überbauten Fläche von nur 528 m² ein „Turmtypus" mit einer Gesamtnutzfläche von 4280 m². Der Haupteingang zur Bibliothek sollte über die geplante große Eingangshalle des neuen Fakultätsgebäudes (die dann nicht gebaut wurde) bzw. vom Haupteingang des Altbaues her erfolgen, und zwar über das Repräsentationsgeschoß der Technischen Universität, von wo der Hauptzustrom zur Bibliothek zu erwarten war. Als Hauptvertikale waren die drei großen Aufzüge vorgesehen, die sich in der neuen Eingangshalle des Fakultätsgebäudes gegenüber dem neuen Haupttreppenhaus befinden sollten; sie waren auch für Behinderte geplant. Doch dazu kam es nicht.

Die Bibliothek ist mit dem Fakultätsgebäude durch eine verglaste Stiegenhalle, welche vom Erdgeschoß bis zum fünften Obergeschoß reicht, verbunden. Das Bibliotheksgebäude gliedert sich in zwei ineinander verzahnte Baukörper, und zwar in den fünfstöckigen Trakt mit den Benützer- und den Bearbeitungsräumen und in den zehnstöckigen Magazinsturm. Infolge der verschiedenen Geschoßhöhen beider Trakte, die sich aus der Nutzung ergeben, liegen das erste Obergeschoß des Benützertraktes und das erste Obergeschoß des Magazinstraktes, ebenso das dritte Obergeschoß des Benützertraktes und das vierte Obergeschoß des Magazinstraktes sowie das fünfte Obergeschoß des Benützertraktes und das siebte Obergeschoß des Magazinstraktes auf gleichem Niveau. Die beiden Trakte stehen in deutlichem Kontrast zueinander; während der niedrigere Benützertrakt durchlaufende, großflächige Fensterbänder und eine vorgehängte, hinterlüftete Aluminiumverkleidung aufweist, besitzt der „Bücherturm" eine vorgehängte, hinterlüftete Fassade mit Betonfertigteilplatten und kleineren Fenstern (1 × 1 m), welche diesem Trakt seinen Magazinscharakter geben.

Konstruktiv ist die neue Bibliothek ein Stahlbeton-Skelettbau mit günstigen Stützenentfernungen, um eine möglichst variable Grundrißfläche zu erreichen. Als Decken wurden im Magazinsbereich 25 cm starke, massive Platten gewählt, die den Stützbereich von 7,65 × 6,80 m träger- und verstärkungslos überbrücken; im Benützerbereich Stahlbetonplattendecken auf kreuzweisen Unterzügen, die ihrerseits wieder in die Stützen oder in die Betonscheiben einbinden; hier beträgt die Plattenstärke nur 16 cm bei einer Überspannung von 6,80 × 4,10 m.

Über einen überdeckten Vorplatz und eine breite Freitreppe gelangt man in eine Halle im erhöhten Erdgeschoß. Sie war ursprünglich als Ausstellungsraum, Zeitungsleseraum, Lehrbuchsammlung und Raum für den Portier gedacht, wird aber nun als Raum für die Hochschülerschaft mit einer Kopier- und Vervielfältigungsanlage verwendet. Sie nimmt — zusammen mit dem Personenaufzug — etwa zwei Drittel des Erdgeschosses ein. Der Rest dient dem An- und Abtransport der Bücher, der in Geländehöhe stattfindet. Von dort führen eine interne Stiege und ein interner Aufzug zu den darüberliegenden Magazinsgeschossen.

Das erste Obergeschoß enthält den Zeitschriften-Lesesaal und die Einbandstelle; das in gleicher Höhe befindliche Magazin dient als Freihand-Zeitschriftenmagazin, in dem die jeweils letzten zehn Jahre aufbewahrt werden. Das zweite Obergeschoß beinhaltet den Lesesaal (zugänglich vom dritten Obergeschoß) sowie einen Mikrofilm- und einen Schreibmaschinenraum; an der Südostecke wurde nachträglich ein Raum für Buchbearbeitung eingebaut. Der Haupteingang zur Bibliothek befindet sich im dritten Obergeschoß. Durch ein Drehkreuz, das die Besucherfrequenz zählt, gelangt man zur Leihstelle mit Kontrolle und Auskunft; den größten Teil des Raumes nehmen die Katalogschränke ein, den Rest 24 Leseplätze. Ein westlich daran anschließender Raum ist als Aufenthaltsraum für das Personal bestimmt. Das im gleichen Niveau liegende vierte Magazinsgeschoß dient als Handmagazin für die Leihstelle sowie als Raum für die Lehrbuchsammlung. Gegenüber der Ausgabe führt eine freitragende geschwungene Treppe einerseits in das zweite Obergeschoß, andererseits in das vierte Obergeschoß, in welchen sich die eigentlichen Lesesäle befinden — von drei Seiten her gut belichtet, mit Blick in den Park. Das fünfte Obergeschoß ist der Direktion und den Bearbeitungsräumen, der Poststelle sowie der Foto- und Offsetstelle vorbehalten. Im sechsten und siebenten Obergeschoß war die Einrichtung einer Satelliten-Beobachtungsstation geplant; hier befinden sich die Abluftzentrale, der Aufzugmaschinenraum, ein Geräteraum und begehbare Terrassen. Ein Tiefkellergeschoß — gänzlich unter Terrain — enthält die Zuluftzentrale, den Umformerraum, zwei Schutzräume und einen Abstellraum; ein zur Hälfte aus dem Gelände ragender erster Keller die Personalräume mit allen dazugehörigen Naßräumen.

Die technischen Anlagen wie Aufzugs-, Klima-, Heizungs- und Lüftungsanlagen befinden sich im Kern des Gebäudes. Die Lesesaalgeschosse werden über eine Hochdruck-Klimaanlage versorgt, die Büchermagazine mit Zu- und Abluft. Die Beleuchtung der Lesesäle erfolgt mittels Lichtbändern in der abgehängten Decke.

An technischer Einrichtung gibt es noch eine Gegensprechanlage, Rauchgasmelder, ein Notstromaggregat und anderes mehr. Die Fußböden erhielten aus Schallschutzgründen Textilbespannung auf schwimmendem Estrich. Bei der Möblierung wurde auf laute und leise Bereiche Rücksicht genommen und zum Teil Holzverkleidungen verwendet.

Diese Bibliothek stellt noch den Typus einer dreigeteilten Bibliothek (Lesezone — Bearbeitungszone — Magazinszone) dar. Sie ist als keine sehr glückliche Lösung zu betrachten, doch ist zu bedenken, daß das Gesamtvorhaben nur ein Torso geblieben ist, wodurch bestimmte Voraussetzungen der Planung weggefallen sind. Die Halle im Erdgeschoß ist praktisch funktionslos für die Bibliothek, obwohl sie der wertvollste Teil für die Benützung wäre. Darüber hinaus hat sich die vertikale Gliederung im Betrieb als ungünstig und unwirtschaftlich erwiesen. Eine weniger kompakte, flachere Gebäudemasse wäre diesem Typ vorzuziehen gewesen, doch stand — wie erwähnt — nur eine verhältnismäßig kleine Fläche zur Verfügung, die verbaut werden durfte.

Im Zuge der Benützung hat sich herausgestellt, daß die ursprünglich als Magazin geplanten, später jedoch zu Arbeits- und Personalräumen umfunktionierten Bereiche im ersten bis fünften Obergeschoß (an der Nordwestecke), die fassadenmäßig zum Magazinstrakt gehören, mit deren verhältnismäßig kleinen Fenstern nicht ausreichend belichtet sind. Die über 2 m hohen Parapete waren jedoch vom Bibliotheksausschuß ausdrücklich gewünscht, um möglichst viel Stellfläche für die Regale zu erhalten. Was die Funktion der Bibliothek betrifft, so ergaben sich ziemliche Nachteile durch die Trennung der Buchbearbeitung, die sich im fünften Obergeschoß befindet, von den im dritten Obergeschoß notwendigen Arbeitsinstrumenten der Bibliothek, wie Katalog und bibliographischer Handapparat. Außerdem ist das fünfte Obergeschoß zu klein geworden, so daß Ausweichlösungen gesucht werden müssen, die nicht gerade ideal sind. Aber nur wenige Gebäude bleiben bekanntlich im Zustand der Planung, und es dauert häufig nur verhältnismäßig kurze Zeit, daß eine bestimmte Funktion dem Charakter oder dem Umfang nach unverändert erhalten wird. Freilich fehlt dem Gebäude eine gewisse Flexibilität für später etwa notwendig werdende Veränderungen.

Literaturhinweise

LORENZ, Raimund: Die Neubauten der Technischen Hochschule Graz. In: Situationsbericht 1970. Technische Hochschule Graz 1970.
WEIXLER, Manfred: Die Universitätsbibliothek der Technischen Universität Graz. Graz 1984. 255 S. mit Abb. und Plänen. Techn. Univ. Graz. Dissertation.

P 105 TU Graz, Lageplan

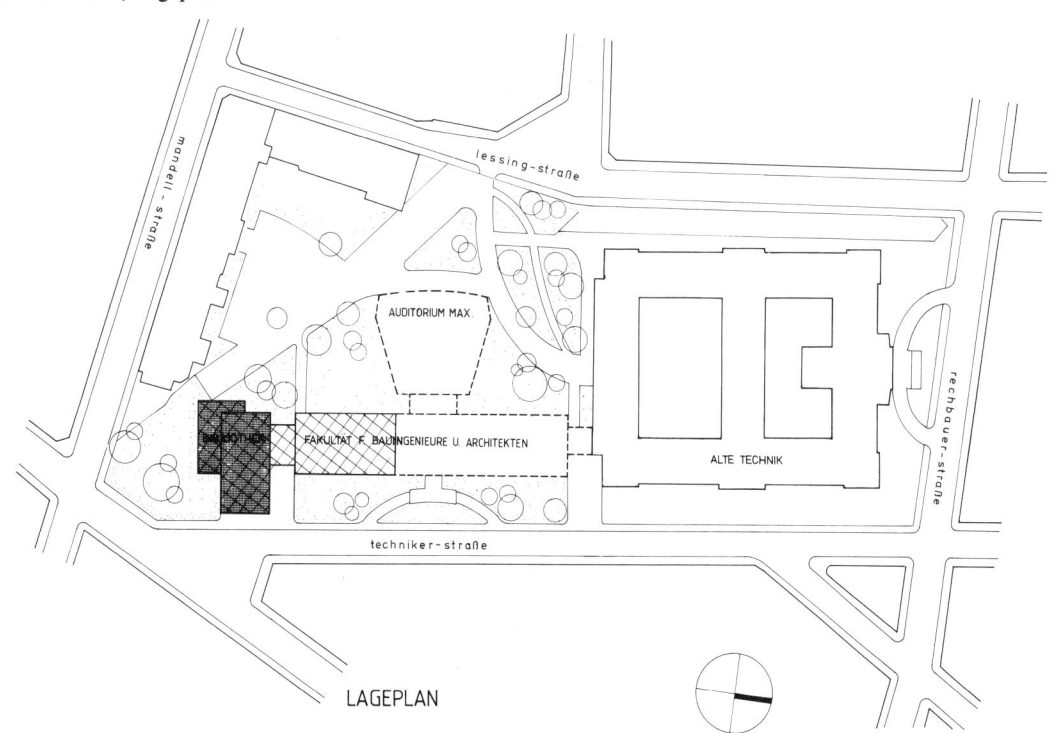

P 106   TU Graz, Grundriß Erdgeschoß

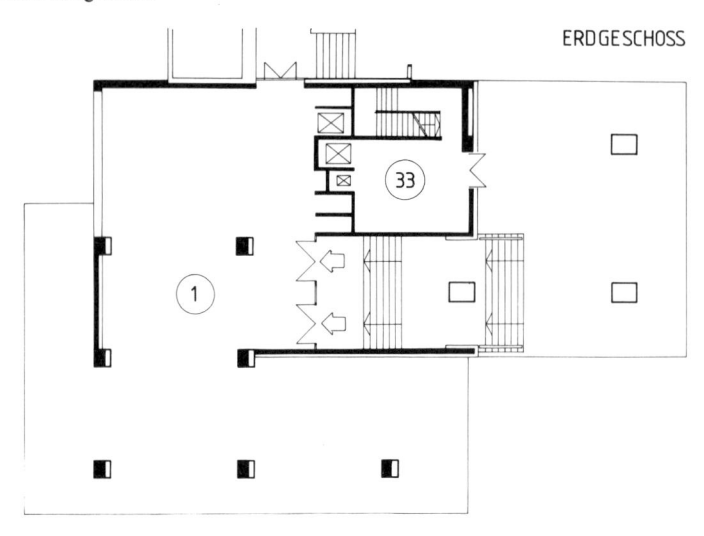

P 107   TU Graz, Grundriß 3. Obergeschoß

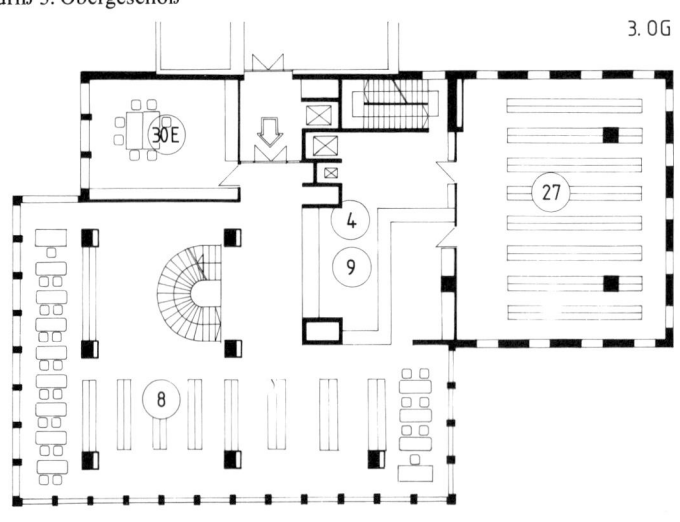

P 108   TU Graz, Grundriß 5. Obergeschoß

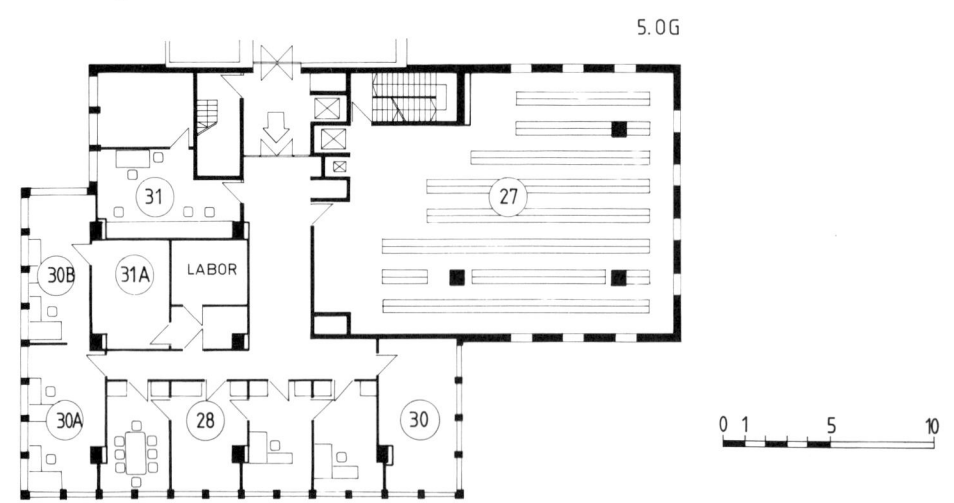

P 109 TU Graz, Schnitt

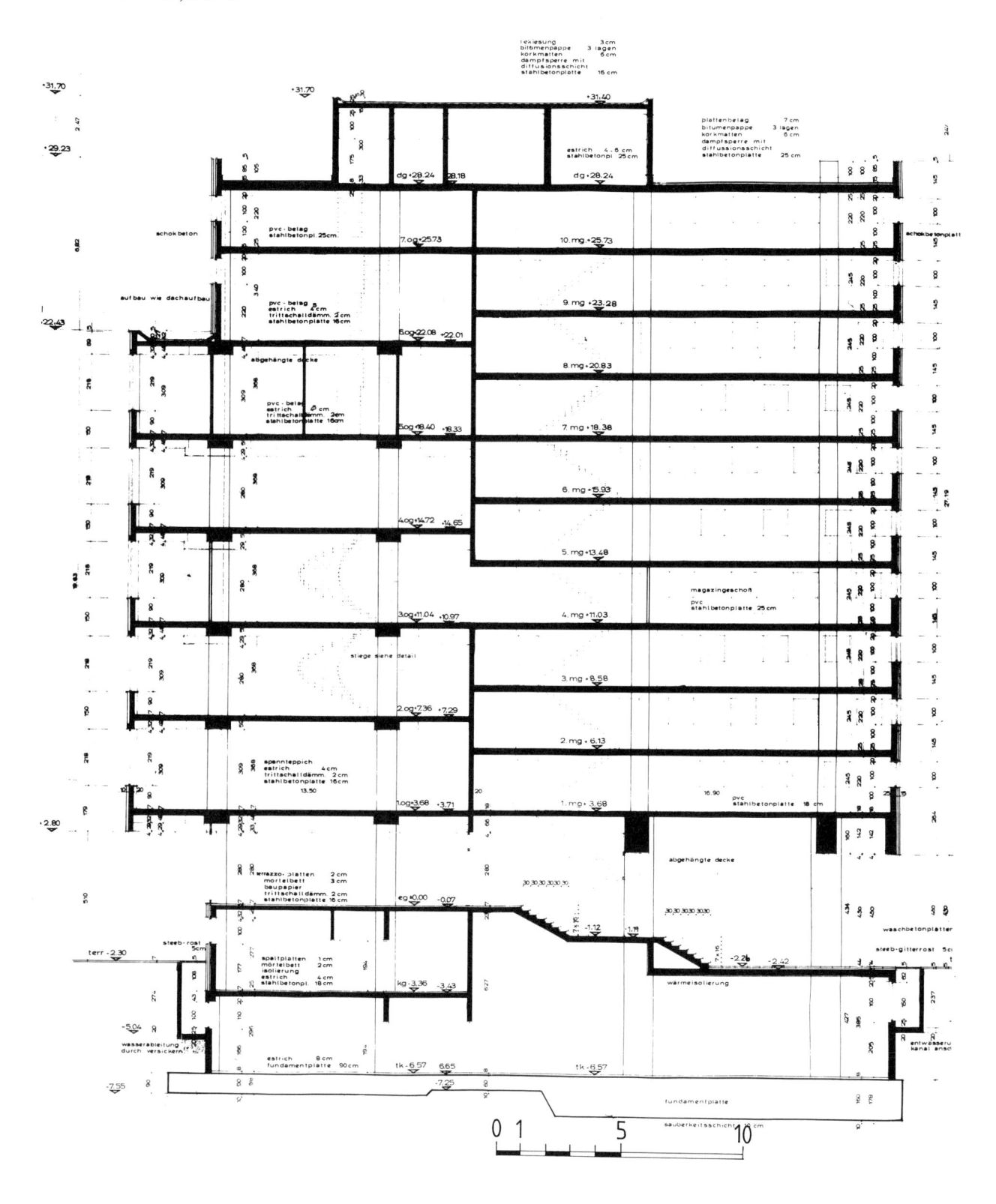

F 63 TU Graz,
Ansicht der Bibliothek

F 64 TU Graz,
Bibliothek,
Stiege zwischen
den Lesebereichen

7.3 UNIVERSITÄTSBIBLIOTHEK DER MONTAN-UNIVERSITÄT LEOBEN
7.3.1 Hauptbibliothek

Planung: Landesbauamt Steiermark, Graz

Fertigstellung: 1978

Nutzbare Fläche: 1230 m²

Kapazität: 100.000 Bände

dzt. Bestand: 159.000 Bände, davon
        90.000 Bände Hauptbibliothek
        1.100 lfd. Zeitschriften, davon
        710 Hauptbibliothek

Zuwachs pro Jahr: 2.700 Bände, davon
        1.700 Hauptbibliothek

Anzahl der Leseplätze: 54

Anzahl der Studierenden: 1500

Sammelgebiete:
Naturwissenschaften, Technik, Austriaca, Styriaca, Berg- und Hüttenwesen, Montangeologie, Mineral- und Rohstoffwirtschaft, Montanmaschinenbau, Rohstoffkunde u. a. m.

Diese kleine Universitätsbibliothek besteht, seitdem die Bergakademie in Leoben gegründet wurde (1850). Einen eigenen Raumkomplex erhielt sie allerdings erst zugleich mit dem Neubau der Montanistischen Hochschule (1908—1910), jedoch im bescheidensten Umfang (Verwaltungsraum, Lesesaal und Bücherspeicher). Nach Neuadaptierung der Benützungsräume in den Jahren 1960/61 entstanden jedoch binnen kurzer Zeit neue Raumprobleme infolge des beträchtlichen Anwachsens des Literaturzuganges, Aufstockung des Personals zur Bearbeitung sowie der notwendigen Vermehrung der Geräte. Um nun den Bestand dieser Bibliothek in zentraler Hochschullage auf längere Zeit sicherzustellen, trug man sich mit dem Gedanken eines Bibliotheksneubaues auf dem hinter dem Gießereiinstitut liegenden Parkgelände. Doch dazu kam es nicht. Hingegen wurde im Zusammenhang mit der Übersiedlung mehrerer Institute in die neuen Hochschulgebäude das gesamte Stockwerk direkt unterhalb der Bibliothek frei.

1972 konnte, nach einigen Widerständen seitens der Universität, mit dem Umbau begonnen werden, der in mehreren Abschnitten weitergeführt und im Jahre 1978 fertiggestellt wurde.

Während sämtliche Benützungsräume und der Speicher im ersten Stock verblieben, konnte das gesamte darunterliegende Geschoß für Verwaltungs- und Bearbeitungszwecke sowie für Werkstätten genützt werden. Eine neuentstandene „Bibliothekspassage" in diesem Teil bildet einen zentralen Kommunikationsraum, der auch Ausstellungszwecken dient; von diesem gelangt man einerseits in die hofseitig gelegenen Räume wie Direktion, Sekretariat, Titelaufnahme und Mikrofilmstation mit Dunkelkammer, andererseits in den zentralen Werkstattraum der Bibliothek; darunter liegt die Offsetstelle der Universitätsbibliothek. Fensterseitig befindet sich die Buchbinderei. Außerhalb der Bibliothekspassage liegen die Materialverwaltung und Verrechnung, die Informationsvermittlungsstelle sowie die Naßräume.

Im ersten Stock betritt man den Benützungsbereich über einen Vorraum, der gleichzeitig der Vervielfältigung dient und den Katalog enthält. Von diesem kommt man direkt in den Lesesaal mit seinen 45 Arbeitsplätzen, jeder Platz mit seiner eigenen Beleuchtung. Vom Vorraum direkt zugänglich ist auch der Zeitschriftenleseraum mit neun Leseplätzen. Gleichfalls vom Vorraum erreichbar ist die Leihstelle; diese war nur künstlich belichtet und belüftet, denn dahinter liegt der viergeschossige Bücherspeicher, der sich im großen und ganzen noch im Zustand seiner Erbauung befindet, mit einer schweren Eisenträgerkonstruktion auf Schienenträgern; die einzelnen Geschosse sind durch Gitterroste getrennt, wie sie damals gang und gäbe waren. Ein Bücheraufzug erleichtert die Manipulation.

Im Zusammenhang mit einer notwendigen Erweiterung des Magazins — möglicherweise in einem Keller des Hauptgebäudes — wurde der Benützungsbereich umgestaltet, um insbesondere den Ausbau des Freihandbereiches und eine zweckmäßigere Gestaltung der Leihstelle zu erzielen.

Zusammenfassend kann gesagt werden, daß hier in jahrelanger Kleinarbeit, unter Überwindung größter Schwierigkeiten, eine kleine Universitätsbibliothek geschaffen wurde, die zwar in der Raumgliederung nicht optimal ist, jedoch den gegebenen Verhältnissen Rechnung tragend als durchaus modern und leistungsfähig zu bezeichnen ist, sofern auch die vorangeführten notwendigen Erweiterungen bzw. Umbauten in absehbarer Zeit zur Durchführung gelangen können.

Literaturhinweise

KROLLER, Franz: Die Bibliothek der Montanistischen Hochschule Leoben. In: Biblos 11 (1962), H. 1, S. 16—23.
SIKA, Peter: Zur neueren Entwicklung der Universitätsbibliothek der Montanistischen Universität Leoben 1958—1978. In: Biblos 27 (1978), H. 2, S. 275—281.

P 110   UB Leoben, Grundriß Erdgeschoß

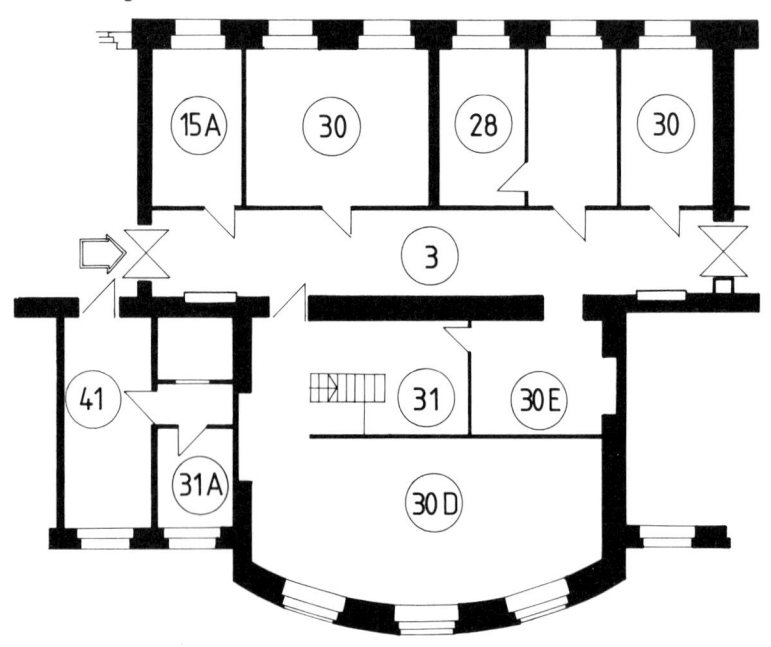

P 111   UB Leoben, Grundriß 1. Stock

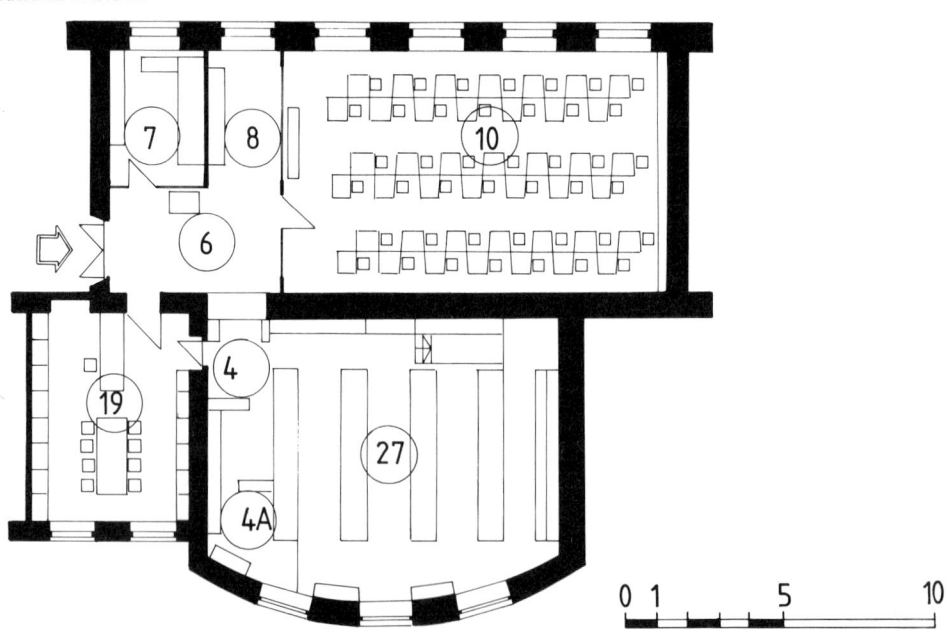

F 65 UB Leoben, Eingangsbereich

F 66 UB Leoben, Lesesaal

7.3.2 Projekt einer Fachbibliothek für Geowissenschaften an der Montan-Universität Leoben
Peter-Tunner-Gebäude

Planung: Architekt
Dipl.-Ing. Eilfried Huth, Graz

Fertigstellung: voraussichtlich 1987

Nutzbare Fläche:
    a) Lese- u.
        Verwaltungszone ..... 123 m²
    b) Magazinszone ...... 160 m²
    Zusammen .... 283 m²

Kapazität: 40.000 Bände
dzt. Bestand: 20.000 Bände und
           50 lfd. Zeitschriften
Zuwachs pro Jahr: 1000 Bände
Anzahl der Leseplätze: 20
Anzahl der Studierenden: rd. 1500
Sammelgebiete:
    Geowissenschaften.

Die Geowissenschaftliche Fachbibliothek soll vier frühere Institutsbibliotheken im Peter-Tunner-Gebäude (Rohstoffzentrum) zusammenfassen. Sie wird über vier Geschosse im mittleren Bereich des Gebäudes reichen, die auch von Instituten belegt sind.

In der Achse des Haupteinganges führt ein entsprechend breiter Gang mit zwanzig Garderobe-Schließfächern zum Bibliothekseingang, an dem sich die Kontrolle befinden wird. Der Lesebereich im Erdgeschoß, der einen Textilbelag erhält, wird zur Gänze mit Glas eingedeckt. Die einzelnen Geschosse sind durch eine Wendeltreppe und einen Aufzug miteinander verbunden.

Aus klimatischen Gründen werden selbstschließende Türen in jedem Geschoß vorgesehen.

Im ersten Stock ist die Zeitschriftenzone geplant, und zwar in der Art einer Galerie, die von oben her durch eine durchlaufende Oberlichte in Bogenform erhellt wird. Direkt unter dem Hauptgeschoß werden drei frei zugängliche Magazinsgeschosse geschaffen werden.

Bücherspeicher, Arbeitsbereich und Leseraum werden klimatisiert.

P 112   Projekt einer Fachbibliothek für Geisteswissenschaften in Leoben, Grundriß Erdgeschoß

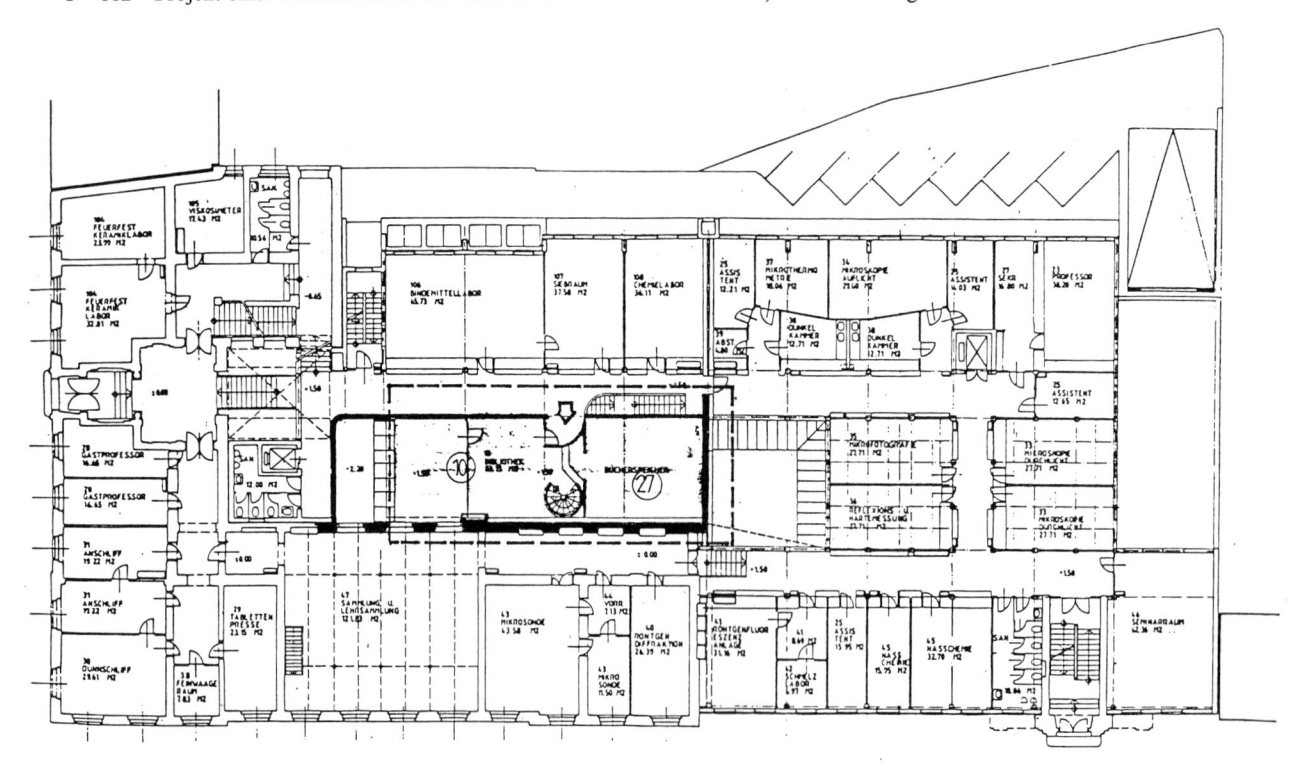

P 113   Projekt Leoben, Grundriß 1. Stock

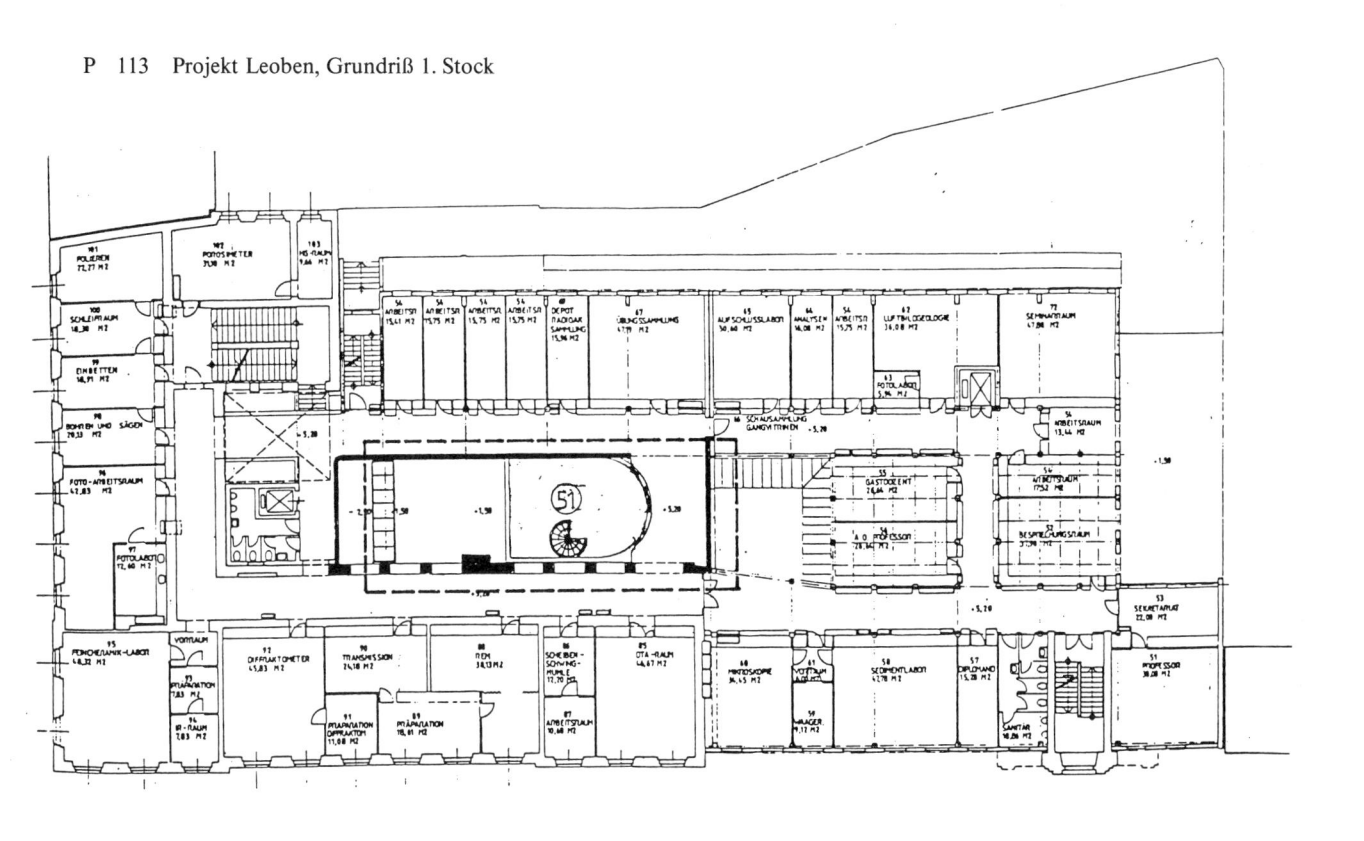

P 114   Projekt Leoben, Schnitt

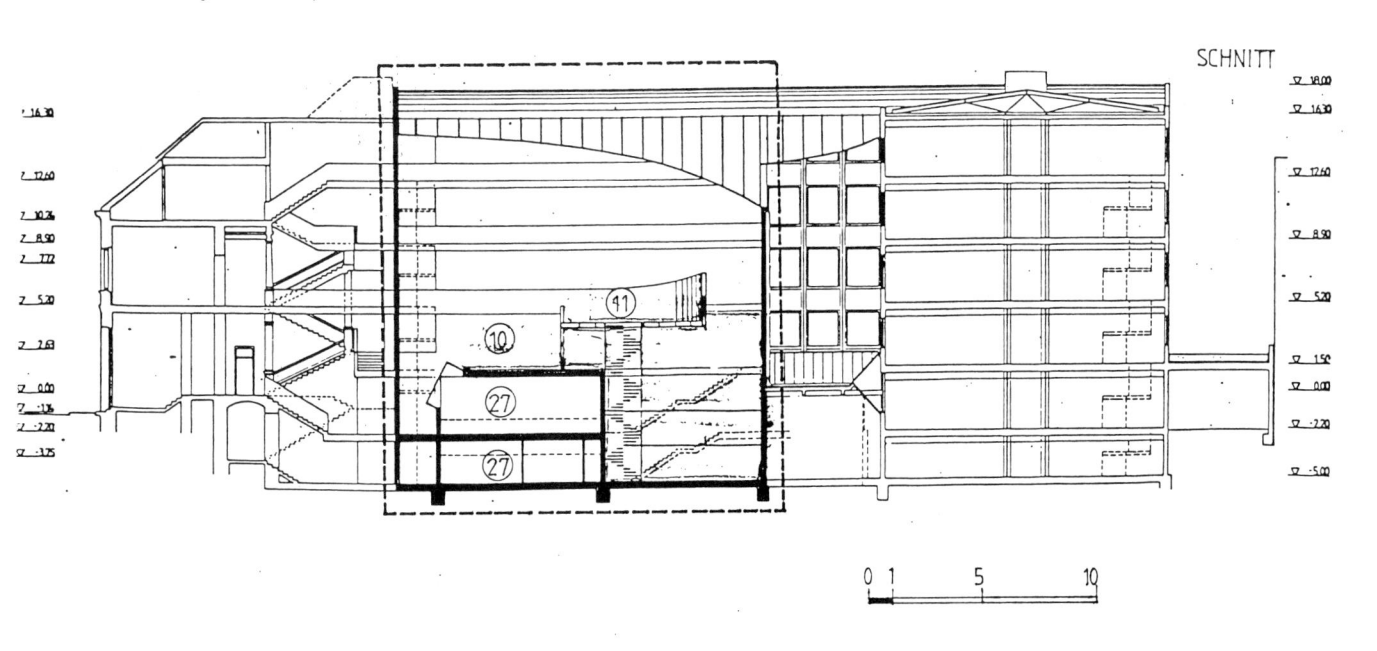

7.4 STEIERMÄRKISCHE LANDESBIBLIOTHEK AM JOANNEUM IN GRAZ

Planung: Amt der Steiermärkischen Landesregierung

Fertigstellung des Umbaues: 1980

Kapazität: 600.000 Bände
dzt. Bestand: 550.000 Bände
Zuwachs pro Jahr: 7000 Bände
Anzahl der Leseplätze: 50

Sammelgebiete:
Universalbibliothek, Styriaca, Steirische Frühdrucke, Nachlässe steirischer Dichter und anderer Persönlichkeiten, Silesiaca der ehemaligen Schloßbibliothek Neudau, Goethe-Bibliothek.

Die Gründungsabsicht des Joanneums geht aus der Stiftungsurkunde des Erzherzogs Johann für das „Innerösterreichische Nationalmuseum" (1811) hervor. Eine Abordnung der Stände mußte geloben, „das ihnen anvertraute Heiligtum der Wissenschaft zu bewahren, zu bereichern, zu verschönern und im Zustand blühender Erhaltung den Nachkommen zurückzulassen".

1812 wurde in diesem Gebäude eine „Lese-Anstalt" eröffnet, die von Anfang an den Charakter einer Universalbibliothek hatte, für alle Personen, „die sich den öffentlichen Geschäften oder irgendeinem literarischen Fach mit Auszeichnung widmen". Diese Bibliothek erweiterte sich dann im Laufe der Jahrzehnte — wobei es auch mancherlei Rückschläge gab — zu der heute beachtlichen Steiermärkischen Landesbibliothek.

Gegen Ende des 19. Jahrhunderts erfolgte ein für die damalige Zeit modern ausgestatteter Neubau (mit elektrischem Licht, Zentralheizung und Aufzügen) als Zubau zum Museum Joanneum. Dieser wurde in den siebziger Jahren unseres Jahrhunderts weitgehend um- und ausgebaut. Das außerordentlich hohe zweite Stockwerk wurde in zwei Etagen mit Verschubregalanlagen unterteilt — eine Arbeit, welche die Techniker vor schwierige konstruktive Aufgaben gestellt hat. Auch am Dachboden wurde ein Magazin eingerichtet. Der Halbstock, in dem sich früher das Magazin befand, wurde zu Arbeitsräumen umgebaut. Im Erdgeschoß befindet sich der große Lesesaal neben einem eigenen Professorenraum („Gelehrtenzimmer").

Auch die Goethe-Bibliothek, aus der Privatsammlung des Industriellen Czerweny, Edler von Arland, nimmt einen eigenen Raum ein. Am prunkvollsten aber ist der neugestaltete Entlehnungsraum im Tiefparterre — unmittelbar beim Eingang zur Bibliothek — im Sommerrefektorium des ehemaligen St.-Lambrecht-Hofes mit Deckenfresken aus dem 18. Jahrhundert, die besonders eindrucksvoll in Erscheinung treten, weil der Fußboden dieses Saales im Zuge des Umbaues und einer Trockenlegung um 4 m gehoben worden ist.

Literaturhinweis

HEGENBARTH, Hans: Die Steiermärkische Landesbibliothek. Graz 1980, 20 S., 12 Bl. Abb. (Arbeiten aus der Steiermärkischen Landesbibliothek 17.)

F 67 Steiermärkische Landesbibliothek am Joanneum, Bücherausgabe

7.5 BIBLIOTHEK DER PÄDAGOGISCHEN AKADEMIE DER DIÖZESE GRAZ-SECKAU

Graz-Eggenberg, Georgigasse 85—89

Planung: Architekten
Univ.-Prof. Dipl.-Ing.
Günther Domenig
Dipl.-Ing. Eilfried Huth,
beide Graz

Fertigstellung: 1968

Nutzbare Fläche: 295 m²

Kapazität: 20.000 Bände
dzt. Bestand: 17.000 Bände und
50 lfd. Zeitschriften
Zuwachs pro Jahr: 1200 Bände
Anzahl der Leseplätze: 76
Sammelgebiete:
Humanwissenschaften, Fachdidaktik.

Die Planung der Pädagogischen Akademie der Diözese Graz-Seckau ging aus einem baukünstlerischen Wettbewerb hervor, bei dem die obengenannten Architekten mit dem 1. Preis ausgezeichnet wurden. Innerhalb einer amorphen Stadtrandsiedlung, zwischen verbautem und nur dünn verbautem Gebiet, am Rande einer Hügellandschaft gelegen, ist diese Akademieanlage als ein autonomes, in sich abgeschlossenes und bezugsfreies Gebilde konzipiert, mit extremer Differenzierung der Volumina — fast in skulpturaler Gesamtform. Die in sich geschlossene Gesamtanlage entspricht der internationalen Architekturentwicklung dieser Zeit, in der der „Brutalismus" vorherrschend war, ist aber architektonisch unbedingt interessant, jedoch sehr hart in ihrer Auffassung.

Alle tragenden Teile sind aus Sichtbeton mit rauher Bretterschalung, weitgehend schalrein belassen (auch innen). Der graue Beton und der fast überall angewendete schwarze Asphaltboden verleiht dem Ganzen einen straffen Ernst, der jedoch in gewissem Gegensatz zur im Prinzip heiteren Mentalität der jungen Menschen steht, die dort als Lehrkräfte ausgebildet werden. Kein Wunder also, daß diese versuchten, durch Bemalen der Wände, durch Bekleben mit Zeichnungen und Plakaten oder durch Dekorierung in irgendeiner anderen Form die Gesamtatmosphäre etwas freundlicher und heiterer zu gestalten.

Die Bibliothek selbst mit ihren hellen Buchenholz-Möbeln bzw. Verkleidungen und den bunten Bücherrücken in den Regalen hellt diese Eintönigkeit auf. Sie ist im Erd- und Untergeschoß der weit ausgedehnten Gesamtanlage, zu der auch ein Studentenheim gehört, untergebracht, jedoch nicht in zentraler Lage, sondern von der Aula her erst durch mehrere abgewinkelte Gänge erreichbar. Sie besteht aus einem zum Park vom Schloß Eggenberg zu gelegenen Raum, in dem die Verwaltung der Bibliothek den Ein- und Ausgang kontrolliert und in dem sich auch die Katalogkästen befinden. Der Leseraum ist durch eine (leider nicht zu öffnende) Plexiglaskuppel über der Mitte des Raumes belichtet; eine quadratische Lichtöffnung reicht bis zum Untergeschoß, wodurch im Erdgeschoß eine geschlossene Ballustrade entstanden ist, um die herum 28 Leseplätze angeordnet sind; der unmittelbar daneben liegende Raum enthält Regale zur Freihandbenützung. Eine einläufige Treppe führt zum Untergeschoß mit einem Leseraum unterhalb des vorgenannten, jedoch mit 48 Leseplätzen und einer Freihandaufstellung wie oben. Ein unmittelbar daran anschließender Raum konnte im Jahre 1982 als Büchermagazin hinzugenommen werden; dieser war ursprünglich für andere Zwecke geplant, weshalb die große Höhe (3,60 m) nur zum Teil ausgenützt werden kann. Trotz vorhandener Leitern werden die oberen Fächer von den Studierenden nicht benützt.

Literaturhinweis

FEUERSTEIN, Günther, Pädagogische Akademie Graz. In: Bauforum, Jg. 2 (1969), H. 13, S. 25—30.

P 115 Bibliothek der Pädagogischen Akademie der Diözese Graz-Seckau, Grundriß Erdgeschoß

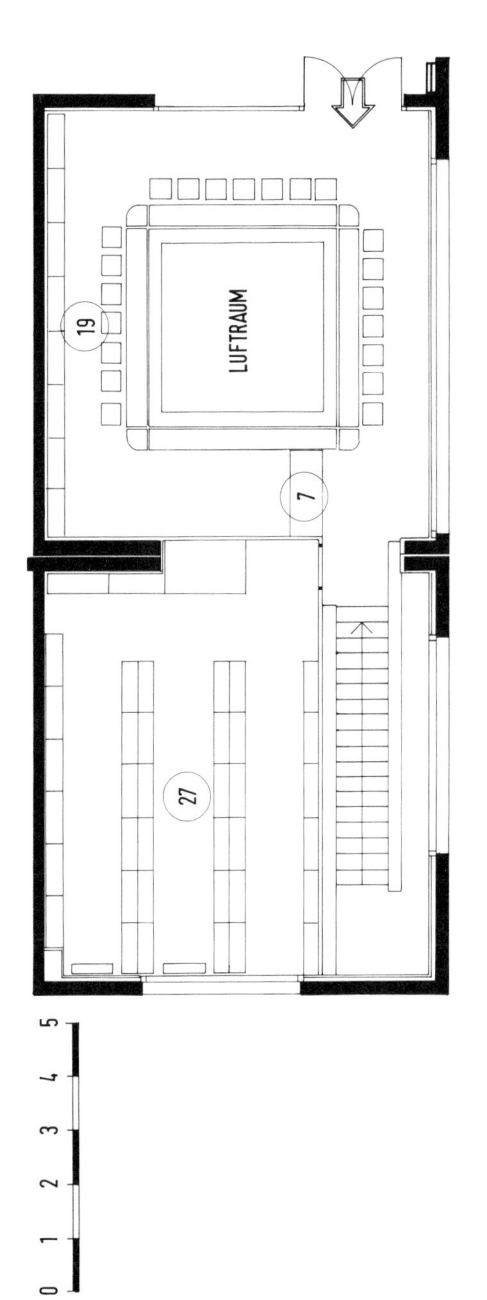

P 116 Bibliothek der Pädagogischen Akademie der Diözese Graz-Seckau, Grundriß, Untergeschoß

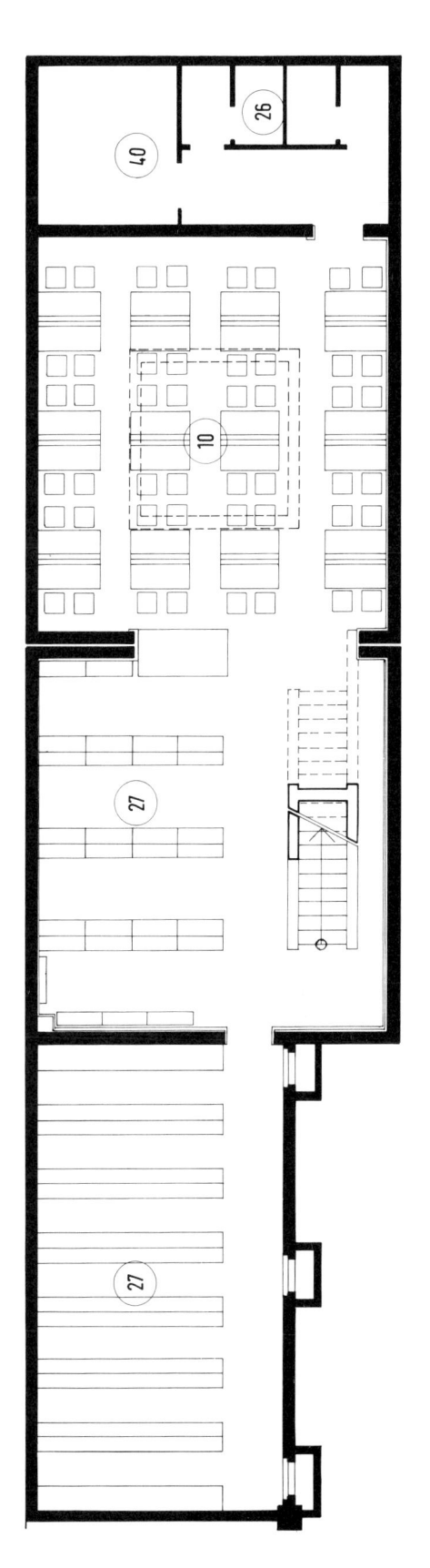

F 68 Pädagogische Akademie der Diözese Graz-Seckau, Luftbild der Gesamtanlage

P 117 Bibliothek der Pädagogischen Akademie der Diözese Graz-Seckau, Schnitt

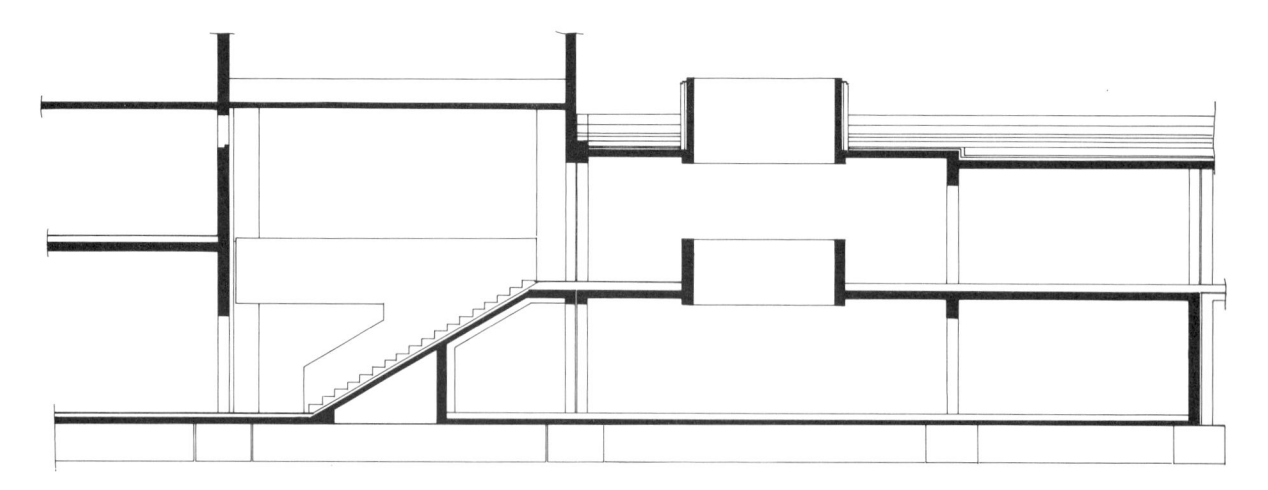

F 69 Pädagogische Akademie der Diözese Graz-Seckau, Bücherausgabe der Bibliothek

F 70 Pädagogische Akademie der Diözese Graz-Seckau, Lesebereich im Untergeschoß

7.6 STADTBÜCHEREI GRAZ
Kiosk Rechbauerstraße — Ecke Wastiangasse

Planung: Architekt
 Univ.-Prof. Dipl.-Ing. Dr. techn.
 Friedrich Moser, Graz

Fertigstellung: 1957

Nutzbare Fläche: 50 m²

Kapazität: 15.000 Bände
 125.000 Bände gesamte
 Stadtbücherei

Anzahl der Leseplätze: keine

Sammelgebiete:
 Belletristik, Sachbücher, Jugendbücher.

Dieser Kiosk der Stadtbücherei Graz — in der Nähe der Technischen Universität — ist wohl der kleinste Bau einer öffentlichen Bibliothek Österreichs.

Infolge einer originellen Bauform hat er unter der Bevölkerung den Spitznamen „Bröselmaschine" erhalten. Das Gebäude, das innerhalb eines dreieckförmigen kleinen Platzes in einer Grünfläche freistehend errichtet ist, besteht aus einem niedrigen Sockel, über den ein quadratischer Kubus mit einem Ausmaß von 6 × 6 m um 75 cm rundherum vorkragt, mit einem Erdgeschoß und einem zurückgesetzten Obergeschoß.

Eine einläufige Stiege verbindet diese beiden Geschosse. Gegenüber dem Eingang befindet sich das Ausgabe- und Entlehnpult, der übrige Raum ist von Regalen ausgefüllt, die im rückwärtigen Teil einen kleinen Raum für den Leiter bilden. Das Obergeschoß ist gleichfalls zur Aufstellung von Regalen bestimmt. Während dieser Kiosk 1957 einen Bestand von 2200 Bänden hatte, ist er seither auf 15.000 Bände gestiegen — ein Zuwachs, der seinerzeit kaum zu erwarten war, nun aber zu einem Stellraumproblem geworden ist. Die Stadtbücherei als Volksbücherei ist eine Institution der Erwachsenenbildung, gemeinnützig und allgemein zugänglich — auch für Kinder und Jugendliche. Außerdem ist sie ein Ort der Begegnung. Sie hat jährlich rund 11.000 Besucher und 58.000 Entlehnungen.

P 118 Stadtbücherei Graz, Kiosk Rechbauerstraße, Grundriß Erdgeschoß und Obergeschoß

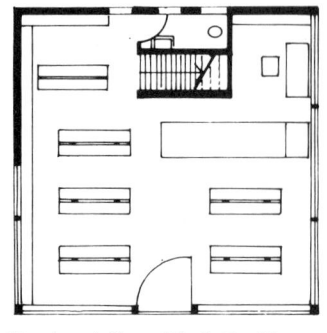

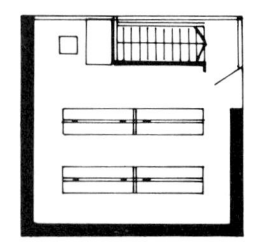

P 119 Stadtbücherei Graz, Kiosk Rechbauerstraße, Schnitt und Ansicht

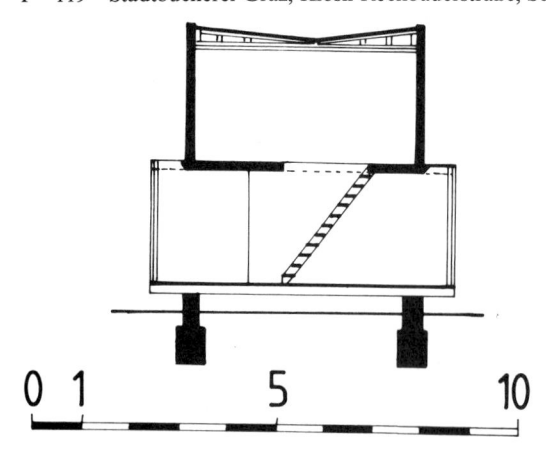

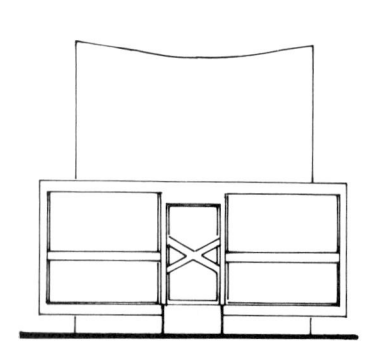

F 71
Stadtbücherei Graz,
Kiosk Rechbauerstraße,
Draufsicht

P 120
Stadtbücherei Graz,
Kiosk Rechbauerstraße,
Perspektive

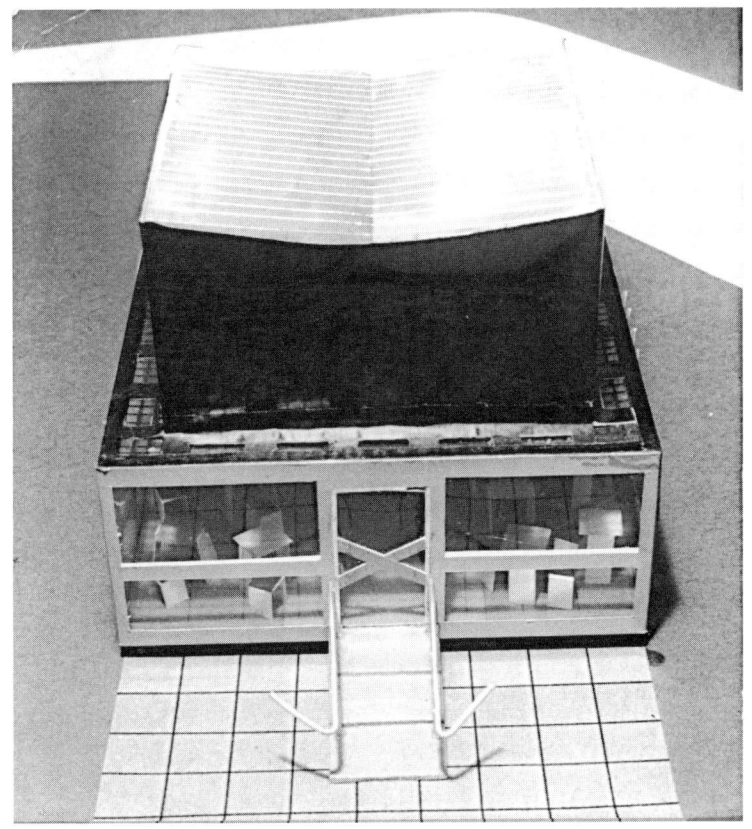

8. TIROL

8.1 UNIVERSITÄTSBIBLIOTHEK INNSBRUCK

8.1.1 Hauptbibliothek, Bücherspeicher

Planung: Architekt
        Dipl.-Ing. Gerhard Plank,
        Solbad Hall

Fertigstellung: 1967

Nutzbare Fläche: 6.100 m²

Kapazität: 1,200.000 Bände
dzt. Bestand: 1,850.000 Bände, davon
                 950.000 Bände Hauptbibliothek
                 7.700 lfd. Zeitschriften, davon
                 3.300 Hauptbibliothek
Zuwachs pro Jahr: 47.000 Bände, davon
                 19.000 Bände Hauptbibliothek
Anzahl der Leseplätze: 220
Anzahl der Studierenden: rd. 17.600
Sammelgebiete:
        Wissenschaftliche Literatur zur Versorgung der Universität Innsbruck und der Bevölkerung Tirols, Tirolensien, Alpinismus.

Die alte Universitätsbibliothek, die seit 1785 in der Universitätsstraße 6 beheimatet war, erhielt in den Jahren 1912—1914 am Innrain — im Anschluß an das neue Universitätsgebäude — ein neues Haus, das zwar damals als erste moderne Bibliothek galt, im Prinzip aber keine neueren Baugedanken verwirklichte, sondern die um ein Drittel vergrößerte Kopie der um 1897 fertiggestellten Marburger Universitätsbibliothek darstellte; und doch ist dieser Bau ein Denkmal seiner Zeit und architektonisch nicht uninteressant. Er besteht aus einem großen Lesesaal mit 12 Galerien, mit seitlich durchlaufenden Bücherstellagen, der mit einer Kassettendecke überspannt ist. Stiege und Galerien haben ringsum ein Geländer im reinen Jugendstil, das noch heute vollkommen erhalten ist. Die Fassade hingegen ist eklektizistisch in Neubarock, wie dies bei den Bauten um 1910 noch häufig der Fall war.

Der östlich anschließende Bücherspeicher mit seinen nur 8800 Laufmeter Stellfläche war von vornherein für eine zukünftige Erweiterung vorgesehen. Als dann die Stellraumsituation unerträglich war und die Universität bereits für 8000 Hörer programmiert wurde, entschloß man sich im Jahre 1962 zum Zubau eines Bücherspeichers für rund 1 Mio. Bände, dessen Planung dem obengenannten Architekten übertragen wurde.

In einer zweiten Etappe sollte dann eine Verbindung mit dem Altbau hergestellt werden, um im Mittelbau zusätzliche Benützer- und Verwaltungsräume zu gewinnen. Doch dieser Plan erregte die Gemüter der Innsbrucker sehr, weil der Speicher aus Funktionsgründen zum Innrain zu keine Fenster auswies. Die Kritiker sprachen von „Betonklotz" oder von „Atombunker". So kam es zu einem jahrelangen Fassadenstreit, bei dem sogar Architekt Prof. Clemens Holzmeister zur Beratung hinzugezogen wurde, ohne daß es zu einem alle befriedigenden Ergebnis gekommen wäre. Der planende Architekt zog sich dann zurück, und der Speicher wurde schließlich mit einigen geringfügigen Änderungen von der Bundesgebäudeverwaltung I allein zu Ende geführt. Die „öffentliche Meinung", die lieber eine Scheinfassade mit neubarocken Volutengiebeln und Blindfenstern gesehen hätte, mußte erkennen daß der Speicherbau als Teil eines Gesamtplanes angesehen werden muß und fand sich schließlich mit dieser Lösung ab.

Der Bücherspeicher:
    Länge: 21 m, Tiefe: 25 m, umbauter Raum:

9072 cbm, Stellraum: 24.245 lfm. Der Kern ist eine freistehende, selbsttragende, achtgeschossige Stahlkonstruktion ohne Mittelstützen auf entsprechend starker Stahlbetonplatte. Die Außenwände, die lediglich ein Witterungsschutz sind und das Dach tragen, sind in Beton-Schüttweise errichtet. Die große Spannweite von 25 m stellte die Statiker vor entsprechende Probleme, die aber zu lösen waren. Die Belichtung des Speichers erfolgte vom Osten her durch einen breiten, von oben bis unten durchlaufenden Glasbetonstreifen an der Front Blasius-Hueber-Straße.

Die Decken und ebenso die Bücherstellagen (mit einer Achsweite von 1,45 m) sind ein Teil der Stahlkonstruktion. Da in unmittelbarem Anschluß an den Bücherspeicher zwei neue Aufzüge eingebaut werden konnten und die horizontalen Wege innerhalb des Speichers relativ kurz sind, wurde auf den Einbau einer Bücherförderanlage bewußt verzichtet. Trotzdem ist die Lösung nicht ideal, weil die Entfernung zum Lesesaal bzw. zur Ausleihe doch rund 50 m beträgt, die mit Bücherwägen überbrückt werden muß. Die Beheizung des Speichers erfolgt von der Heizzentrale der Universität aus; die Be- und Entlüftung über eine eigene Anlage.

Der neue Speicher konnte ausschließlich für Oktav- und Quartformate bestimmt werden, während der alte Speicher mit seinen großen Achsweiten von 1,80 m — nach entsprechendem Umbau der unteren Geschosse — nun den Großformaten dienen konnte.

In der zweiten Bauetappe, im Jahre 1966, wurden beide Speicher zu einem Baukörper vereinigt und der Mitteltrakt erweitert. Gegenüber dem Haupteingang liegen nun Ausleihe und Fernleihe, deren natürliche Belichtung zu wünschen übrig läßt, weil durch die 10 Jahre später erfolgte Anlage des unmittelbar anschließenden Universitäts-Forums, das etwa 3 m über dem Straßenniveau liegt, nur verhältnismäßig schmale Oberlichtstreifen übrigblieben. Im Erdgeschoß des Westtraktes wurde aus einem früheren Behelfsspeicher ein zweiter Lesesaal mit 60 Plätzen geschaffen, ohne Handbibliothek und ohne Aufsicht; diese Art eines formlos zugänglichen Leseraumes, in Selbstverwaltung der Studierenden, hat sich vom ersten Tag an bewährt und fand lebhaften Zuspruch. Im 1. Stock, im Niveau des Lesesaales, konnte der Benützerkatalog angeordnet werden. Dieser Raum mit seiner 18 m breiten Fensterfront und Sicht auf die Nordkette ist einer der schönsten und enthält alle frei zugänglichen Kataloge der Universitätsbibliothek sowie den größten Teil des bibliographischen Apparates.

Im darüberliegenden Geschoß befinden sich die Arbeitsplätze der Erwerbungsabteilung, die Titelaufnahme sowie die Handschriftenabteilung. Außerdem konnten die Vervielfältigungsstelle und die Fotostelle untergebracht werden.

Literaturhinweise

KROLLER, Franz: Die Bedeutung der Universitätsbibliothek Innsbruck. In: Berichte und Informationen. 14 (1959), H. 675, S. 13—14.
HOFINGER, Josef: Der Erweiterungsbau der Universitätsbibliothek Innsbruck 1964—1967. In: Biblos 19 (1970), 3, S. 180—183.

P 121   UB Innsbruck, Bücherspeicher, Regelgeschoß und Schnitt

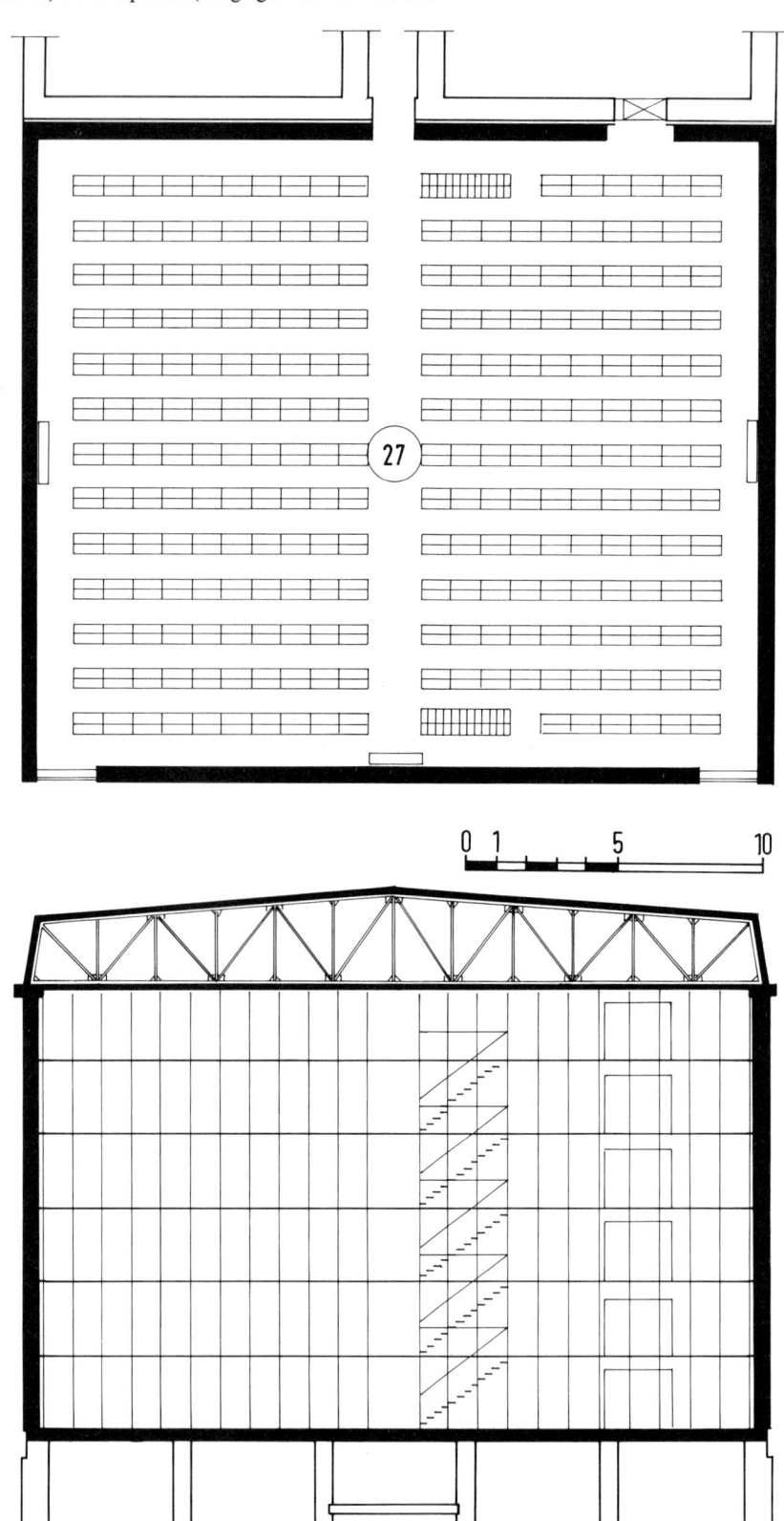

P 122 UB Innsbruck, Hauptansicht

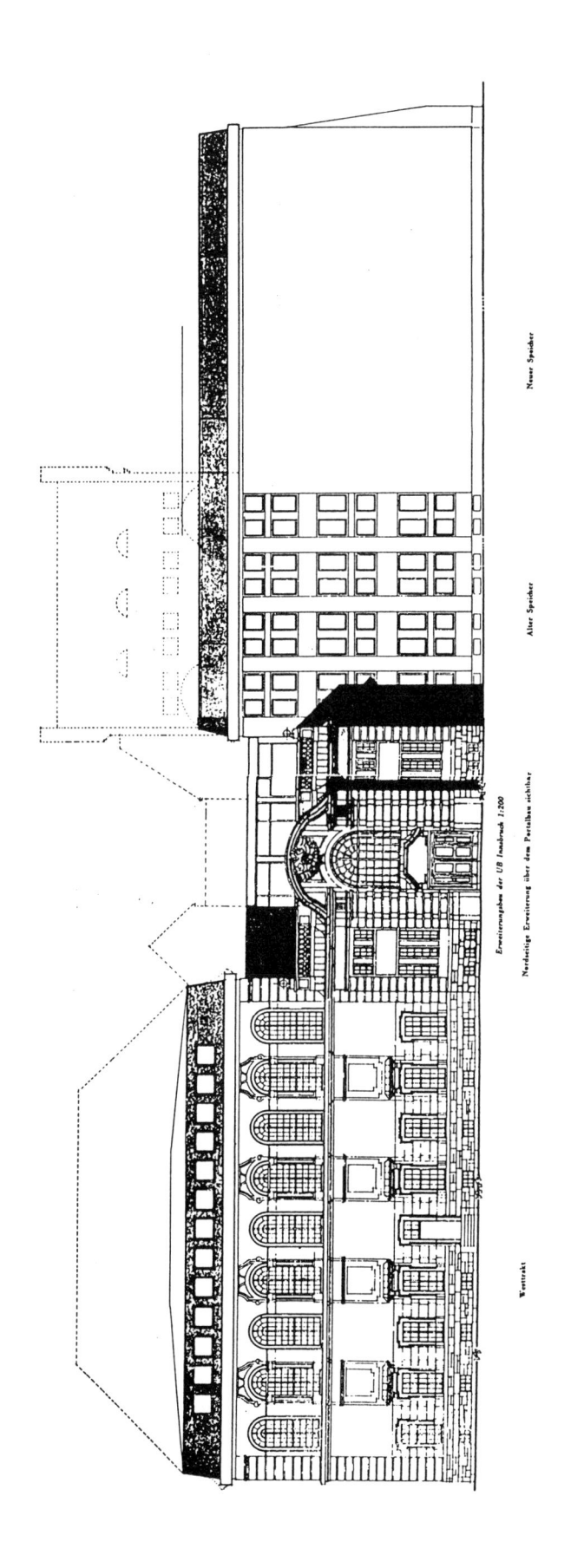

Westtrakt   Nordseitige Erweiterung über dem Portalbau sichtbar   Alter Speicher   Neuer Speicher

Erweiterungsbau der UB Innsbruck 1:200

*8.1.2 Bibliothek der Fakultät für Bauingenieurwesen und Architektur
Innsbruck, Technikerstraße 13*

Planung: Architekten
        Baurat h. c. Mag. Hubert Prachensky
        Dipl.-Ing. Ernst Heiss, beide Innsbruck

Statik: Baurat h. c.
        Dipl.-Ing. Dr. techn. Walter Passer, Innsbruck
        Zivilingenieur für Bauwesen

Fertigstellung: 1970

Nutzbare Fläche:
    a) Lese- u. Verwaltungszone ..... 246 m²
    b) Magazinszone .... 400 m²
    Zusammen .... 646 m²

Kapazität: 150.000 Bände
dzt. Bestand: 100.000 Bände und 1.200 lfd. Zeitschriften
Zuwachs pro Jahr: 5000 Bände
Anzahl der Leseplätze: 100

Sammelgebiete:
Technische Literatur mit allen Randgebieten, insbesondere Mathematik, Naturwissenschaften, Kunstgeschichte, Tyroliensien auf dem Gebiet des Bauingenieurwesens und der Architektur.

Nach jahrzehntelangen Bestrebungen erhielt Tirol im Jahre 1966 sein eigenes technisches Studienzentrum, die Fakultät für Bauingenieurwesen und Architektur, als 7. Fakultät der seit rund 300 Jahren bestehenden Universität Innsbruck. Diese Fakultät entstand als Neuanlage am Westrand der Stadt in rund 4 km Entfernung von der Universität. Im Zentrum dieser Fakultätsgebäude war eine Fakultätsbibliothek vorgesehen, die im Jahre 1970 fertiggestellt werden konnte und organisatorisch der Universitätsbibliothek unterstellt wurde.

Nach Aufbau des literarischen Grundbestandes mußte auch eine klare Aufgabenteilung vorgenommen werden. Hiebei ergab sich die seltene Möglichkeit, neue Organisationsformen einzuführen. Auch die Bibliotheken der Institute wurden eingegliedert, um den Schwerpunkt der Literaturversorgung auf die zentrale Fakultätsbibliothek zu verlegen. So ist diese Organisationsform schon zu einer Zeit eingeführt worden (1969), als das UOG noch nicht Gesetzeskraft hatte. Die Fakultätsbibliothek besorgt also die Bestellung, Inventarisierung und Katalogisierung der Bücher für den gesamten Fakultätsbereich. Schwierigkeiten ergaben sich nur durch den Umstand, daß die Baufakultät schon im Winter 1969/70 ihre Pforten geöffnet hatte, während die Bibliothek erst im Sommer 1970 fertiggestellt werden konnte.

Die Bibliothek besteht aus einem eigenen zweigeschossigen, freistehenden Trakt, der voll unterkellert und unterirdisch durch Gänge mit den anderen Gebäuden verbunden ist. Sie ist ein quadratischer Bau mit den Ausmaßen 24 × 24 × 10 m. Durch zwei Eingänge gelangt man in eine Halle mit der Stiegenanlage in der Mitte, die verhältnismäßig viel Raum einnimmt. Den seitlichen Abschluß bilden nördlich zwei Räume für die Erwerbung und die Nominalkatalogisierung und südlich Garderobe und Toiletten. Die Lese- und Verwaltungszone sowie die Magazinszone liegen im ersten Stock. Der ostseitige Lesesaal ist an drei Seiten von Glasbändern begrenzt und daher bestens natürlich belichtet; an diesen schließt der Zeitschriftenraum an. Die rückwärtige, westseitige Fläche nimmt das zweigeschossige Magazin ein. Nordseitig liegen das Zimmer des Leiters und das Sekretariat. Die Kataloge stehen in der Mitte des Lese- und Freihandbereiches, unmittelbar neben der Stiege; sie sind von oben her belichtet. Im Zuge der Benützung dieser Bibliothek haben sich — neben dem Vorteil seiner zentralen Lage — jedoch auch gewisse Nachteile herausgestellt. Einer davon ist die Lage im ersten Stock, noch dazu an der großen offenen Stiegenanlage, durch die Lärm — und auch ein gewisser Luftzug — von unten her eindringt, ein anderer ist die Vermischung von Verwaltungs- und Benützungsbereich, die gegenseitige Störung hervorruft. Auch hat sich die Verwaltungszone als zu klein erwiesen und ist eine Erweiterung — außer durch Aufstockung — kaum möglich. Während die Magazine eine Be- und Entlüftungsanlage besitzen, fehlt eine solche im Lesebereich. Der Fassungsraum war für 50 Jahre geplant, dürfte jedoch bei anhaltendem Zuwachs bereits in 10 Jahren zu klein sein.

Als nachteilig hat sich auch gezeigt, daß die Fakultätsbibliothek keine Präsenzbibliothek ist, was zur Folge hat, daß die meisten Bücher (gerade die interessantesten) ständig entlehnt sind.

Literaturhinweis

STRANZINGER, Oswald: Die Bibliotheksorganisation in der Innsbrucker Baufakultät. In: Biblos, Wien. Jg. 19 (1970), H. 3, S. 201—206.

P 123 Fakultät für Bauingenieurwesen und Architektur, Lageplan

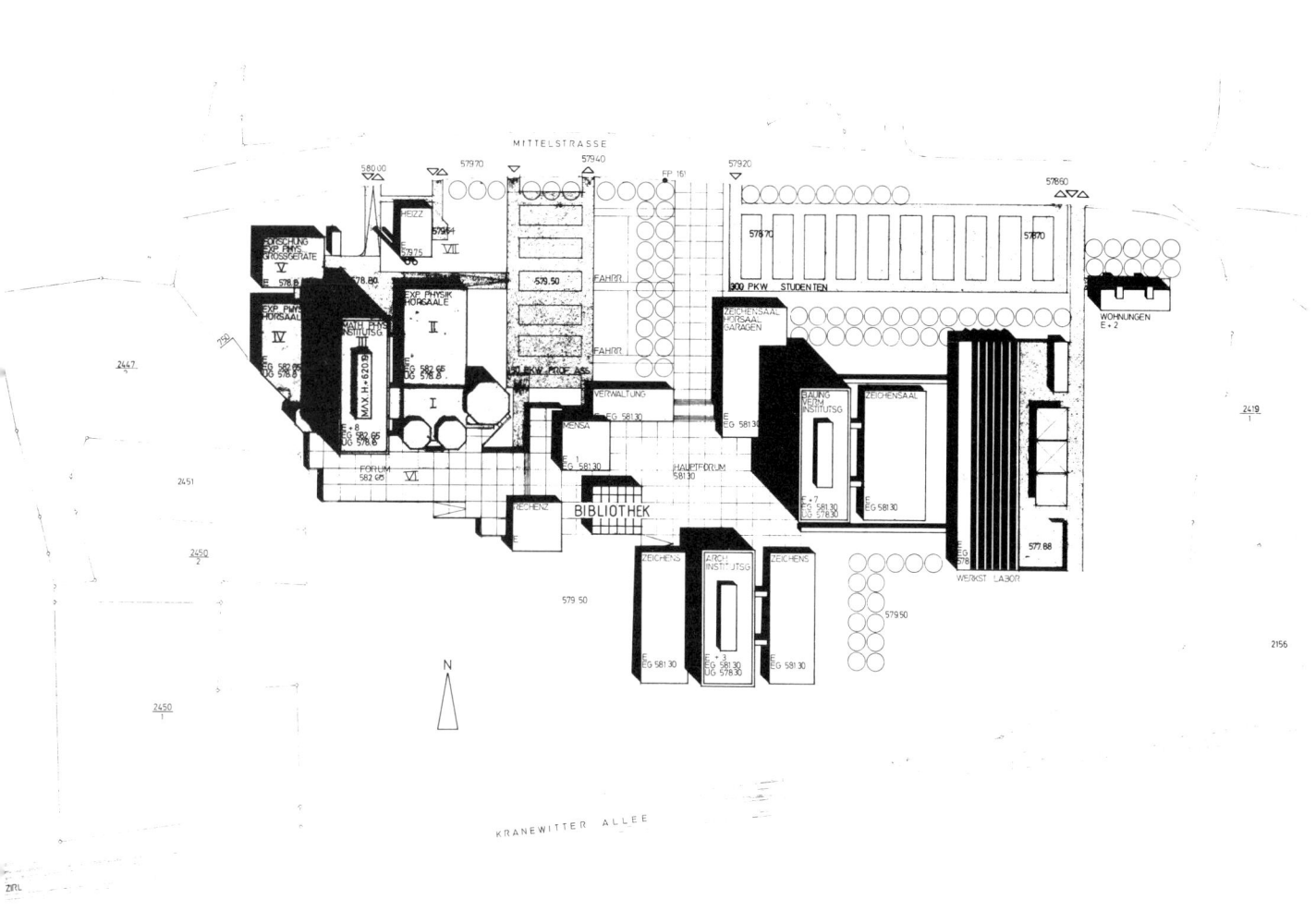

P 124
Fakultätsbibliothek,
Grundriß Erdgeschoß

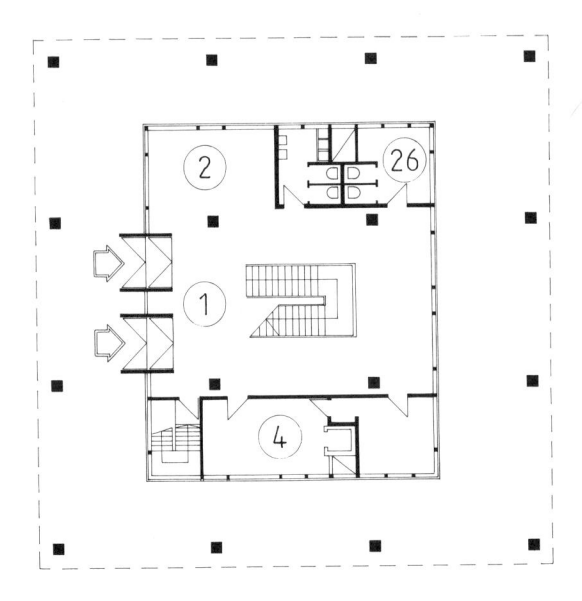

P 125
Fakultätsbibliothek,
Grundriß 1. Stock

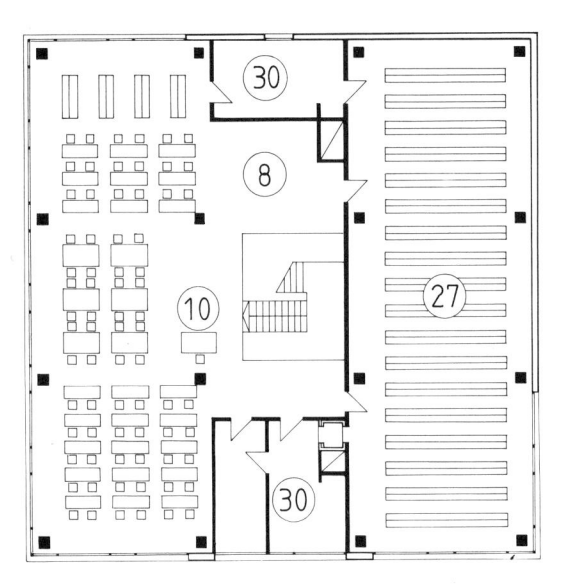

P 126
Fakultätsbibliothek,
Schnitt

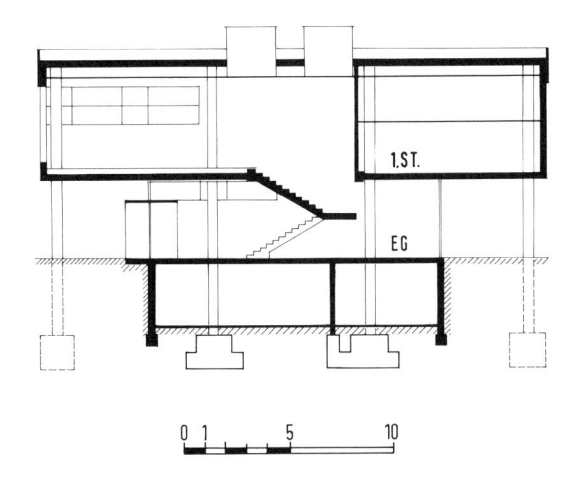

244

F 72
Fakultätsbibliothek,
Haupteingang

F 73
Fakultätsbibliothek,
Ansicht von NO

F 74
Fakultätsbibliothek,
Innenansicht

245

F 75 Fakultätsbibliothek, Stiege zum 1. Stock (Lesebereich)

*8.1.3 Fachbibliothek für Naturwissenschaften I
Innsbruck, Technikerstraße 15*

Planung: Architekten
          Baurat h. c. Mag.
          Hubert Prachensky
          Dipl.-Ing. Ernst Heiss,
          beide Innsbruck
Statik: Dipl.-Ing. Dr. techn.
          Horst Passer, Innsbruck
          Zivilingenieur für Bauwesen

Fertigstellung: 1986

Nutzbare Fläche: 1270 m²

Kapazität: 80.000 Bände
Anzahl der Leseplätze: 85
Sammelgebiete:
    Mathematik, Informatik, Physik, Astronomie, Mikrobiologie, Zoologie.

In unmittelbarer Nachbarschaft der Fakultät für Bauingenieurwesen und Architektur, der Fakultätsbibliothek und des EDV-Zentrums der Universität Innsbruck ist ein neues Gebäude in Fertigstellung, das sieben Institute der Naturwissenschaftlichen Fakultät (Mathematik, Informatik, Experimentalphysik, Theoretische Physik, Astronomie, Mikrobiologie und Zoologie) aufnehmen wird.

Dieses Gebäude (mit einem Ausmaß von 61,25 × 23,75 m) hat neun Geschosse und ist ein Stahlbetonskelettbau mit einem Rastermaß von 7,50 × 7,50 m (aufgebaut auf dem Achsmaß 1,25 m). Die Decken wurden für eine Tragkraft von 1000 kp/m² bemessen.

Während das Eingangsgeschoß als Eingangshalle und Foyer (mit Garderobekästchen und Sitzgruppen für die Studenten) entsprechend gestaltet wird, ist das gesamte erste Obergeschoß für eine bibliothekarische Verwendung vorgesehen. Die darüberliegenden sieben Geschosse werden die genannten Institute belegen. Ein zentraler Kernbereich wird einerseits den vertikalen Verkehr (mit Treppenhaus und drei Aufzügen), andererseits den Sanitär- und den Versorgungsblock aufnehmen. Fensterbänder an der Außenfront — mit einem Achsabstand von 1,25 m — sind aus Gründen der Energieeinsparung mit Dreifach-Isoliergläsern versehen. Rund um das ganze Gebäude laufen Terrassen, die einerseits als Fluchtwege zu den außen angebrachten Notstiegen, andererseits der leichteren Fensterreinigung dienen; darüber hinaus schützen sie die Räume während der warmen Jahreszeit vor direkter Sonneneinstrahlung. Zusätzlichen Sonnenschutz bilden außen angebrachte textile Sonnenschutzrollos. Ferner ist eine Zentralheizung mit an den Außenwänden angeordneten Heizkörpern vorgesehen. Auf eine Klimatisierung des Bibliotheksgeschosses wurde bewußt verzichtet, wohl aber eine Be- und Entlüftung in den Räumen vorgesehen. Die künstliche Beleuchtung erfolgt über mehrere, in die Decke eingebaute Lichtbänder.

Die funktionelle Raumgestaltung soll eine Gliederung in eine halblaute und in eine stille Zone vorsehen und getrennt davon die notwendigen Räume für die Verwaltung und Buchbearbeitung. Die laute Zone, welche der Begegnung und der Konversation dienen soll, wird das Erdgeschoß bilden. Im Bibliotheksgeschoß überwiegen an der Westseite die Bearbeitungszone und an der Ostseite die Lese- und Freihandzone. Der Zugang zur Fachbibliothek — von den Liften bzw. vom Treppenhaus her — erfolgt über die westseitige Flügeltüre des Vorraumes, während eine zweite (ostseitige) Türe nur als Fluchtweg dient und ständig geschlossen sein wird. Beim Betreten der Fachbibliothek gelangt der Besucher zunächst in einen größeren freien Raum in der halblauten Zone, der von der stillen Zone mit dem Lese- und Freihandbereich durch zwei zusätzliche Flügeltüren abgeschirmt ist. In dieser Eingangszone erhält der Besucher jede gewünschte Information und kann an der dem Eingang gegenüberliegenden Theke, die gleichzeitig Kontrollzwecken dient, Bücher entlehnen und in die verschiedenen Kataloge Einsicht nehmen; bibliographische Nachschlagewerke stehen hier zur Verfügung, ebenso ein Kopiergerät.

Bei einer Drehung um 180° hat der Beamte einen Schreibtisch bei bester Belichtung zur Verfügung. Von der halblauten Zone ist auch das Zimmer des Leiters der Fachbibliothek zugänglich, ebenso kann von hier aus die Anlieferung der Bücher und Zeitschriften in den Katalogisierungsraum erfolgen. Der für EDV-Zwecke vorgesehene Raum befindet sich gleichfalls an dieser halblauten Zone. Der eigentliche Lesebereich liegt in der stillen Zone, die Leseplätze an den Fensterfronten bzw. im Bereich der Freihandregale, die — in drei Blöcken aufgestellt — einen Achsabstand von 1,50 m aufweisen. Der gesamte Raum ist textilbespannt.

Die neue Fachbibliothek ist über gedeckte Gänge mit der Bibliothek für Bauingenieurwesen und Architektur verbunden, was die Zusammenarbeit der beiden Bibliotheken fördern wird. Diese ermöglichen auch eine gemeinsame Nutzung aufwendiger technischer Ausrüstung und Geräte.

Literaturhinweis

AUER, Gerhard: Raumprogramm und Funktionsplanung für eine neue Fachbibliothek der Universitätsbibliothek Innsbruck. Innsbruck 1984. Mit Plan. Hausarbeit für die Prüfung für die Verwendungsgruppe A — Bibliotheks-, Informations- und Dokumentationsdienst. Maschinschriftlich.

P 127
Fachbibliothek,
für Naturwissenschaften,
Grundriß Hauptgeschoß

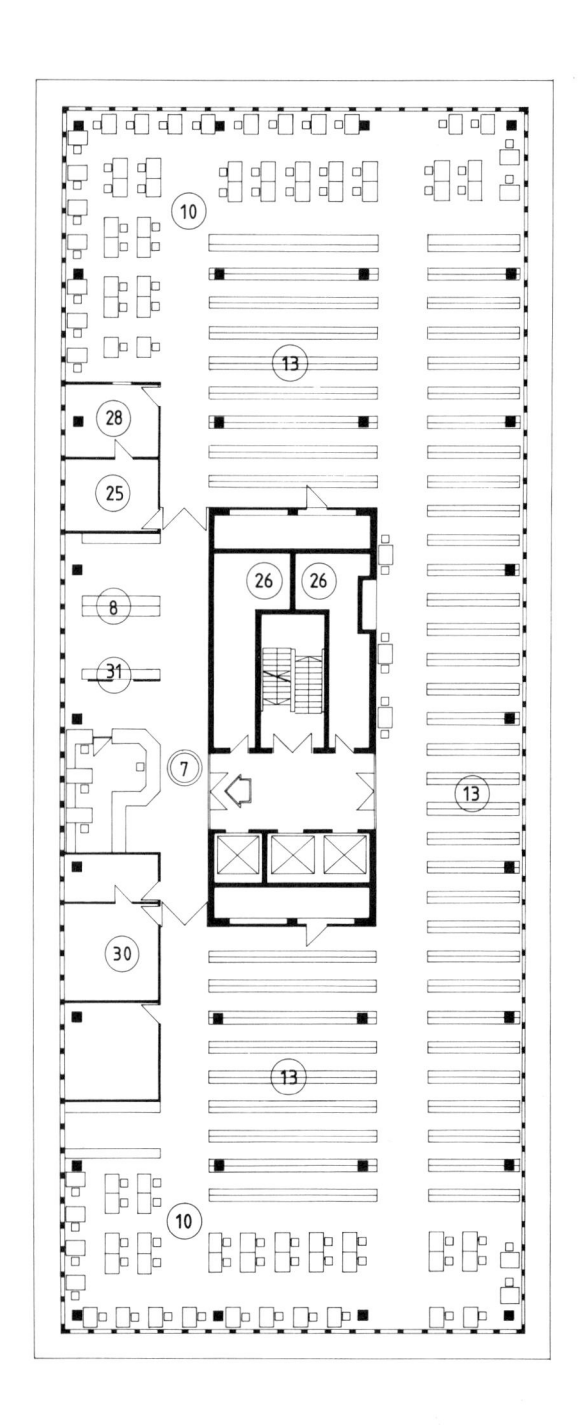

9. VORARLBERG

9.1 Vorarlberger Landesbibliothek Bregenz

Planung: Landeshochbauamt Feldkirch
Oberbaurat Dipl.-Ing.
Helfried Delpin

Fertigstellung: voraussichtlich 1986

Nutzbare Fläche:
a) Lese- u.
Verwaltungszone ...... 940 m²
b) Magazinszone ...... 1.810 m²
Zusammen .... 2.750 m²

Kapazität: 320.000 Bände
dzt. Bestand: 220.000 Bände und
680 lfd. Zeitschriften
Zuwachs pro Jahr: 15.000 Bände
Anzahl der Leseplätze: 50
Sammelgebiete:

Wissenschaftliche Universalbibliothek, Landeskunde Vorarlbergs und des alemannischen Raums, alte Vorarlberger Drucke: Geschichte, Völkerrecht, Rechtsphilosophie, Germanistik, Judaika, Schisport, Sprichwörter, Afrikanische Sprachen und Literaturen, Landeskunde Brasiliens und Armeniens, Textilchemie und -mechanik, Architektur, Buch- und Bibliothekswesen u. a. m. Diverse Nachlässe.

Die Vorarlberger Landesbibliothek ist die einzige wissenschaftliche Universalbibliothek im westlichsten Bundesland Österreichs. Sie stellt die Verbindung zu allen anderen wissenschaftlichen Bibliotheken her und berät in allen fachlichen und bibliographischen Angelegenheiten. Derzeit ist sie im „Alten Landhaus" in der Bregenzer Kirchstraße untergebracht.

Ihre Gründung verdankt sie der Initiative der Landesregierung, die sich bewußt war, daß ein kulturell und wirtschaftlich hochstehendes Land nicht länger ohne eigenes bibliothekarisches Zentrum das Auslangen finden könne — als Stätte der Begegnung und Bildung. Vom Bundesministerium für Wissenschaft und Forschung erhält sie Förderungsmittel. Grundstock dieser Landesbibliothek bildete die ehemalige Bibliothek des Vorarlberger Landesarchivs (ca. 50.000 Bände) mit der Vorarlbergensiensammlung (ca. 18.000 Bände) und der Sammlung alter Vorarlberger Drucke, der Handschriften-, Inkunabel- und Frühdrucksammlung. Ziel war und ist es auch, eine Studienbibliothek für die in Vorarlberg beheimateten Studierenden an Universitäten und Hochschulen, ja sogar ein überregionales Studienzentrum auszubauen und die Gesamtheit des wissenschaftlichen Schrifttums aller Disziplinen bibliographisch nachzuweisen, dazu auch noch eine umfangreiche Lehrbuchsammlung zu schaffen.

Der Bestand der Vorarlberger Landesbibliothek ist schon jetzt recht beachtlich: rund 220.000 Bände, darunter einige tausend Dissertationen und Diplomarbeiten. Zu dessen Bewältigung und zur Aufarbeitung des Altbestandes wird seit Beginn 1984 das integrierte Bibliothekssystem DOBIS/LIBIS eingesetzt, das als On-line-System in fast allen Bereichen der Vorarlberger Landesbibliothek Verwendung findet. Die Bestände der Bibliothek sind also über Terminals, die an verschiedenen Stellen im Haus postiert sind, nach den unterschiedlichsten Gesichtspunkten abrufbar. Die Kataloge anderer Bibliotheken, in Form von Mikrofiches, sind über Lesegeräte einzusehen, während der Vorarlberger Zentralkatalog, der die gesamte in diesem Bundesland vorhandene wissenschaftliche Literatur in einem durchgehenden Alphabet nachweisen wird, wie bisher auch weiterhin als Zettelkatalog geführt wird.

Als die räumlichen Verhältnisse im Alten Landhaus und seinen engbegrenzten Magazinen allmählich zu einer prekären Situation führten und ein Erweiterungsbau in Anbetracht der Errichtung des Neuen Landhauses (1979—1981) in unmittelbarem Anschluß an das Areal des Alten Landhauses nicht mehr möglich war, mußte eine auf längere Sicht befriedigende Lösung gesucht werden. Diese bot sich in der Erwerbung und geplanten Generalsanierung des ehemaligen GALLUS-STIFTES an.

Dieses gehörte — nach wechselvoller Geschichte — seit 1906 den Benediktinern, die im Zweiten Weltkrieg ihr Haus verlassen mußten. Inmitten eines großen Parkes gelegen — 15 Gehminuten vom Stadtzentrum entfernt —, erreicht man es ohne Querung der Hauptverkehrsadern. Von der Fluherstraße gelangt man zum westseitigen Haupteingang zwischen dem alten Trakt „Babenwohl" und zum Mitteltrakt. Die Zufahrt soll östlich der Kirche verlegt werden, um die Ausfahrt zu verbessern und um die ostseitig gelegenen Parkplätze (20) gut erreichen zu können. Von diesem Parkplatz wird eine Rampe (behindertengerecht) über den ostseitigen Nebeneingang in die zentrale Eingangshalle führen.

Die bauliche Anlage besteht aus mehreren, in verschiedenen Zeiten entstandenen Baukörpern. Der südlichste davon, das Schlößchen „Babenwohl", ist der älteste; er stammt noch aus dem 14. bzw. 15. Jahrhundert, wurde aber wiederholt um- bzw. ausgebaut. Die Gesamtanlage umfaßt aber jetzt vier Baukörper, die miteinander verbunden sind:

a) Das Schlößchen „Babenwohl" mit dem Treppenturm, dem Balkonturm und den Treppengiebeln aus der Mitte des vorigen Jahrhunderts;
b) den klassizistischen Mitteltrakt (ehemals Konventbau) aus dem Jahre 1910;
c) den Verbindungstrakt zur Kirche aus dem Jahre 1916 und
d) die Kirche selbst, einen Zentralbau mit mächtiger Kuppel, aus den Jahren 1914/15.

Das in Generalsanierung begriffene „Babenwohl" wird in Zukunft die Verwaltung der Bibliothek aufnehmen. Das Erdgeschoß wird das als Abteilung der Landesbibliothek geführte Franz-Michael-Felder- und Vorarlberger Literaturarchiv und die Dokumentationsstelle der Arbeitsgemeinschaft Alpenländer sowie einen gemeinsamen Leseraum enthalten; im ersten Stock sind Bearbeitungsräume vorgesehen und ein Vortragsraum, dessen echt gotische Balkendecke noch erhalten geblieben ist.

Die Leitung der Bibliothek wird im Stockwerk darüber sein. Dies ist im allgemeinen bestimmt keine erstrebenswerte Lösung, doch mußte auf die vorhandene Bausubstanz Rücksicht genommen werden, wobei Verwaltung und Buchbearbeitung von der Lesezone getrennt werden.

Zur Verbindung von „Babenwohl" mit dem Mitteltrakt wird nun eine beidseitig verglaste neue Eingangshalle gebaut werden, die das Grün des Parkes mithereinziehen soll. Von dieser Halle kommt man einerseits zum Verwaltungstrakt, andererseits zum Benützerteil mit zentraler Informationstheke, von der aus man nicht nur die Ein- und Ausgänge, sondern auch die Katalogzone, den Lesesaal, die Stiege und den Aufzug überblicken bzw. kontrollieren kann. Im Bereich dieses Informationszentrums liegen auch die Garderoben, die WC-Anlagen, Warteplätze und Telefonzellen. Der allgemeine Lesesaal ist in eine ehemalige Wandelhalle mit Tonnengewölbe und Marmorsäulen an der Fensterfront eingebaut; östlich davon schließt ein Raum für die Fernleihe, Mikrofiches, Lesegeräte und Kopiergeräte an und im ehemaligen Refectorium das Informationszentrum mit Bibliographien und Enzyklopädien — transparent geöffnet zum Lesesaal hin und zum Verbindungsgang im Norden, der für Zeitschriftenauslage und die Aufstellung von ein bis zwei Bildschirmen Verwendung finden soll, außerdem in den Fensternischen noch mehrere Leseplätze enthalten wird. Im Raum der ehemaligen Stiftsbibliothek, die im Jugendstil mit entsprechender Decke und Beleuchtung und holzgeschnitzten Regalen eingerichtet ist, werden — außer den rund 8000 Bänden, welche das Kloster dankenswerterweise der Landesbibliothek überlassen hatte — die Handschriften und alten Drucke untergebracht werden.

Eine zweite Bauetappe (im beabsichtigten unmittelbaren Anschluß an die erste) wird dann die Vollendung des Verbindungstraktes bringen, in der ehemaligen Sakristei ein audiovisuelles Zentrum schaffen und im Rundgang um die Kirche die Lehrbuchsammlung mit einzelnen Leseplätzen an den Fenstern aufnehmen. Die geräumige Kirche selbst wird einer Mehrfachnutzung zugeführt werden. An den Wänden und in der Apsis des klassizistischen Kuppelbaues werden in passenden

Holzregalen Bücher, die nicht zur Freihandaufstellung gehören, untergebracht (ca. 60.000 Bände), während in der zentralen Halle Vorträge, Ausstellungen oder Konzerte stattfinden können.

Im ersten Stock des Verbindungstraktes sollen weitere Teile der Freihandbibliothek untergebracht werden; im Stockwerk darüber die Wohnung des Hausmeisters sowie ein Arbeitsraum für die Magazinsbeamten.

Im „Babenwohl" ist ein Bücheraufzug mit 250 kg Nutzlast und im Mitteltrakt ein behindertengerechter Personenaufzug für sechs Personen und mit einer Nutzlast von 450 kg vorgesehen.

Das Kellergeschoß des Mitteltraktes wird ein Büchermagazin, das von außen her unter der Durchfahrt erreichbar sein wird, einen Doublettenraum, eine Werkstätte und eine Cafeteria enthalten sowie die notwendigen technischen Räume.

Zusammenfassend ist zu sagen, daß der Einbau der Vorarlberger Landesbibliothek in das ehemalige „Gallus-Stift" ein sinnvolles Beispiel einer Verwertung wertvollen, alten Baubestandes und seiner Umwandlung in ein modernes Bibliothekszentrum mit elektronischer Datenverarbeitung darstellt.

Das Verhältnis der Zahl der zukünftigen Leseplätze zum Gesamtaufwand erscheint allerdings relativ ungünstig, was jedoch auf die besonderen baulichen Gegebenheiten und auf die besondere Aufgabenstellung zurückzuführen ist.

Literaturhinweise

TIEFENTHALER, Eberhard: Ein neues Haus für die Vorarlberger Landesbibliothek. In: Biblos, Jg. 31 (1982), H. 3, S. 291—301.
DELPIN, Helfried: Gallusstift Bregenz, Vorarlberger Landesbibliothek. Beschreibung des Landeshochbauamtes Feldkirch, Abt. 3, Planung 1. Bregenz (1984).

P 128   Vorarlberger Landesbibliothek, Bregenz N2, Lageplan

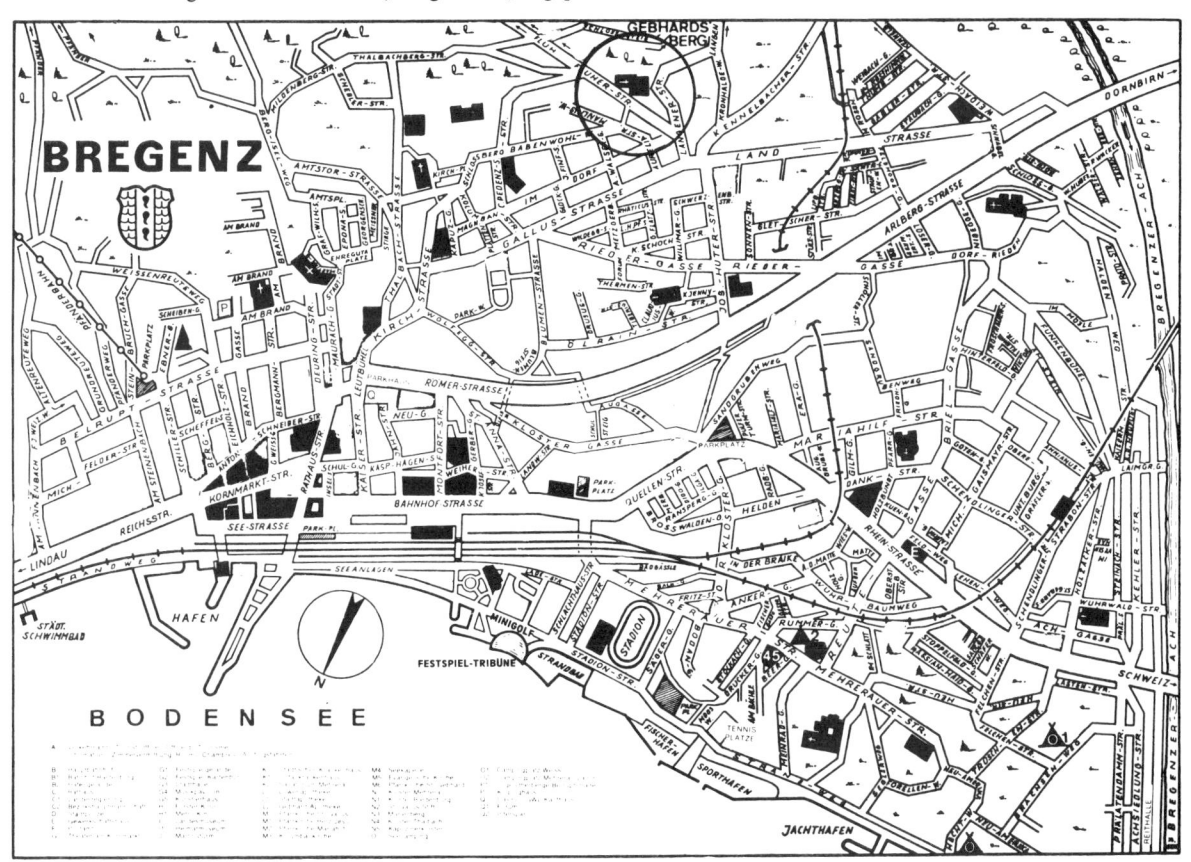

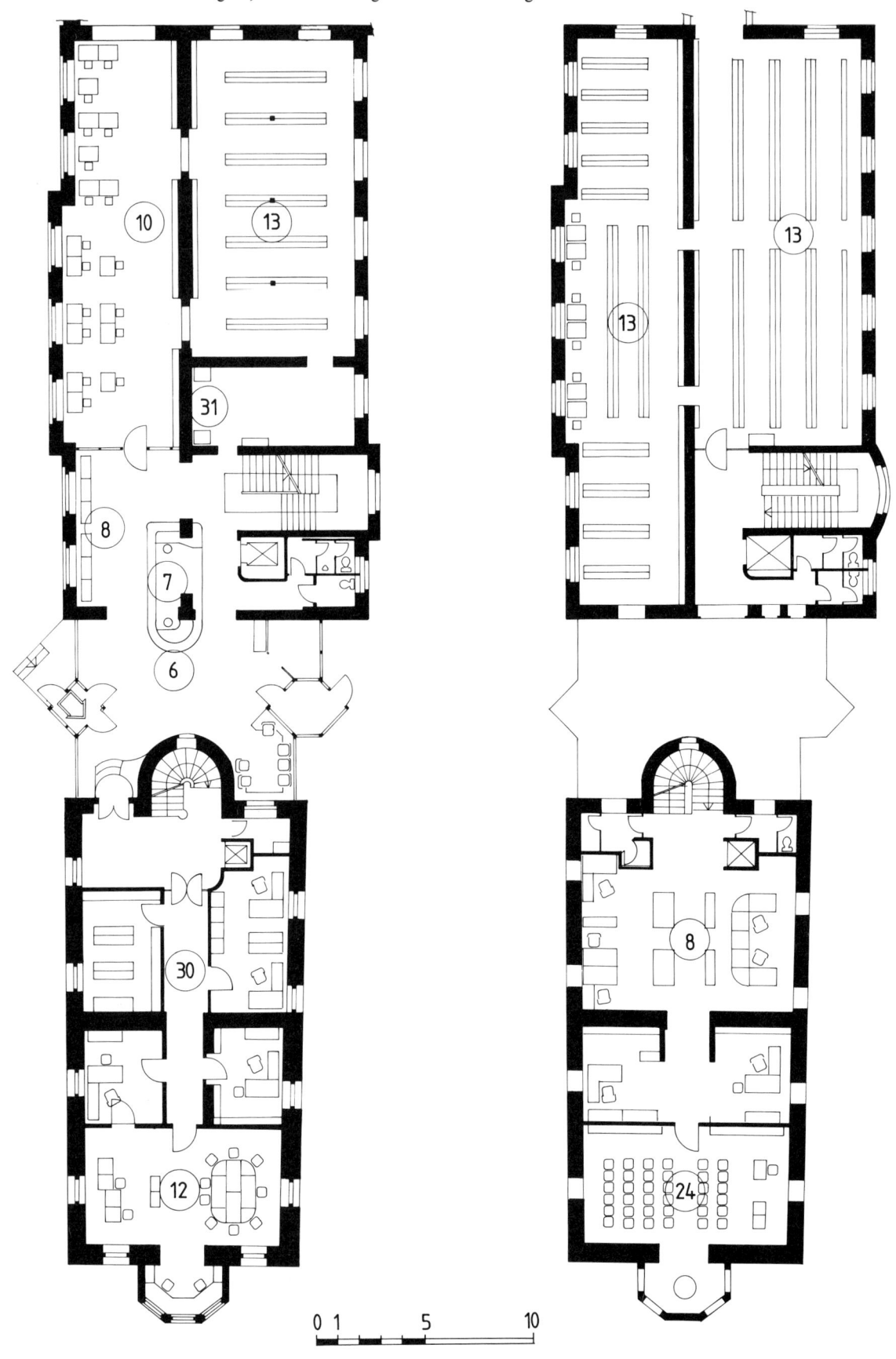

P 129 Landesbibliothek Bregenz, Grundrisse Erdgeschoß und 1. Obergeschoß

P 130
Landesbibliothek Bregenz,
Grundriß 2. Obergeschoß

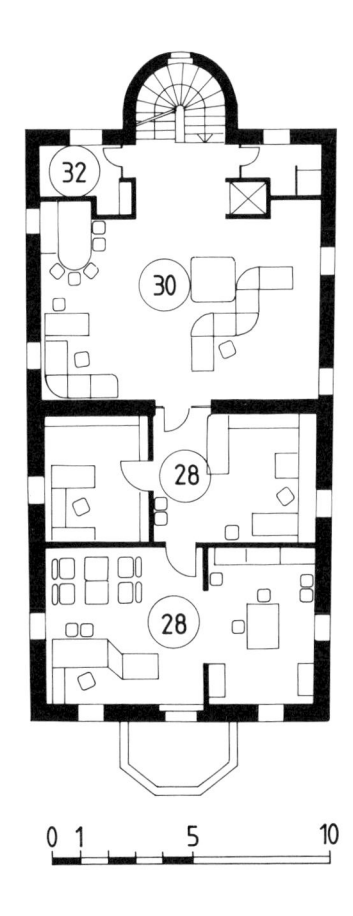

0 1　　5　　10

P 131
Landesbibliothek Bregenz,
Schnitt

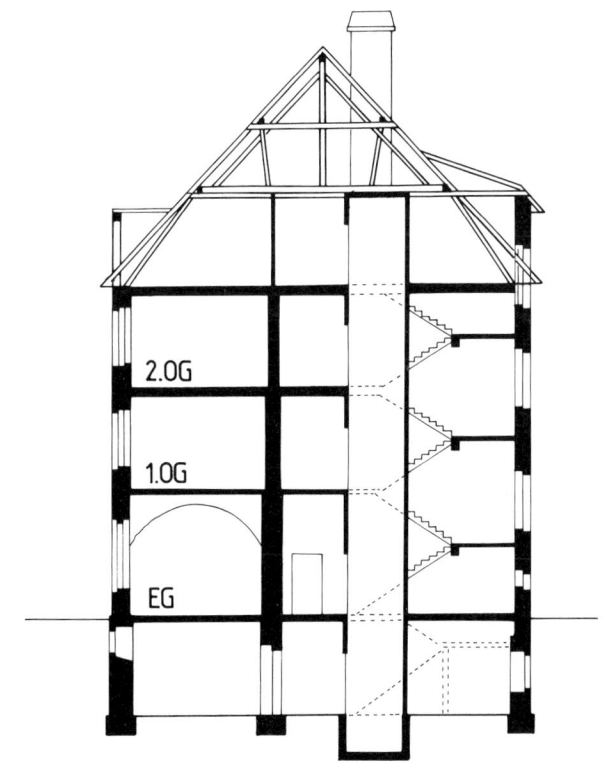

F 76 Landesbibliothek Bregenz, Luftaufnahme ehem. Gallusstift

F 77 Landesbibliothek Bregenz, Modellaufnahme

10. AUSLAND

10.1 AUSGEFÜHRTE BIBLIOTHEKSBAUTEN EINES ÖSTERR. ARCHITEKTEN

10.1.1 Adelphi University — The Swirbul Library
Garden City, Long Island, N.Y.

Planung: Architekt
    Prof. Dr. h. c. mult.
    Richard J. Neutra, Los Angeles

Fertigstellung: 1963

Kapazität: 175.000 Bände
Anzahl der Leseplätze: 450 (hievon 100 Carrels)
Sammelgebiete:
    Wissenschaftliche Literatur (Arts Library).

Diese Universitätsbibliothek zählt mit zu den Hauptwerken des Architekten Richard J. Neutra, eines gebürtigen Österreichers, der an der Wiener Technischen Hochschule seine Ausbildung als Architekt erhielt und hier wertvolle Anregungen für sein ganzes späteres Schaffen sammelte. 1923 ging er nach Amerika, um im Architekturbüro von Frank Lloyd Wright zu arbeiten, bevor er sich dann in Los Angeles selbständig machte und bald darauf mit seinem „Health House" für Dr. Lovell und den darauffolgenden Bauten weltbekannt geworden ist.

Ihm wurde die Aufgabe gestellt, einen Bibliotheksbau in reizloser Landschaft, nach den damals neuesten bibliothekswissenschaftlichen Erkenntnissen mit den vollkommensten technischen Mitteln und auf der Grundlage biologischer Einsichten zu planen und die in dieser Aufgabe liegenden ästhetischen Möglichkeiten zu erfassen, um ihnen dann Gestalt zu geben. Diese Aufgabe wurde in vorbildlicher Weise gelöst, allerdings erst nach siebenjähriger Planung, die sowohl auf die Bedürfnisse der Studierenden als auch der Wissenschaftler Rücksicht nahm.

Die Bibliothek, „Swirbul Library" benannt, liegt inmitten des Campus der Adelphi University auf Long Island bei New York. Sie ist ein zweigeschossiger, ganz unterkellerter Bau. Den gesamten Eingangsbereich umgeben kühlende Wasserflächen, in denen sich das Gebäude widerspiegelt. Ein Turm an der Südostecke betont das Stiegenhaus und bildet einen kräftigen seitlichen Akzent. Anodisierende Aluminium-Sonnenblenden, die sich automatisch — je nach Sonnenstand — verstellen, beherrschen die Südfront, während die Nordfront mit Grauglas verkleidet ist. Diesen beiden Hauptfronten sind gärtnerisch gestaltete Lesehöfe vorgelagert, die visuellen und — bei schönem Wetter — auch nutzbaren Raum bieten.

Folgende Kriterien waren zu berücksichtigen:
a) leichte Zugänglichkeit zu den Büchern und sofortige Sichtbarkeit
b) keine Barriere zwischen Büchern und Lesern
c) funktionell richtige Anordnung der Verwaltungs- bzw. Bearbeitungsräume

Man betritt die Bibliothek von der Südostseite her über eine Vorhalle, die auch Ausstellungszwecken dient und die Garderobe enthält; dieses Vestibül besitzt ein „night book drop", in das der Benützer ein Buch auch bei Nacht zurückgeben kann, ohne den eigentlichen Benützerbereich betreten zu müssen. Über einen Kontrollpunkt zwischen Ein- und Ausgang gelangt man — direkt vorbei an einem „circulation desk", welcher der Information und der Ausleihe dient — in den Hauptlesebereich, und zwar zuerst zu den dem Informationspult gegenüberliegenden Katalogen. Während sich in der Mitte der Freihandbereich für Bücher und Zeitschriften befindet, liegen die Leseplätze an den verglasten Außenflächen der Süd- und der Nordfront. Die Verwaltungs- und Bearbeitungszone mit der Erwerbung und der Katalogisierung

255

schließt an den Zirkulationsbereich direkt an, mit eigener Anlieferung an der Nordostecke des Gebäudes. Eine breite Stiege zum Obergeschoß, in Form einer Spirale, soll den Aufstieg zur wissenschaftlichen Erkenntnis symbolisieren; eine verspiegelte Wand gegenüber erweitert optisch den Stiegenraum. Das Obergeschoß enthält den größeren Teil des Freihand- und Lesebereiches. An der Nordseite sind Zeitschriften und Mikroformen untergebracht. Ein Mehrzweckraum dient gelegentlichen Vorlesungen, Ausstellungen und der Schaustellung seltener Bücher. Die gesamte Bibliothek ist vollklimatisiert.

Die ganze Anlage zeichnet sich durch großartige Einfachheit und Klarheit aus und betont die große Linie, die durch Neutras Bauten zieht. Diese Universitätsbibliothek hat nicht nur der modernen Bibliotheks-Architektur entscheidende Impulse gegeben, wie die Ablöse der Massivbauweise durch den Stahlbeton- und Stahlskelettbau, unter Verwendung eines bestimmten Modularsystems, sondern auch den Bibliothekaren viele neue Anregungen gebracht, wie die Zugänglichkeit der mit Einzelarbeitsplätzen (Carrels) ausgestatteten Magazine für die Benützer, die Anordnung der Lesezonen, der Leihstelle, des Kataloges und des bibliographischen Handapparates im Erdgeschoß, die Aufgliederung der Lesezonen und die Flexibilität der Räume nach Größe und Funktion.

Alles in allem ein beachtenswerter, bedeutsamer Bibliotheksbau, nach Richard J. Neutras Leitsatz: „Architektur ist ein allsinnliches Erlebnis und mechanisch nicht erfaßbar."

Leider wurde die Gesamtanlage durch einen späteren Anbau stark verändert. Auch die Inneneinrichtung entspricht nicht mehr der Anordnung Neutras.

Literaturhinweise

GALLAGHER, D. Nora: Adelphi's Accent on Grace. In: Library Journal, Jg. 88 (1963) 21, S. 4558—4561.
NEUTRA, Richard J.: Centerpiece of a Library. In: Library Journal, Jg. 89 (1964) 21, S. 4695—4704.
NEUTRA, Richard: Buildings and Projects — Réalisations et projets — Bauten und Projekte. Ed. by W. Boesinger. Zürich 1966. S. 142—147.

F 78 Adelphi University Library, Frontansicht

P 132 Adelphi University Library, Grundriß Erdgeschoß

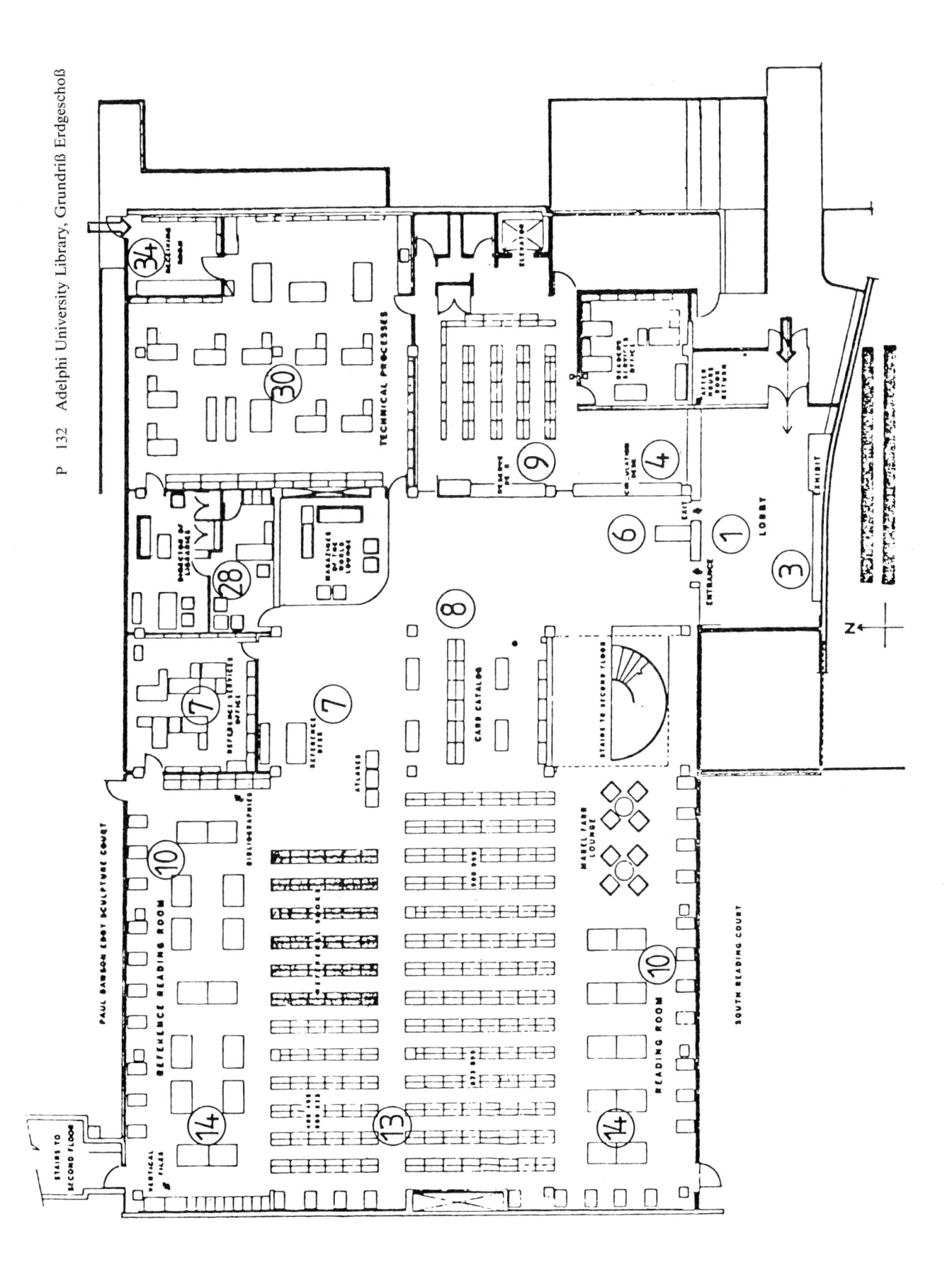

P 133 Adelphi University Library, Schemaplan Erdgeschoß

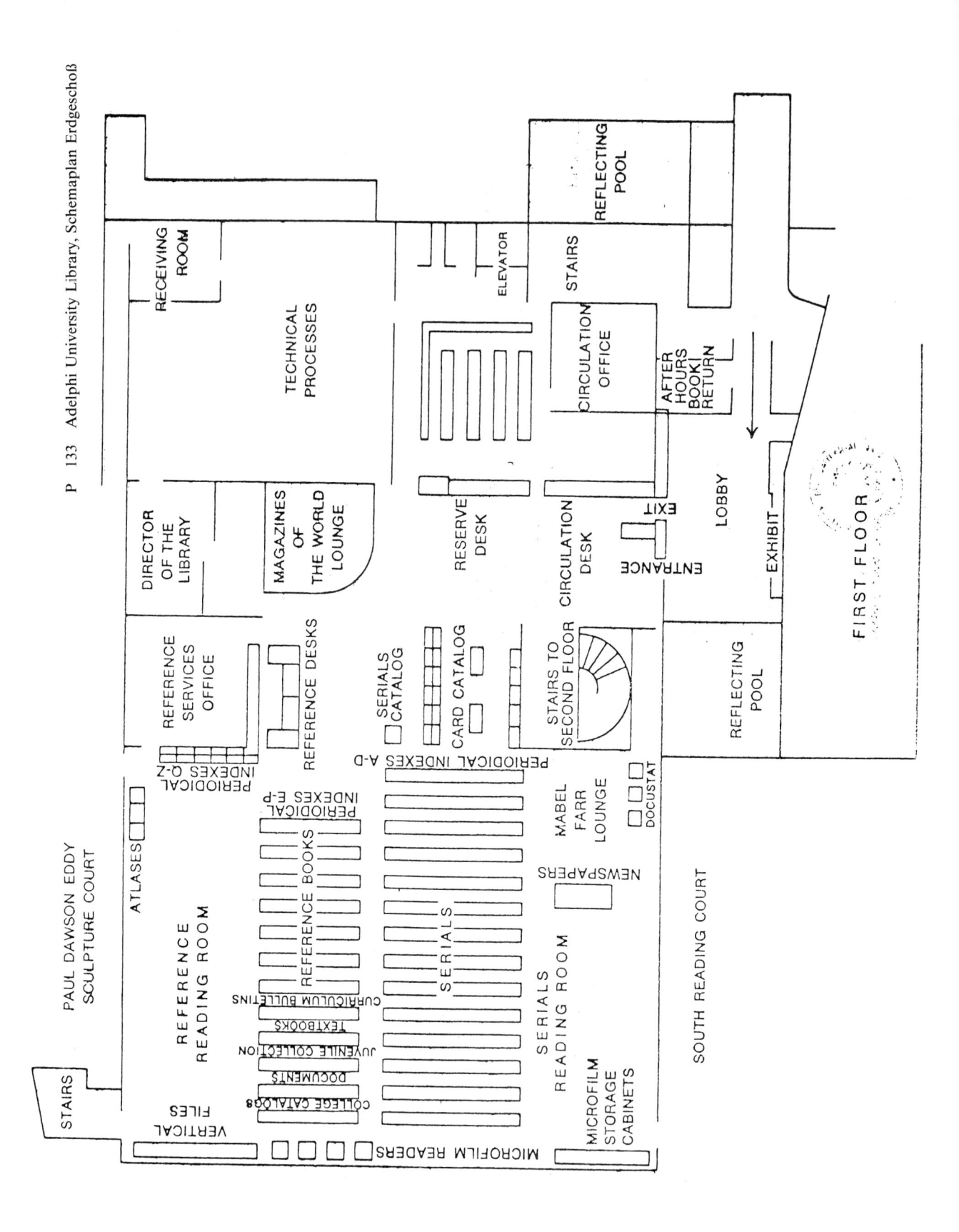

P 134 Adelphi University Library, Schemaplan Übergeschoß

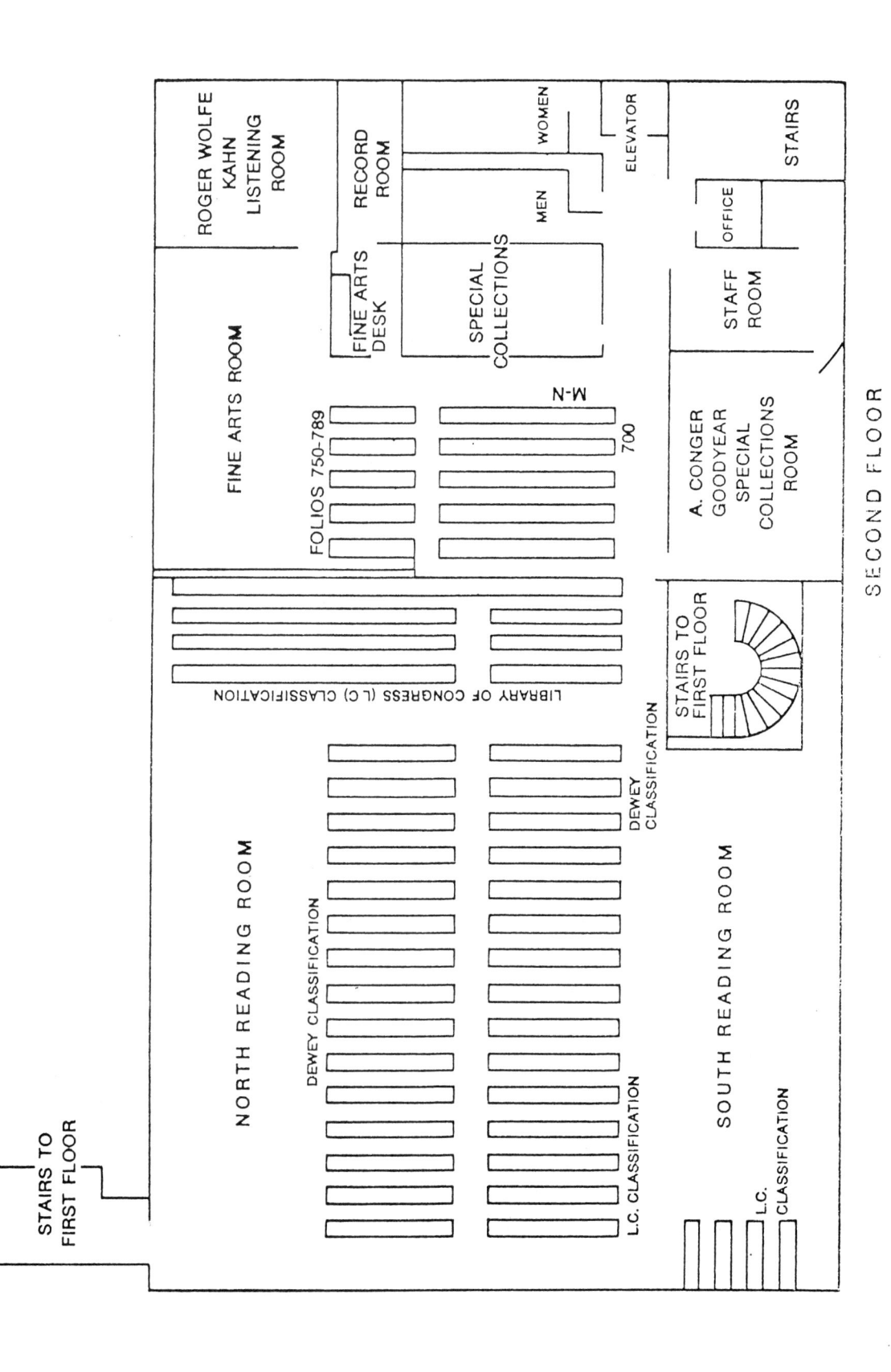

P 135   Adelphi University Library, Perspektive der Gesamtanlage

F 79 Adelphi University Library, Hauptansicht

F 80 Adelphi University Library, Stiege mit Spiegel

10.1.2 Simpson University Library
Indianola, Iowa, USA

Planung: Architekt
Prof. Dr. h. c. mult.
Richard J. Neutra, Los Angeles

Fertigstellung: 1961

Eine weitere, architektonisch interessante Bibliothek des Altösterreichers Richard J. Neutra ist jene des Simpson College in Indianola. Das Gebäude ist ein klar gegliederter, rechteckiger, zweigeschossiger Bau, dem an der Südfront — aus Sonnenschutzgründen — eine überdachte Terrasse vorgelagert ist, die einerseits den Leseplätzen Schatten spendet, andererseits den Ausblick auf die leicht hügelige Landschaft freiläßt. Das durchbrochene Sonnendach gewährleistet die Luftzirkulation und wirft Schattenmuster auf den Lesebereich im Freien. Ein Wasserbecken an der SW-Ecke, in dem sich das Gebäude widerspiegelt — ein architektonisches Detail, das bei vielen Bauten Neutras vorkommt —, soll Kühle bringen und die Luft befeuchten.

Der Eingang an der Westseite ist gleichfalls überdacht und gegen zu starkes Sonnenlicht und Hitze geschützt. Das Innere der Bibliothek bietet durchaus angenehme Atmosphäre. Die Funktion ist schon in der Eingangshalle klar erkenntlich; in der Mitte — durch keine Wand getrennt — befindet sich der Katalogbereich und dahinter der Freihandbereich. Entlang der gesamten Südfront liegt der Lesebereich mit seinen intim abgeschirmten Einzellesezellen — eine Art Carrels —, die zur Konzentration der Studenten beitragen sollen. Der gesamte Verwaltungs- und Bearbeitungsbereich wurde an die Nordfront gelegt.

Die Simpson College Library ist ein gutes Beispiel einer humanen Gestaltung einer Bibliothek in heißen Gebieten.

Literaturhinweis
Neutra, Richard: Buildings and Projects — Réalisations et projets — Bauten und Projekte. Ed. by W. Boesinger. Zürich 1966. S. 138—141.

P 136 Simpson University Library, Perspektive

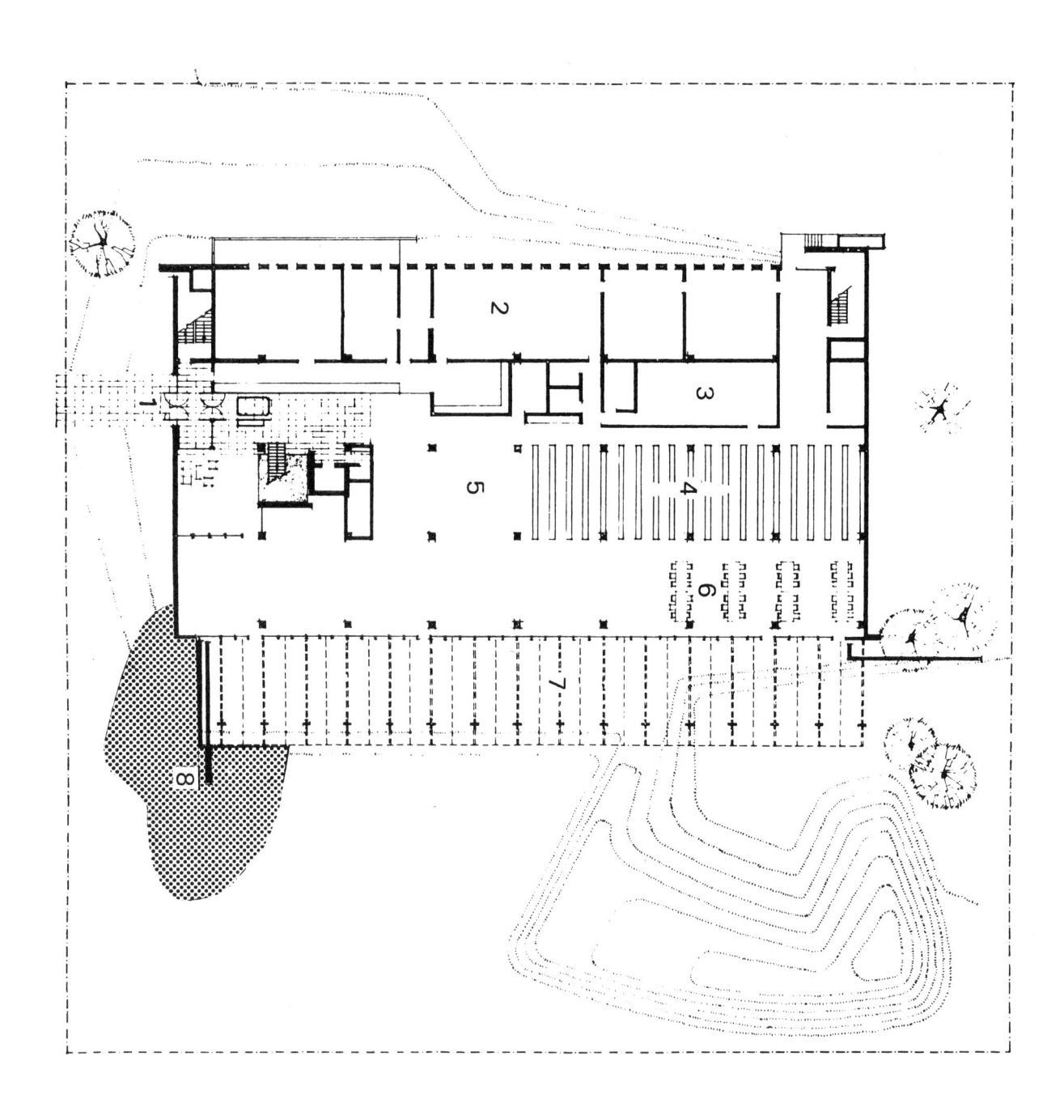

P 137 Simpson University Library, Grundriß

F 81 Simpson University Library, Ecke des Lesebereiches

F 82 Simpson University Library, Abgeschirmte Leseplätze entlang der Fensterfront

F 83 Simpson University Library, Hauptansicht

10.2 BIBLIOTHEKSBAU UNTER MASSGEBLICHER BERATUNG ÖSTERREICHISCHER BIBLIOTHEKSBAU-FACHLEUTE —
Südtiroler Landesbibliothek —
Dr. Friedrich Teßmann
Bozen-Grieß, A.-Diaz-Straße

Planung: Architekt
          Erich Pattis, Bozen
Bibliothekarische Beratung:
Dr. Franz Kroller, Graz
Statik: Ing. Carlo Corona, Bozen
Fertigstellung: 1985
Nutzbare Fläche:
    a) Lese- u.
       Verwaltungszone... 740 m²
    b) Magazinszone..... 1.130 m²
       Zusammen .... 1.870 m²
Kapazität: 450.000 Bände
dzt. Bestand: 125.000 Bände und
                650 lfd. Zeitschriften
Zuwachs pro Jahr: 5000 bis 6000 Bände
Anzahl der Leseplätze: 72 und
                     9 Carrels
Sammelgebiete:
    Allgemeine wissenschaftliche Studienbereiche.

Die Südtiroler Landesbibliothek geht auf Dr. Friedrich Teßmann, einen deutschen Juristen und Freund der schönen Künste zurück, der auf Burg Korb bei Bozen eine Privatbibliothek mit dem Spezialgebiet „Tyroliensien" und mit grundlegenden Lexica angelegt hatte. Diese Bibliothek, die aus 12.000 Bänden bestand, übertrug er im Jahre 1957 in das Eigentum der Österreichischen Akademie der Wissenschaften mit den Auflagen, die Bibliothek in Bozen zu belassen, sie wissenschaftlich zu betreuen und ihren Bestand zu vermehren.

Die Verwaltung und die Sorge um das Personal wurden dem 1954 gegründeten Südtiroler Kulturinstitut — einem privaten Verein — übergeben, der seinerseits seit der Gründung parallel dazu eine kleine geisteswissenschaftlich orientierte Studienbücherei aufgebaut hatte. Im Jahre 1960 wurden dann beide Bestände zusammengelegt und 22 Jahre später auf Grund eines entsprechenden Landesgesetzes der neu errichteten Landesbibliothek geschenkt.

Organisatorisch war die Bibliothek auf fünf verschiedene Stellen aufgeteilt, was natürlich zu Schwierigkeiten geführt hatte. So mußte man sich vorher schon zu einem Neubau entschließen, der im Sommer 1980 in Angriff genommen werden konnte, und zwar in unmittelbarem Anschluß an den alten „Ansitz Rothenpuech" in Bozen-Grieß, in dem das Denkmalamt untergebracht ist. Vorerst sollte auf diesem Areal nur die Bibliothek entstehen (die erste Planung hatte eine verbaute Fläche von 1000 m² vorgesehen), doch wurde dann beschlossen, in demselben Gebäude auch das Staats- und Landesarchiv unterzubringen; damit mußte auch die verbaute Fläche der Bibliothek auf 610 m² reduziert werden, was zur Folge hatte, daß die Verwaltung und ein Sonderleseraum in den ersten Stock verlegt werden mußten.

Man betritt die Bibliothek vom Westen her, über einen überdeckten Eingang, von dem auch eine Stiege und zwei Aufzüge zu den Obergeschossen führen. Ein großer Windfang soll gleichzeitig als Raucherraum fungieren; links seitlich ist der Garderobenraum angeschlossen. Durch den Windfang gelangt man in eine Halle, in der sich unmittelbar beim Eingang die Bücherausgabe bzw. -rückgabe und die Ortsleihe befinden, die mittels Rohrpost und eines Bücheraufzuges mit den darunterliegenden Magazinen verbunden sind. Nahe dem Eingang zum eigentlichen Lesebereich liegt die Information mit der Fernleihe. Eine Sitzgruppe mit Telefonzelle dient den Wartenden. Nördlich schließt die Katalogzone an und westlich die Toilettengruppe. Der Hauptzugang zum Lesesaal liegt etwa in der Achse der Halle und ist — ebenso wie der Abgang von der Bücherausgabe — leicht kontrollierbar. Der Lesebereich erhielt ein Eichen-Holzstöckelpflaster. Zuerst betritt man die Zeitschriftenzone (mit acht Leseplätzen), dahinter befinden sich der gesamte Freihandbereich und die Lesezonen an den ost- und südseitigen Fensterbereichen. Nordseitig, daran anschließend, liegt die Buchbearbeitungszone mit der Anlieferung (bzw. Auslieferung) von einem rückwärtigen Hof über eine Vorhalle samt Treppe und Aufzug zu den Magazinen im ersten und zweiten Untergeschoß. Von dieser Vorhalle aus werden die Bücher über den Post- und Sortierraum zur Nominalkatalogisierung gebracht. Direktion samt Sekretariat, Sitzungszimmer, Sonderlesesaal und ein eigener Raum mit Mikrofilm-Lesegeräten befinden sich im ersten Stock im Bereich über dem Haupteingang.

Die Büchermagazine liegen unterhalb der Bibliothek im ersten und zweiten Untergeschoß (mit Fixregalen im ersten und Verschubregalanlagen im zweiten). Der Büchertransport erfolgt mit Bücherwägen zu den jeweiligen Aufzügen; Erdgeschoß und beide Magazinsgeschosse sind vollklimatisiert.

Zwei weitere unterirdische Magazinsgeschosse sind dem Archiv gewidmet, desgleichen größere Teile des Obergeschosses.

Die gesamte Anlage ist durchaus kompakt und zeichnet sich durch verhältnismäßig kurze Wege aus. Leider hat die Reduktion der verbauten Fläche funktionelle Nachteile erbracht, wie die Trennung der Verwaltung von der Buchbearbeitung oder die Verlegung des Sonderlesesaales und des Raumes mit den Mikrofilm-Lesegeräten in den ersten Stock. Der Zeitschriftenbereich wurde in den Lesesaal integriert. Obwohl in dem verhältnismäßig großen Gelände genug Platz für einen Lesehof vorhanden gewesen wäre, wurde ein solcher nicht vorgesehen; eine Mauer trennt nun die Bibliothek von dem übrigen Gelände.

Was die Architektur betrifft, so würde man dieses Gebäude auf den ersten Blick nicht als Bibliothek erkennen, da es in äußerst konservativer Form einen straffen Block mit ziemlich gleichmäßigem Rhythmus von Fensterflächen und Mauerwerk darstellt, der mit einem allseitig abgewalmten Dach überdeckt ist. Hier wird allerdings deutlich, daß das Denkmalamt eine weitgehende Anpassung an die Architektur des unmittelbar daran anschließenden alten „Ansitz Rothenpuech" zur Bedingung gemacht hat. Es ist nur eine Frage, ob nicht ein baukünstlerischer Wettbewerb noch interessantere Lösungen gebracht hätte.

F 84   Südtiroler Landesbibliothek Bozen, Hauptansicht

P 138 Südtiroler Landesbibliothek, Grundriß Erdgeschoß

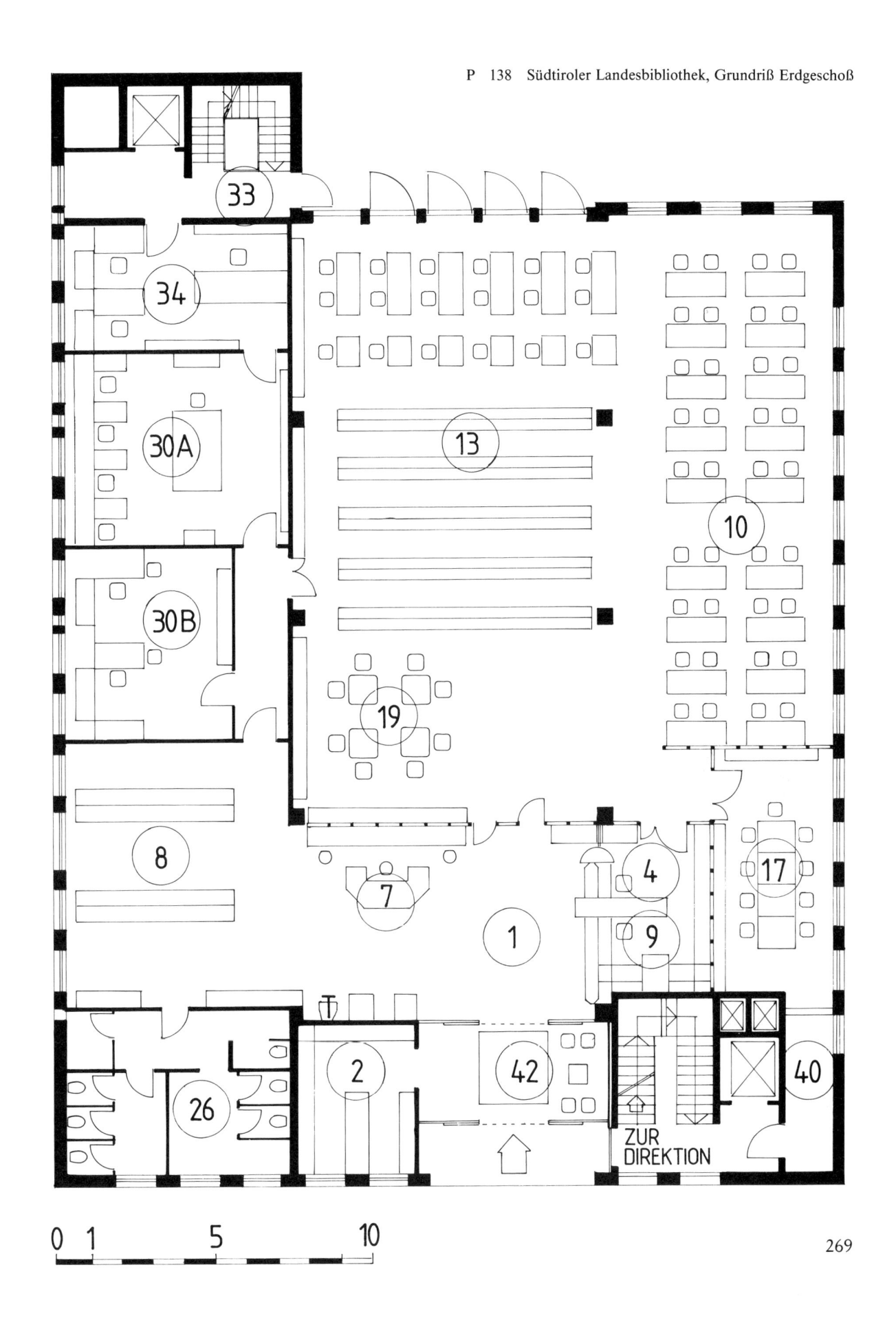

ZUR DIREKTION

0 1   5   10

10.3 WETTBEWERBSPROJEKTE
10.3.1 Wettbewerb für die Pahlavi National Library
Teheran, Iran

Planung: Architekten
    Mag. Engelbert Eder
    Mag. Rudolf F. Weber,
    beide Wien
    Dipl.-Ing. Reiner Wieden,
    Perchtoldsdorf/NÖ

Bibliothekstechnik
    MR Prof. Dr. Otto Simmler,
    Wien

Dieser Entwurf einer iranischen Nationalbibliothek in Teheran ging aus einem internationalen Wettbewerb in den Jahren 1977/78 mit dem 2. Preis hervor, bei dem 633 Projekte aus 27 Nationen eingereicht wurden. Die Aufgabe war eine gewaltige, denn man sollte sich städtebaulich nicht allein auf diesen Raum beschränken, sondern die Bibliothek als erstes Glied eines neuen riesigen Stadt- und Kulturzentrums auf einem schrägen Plateau der Stadt in 1800 m Höhe, inmitten anderer später zu errichtender Monumentalbauten, architektonisch entsprechend gestalten. Das Wettbewerbsgebiet umfaßte eine Fläche von 40.000 m², mit einer Länge von 350 m und einer Breite von 120 m. Einschränkungen gab es in bezug auf Bauhöhe, bauliche Ausnützung der Fläche, gegebene Verkehrssituation und angrenzende bauliche Gegebenheiten.

Der 1. Preis war einer Architektengruppe aus Hamburg, der 2. Preis den obenangeführten Architekten und der 3. Preis einer Architektengruppe aus Johannesburg zuerkannt worden. Unter den Ankäufen war ein Projekt des Wiener Architekten o. Prof. Mag. Wilhelm Holzbauer, das im Anschluß daran gezeigt wird.

Aus der Beschreibung des Teams des 2. Preises Eder-Weber-Wieden-Simmler geht hervor:

Das Wettbewerbsprogramm lautete:

Wissenschaftliche Forschungsbibliothek in acht Abteilungen, öffentliche Freihand- und Kinderbibliothek, Konferenzzentrum, Iranisches Forschungszentrum, Zentraler Bücherspeicher, Technische Abteilungen, Verwaltung, Wohnungen.

Geplanter Speicherumfang: 4 Mio. Bände
Gesamtnutzfläche: ca. 120.000 m²
Die Aufgabe wurde wie folgt gelöst:

In Anlehnung an Grundprinzipien der persischen und islamischen Bautradition erstreckt sich der kompakte, im Durchschnitt nur dreigeschossige Bibliothekshauptkomplex über das gesamte Grundstück.

Nach außen hin eher abgeschlossen, öffnen sich Lesesäle und Arbeitsräume auf zahlreiche halböffentliche und interne Innenhöfe, die eine begrünte, schattige und doch gut belichtete, vor allem auch lärm- und staubfreie Binnenatmosphäre ermöglichen.

Sondergebäude, wie das Konferenzauditorium und das Iranische Forschungszentrum, akzentuieren den Komplex entlang des Shabanou Boulevard durch ihre besondere Formensprache, während die wesentlich höhere Scheibe des Verwaltungsblocks — funktionell in der Mitte gelegen — als Dominante zugleich das städtebauliche Rückgrat der gesamten Anlage bildet.

Einen Akzent „semantischer Architektur" stellt das zentrale Büchermagazin in Form eines riesigen aufgeschlagenen Buches dar, das die zur Bibliothek gehörenden Wohnanlagen vom Hauptgebäude trennt.

Die Aufschließung für Fußgänger und Benützer erfolgt vom „Shah and Nation Square", dem arkadenumgebenen Paradeplatz Teherans sowie vom Shabanou Boulevard aus über zwei gedeckte Passagen — eine moderne Adaption der traditionellen Basarstraße — zu einem zentralen „Forum". Von hier aus sind alle öffentlichen Sondereinrichtungen und die Bibliothekszugänge erreichbar.

Die internen Verkehrswege für Bücher und Personal sind von den Benützerwegen völlig getrennt. Ein vollautomatisches, mechanisches Transportsystem verbindet die Ausgabepulte aller Bibliotheksabteilungen sowohl untereinander als auch mit dem zentralen Bücherspeicher und den technischen Abteilungen. Unabhängig, ausbaufähig und kreuzungsfrei über Dach geführt, ist es zugleich sichtbarer Ausdruck des schnellen Kommunikationsflusses innerhalb der Nationalbibliothek.

Die internationale Entwicklung im Bibliothekswesen geht in Richtung Freihandbibliothek mit möglichst direktem Zugang der Benützer zum

Großteil der Buchbestände. Dieser Entwicklung sowie der vom Auslober geforderten multifunktionalen Verwendung der Nutzflächen wird mit einem durchgehenden konstruktiven Rastersystem Rechnung getragen. Dabei ist der quadratische Rastermodul von 9,45 m sowohl ein Vielfaches von 1,35 m (einem platzsparenden Achsabstand der Bücherregale) als auch — nach Abzug einer Konstruktions- und Pfeilerzone von 0,45 m — ein Vielfaches von 1,50 m (einem sehr wirtschaftlichen Büro-Achsmaß). Größtmögliche Austauschbarkeit von Lese-, Arbeits- und Buchlagerflächen, je nach sich ändernden Bedürfnissen, ist dadurch gewährleistet.

Das Preisgericht anerkannte bei diesem Projekt die Berücksichtigung gewisser Aspekte iranischer Architektur-Tradition, verbunden mit der durchaus modernen Architekturauffassung. Besonderen Gefallen fanden die Verbindung zum „Shah and Nation Square", die öffentlichen Zufahrtswege, der traditionelle Zugang zu den öffentlichen Bibliotheksbereichen und das System der großen und kleinen Innenhöfe. Der Gebäudemaßstab ist attraktiv und die allgemeine Gliederung praktisch. Der Grundriß bietet deutliche Vorteile in bezug auf ein Bauabschnitt-Programm und auf die Flexibilität. Einer negativen Kritik wurde die buchähnliche Form des zentralen, geschlossenen Magazinstraktes (der „Koran als heiliges Buch darf nie aufgeschlagen gezeigt oder auch nur angedeutet werden!") sowie das aufwendige Büchertransportsystem unterzogen. Auch waren in den Plänen bzw. im Erläuterungsbericht keine Überlegungen über die bioklimatische Adaption enthalten.

Infolge der vollkommenen Änderung der politischen Lage im Iran — und nun auch infolge des Kriegszustandes mit dem Irak — sind in der Zwischenzeit alle diesbezüglichen Projekte hinfällig geworden und in dieser Form kaum mehr realisierbar. Auf jeden Fall aber kann das österreichische Team stolz sein auf sein nicht nur architektonisch, sondern auch funktionell ausgezeichnetes Projekt und auf den großen Erfolg bei diesem Wettbewerb der 633 Teilnehmer.

Literaturhinweise

LAPIETRA, U.; DECARLO, G. C.: Pahlavi National Library — Interview with Giancarlo DeCarlo. (Projects submitted for competition and as political statements.) In: Domus. Monthly Magazine of Architecture, Design, Art. 585 (1978), S. 6.
PAHLAVI-Nationalbibliothek in Teheran/Iran. In: Bauwelt 69 (1978), S. 577 u. 598.
Nationalbibliothek in Teheran. Interview des iranischen Kulturspiegels „Art and Architecture" mit den Gewinnern des 1. Preises des Wettbewerbes für die Pahlavi-Nationalbibliothek TU Teheran. In: Deutsche Bauzeitung Jg. 112 (1978) 11, S. 64—68.
Nationalbibliothek des Iran in Teheran. In: Wettbewerbe aktuell 6 (1978).
CLAVEL, Jean-Pierre: Pahlavi National Library. In: Vom Bauen neuerer Bibliotheken. Wiesbaden 1979. S. 110—124.

P 139 Projekt der Pahlavi National Library (2. Preis), Teheran, Lageplan und Perspektiven

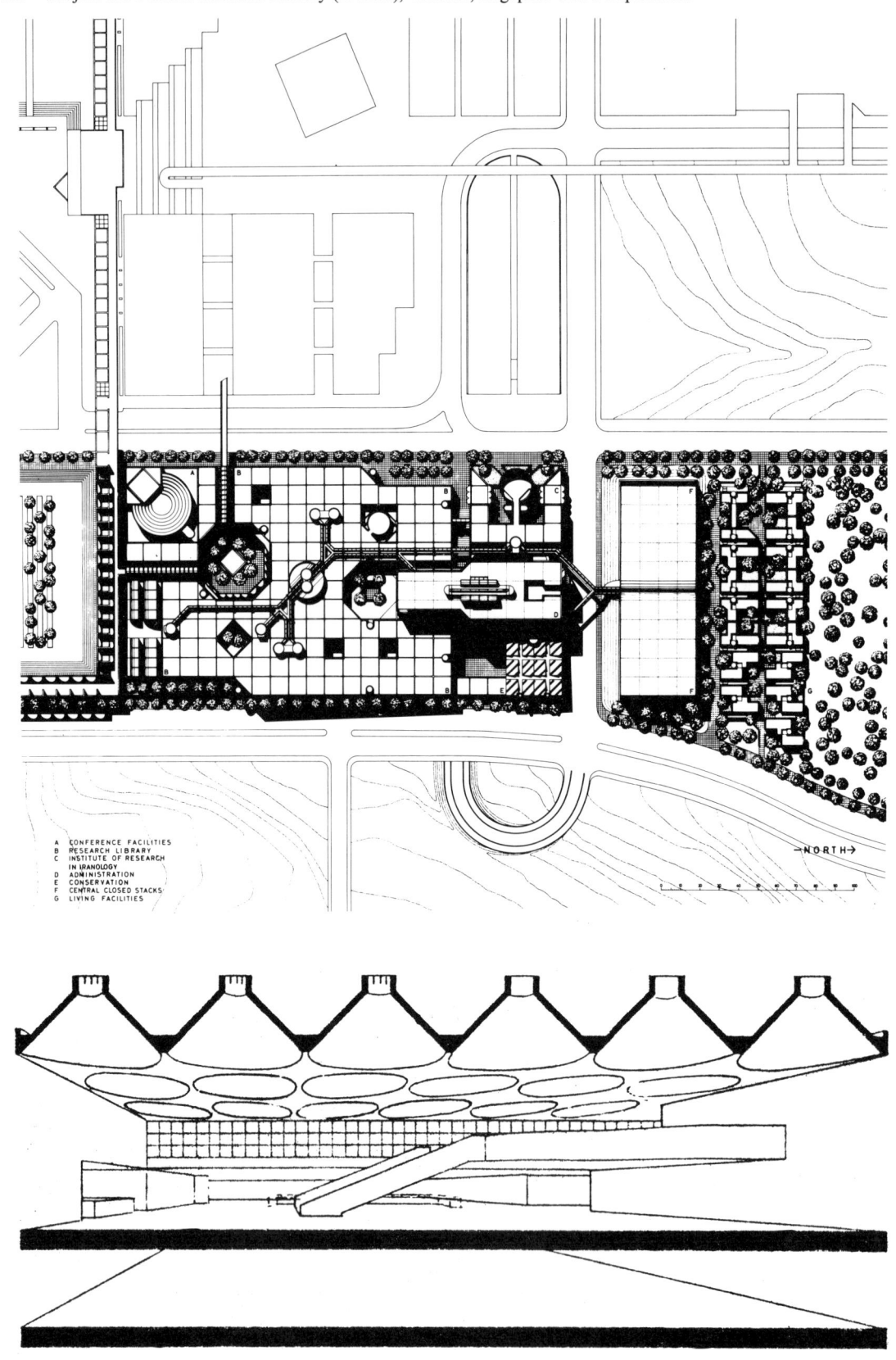

A CONFERENCE FACILITIES
B RESEARCH LIBRARY
C INSTITUTE OF RESEARCH IN IRANOLOGY
D ADMINISTRATION
E CONSERVATION
F CENTRAL CLOSED STACKS
G LIVING FACILITIES

→NORTH→

P 140 Projekt der Pahlavi National Library (2. Preis), Grundriß Erdgeschoß

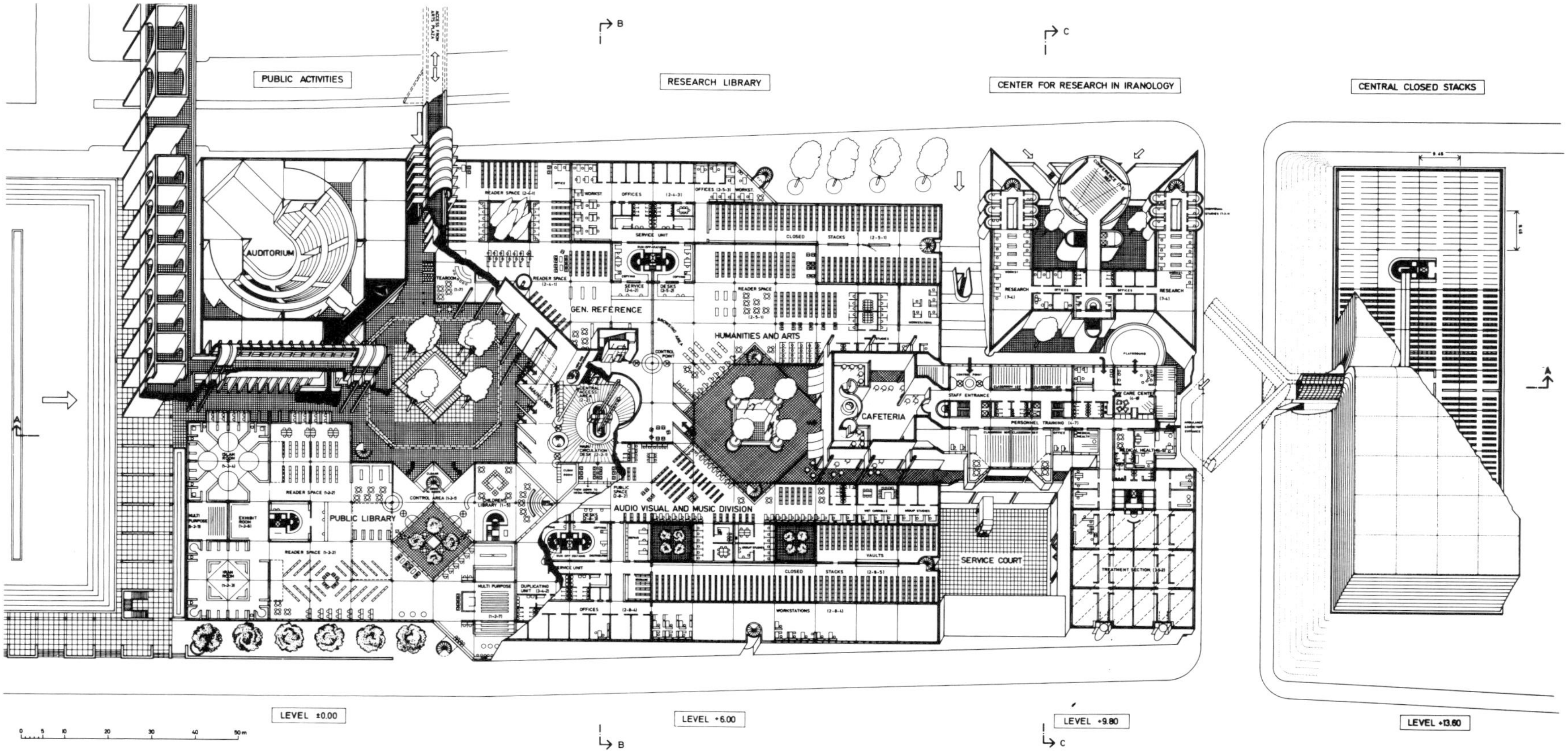

F 85 Projekt der Pahlavi National Library (2. Preis), Modellaufnahme von SW

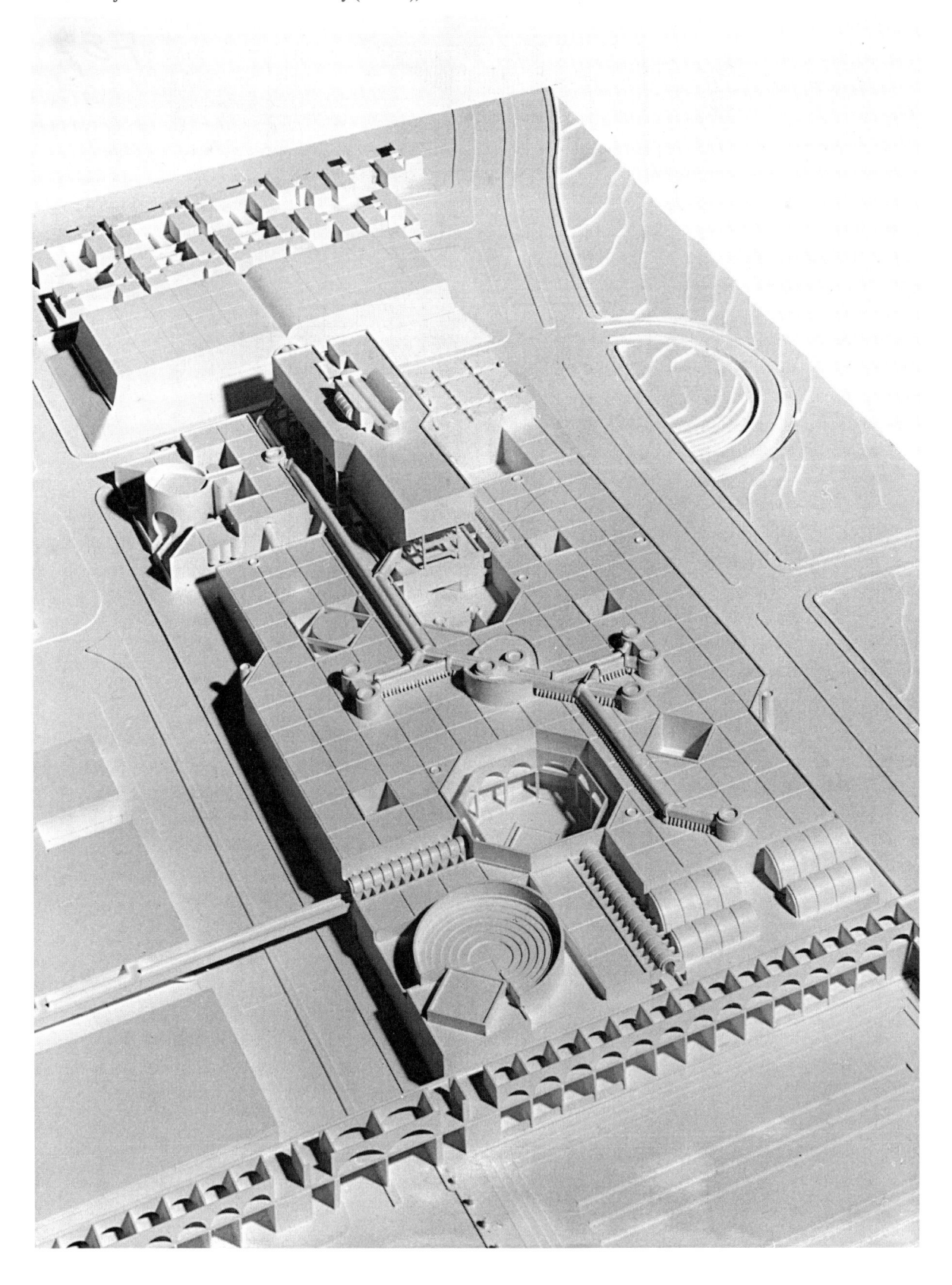

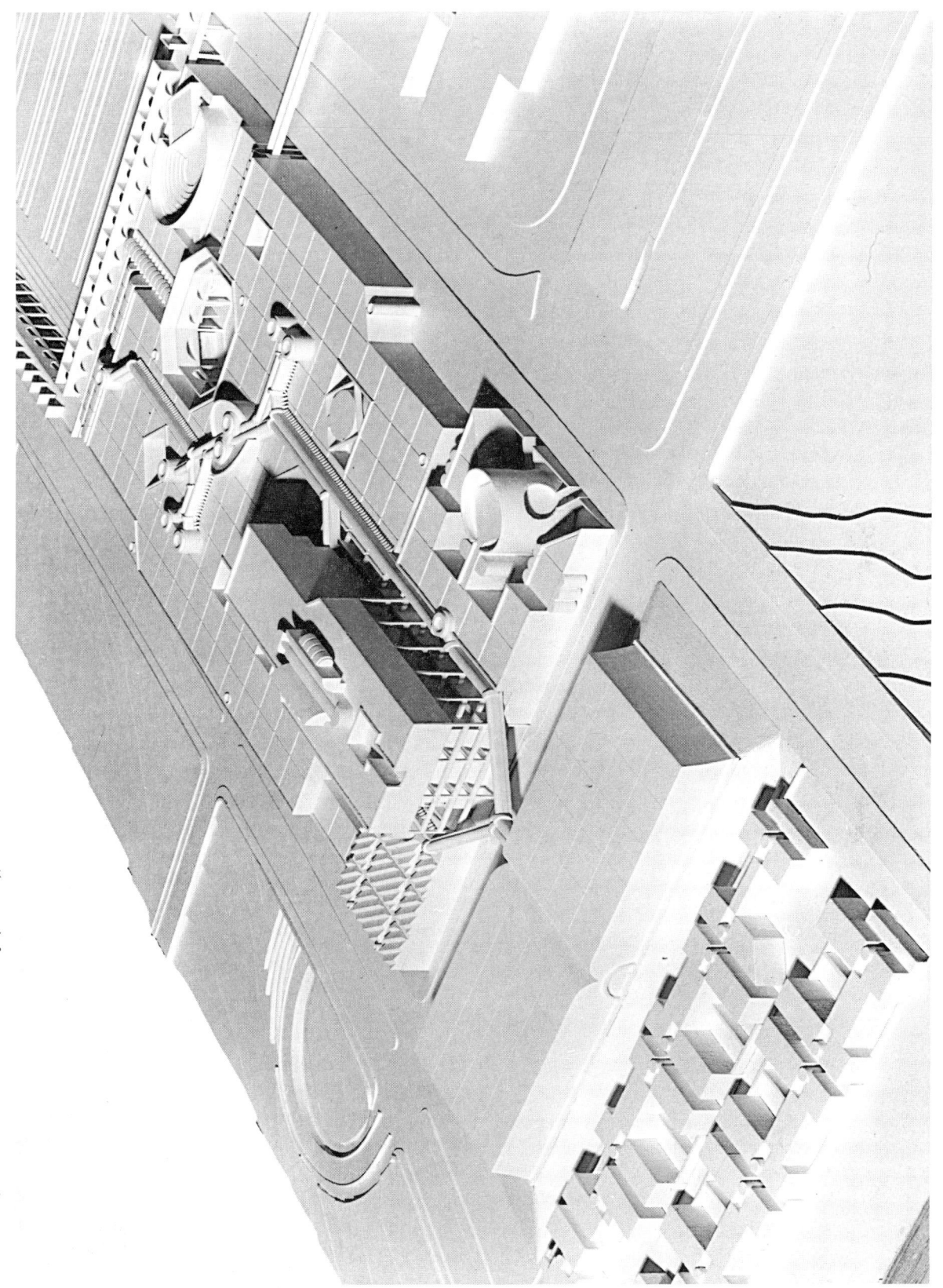

F 86 Projekt der Pahlavi National Library (2. Preis), Modellaufnahme von NW

*10.3.2 Wettbewerb für die Pahlavi National Library
Teheran, Iran*

Planung: Architekt
o. Prof. Mag.
Wilhelm Holzbauer
Mitarbeit: Helmut Christian
Otto Häuselmayer
Erhard Göll
Thomas Ramiljak
Helmut Wimmer,
alle Wien

Dieses Projekt, das mit einem Ankauf ausgezeichnet wurde, machte ebenfalls den Versuch, traditionelle mit modernen Bauformen zu vereinen. Es ist konzipiert als ein „lebendiger Basar für Studium und Information", nicht nur für Teheran, sondern den ganzen Iran. Örtlich sollte er ein Treffpunkt des Volkes werden. Der Architekt versuchte die Konzentration einer traditionellen iranischen Stadt „en miniature" als unteilbare Einheit in einen begrenzten Raum zu übertragen und die mannigfachen Aspekte einer islamischen Stadt, wie den menschlichen Maßstab, das Pittoreske, Überraschende und Erfreuende, schattige Zonen, sprudelnde Wasser und anderes mehr zur Anwendung zu bringen.

Die Bibliothek ist nicht als Gebäudekomplex gedacht, sondern als eine Stadtstruktur, deren Innenräume im Dialog mit den Außenräumen stehen. Davon ausgehend, enthält dieses Projekt eher eine Ansammlung einzelner niederer Bibliothekstrakte als ein vielgeschossiges Gebäude mit allen Funktionen. Eine klare Unterscheidung zwischen öffentlichen, betriebstechnischen und Verwaltungsbereichen wurde in architektonische Formen gebracht. Für die Benützer der öffentlichen Bibliothek und der Forschungsbibliothek präsentieren sich die verschiedenen Teile als selbständige Einheiten in menschlichem Maßstab, deren Raum leicht zu erfassen ist.

Besondere Beachtung wurde der bioklimatischen Anpassung gewidmet. Schattige Kolonaden säumen die Straßen und Plätze der öffentlichen Bereiche und fließendes Wasser — in geometrischen Formen durchgezogen — dient der Luftbefeuchtung und der Kühlung. Der große Innenhof nächst dem „Shah and Nation Square" soll in seiner Mitte einen Springbrunnen innerhalb eines Wasserbeckens erhalten, das durch Zypressen beschattet werden soll. Eine Reihe von begrünten Innenhöfen sind als abgeschlossene, ruhige Bereiche innerhalb der Lesezonen gedacht. So würden sich die klimatischen und hydrologischen Bedingungen nicht allzusehr von jenen der traditionellen Städte unterscheiden.

Das städtebauliche Konzept basiert auf den Aspekten des „Shah and Nation Square", bestimmt durch den Verkehrsstrom — einem Platz ähnlich dem „Maidan i Shah"-Platz in Isfahan. Die Bauwerke treten hier gegenüber dem genau bestimmten Raum zurück. Da anzunehmen war, daß einige der an diesem Platz geplanten Gebäude, wie Ministerien, Stadthalle und andere, entsprechend ihrer Funktion und ihrer Bedeutung, eine gewisse Monumentalität aufweisen würden, schien es dem Planverfasser angebracht, die „Skyline" des anschließenden Bibliotheksareals niedrig zu halten. Daher sollten alle intensiv genutzten Bereiche im unteren Teil höchstens drei Geschosse erhalten, zum Unterschied von den fünf bis sechsgeschossigen Betriebs- und Verwaltungstrakten im oberen Teil. Die Draufsicht von diesem vorgenannten „Shah and Nation Square" zeigt daher eine Reihe von niederen Dächern, Wölbungen und konischen Kuppeln, kleineren und größeren, dazwischen Zypressen und anderes Grün.

Großer Wert wurde auch auf eine klare Verkehrslösung gelegt, sowohl in den öffentlichen Verkehrszonen, als auch in jenen der Verwaltung und der Zufahrt zu den Bereichen der An- und Auslieferung der Bücher sowie zur Krankenstation. Für den bibliotheksinternen Verkehr wurde auch ein eigenes Schema entwickelt, getrennt nach Benützer und Personal.

Der gesamte Bereich der geschlossenen Büchermagazine ist in zwei Teile geteilt, der eine unmittelbar neben bzw. unterhalb der Lesezonen, der andere in den Untergeschossen zwischen dem Verwaltungs- bzw. technischen Betriebstrakt. Eine Bücherförderanlage mit Behältern soll sowohl die horizontalen als auch die vertikalen Transporte übernehmen.

Alle Lesezonen sind zweigeschossig; generell wurde getrachtet, sie mit natürlichem Licht zu versorgen und eine visuelle Beziehung zu den Außenzonen zu schaffen. Dies sollte erreicht werden durch konische Kuppeln, die an ihrem oberen Ende mit einem Sonnenschutz versehen sind (siehe Zeichnung). Die Außenwände sollten in ihrem oberen Bereich gemusterte Gitter erhalten und auf diese Weise gefiltertes Licht spenden, während der untere Bereich mit Bücherstellagen ausgefüllt werden könnte.

Zusammenfassend ist zu sagen, daß auch dieses Wettbewerbsprojekt, dank seiner besonderen Qualitäten, einen Ankauf durchaus verdient hat.

F 87 Projekt der Pahlavi National Library (Ankauf), Modellansicht von S

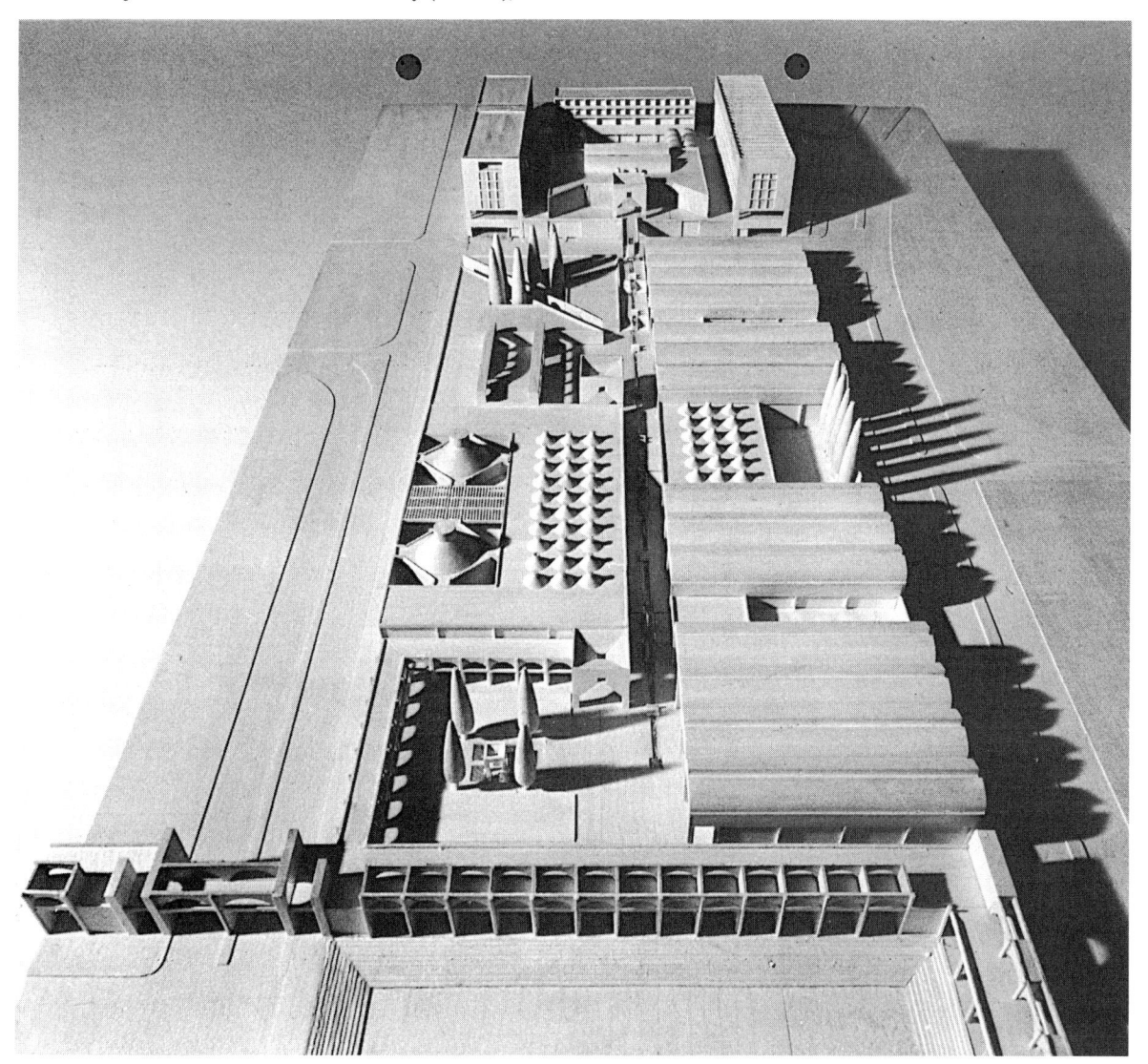

P 141 Projekt der Pahlavi National Library (Ankauf), Grundriß Erdgeschoß

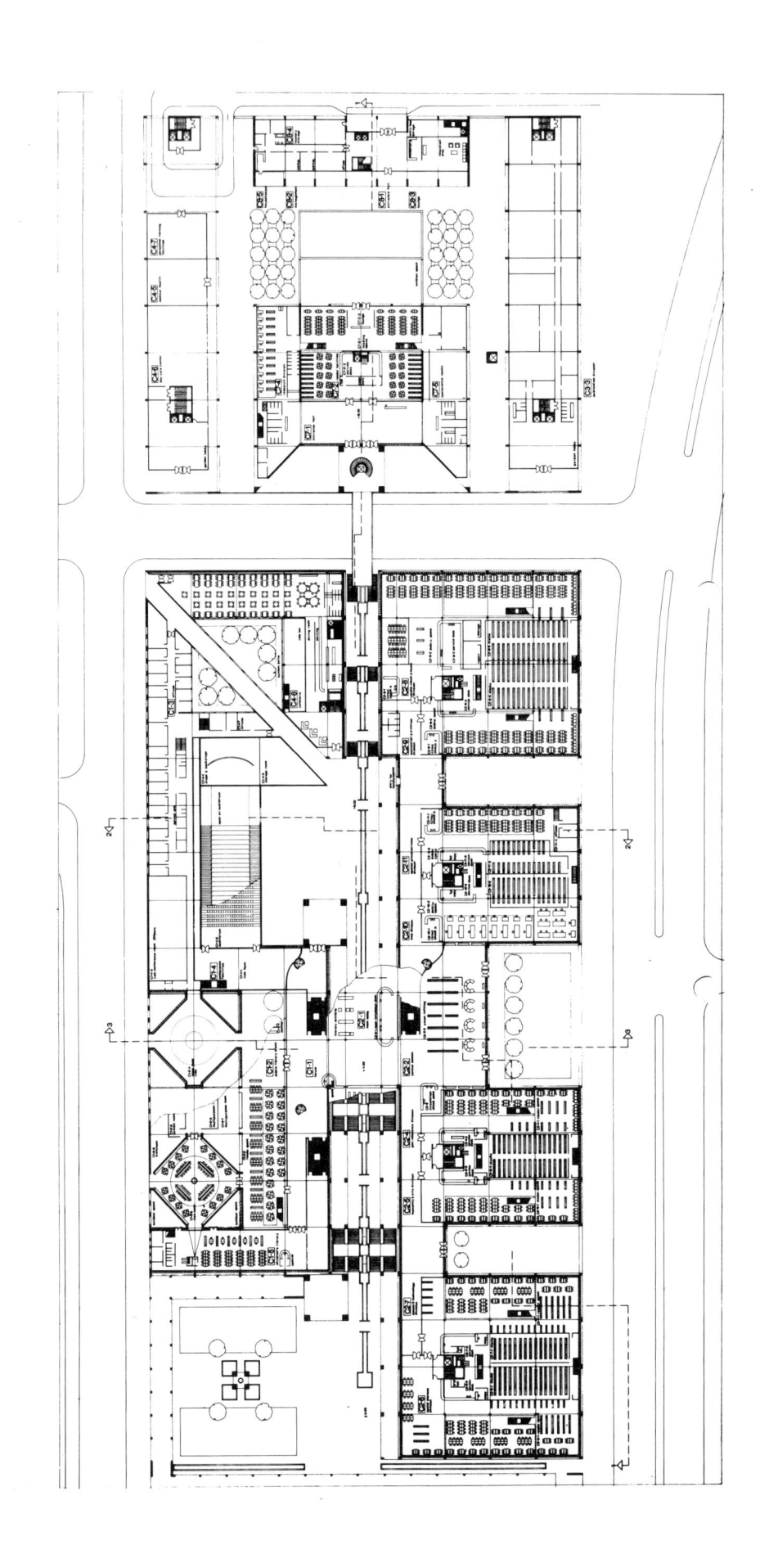

P 142 Projekt der Pahlavi National Library (Ankauf), Ansicht und Schnitte

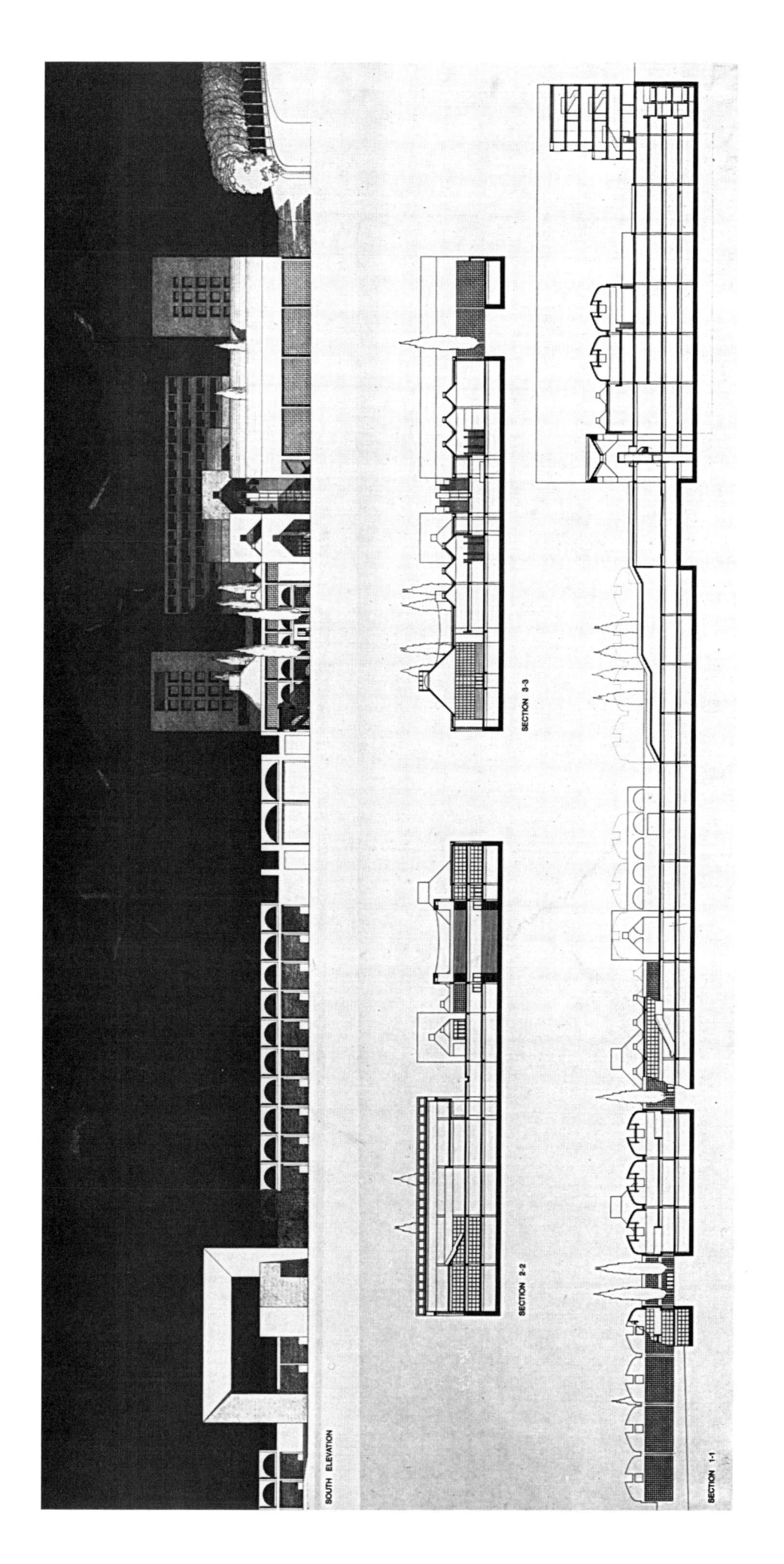

10.3.3 Wettbewerb für die Landesbibliothek Karlsruhe

Planung: Architekt
o. Prof. Mag. Gustav Peichl,
Wien

Anläßlich eines Wettbewerbes für die neue Landesbibliothek in Karlsruhe im Jahre 1979 wurde ein beachtenswertes Projekt mit dem 3. Preis bedacht, das ein repräsentatives Kultur- und Kommunikationszentrum in Verbindung mit einem modernen, funktionsgerechten Neubau einer Bibliothek unter Berücksichtigung zeitgemäßer Technik bei guter Einordnung in das Stadtgefüge vorsieht. Dabei wurde besonders darauf geachtet, jederzeit sinnvolle Erweiterungen durch „Angliedern" der Grundeinheiten (6,90 × 6,90 m) in allen Geschossen horizontal und vertikal variantenreich durchzuführen, wodurch äußerste Flexibilität erreicht wird.

Städtebaulich wurde versucht, das neue Gebäude durch gestalterische Weiterführung der das Baugelände umgebenden, erhaltungswürdigen Bauten in Proportion, Baugestalt, Form und Material harmonisch einzufügen. Der Haupteingang ist gegenüber der dominierenden Kirche in der Erbprinzenstraße — jedoch absichtlich nicht in deren Symmetrieachse — vorgeschlagen. Zusammen mit dem Bibliotheksgebäude soll ein Fußgängerbereich mit Fußwegverbindungen durch das Areal der Bibliothek eine Art Bibliothekspark entstehen lassen. Der Trakt am Fußgeherplatz vor der Kirche ist dreigeschossig vorgeschlagen, mit Ausstellungsräumen, Räumen für Diskussionen und Vorträge sowie einem Kaffeehaus in Verbindung mit dem innenliegenden Bibliothekspark. Das erste Obergeschoß enthält Sonderleseräume. Der Verwaltungstrakt (viergeschossig) steht in enger Verbindung mit dem Nutzungsbereich und Magazinsbereich am Kopf der Funktionsachse in zentraler Lage.

Aus dem Projekt geht hervor, daß der Architekt getrachtet hat, unter Rücksichtnahme auf das charakteristische Baugebiet eine in der Höhenentwicklung und Baukörpergestaltung einfache und bescheidene, jedoch zeitgemäße Architektur zu erzielen.

P 143 Bibliotheksprojekt Karlsruhe, Seitenansicht

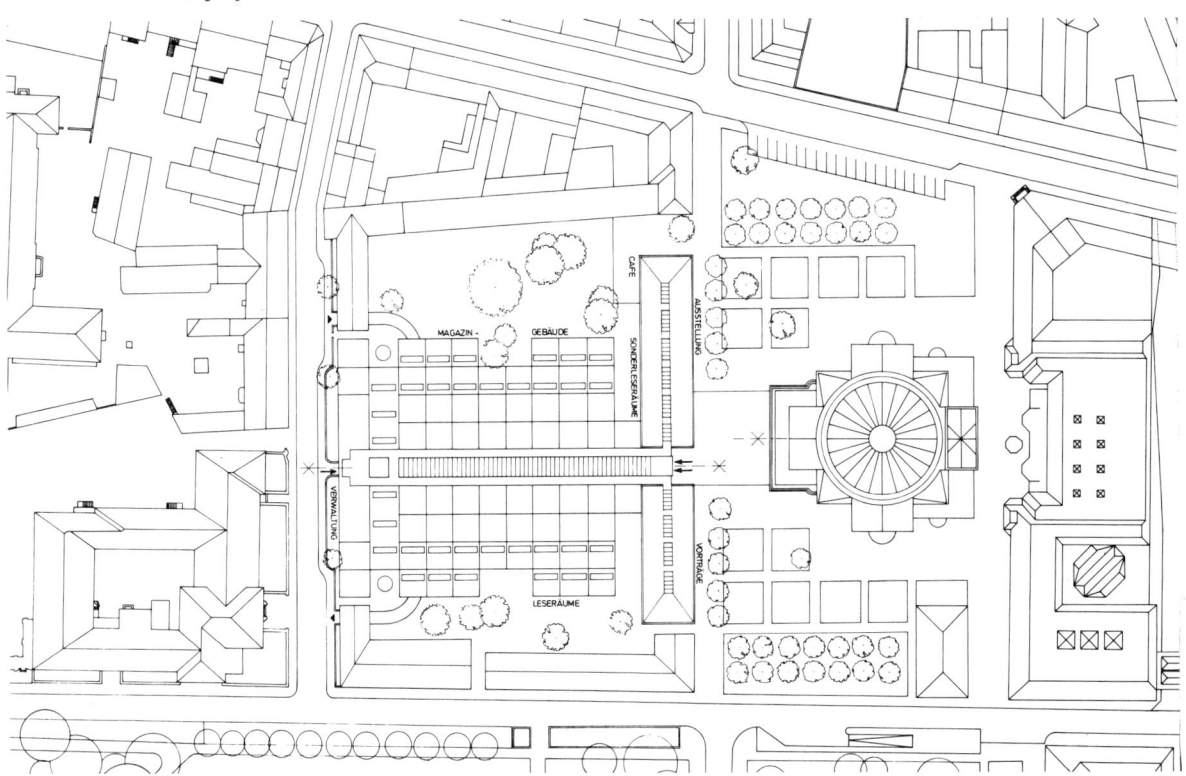

P 144 Bibliotheksprojekt Karlsruhe, Grundriß Erdgeschoß

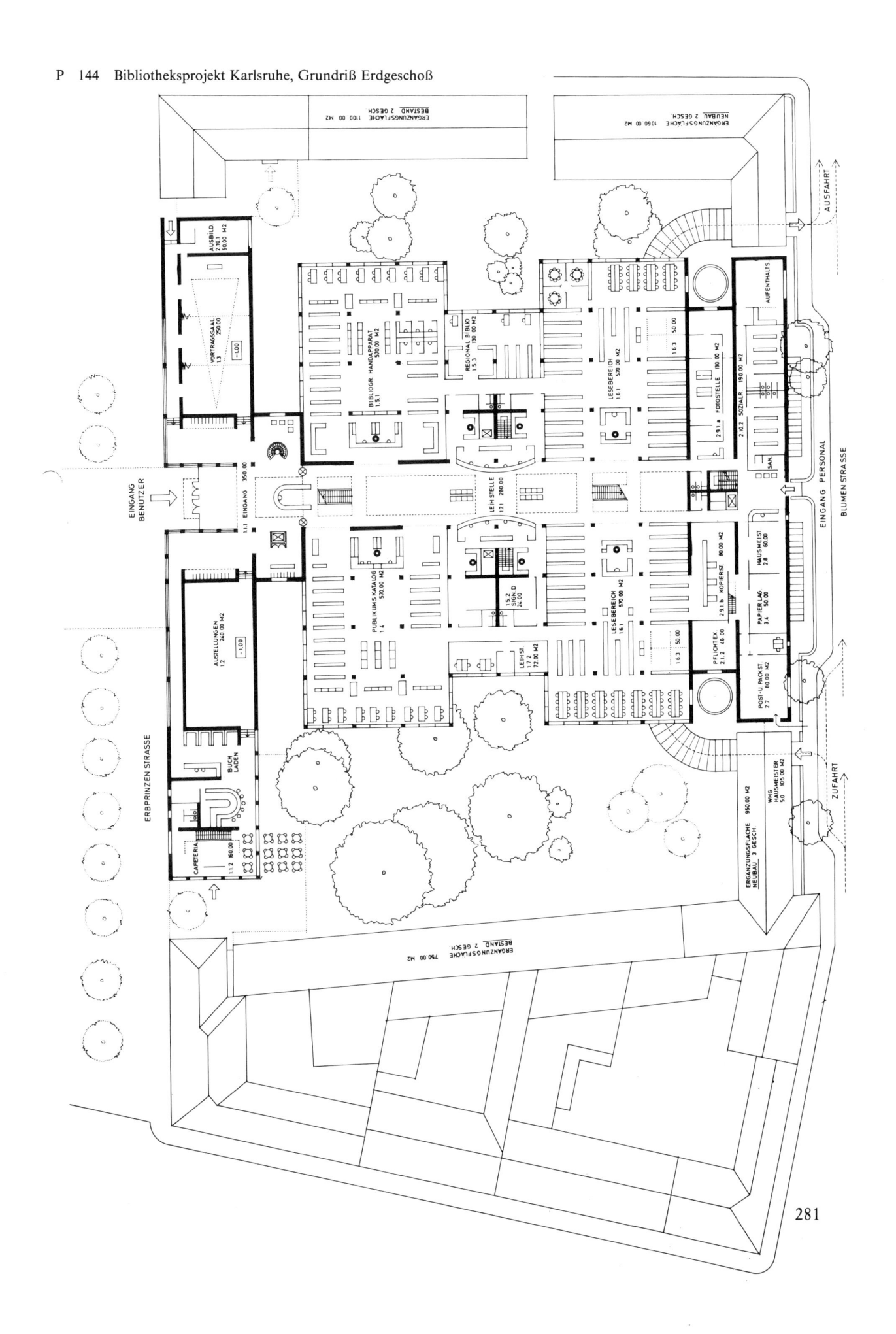

P 145 Bibliotheksprojekt Karlsruhe, Hauptansicht

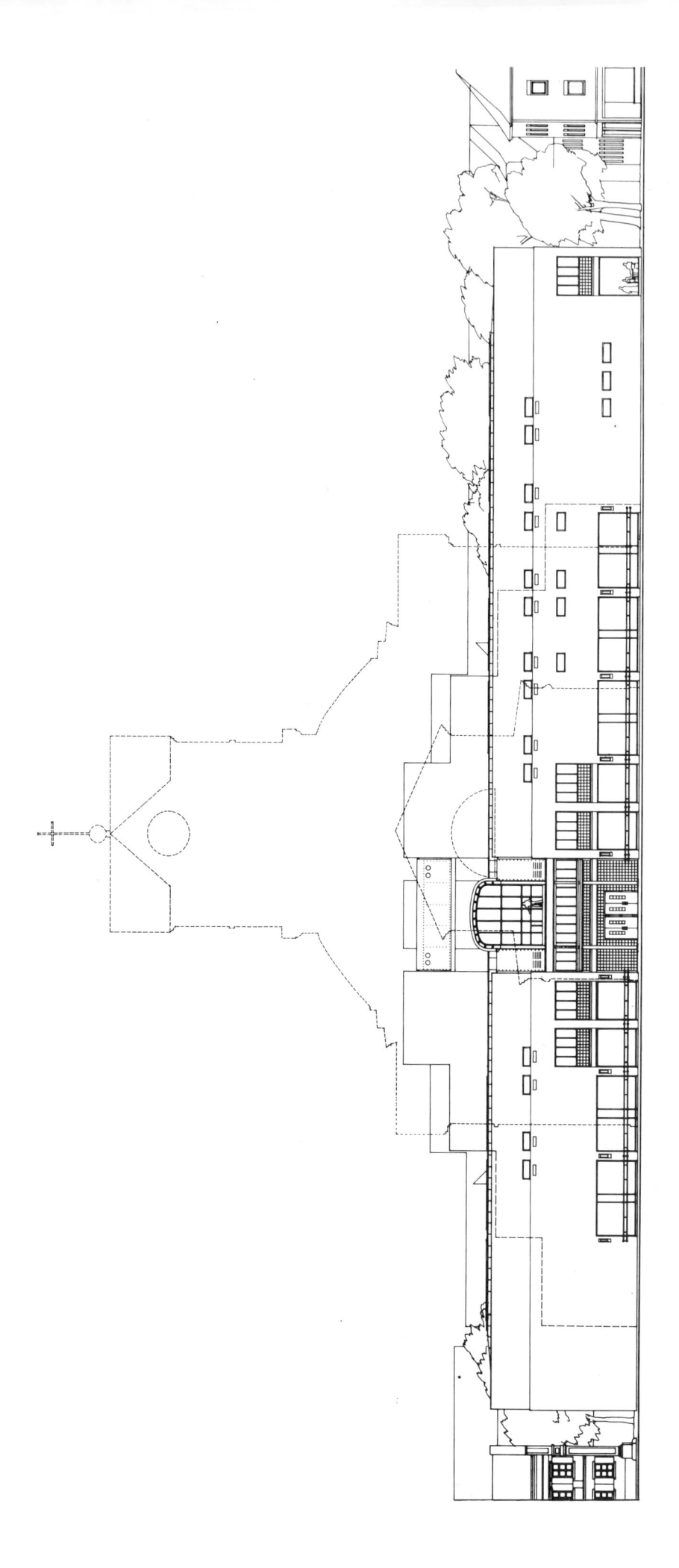

P 146

Bibliotheksprojekt Karlsruhe,
Planungskapazität und
Schnittperspektive auf Achse!

AUSBAU VORSCHLAG

PLANUNGSKONZEPT

AUSBAUFLEXIBILITÄT

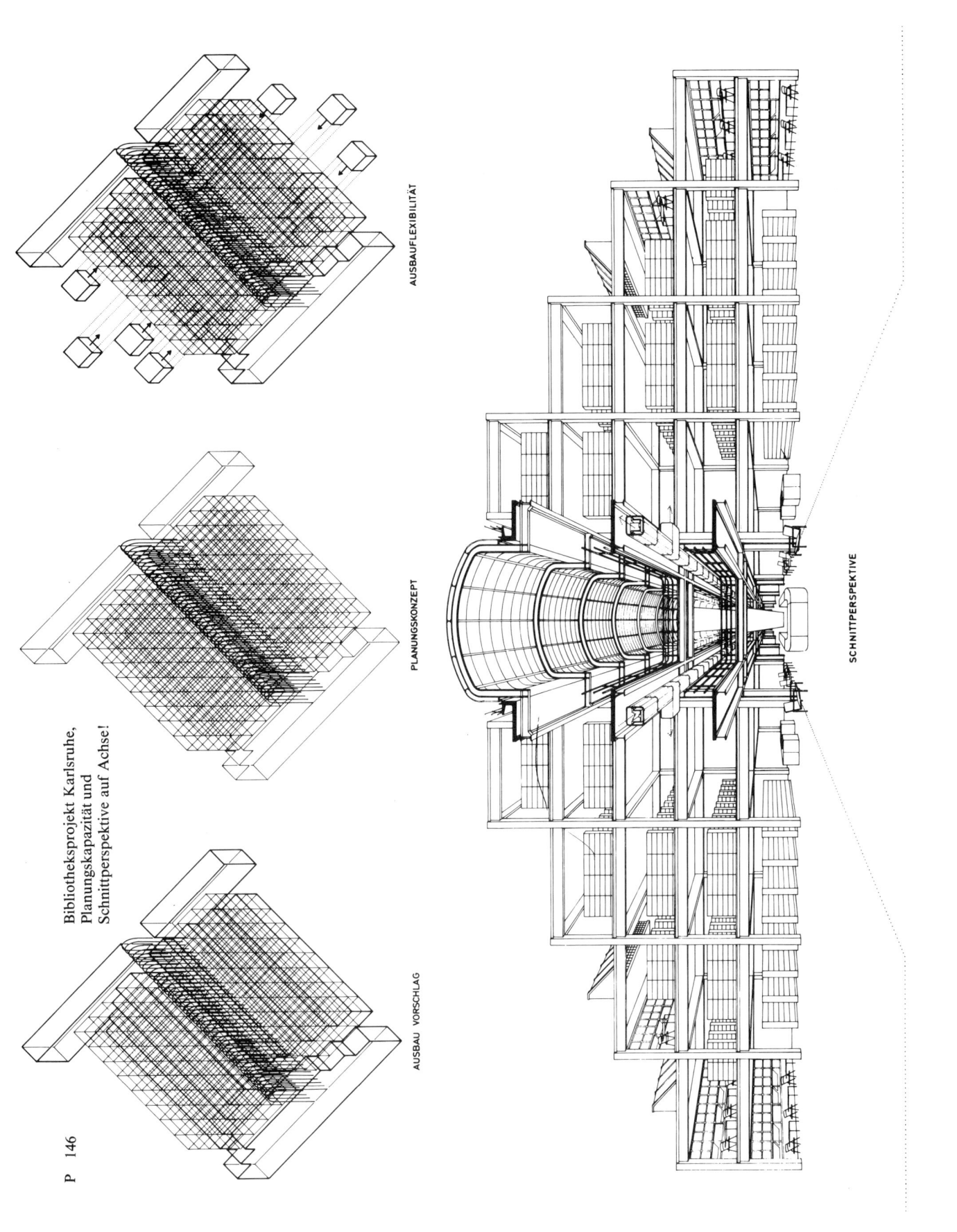

SCHNITTPERSPEKTIVE

*10.3.4 Wettbewerb für die National Library,
Riyadh
Saudi-Arabien*

Planung: Univ.-Prof.
 Dipl.-Arch. Dr. techn.
 Justus Dahinden, Wien/Zürich
Bibliothekarische Beratung:
 Hofrat Dr. phil.
 Josef Wawrosch,
 Wien

Durchführung: noch unbestimmt

Nutzbare Fläche:
 a) Lesezone (einschl. Freihandaufstellung) ..... 18.260 m²
 b) Räume zur Allgemein-
  benützung
  (wie Foyer mit Garderoben,
  Ausstellungshalle, Galerie,
  Stiegen, Gängen
  usw.) .... 3.402 m²
 c) Magazinzone (geschlossene
  Depots) .... 1.678 m²
 d) Werkstätten und
  techn. Räume ..... 1.148 m²
 e) Verwaltungszone .. 1.276 m²
 f) Zone diverser sozialer und
  techn. Dienste ..... 5.767 m²

 Zusammen ...... 31.531 m²

Kapazität: 2 Mio. Bände (1. Baustufe)
Anzahl der Leseplätze: 2100
Sammelgebiete:
 Gesamte Literatur Saudi-Arabiens
 und anderer arabischer Länder.

Saudi-Arabien plant die Errichtung einer Nationalbibliothek gewaltigen Ausmaßes, welche die gesamte arabische Literatur erfassen soll. Für diese Aufgabe wurde ein internationaler Architekten-Wettbewerb ausgeschrieben, an dem auch ein Professor der Technischen Universität Wien teilgenommen und ein außerordentlich interessantes Bibliotheksgebäude in Vorschlag gebracht hat. Diesem liegt eine geprägte architektonische Philosophie zugrunde, die orientalische Schwerpunkte hat:

Das Wesen des Wissens in seiner universellen Art stellt das Bindeglied zwischen den verschiedenen Kulturen und Nationen dar. Das Projekt einer Nationalbibliothek in Riyadh steht für diese Idee und möchte ein neuer Brennpunkt für den weltweiten wissenschaftlichen Austausch in einer Welt der Vernunft werden, denn Wissenschaft verbindet die Welt.

Die Philosophie der Architekturidee ist ablesbar an der strukturellen und gestalterischen Erscheinung des Bauwerkes.

a) Der einprägsame visuelle Aspekt der Makrostruktur ist der Kreis, als Symbol für die allumfassende Kraft ohne Anfang und Ende.

b) Die Kette, als das Zeichen der Verbundenheit der wissenschaftlichen Forschung und die Abhängigkeit aller wissenschaftlichen Disziplinen untereinander, wurde als ein wichtiges, strukturelles Element im Entwurf verwendet. Während die äußere Erscheinung beherrscht wird durch ein vorgehängtes Gewebe, das einen halbtransparenten, geheimnisvollen Schleier um das Gebäude legt, übersetzt die kettenähnliche Anordnung der Lesesäle diese Idee in die funktionelle Strukturentwicklung. Die Idee der Kette stellt darüber hinaus den Zusammenhang von Intelligenz, Wissen und technologischem Fortschritt dar.

c) Die tragenden Elemente der Rundfassade des Hauptgebäudes sollen durch künstlerische Symbole der Wissenschaft gekrönt werden.

d) Der Gedanke des Wassers, als Element der geistigen Reinigung, ist in den Entwurf integriert, und zwar durch das Aufsteigen des architektonischen Mittelpunktes aus den umgebenden Wasserflächen. Auf der einen Seite wird die Wasseroberfläche als Spiegel dienen und den Glanz des Gebäudes steigern, auf der anderen Seite wird die Reflexwirkung des Wassers die Verwendung von Tageshelligkeit für die Belichtung der Lesesäle ermöglichen, und der Wasserpolster ist ein willkommener Speicherkörper zum Temperaturausgleich.

e) Der Brunnen, der gegenüber der Moschee steht, ist das sinnbildliche Zentrum und auch der Mittelpunkt, durch den alle Achsen laufen. Die Wasserfontäne ist das dramatische und gleichzeitig naturverbindende Symbol für die Ideale und Bestrebungen, welche die Bibliothek darstellt und lebendig macht.

Der Entwurf für die Nationalbibliothek in Riyadh hatte folgende urbane und strukturelle Aspekte zu berücksichtigen: Das für den Neubau vorgesehene Gelände ist an drei Seiten von Straßen umgeben, die sich in Platzbereiche ausweiten ohne Abgrenzung untereinander, um ein flexibles Parksystem zu ermöglichen. Das Baumgrün auf den Parkplätzen dient als Lärm- und Staubfilter; es umspült das Bauwerk und bettet es ein in die gewachsene Natur. Richtungsbezogene urbane Zusammenhänge zwischen dem Neubau der Bibliothek und seinem städtebaulichen Umbereich sind nicht gegeben. Die Rundform des Gebäudes führt zu einem Solitär im urbanen Kontext und erweist sich in seiner monumentalen Konzentform als Mittelpunkt des Stadtteiles. Obwohl das Gebäude vier Ebenen über der Erde aufweist, sind nur deren zwei optisch ablesbar. Die Bibliotheksfunktionen sind im flachen Sockelbau untergebracht — die Basis —, die zeichenhaft das soziale und kulturell wichtige aufragende Kerngebäude trägt.

Folgendes funktionales Konzept bildet die Grundlage des Entwurfes:

Die erste Entwicklungsphase soll für rund zwei Mio. Bände Platz bieten. Es wird angenommen, daß in den ersten Betriebsjahren eine relativ hohe Zuwachsrate von rund 100.000 bis 120.000 Bänden erreicht wird. Daher dürfte es notwendig sein, sowohl die Bücherdienste als auch das Katalogsystem auf Computerbasis zu führen. Terminals für das On-line-Katalogisierungssystem sollen in die Lesezone integriert werden, was die dezentralisierte Benützung und enge Verbindung von Lese- und Magazinszone bewirken würde. Trotzdem soll in den Lesezonen der Freihandbereich dominieren. Die Bibliothek soll auch 30.000 laufende arabische Zeitschriften beinhalten, während alle anderen Zeitschriften im Leihverkehr zu beschaffen sein werden. Die Handschriftenabteilung soll etwa 65.000 Einheiten erhalten. Dazu kommen entsprechende Räumlichkeiten für die Herstellung und Reproduktion von Mikrofilmen und eine Zone für audiovisuelle Medien mit 30.000 Musikwerken, 300.000 Diapositiven und 50.000 Schallplatten. In derselben Zone sollen sich auch die dazugehörige technische Ausrüstung und das notwendige Zubehör befinden.

Flexibilität und Erweiterungsmöglichkeiten unter Beibehaltung klarer Übersichtlichkeit zeichnen diesen Entwurf aus. Architektonisch stellt er eine äußerst repräsentative Lösung der gestellten Aufgabe dar, die auch den arabischen Charakter deutlich zum Ausdruck bringt.

P 147 Projekt einer National Library, Riyadh, Funktionsschema

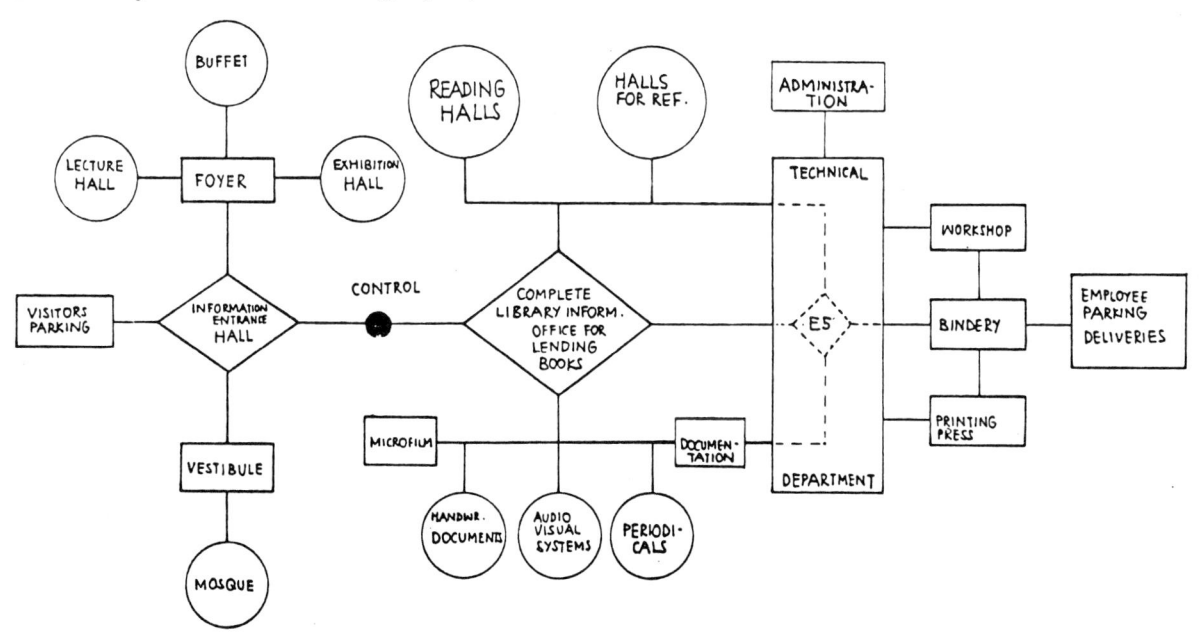

P 148 Projekt einer National Library, Riyadh, Lageplan

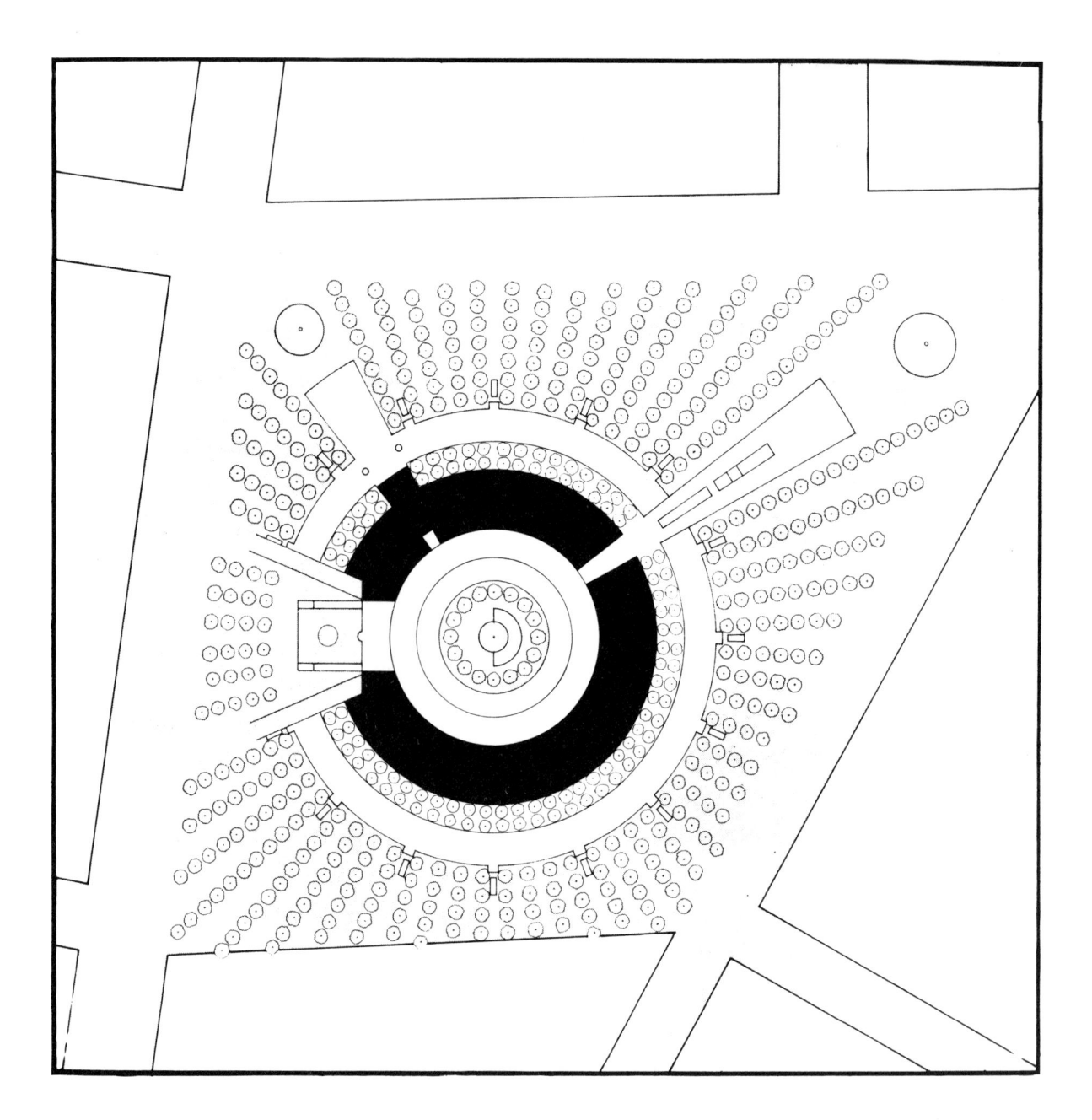

P 149 Projekt einer National Library, Riyadh, Grundriß Hauptgeschoß

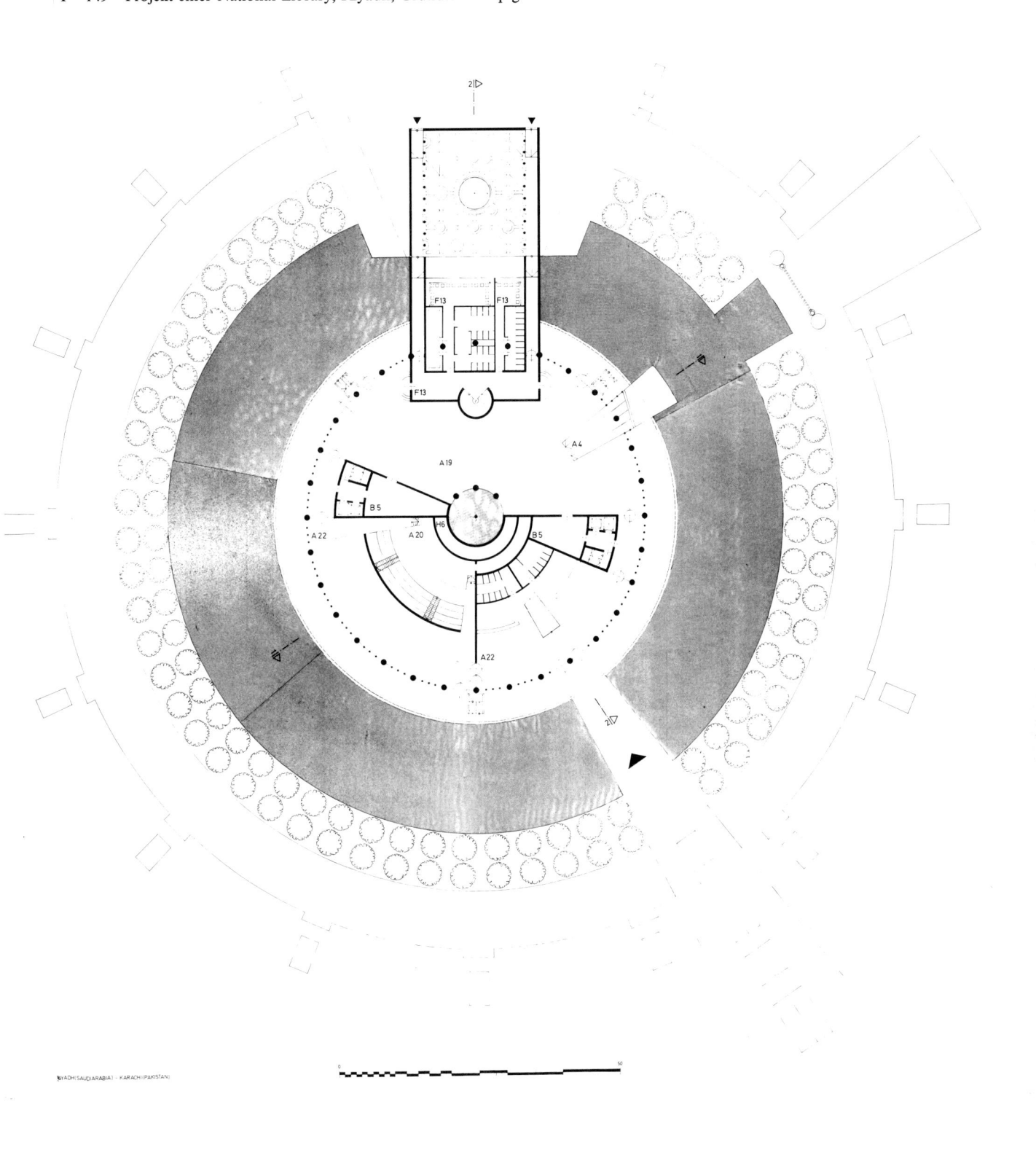

P 150 Projekt einer National Library, Riyadh, Schnitt

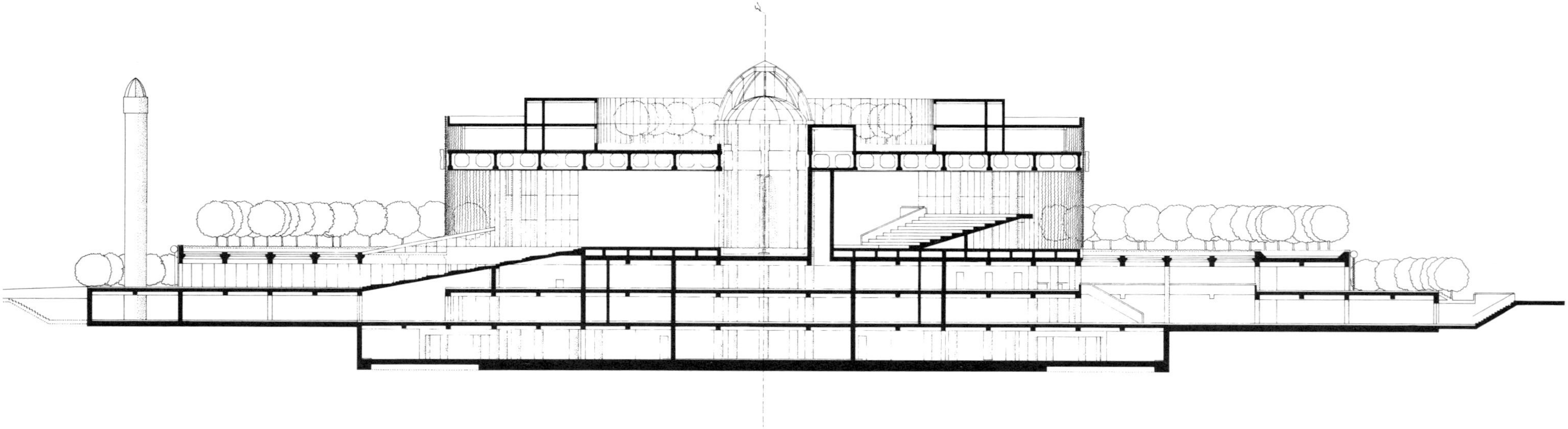

P 151 Projekt einer National Library, Riyadh, Ansicht

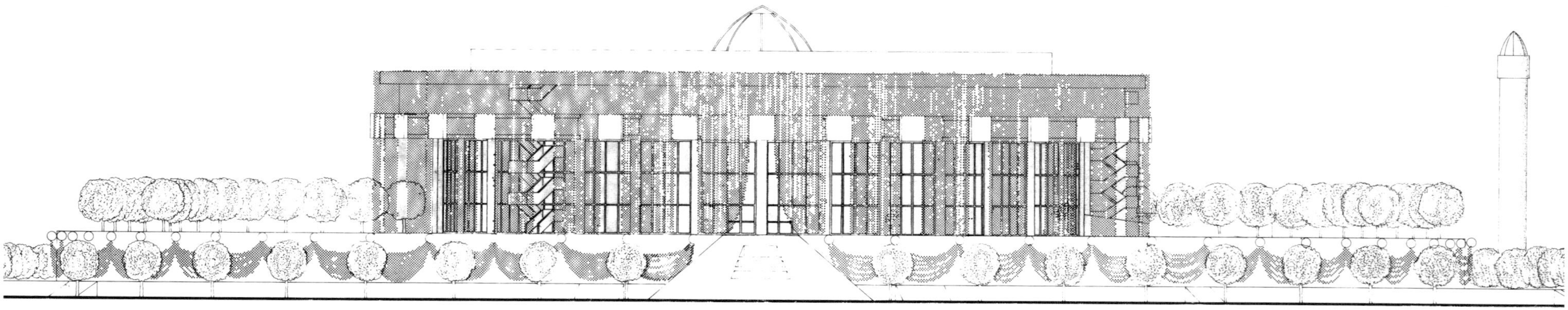

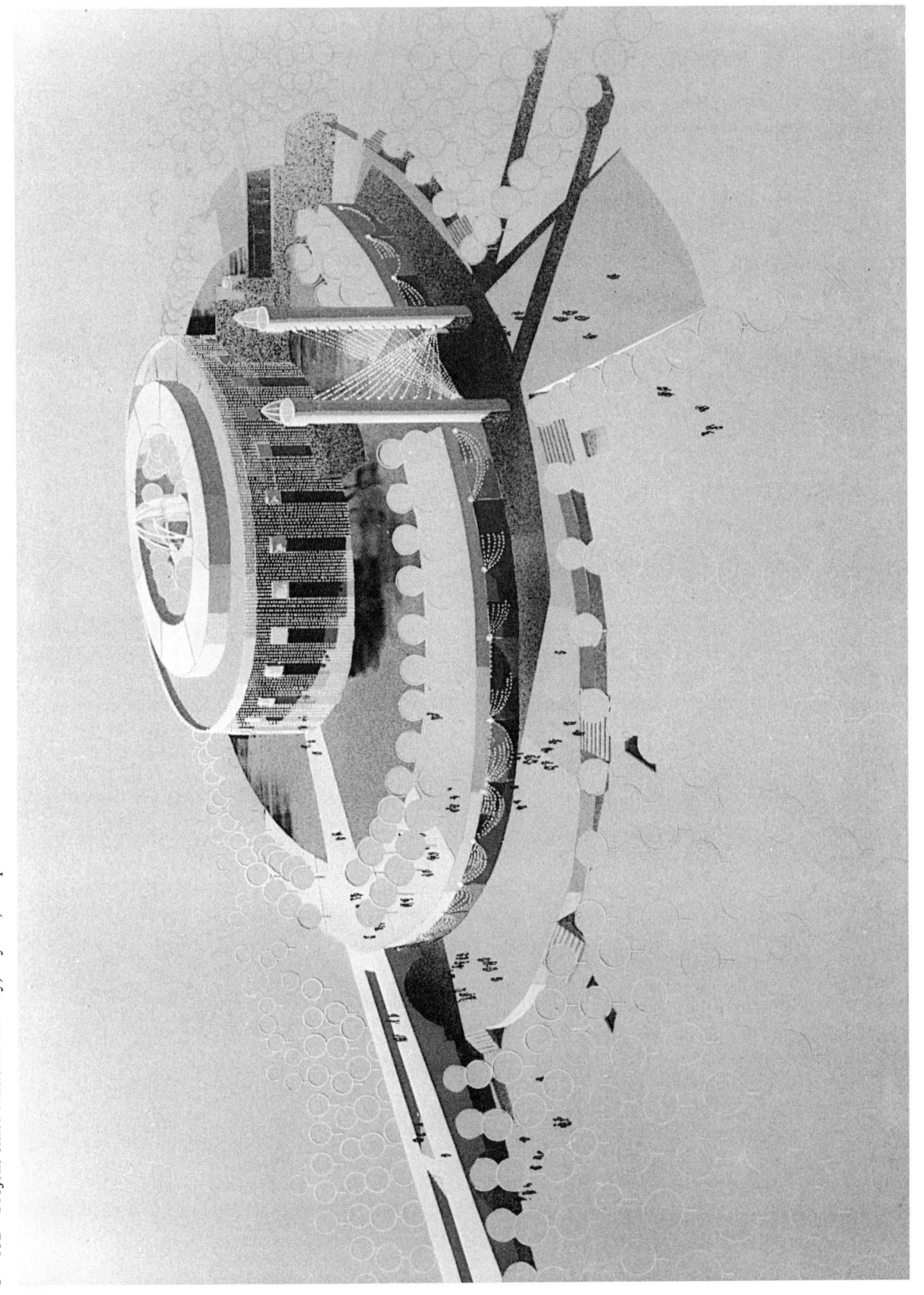

P 152 Projekt einer National Library, Riyadh, Perspektiven

Literaturhinweise

Bibliotheksbauten. Wien 1970. (Bauforum, Jg. 3 [1970], H. 17.)

Bibliotheksbauten in der Bundesrepublik Deutschland 1968—1983. Hrsg. von R. Fuhlrott u. a. Frankfurt/M. 1983. (Zeitschrift für Bibliothekswesen und Bibliographie. Sonderheft 39).

Daten, Dienste, Dokumente. Wissenschaftliches Dokumentations- und Informationswesen in Österreich. B. 1—3.4, 1.2. Herausgegeben vom Bundesministerium für Wissenschaft und Forschung, Wien 1975—82.

DIMITRIOU, Sokratis: Funktionswandel der Bibliotheken. In: Bauforum, Wien, Jg. 3 (1970), H. 17, S. 17.

FISCHER, Edith: Bibliotheksbau in Österreich. In: Mitteilungen der Vereinigung Österreichischer Bibliothekare 31 (1978), 1, S. 29—32.

FISCHER, Edith: Zwölf Jahre Bibliotheksbau in Österreich. In: Der Österreichische Bibliothekartag 1982. Hrsg. von der Vereinigung Österreichischer Bibliothekare. Wien 1983. S. 23—24 (Biblos-Schriften 120).

FISCHER, Edith: Bibliotheksbau in Österreich. Probleme und Lösungsversuche in Vergangenheit und Gegenwart. In: Bibliotheken bauen und führen. Eine internationale Festgabe für Franz Kroller. München (usw.) 1983, S. 31—53.

FRODL, Hermann: Moderner Bibliotheksbau; ein Bericht. In: Biblos 28 (1979), 2, S. 88—94.

FUHLROTT, Rolf: Moderner Bibliotheksbau. In: DFW. Dokumentation. Information 27 (1979), 6, S. 191—192.

GRACH, Albert: Moderner Bibliotheksbau in Österreich mit besonderer Berücksichtigung der Stahlleichtbauweise. In: Biblos 2 (1953), H. 2, S. 47—72.

Hochschulbericht 1978. Hrsg. vom Bundesministerium für Wissenschaft und Forschung. Wien 1978, S. 79.

Hochschulbericht 1981. Hrsg. vom Bundesministerium für Wissenschaft und Forschung. Wien 1981, S. 97.

Hochschulbericht 1984. Hrsg. vom Bundesministerium für Wissenschaft und Forschung. Wien 1984.

Informationsführer. Bibliotheken und Dokumentationsstellen in Österreich. Herausgegeben vom Bundesministerium für Wissenschaft und Forschung. Wien 1983. 492 S.

JAKSCH, Walter: Der Bibliotheksbau und seine weitere Entwicklung. In: Österreichische Ingenieur-Zeitschrift 114 (1969), 9, S. 301—307.

JÖDICKE, Jürgen: Architektur im Umbruch. Geschichte — Entwicklung — Ausblick. Überarb. u. wesentl. erw. Aufl. Stuttgart 1980. 240 S.

KROLLER, Franz: Grundgedanken des modernen Bibliotheksbaus. In: Bauforum, Wien, 3 (1970), 17, S. 18—22.

KROLLER, Franz: Zur Frage der Organisation wissenschaftlicher Bibliotheken. In: Zentralarchiv für Hochschulbau. Stuttgart Jg. 7 (1974), 28 S. 88—93.

KROLLER, Franz: Bibliotheksbauplanung. In: Zur Theorie und Praxis des modernen Bibliothekswesens. Bd. 2. München 1976, S. 454—487.

KROLLER, Franz: Überlegungen zur Frage der Speicherbibliotheken. In: Überregionale Literaturversorgung und Kostenrechnung in Bibliotheken. Frankfurt/M. Klostermann 1977, S. 170—178 (Zeitschrift für Bibliothekswesen und Bibliographie, Sonderheft 24).

KROLLER, Franz: Mehr Stellraum, funktionsgerechter Betriebsablauf, Benützerfreundlichkeit. Neue Tendenzen im österreichischen Bibliotheksbau. In: Wissenschaftlicher Literaturdienst, Beilage der Österreichischen Hochschulzeitung. Jg. 33 (1981), Nr. 9, S. 31—32. (Österr. Hochschulzeitung, Jg. 33 (1981), Nr. 9, S. XIX—XX.)

KROLLER, Franz: Standards for Library Building. In: Inspel. 16 (1982), Nr. 1, S. 40—44.

KROLLER, Franz: Gesetzgebung und Bibliotheksbau. In: Mitteilungen der Vereinigung Österreichischer Bibliothekare. 35 (1982), H. 1, S. 5—15.

KROLLER, Franz: Bibliotheksbau in Österreich. In: ABI-Technik 2 (1982), 1, S. 31—40.

KROLLER, Franz: Bibliotheken und Bibliothekseinrichtung im kommenden Jahrzehnt. In: ABI-Technik 3 (1983), 3, S. 195—198.

KROLLER, Franz: Die Adaptierung von Bauwerken für Bibliothekswerke. In: ABI-Technik 5 (1985), 5, S. 234—239.

LIEBERS, Gerhard: Eigenständigkeit und Integration. Der Bibliotheksbau in seiner Umwelt. In: Der Österreichische Bibliothekarstag 1982. Hrsg. von der Vereinigung Österreichischer Bibliothekare. Wien 1983. S. 9—19 (Biblos-Schriften 120).

OBERHUMMER, Wilfried: Beobachtungen gelegentlich der Einrichtung von Kellerräumen für Bibliothekszwecke im Gebäude der Österreichischen Akademie der Wissenschaften. In: Biblos 6 (1957) H 1. S. 7—13.

RAUCH, Wolf Dietrich: WTI-Delphi. Untersuchungen über den gegenwärtigen Stand und zukünftige Entwicklungen des wissenschaftlich-technischen Informations- und Dokumentationswesens in Österreich. Wien 1978 (Schriftenreihe des Instituts für sozio-ökonomische Entwicklungsforschung der österr. Akademie der Wissenschaften 1).

Bundesministerium für Wissenschaft und Forschung. Reform des wissenschaftlichen Bibliothekswesens. 1971/75. Stand und bisherige Ergebnisse <Juni 1975> — Zwischenbericht. Wien 1975.

Symposium Moderner Bibliotheksbau. Wien, 16. und 17. Oktober 1969. Hrsg. von Josef Mayerhöfer und Laurenz Strebl. Wien 1971, XIV, 298 S. (Biblos-Schriften 56).

UNTERKIRCHER, Franz; FIEDLER, Rudolf; STICKLER Michael: Die Bibliotheken Österreichs in Vergangenheit und Gegenwart. Wiesbaden, Reichert 1980. XIV, 208 S. (Elemente des Buch- und Bibliothekswesens 7).

Die Literatur zu den einzelnen Bibliotheken ist jeweils beim Text angeführt.

Bildnachweis

Amsüss, Graz: F 67
Anrather O., Salzburg: F 44, 45, 46, 47, 48, 49, 50, 51, 52, 53
Bildarchiv der Österreichischen Nationalbibliothek, Wien: F 1, 2, 3, 4, 5, 6, 7
Luftreportagen Hausmann, Wien: F 18
Hiesmayr E., Wien: F 15
Horak, Wien: F 8
Jellitsch W., Klagenfurt: F 31
van der Kallen W., Deutschlandsberg: F 54, 55, 59, 60, 61
Kampfhammer W., Wegan J., Kossdorf G.: F 62
Kroller: F 70

Kubinsky: F 68
Leischner M., Villach: F 28, 29, 30
Meyer G. H., New York: F 79, 82
Neubert S., München: F 35
Pap L., Graz: F 63, 64
Piek J. Th., Den Haag: F 75
Raderbauer, Leoben: F 65, 66
Reiberger K., Wien: F 9, 10, 11, 12, 13, 16, 17
Schwingenschlögel, Wien: F 19, 24
Shulman J., Los Angeles: F 78, 80
Steffen P., Graz: F 32, 33, 57, 58